에듀윌과 함께 시작하면,
당신도 합격할 수 있습니다!

대학 진학 후 진로를 고민하다 1년 만에
서울시 행정직 9급, 7급에 모두 합격한 대학생

직장생활과 병행하며 7개월간 공부해
국가공무원 세무직에 당당히 합격한 51세 직장인까지

누구나 합격할 수 있습니다.
시작하겠다는 '다짐' 하나면 충분합니다.

마지막 페이지를 덮으면,

**에듀윌과 함께
공무원 합격이 시작됩니다.**

공무원 1위

70개월 베스트셀러 1위
에듀윌 공무원 교재

기초부터 확실하게 기본 이론

기본서
국어 독해

기본서
국어 문법

기본서
영어 독해(생활영어·어휘 포함)

기본서
영어 문법

기본서
한국사

기본서
행정법총론

기본서
행정학

다양한 출제 유형 대비 문제집

단원별 기출&예상 문제집
국어

단원별 기출&예상 문제집
한국사

단원별 기출&예상 문제집
행정학

단원별 기출&예상 문제집
행정법총론

* YES24 수험서 자격증 공무원 베스트셀러 1위 (2017년 3월, 2018년 4월~6월, 8월, 2019년 4월, 6월~12월, 2020년 1월~12월, 2021년 1월~12월, 2022년 1월~12월, 2023년 1월~12월, 2024년 1월~7월, 9월~10월 월별 베스트, 매월 1위 교재는 다름)
* YES24 국내도서 해당분야 월별, 주별 베스트 기준

에듀윌 공무원

출제경향 파악 기출문제집

9급공무원 기출문제집
영어

9급공무원 기출문제집
한국사

9급공무원 기출문제집
행정학

9급공무원 기출문제집
행정법총론

7급공무원 시험 대비 PSAT 교재

민간경력자
PSAT 기출문제집

7급공무원
PSAT 기출문제집

영어 집중 영단어 교재

영어 빈출 VOCA

실전 대비 모의고사

기출 품은 모의고사
국어

더 많은
공무원 교재

* 교재 이미지는 변경될 수 있습니다.

공무원 1위

1초 합격예측
모바일 성적분석표

1초 안에 '클릭' 한 번으로 성적을 확인하실 수 있습니다!

활용 GUIDE

실시간 성적분석 방법!

STEP 1 QR 코드 스캔 ▶ **STEP 2** 모바일 OMR 입력 ▶ **STEP 3** 자동채점 & 성적분석표 확인

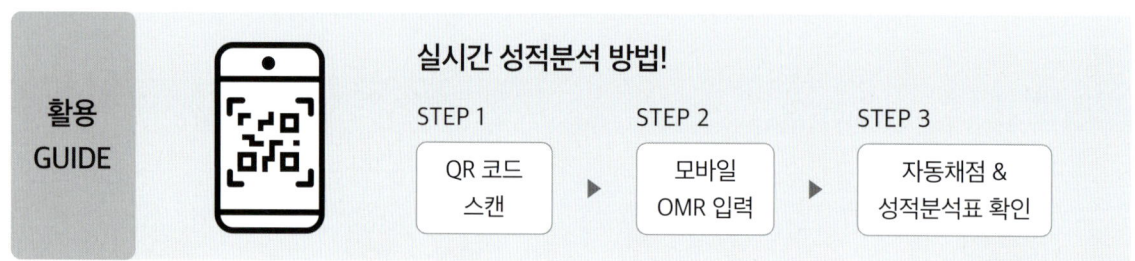

STEP 1
QR 코드 스캔

- 교재의 QR 코드를 모바일로 스캔 후 에듀윌 회원 로그인
- QR 코드 하단의 바로가기 주소로도 접속 가능

STEP 2
모바일 OMR 입력

- 회차 확인 후 '응시하기' 클릭
- 모바일 OMR에 답안 입력
- 문제풀이 시간까지 측정 가능

STEP 3
자동채점 & 성적분석표 확인

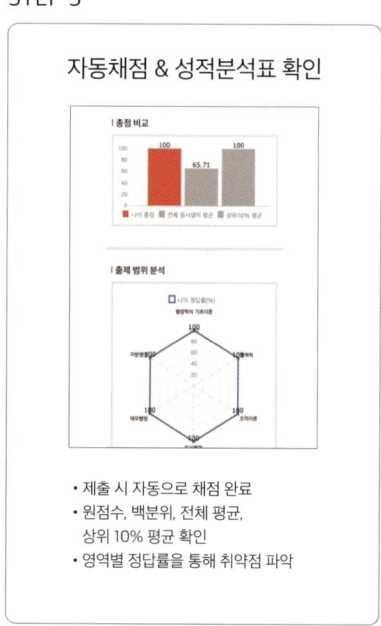

- 제출 시 자동으로 채점 완료
- 원점수, 백분위, 전체 평균, 상위 10% 평균 확인
- 영역별 정답률을 통해 취약점 파악

※ 본 서비스는 에듀윌 공무원 교재(연도별, 회차별 문항이 수록된 교재)를 구입하는 분에게 제공됨.

에듀윌 공무원

공무원, 에듀윌을 선택해야 하는 이유

합격자 수 수직 상승
2,100%

명품 강의 만족도
99%

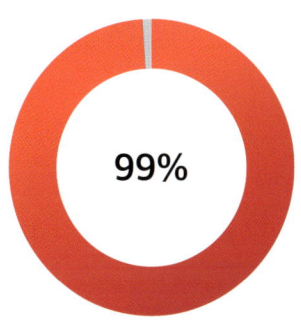

공무원

베스트셀러 1위
70개월(5년 10개월)

5년 연속 공무원 교육
1위

* 2017/2022 에듀윌 공무원 과정 최종 환급자 수 기준   * 9급공무원 대표 교수진 2023년 7월 ~ 2024년 4월 강의 만족도 평균(배영표, 헤더진, 한유진, 이광호, 김용철)
* YES24 수험서 자격증 공무원 베스트셀러 1위 (2017년 3월, 2018년 4월~6월, 8월, 2019년 4월, 6월~12월, 2020년 1월~12월, 2021년 1월~12월, 2022년 1월~12월, 2023년 1월~12월, 2024년 1월~7월, 9월~10월 월별 베스트, 매월 1위 교재는 다름)
* 2023, 2022, 2021 대한민국 브랜드만족도 7·9급공무원 교육 1위 (한경비즈니스) / 2020, 2019 한국브랜드만족지수 7·9급공무원 교육 1위 (주간동아, G밸리뉴스)

eduwill

공무원 1위

1위 에듀윌만의
체계적인 합격 커리큘럼

원하는 시간과 장소에서, 1:1 관리까지 한번에
온라인 강의

① 독한 교수진의 1:1 학습관리
② 과목별 테마특강, 기출문제 해설강의 무료 제공
③ 초보 수험생 필수 기초강의와 합격필독서 무료 제공

쉽고 빠른 합격의 첫걸음 **합격필독서 무료** 신청

최고의 학습 환경과 빈틈 없는 학습 관리
직영 학원

① 현장 강의와 온라인 강의를 한번에
② 확실한 합격관리 시스템, 아케르
③ 완벽 몰입이 가능한 프리미엄 학습 공간

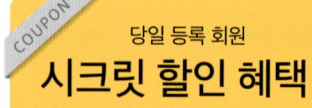

합격전략 설명회 신청 시 **당일 등록 수강 할인권** 제공

친구 추천 이벤트

" **친구 추천**하고 한 달 만에
920만원 받았어요 "

친구 1명 추천할 때마다 현금 10만원 제공
추천 참여 횟수 무제한 반복 가능

※ *a*o*h**** 회원의 2021년 2월 실제 리워드 금액 기준
※ 해당 이벤트는 예고 없이 변경되거나 종료될 수 있습니다.

친구 추천 이벤트
바로가기

* 2023 대한민국 브랜드만족도 7·9급공무원 교육 1위 (한경비즈니스)

**에듀윌이
너를
지지할게**

ENERGY

시작하는 방법은
말을 멈추고
즉시 행동하는 것이다.

– 월트 디즈니(Walt Disney)

설문조사에 참여하고 스타벅스 아메리카노를 받아가세요!

에듀윌 9급공무원 기본서 영어를 선택한 이유는 무엇인가요?
소중한 의견을 주신 여러분들에게 더욱더 완성도 있는 교재로 보답하겠습니다.

- **참여 방법** QR코드 스캔 ▶ 설문조사 참여(1분만 투자하세요!)
- **이벤트 기간** 2025년 6월 26일 ~ 2026년 5월 31일
- **추첨 방법** 매월 1명 추첨 후 당첨자 개별 연락
- **경품** 스타벅스 아메리카노(tall size)

2026
에듀윌 9급공무원 기본서

영어 독해(생활영어 · 어휘 포함)

저자의 말

변화에 대한 정확한 대응

삶은 다양한 세계의 복합체이며, 시험은 그 세계를 통과하는 관문입니다. 변화는 그 관문 앞에 놓인 길의 형태를 바꾸어 놓습니다. 과거에는 단어나 문법 하나를 외우는 것으로 통과할 수 있었던 길이, 이제는 문장의 숲 전체를 꿰뚫는 눈을 요구합니다. 나무 한 그루가 아닌, 숲의 결을 읽어내는 지혜가 필요한 시점입니다.

공무원 영어 출제경향은 25년부터 바뀌었습니다. 상급 어휘 하나로 문제를 해결하던 시대는 저물고, 문맥 속에서 어휘를 읽고 해석하는 능력이 중요해졌습니다. 더 이상 단어는 외우는 것이 아니라 '맥락 속에서 살아 숨쉬는 것'이 되었습니다.

문법 역시 깊이를 요구합니다. 단순히 표면의 규칙을 암기하는 것이 아니라, 동사의 특성부터 준동사와 절의 원리, 비교와 도치처럼 문장 구조를 움직이는 핵심 원리들이 시험의 중심으로 떠올랐습니다. 줄어든 분량 속에 담긴, 핵심 원리의 응용의 세계를 연습해야 합니다. 우리는 외우는 문법이 아니라, 살아 움직이는 문법을 다뤄야 할 때입니다.

독해는 두 갈래 길을 걷습니다. 하나는 이메일, 행사 안내문, 시설 안내문, 공공기관 게시글 등 실용문을 정확히 꿰뚫어보는 눈, 다른 하나는 글의 논리와 흐름을 파악하는 독해의 촉입니다. 실용문은 구조와 어휘의 반복 속에서 통달을, 논리 추론 독해는 문장을 잇는 생각의 실타래를 풀 수 있는 능력을 요구합니다. 그 속에서 우리는 비로소 지문의 겉이 아닌 속을 읽어내는 훈련을 하게 됩니다.

수험생을 위한 실전형 교재

이 책은 수험생의 시간과 체력을 아끼는 데 집중한 책입니다. 공부는 많이 한다고 능사가 아닙니다. 시험에 나오는 것만, 실전에 필요한 것만 담는 것이 진짜 수험서의 역할입니다.

어휘와 생활영어는 '알고 있는 단어'가 아닌, '선택할 수 있는 단어'를 훈련하는 구성입니다. 선택지를 어떻게 분석하고, 무엇이 핵심 어휘인지를 판단할 수 있도록 구성하였습니다. 단순한 암기가 아니라 '추리력'을 키우는 교재입니다.

독해는 지문 길이, 난이도, 문장 구성, 문제 유형까지 실전 그대로 재현하였습니다. 특히 논리어의 특성과 흐름을 잡는 훈련, 구문분석을 통한 정밀한 해석을 통해 독해 실력을 실질적으로 끌어올릴 수 있습니다. 시험장에서 문제를 마주했을 때, "익숙하다"는 감각을 갖게 될 것입니다.

이 교재는 학문을 위한 책이 아닙니다. 합격을 위한 책입니다. 오직 수험생만을 생각하며 만들었습니다. 시험이 바뀌면, 교재도 바뀌어야 합니다. 이 교재가 시험이라는 파도 위에서 수험생이 흔들리지 않도록 단단한 돛이 되어줄 것입니다.

끝으로 이 책이 세상에 나올 수 있도록 아낌없는 지원과 정성을 기울여주신 에듀윌 출판팀께 깊은 감사를 전합니다.

2025년 6월 교무실에서
3J English 장종재

에듀윌 기본서의

전략적 구성

1 독해 문제를 쉽고 빠르게 푸는 방법을 알려줍니다

〈에듀윌 기본서〉는 [구문 분석 → 독해 논리의 이해 → 유형별 독해] 순서로 영어 문해력을 높일 수 있는 방법을 제시합니다. 문법이 부족해도 독해 문제를 풀 수 있도록 체계적으로 구성하였습니다.

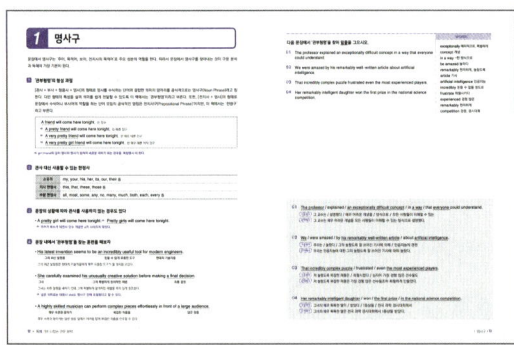

INTRO 독해 기초 다잡는 구문 분석
독해에 꼭 필요한 필수 문법과 구문 분석 연습을 통해, 문법이 부족해도 영어 문장을 빠르게 해석할 수 있도록 구성했습니다.

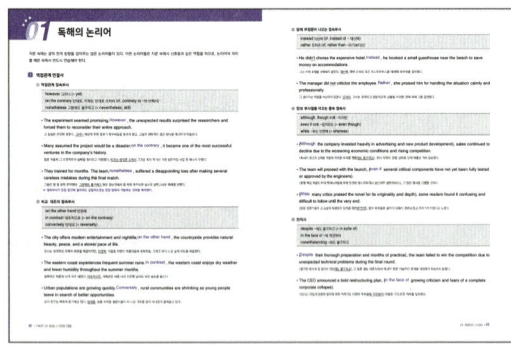

PART 01 독해 논리의 이해
독해 문제를 풀기 위해서는 문해력이 중요합니다. 글의 논리를 이해하고 정확하게 글을 읽을 수 있도록 시험에 자주 나오는 연결사와 구문, 표현들을 제시했습니다.

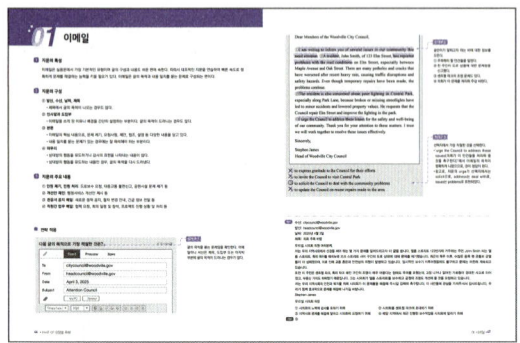

PART 02 유형별 독해
독해 문제는 유형마다 접근 방법이 다릅니다. 영어 시험의 출제기조 전환에 맞추어 신경향 문제를 대거 수록했으며, 유형별로 특화된 독해 전략을 제시하여 빠르게 정답을 찾을 수 있는 방법을 알려 드립니다.

2 생활영어 표현·어휘를 몰라도 당황하지 않는 방법을 알려줍니다

생활영어·어휘 문제도 결국은 독해가 핵심입니다. 〈에듀윌 기본서〉는 생활영어 표현과 어휘를 몰라도 당황하지 않고 문제를 풀 수 있는 전략을 소개합니다.

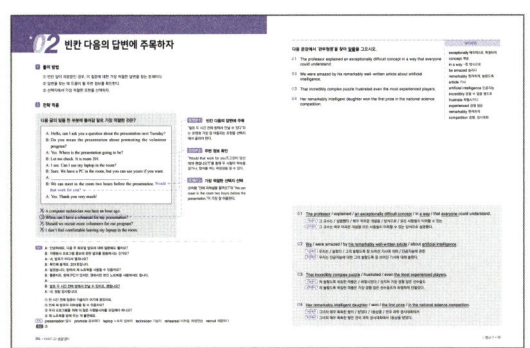

PART 03 생활영어
생활영어 문제를 쉽고 정확하게 풀어낼 수 있는 전략을 제시했습니다. 전략 학습 후에는 풍부한 Exercise를 통해 실전 감각을 키울 수 있도록 했습니다.

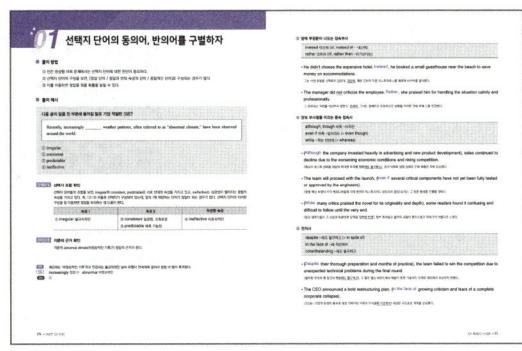

PART 04 어휘
단기간에 어휘력을 올리는 것은 매우 어렵습니다. 그래서 어휘 문제를 풀 때도 전략이 필요합니다. 정답이 눈에 보이는 전략을 에듀윌이 알려 드리겠습니다.

에듀윌 기본서의
추가 혜택

1

최신기출 해설특강

2025 국가직 9급, 2025 지방직 9급 시험 해설특강으로 최신 경향을 파악하세요.

수강 경로 에듀윌 도서몰(book.eduwill.net) 접속 → 동영상강의실 → 공무원 → [최신기출 해설특강] 9급공무원 영어 또는 우측 QR코드를 통해 바로 접속

2

영어 중요 문법 무료 특강

시험 전 반드시 알고 가야 할 중요 문법만 모았습니다.

수강 경로 에듀윌 도서몰(book.eduwill.net) 접속 → 동영상강의실 → 공무원 → [공무원 영어 테마 특강] 중요 문법 특강 또는 우측 QR코드를 통해 바로 접속

이 책의 차례

INTRO 독해 기초 다잡는 구문 분석　12

PART 01　독해 논리의 이해

01 독해의 논리어　32
02 중요 구문과 표현들　40

PART 02　유형별 독해

01 이메일　46
02 안내문(행사, 시설)　68
03 공공기관 및 인터넷 정보　90
04 요지, 주제, 제목　112
05 어색한 문장 찾기　134
06 문장 삽입　156
07 순서 배열　178
08 빈칸 완성(단어, 어구)　200
09 빈칸 완성(절, 문장)　222

PART 03　생활영어

01 빈칸 앞의 질문에 주목하자　248
02 빈칸 다음의 답변에 주목하자　254
03 동의인가? 반대인가?　260
04 다양한 상황　266

PART 04　어휘

01 선택지 단어의 동의어, 반의어를 구별하자　274
02 문장 안에 동의어, 반의어가 있다　280
03 문장 안에 정답의 근거가 나온다　286
04 철자가 비슷한 단어는 주의하자　292
05 부정어처럼 보이지만 부정적 의미가 아니다　298
06 밑줄 친 단어와 가까운 의미 찾기　304

독해 기초 다잡는 구문 분석

구문 분석이란?

구문 분석은, 한마디로 말해서 "어떻게 끊어 읽을 것인가?"에 대한 방법이다. 우리말과 달리 영어는 위치에 따라 뜻, 품사, 기능이 달라지기 때문에 정확한 끊어 읽기 방법을 터득하는 것이 빠르고 정확한 문제 해결에 도움이 된다.

- 간단한 '끊어 읽기' 방법을 알아보자.

> On the south side of the market, though it is now used for a parking lot, a very big church with two great bell towers was built in 1970.

- 위의 예문을 '형태'와 '문장성분'을 기준으로 구문 분석하면 다음과 같다.

```
        전명구(부사어)                    though절(부사어)              주어(명사구)
(On the south side of the market), (though it is now used for parking lot), a very big church
      시장의 남쪽에                  지금은 주차장으로 사용되지만           매우 큰 교회가

        전명구(형용사 수식어)        동사구(동사)  전명구(부사어)
(with two great bell towers)   was built    (in 1970).
     2개의 거대한 종탑이 있는      만들어졌다      1970년에
```

- 짧은 문장이 길어지는 과정을 보는 것도 구문 분석을 이해하는 데 도움이 된다. 아래의 간단한 1형식 문장이 어떻게 길어지는지 보자.

❶ The engine / was not operated easily.
　　주어　　　　　　동사

❷ The newly invented engine / was not operated easily.
　➡ newly invented가 명사 engine의 앞에서 수식어구로 첨가되었다.

❸ The newly invented engine of the brand-new car / was not operated easily.
　➡ engine을 뒤에서 수식하는 of the brand-new car가 전명구로 추가되었다. 이렇듯 [A of B]의 형태는 주어로 자주 사용되는 표현이다.

❹ The newly invented engine of the brand-new car / which was made mainly for exportation by ABC company / was not operated easily.
　➡ car를 뒤에서 수식하는 관계사절이 추가되었다.

❺ Because of the cold climate, the newly invented engine of the brand-new car which was made mainly for exportation by ABC company was not operated easily.
　➡ Because of the cold climate가 전명구의 모습으로 문장 전체를 수식하는 부사어가 되었다.

❻ Because of the cold climate in Russia, the newly invented engine of the brand-new car which was made mainly for exportation by ABC company was not operated easily.
　➡ the cold climate를 수식하는 in Russia가 추가되었다.

　해석　(Because of the cold climate / in Russia), the newly invented engine of the brand-new car (which was made mainly for exportation / by ABC company) was not operated easily.
　　　(추운 기후 때문에 / 러시아의) / 신차의 새로 발명된 엔진은 / (주로 수출용으로 제작된 / ABC 회사에 의해) / 쉽게 작동되지 않았다.

1 명사구

문장에서 명사구는 '주어, 목적어, 보어, 전치사의 목적어'로 주요 성분의 역할을 한다. 따라서 문장에서 명사구를 찾아내는 것이 구문 분석과 독해의 가장 기본이 된다.

1 '관부형명'의 형성 과정

[관사 + 부사 + 형용사 + 명사]의 형태로 명사를 수식하는 단어와 결합한 의미의 덩어리를 공식적으로는 명사구(Noun Phrase)라고 칭한다. 다만 형태의 특성을 살려 의미를 쉽게 전달할 수 있도록 이 책에서는 '관부형명'이라고 부른다. 또한, [전치사 + 명사]의 형태로 문장에서 수식어나 부사어의 역할을 하는 단어 모임의 공식적인 명칭은 전치사구(Prepositional Phrase)'이지만, 이 책에서는 '전명구' 라고 부른다.

> A friend will come here tonight. 한 친구
> ➡ A pretty friend will come here tonight. 한 예쁜 친구
> ➡ A very pretty friend will come here tonight. 한 매우 예쁜 친구
> ➡ A very pretty girl friend will come here tonight. 한 매우 예쁜 여자 친구

➡ girl friend와 같이 명사와 명사가 합쳐져 새로운 의미가 되는 경우를 '복합명사'라 한다.

2 관사 대신 사용할 수 있는 한정사

소유격	my, your, his, her, its, our, their 등
지시 한정사	this, that, these, those 등
수량 한정사	all, most, some, any, no, many, much, both, each, every 등

3 문장의 상황에 따라 관사를 사용하지 않는 경우도 있다

- A pretty girl will come here tonight. ➡ Pretty girls will come here tonight.
  ➡ 주어가 복수가 되면서 단수 개념인 a가 사라지게 되었다.

4 문장 내에서 '관부형명'을 찾는 훈련을 해보자

- His latest invention seems to be an incredibly useful tool for modern engineers.
  그의 최신 발명품 / 믿을 수 없게 유용한 도구 / 현대의 기술자들
  그의 최근 발명품은 현대의 기술자들에게 매우 유용한 도구가 될 것처럼 보인다.

- She carefully examined his unusually creative solution before making a final decision.
  그녀 / 그의 특별하게 창의적인 해법 / 최종 결정
  그녀는 최종 결정을 내리기 전에 그의 특별하게 창의적인 해법을 주의 깊게 검토했다.
  ➡ 넓은 의미로는 대명사 she도 명사구 안에 포함된다고 할 수 있다.

- A highly skilled musician can perform complex pieces effortlessly in front of a large audience.
  매우 숙련된 음악가 / 복잡한 작품들 / 많은 청중
  매우 숙련된 음악가는 많은 청중 앞에서 어려움 없이 복잡한 작품을 연주할 수 있다.

다음 문장에서 '관부형명'을 찾아 밑줄을 그으시오.

01 The professor explained an exceptionally difficult concept in a way that everyone could understand.

02 We were amazed by his remarkably well-written article about artificial intelligence.

03 That incredibly complex puzzle frustrated even the most experienced players.

04 Her remarkably intelligent daughter won the first prize in the national science competition.

WORDS
exceptionally 예외적으로, 특별하게
concept 개념
in a way ~한 방식으로
be amazed 놀라다
remarkably 현저하게, 놀랍도록
article 기사
artificial intelligence 인공지능
incredibly 믿을 수 없을 정도로
frustrate 좌절시키다
experienced 경험 많은
remarkably 현저하게
competition 경쟁, 경시대회

---

01 The professor / explained / an exceptionally difficult concept / in a way / that everyone could understand.
- (구문해석) 그 교수는 / 설명했다 / 매우 어려운 개념을 / 방식으로 / 모든 사람들이 이해할 수 있는
- (요약해석) 그 교수는 매우 어려운 개념을 모든 사람들이 이해할 수 있는 방식으로 설명했다.

02 We / were amazed / by his remarkably well-written article / about artificial intelligence.
- (구문해석) 우리는 / 놀랐다 / 그의 놀랍도록 잘 쓰여진 기사에 의해 / 인공지능에 관한
- (요약해석) 우리는 인공지능에 대한 그의 놀랍도록 잘 쓰여진 기사에 대해 놀랐다.

03 That incredibly complex puzzle / frustrated / even the most experienced players.
- (구문해석) 저 놀랍도록 복잡한 퍼즐은 / 좌절시켰다 / 심지어 가장 경험 많은 선수들도
- (요약해석) 저 놀랍도록 복잡한 퍼즐은 가장 경험 많은 선수들조차 좌절하게 만들었다.

04 Her remarkably intelligent daughter / won / the first prize / in the national science competition.
- (구문해석) 그녀의 매우 똑똑한 딸이 / 받았다 / 1등상을 / 전국 과학 경시대회에서
- (요약해석) 그녀의 매우 똑똑한 딸은 전국 과학 경시대회에서 1등상을 받았다.

2 [A of B]의 형태

영어에서는 명사구 2개가 of로 묶여 있는 [A of B]의 형태를 많이 볼 수 있다. 이 형태를 하나의 묶음으로 잘 처리하면 정확한 해석과 빠른 독해를 할 수 있다.

1 ~의 : [부분 집합 of 전체 집합]의 형태가 많다.

- the engine of the new car 새 차의 엔진
- the growth of the global economy 세계 경제의 성장
- the economic impact of climate change 기후 변화의 경제 영향

2 ~들 중에서 : [부분 집합 of 전체 집합]의 형태가 많다.

- some of the books 그 책 중에서 몇 권
- one of the most famous writers 가장 유명한 작가 중에서 한 명
- half of the students 그 학생들 중에 절반

3 ~에 관한, ~에 대한: of가 about의 의미를 갖는다.

- the knowledge of science 과학에 관한 지식
- the analysis of the data 그 자료에 관한 분석
- a discussion of global environmental issues 세계 환경 문제에 대한 토의
- a comprehensive study of climate change 기후 변화에 대한 포괄적인 연구

4 숙어의 of : 'A하는 B'로 해석이 되며 B가 의미의 중심이 된다.

- <u>A number of books</u> are exhibited in this library. 많은 수의 책들이 이 도서관에 전시되어 있다.
- <u>A great deal of water</u> was spilled through this old pipe. 많은 양의 물이 이 낡은 파이프를 통해 흘러 나갔다.
- <u>Hundreds of books</u> were stolen last night. 수백 권의 책들이 어젯밤 도난되었다.
- <u>An angel of a girl</u> was smiling to me. 천사 같은 소녀가 나에게 미소를 짓고 있었다.

다음 문장에서 [A of B]의 형태를 찾아 밑줄을 그으시오.

01 Cars are the most important cause of air pollution in many cities.

02 Several of the newly released movies received excellent reviews.

03 A detailed analysis of economic growth patterns provides valuable insights.

04 The school purchased a large number of items related to science.

05 The opportunity to travel provided support for the development of the civil rights movement.

06 The Constitution provides the outline for the establishment and organization of government.

WORDS

cause 원인
pollution 오염
several 몇 개; 몇몇의
newly released 새로 출시된
analysis 분석
valuable 귀중한, 가치 있는
insight 통찰(력)
purchase 구매하다
related to ~와 관련된
support 지지, 지원
civil right 시민권, 시민의 권리
constitution 헌법
outline 밑그림, 기본 틀
organization 조직, 구성

---

01 Cars / are / <u>the most important cause of air pollution</u> / in many cities.
   (구문해석) 자동차가 / 이다 / 공해의 가장 주요한 원인 / 많은 도시에서
   (요약해석) 자동차가 많은 도시에서 공해의 가장 주요한 원인이다.

02 <u>Several of the newly released movies</u> / received / excellent reviews.
   (구문해석) 새로 개봉된 영화들 중 몇 개가 / 받았다 / 좋은 평가를
   (요약해석) 새로 개봉된 영화들 중 몇 개가 좋은 평가를 받았다.

03 <u>A detailed analysis of economic growth patterns</u> / provides / valuable insights.
   (구문해석) 경제 성장 패턴에 대한 세부적인 분석이 / 제공한다 / 귀중한 통찰력을
   (요약해석) 경제 성장 패턴에 대한 세부적인 분석이 귀중한 통찰력을 제공한다.

04 The school / purchased / <u>a large number of items</u> / related to science.
   (구문해석) 그 학교는 / 구매했다 / 많은 수의 물건들을 / 과학과 관련된
   (요약해석) 그 학교는 과학과 관련된 많은 수의 물건들을 구매했다.

05 The opportunity to travel / provided support / for <u>the development of the civil rights movement</u>.
   (구문해석) 여행할 기회는 / 지원을 제공했다 / 시민권 운동의 발전을 위한
   (요약해석) 여행의 기회는 시민권 운동의 발전을 위한 지지를 제공했다.

06 The Constitution / provides / the outline / for <u>the establishment and organization of government</u>.
   (구문해석) 헌법은 / 제공한다 / 기본 틀을 / 정부의 설립과 구성에 대한
   (요약해석) 헌법은 정부의 설립과 구성에 대한 기본 틀을 제공한다.

3 동사구

영어에서 동사는 한 단어가 아니라 여러 단어로 구성되는 경우가 많으며, 이를 '동사구'라고 한다. 동사구는 다음과 같은 형태와 용법을 갖는다.

1 조동사와 함께 쓰인다

- Students should focus on understanding key concepts. 학생들은 핵심 개념을 이해하는 데 집중해야 한다

2 시제 변화, 수동태의 변화를 한다

- She has been studying environmental science for over three years. 그녀는 3년 넘게 환경 과학을 공부해 왔다. (완료진행)
- Thousands of applications have been submitted since the organization launched. (완료수동)
  조직 출범 이후 수천 건의 신청서가 제출되었다.

3 to부정사와 함께 사용된다

- The results of the experiment seem to support the new theory. 실험 결과는 새로운 이론을 뒷받침하는 것 같다. (자동사 + to부정사)
- The committee decided to postpone the event due to weather conditions. (타동사 + to부정사)
  위원회는 기상 조건으로 인해 행사를 연기하기로 결정했다.
- The new intern was eager to learn the team's atmosphere. 새로운 인턴은 팀의 분위기를 알고 싶어 했다. (be + 형용사 + to부정사)

4 숙어로 사용된다

- The scientist referred to several previous studies to support her hypothesis. (자동사 + 전치사)
  그 과학자는 자신의 가설을 뒷받침하기 위해 이전의 여러 연구를 언급했다.
- The engineer figured out the cause of the malfunction. 엔지니어는 오작동의 원인을 파악했다. (타동사 + 부사)

다음 문장에서 동사구를 찾아 밑줄을 그으시오.

01 He should have apologized to his teammates after the argument.

02 The final proposal is being reviewed by the board members to ensure the organization's ethical standards.

03 The student appears to have misunderstood the assignment because of his negligence.

04 The author refused to reveal the ending of the story during the interview.

05 As a manager, he often has to deal with unexpected problems during the project.

06 The company carried out a detailed survey to understand customer satisfaction.

WORDS

apologize 사과하다
teammate 팀 동료
argument 논쟁
review 검토하다
board members 이사들
ethical 윤리적인
standard 기준
assignment 과제
negligence 부주의, 태만
deal with ~을 다루다
carry out ~을 실행하다
customer satisfaction 고객 만족

07 In college, he is expected to take in the whole of a long argument or exposition.

08 The research team promised to look into the unexpected results before drawing any final conclusions.

take in ~을 흡수하다
look into ~을 조사하다
draw a conclusion 결론을 이끌어내다

---

01 He / should have apologized / to his teammates / after the argument.
- 구문해석) 그는 / 사과했어야 했다 / 그의 팀 동료들에게 / 논쟁 후에
- 요약해석) 그는 논쟁 후에 팀 동료들에게 사과했어야 했다.

02 The final proposal / is being reviewed / by the board members / to ensure the organization's ethical standards.
- 구문해석) 최종 제안서가 / 검토되는 중이다 / 이사들에 의해서 / 조직의 윤리적인 기준을 확실히 하기 위해서
- 요약해석) 조직의 윤리 기준을 확실히 하기 위해서 최종 제안서가 이사들에 의해 검토되는 중이다.

03 The student / appears to have misunderstood / the assignment / because of his negligence.
- 구문해석) 그 학생은 / 오해했던 것으로 보인다 / 그 과제를 / 그의 부주의 때문에
- 요약해석) 그 학생은 자신의 부주의함 때문에 그 과제를 오해했던 것으로 보인다.

04 The author / refused to reveal / the ending of the story / during the interview.
- 구문해석) 그 작가는 / 밝히는 것을 거부했다 / 그 이야기의 결말을 / 인터뷰 도중에
- 요약해석) 그 작가는 인터뷰 도중에 이야기의 결말을 밝히길 거부했다.

05 As a manager, / he / often has to deal with / unexpected problems / during this project.
- 구문해석) 관리자로서 / 그는 / 자주 다루어야 한다 / 예상치 못한 문제들을 / 프로젝트 도중에
- 요약해석) 그는 관리자로서 프로젝트 도중에 예상치 못한 문제들을 자주 다루어야 한다.

06 The company / carried out / a detailed survey / to understand customer satisfaction.
- 구문해석) 그 회사는 / 실행했다 / 상세한 조사를 / 고객 만족을 이해하기 위해서
- 요약해석) 그 회사는 고객 만족을 이해하기 위해 상세한 조사를 실행했다.

07 In college, / he / is expected to take in / the whole of the new theory.
- 구문해석) 대학에서 / 그는 / 흡수할 것으로 기대된다 / 새로운 이론의 전부를
- 요약해석) 대학에서 그는 새로운 이론의 전부를 이해할 것으로 기대된다.

08 The research team / promised to look into / the unexpected results / before drawing any final conclusions.
- 구문해석) 연구팀은 / 조사할 것을 약속했다 / 예상 밖의 결과를 / 최종 결론을 내리기 전에
- 요약해석) 연구팀은 최종 결론을 내리기 전에 예상 밖의 결과를 조사할 것을 약속했다.

4 준동사구

📖 예문의 밑줄은 동사(구) 또는 준동사(구)를 가리킨다.

to부정사, 동명사, 분사 등을 동사와 구분하여 준동사라고 부른다. 준동사는 단독으로 사용되기보다는 준동사구를 구성하는 경우가 많다. 따라서 준동사구의 영역을 설정하는 방법을 아는 것이 구문 분석에 큰 도움이 된다.

문장 중에~	준동사 영역	영역의 끝점
명사 +	to부정사	① 동사 앞
	-ing (동명사)	② 마침표(.)나 쉼표(,) 앞
	-ing (분사)	
	pp (분사)	

1 to부정사구, 동명사구가 명사구로 사용되는 경우

- Getting enough sleep every night is essential for both physical and mental health. (동명사구)
  매일 밤 충분한 수면을 취하는 것은 신체적, 정신적 건강을 위해 필수적이다.
- The coach encouraged the players to stay focused throughout the game. (to부정사구)
  코치는 선수들이 경기 내내 집중력을 유지하도록 격려했다.

2 분사구, to부정사구가 형용사구로 사용되는 경우

- The students waiting outside the classroom looked nervous before the oral exam. (현재분사구)
  교실 밖에서 기다리고 있는 학생들은 구술시험 전에 긴장한 것처럼 보였다.
- The paintings damaged during the fire were carefully restored by a team of professionals. (과거분사구)
  화재 도중 훼손된 그림들은 전문가들로 이루어진 팀에 의해 신중하게 복원되었다.
- They finally found a technician to fix the broken heating system in their office. (to부정사구)
  그들은 사무실의 고장 난 난방시스템을 고쳐줄 기술자를 마침내 찾았다.

3 to부정사구, 분사구문이 부사구로 사용되는 경우

- To reduce energy consumption, the company installed solar panels on the rooftops of its buildings.
  에너지 소비를 줄이기 위해 그 회사는 건물 옥상에 태양광 패널을 설치했다. (to부정사구)
- Realizing that she had forgotten her notes, she rushed back to the library before the lecture. (분사구문)
  그녀는 노트를 잊었다는 것을 깨닫고서 강의 전에 도서관으로 급히 돌아갔다.
- Surprised by the sudden announcement, the employees remained silent for a few moments. (분사구문)
  갑작스러운 발표에 놀라서 직원들은 잠시 말이 없었다.

4 [전치사 + 동명사구]

- Crime is the result of society's failure in providing a decent life for all the people.
  범죄는 모든 사람들에게 인간다운 삶을 제공함에 있어 사회 실패의 결과이다.
- She was recognized for organizing community events that fostered a sense of unity.
  그녀는 공동체 의식을 키우는 지역 행사를 조직한 것에 대해 인정받았다.

다음 문장에서 준동사구의 영역을 설정하여 (괄호)를 치시오.

01 Traveling to different countries helps people broaden their perspectives.

02 Her parents allowed her to travel abroad during the summer break for a language program.

03 The woman speaking at the podium is a renowned expert in environmental policy.

04 The book recommended by my professor was helpful for writing my thesis.

05 Having been warned about the traffic, they left home early to avoid being late for the interview.

06 The students succeeded in solving the complex math problem by sharing different approaches.

WORDS
- broaden 넓히다
- perspective 가치관, 관점
- abroad 해외로
- podium 연단
- renowned 유명한
- recommend 추천하다
- thesis 논문
- complex 복잡한
- approach 접근

---

01 (Traveling to different countries) / helps / people / (broaden their perspectives).
- 구문해석: 다양한 나라를 여행하는 것은 / 돕는다 / 사람들이 / 자신의 가치관을 넓히는 것을
- 요약해석: 다양한 나라를 여행하는 것은 사람들이 자신의 가치관을 넓히는 것에 도움이 된다.

02 Her parents / allowed / her / (to travel abroad / during the summer break / for a language program).
- 구문해석: 그녀의 부모님은 / 허락했다 / 그녀가 / 해외로 여행 가는 것을 / 여름방학 동안 / 어학 프로그램을 위해
- 요약해석: 그녀의 부모님은 그녀가 여름방학 동안 어학 프로그램을 위해 해외로 여행 가는 것을 허락했다.

03 The woman / (speaking at the podium) / is a renowned expert / in environmental policy.
- 구문해석: 그 여성은 / 연단에서 연설하는 / 유명한 전문가이다 / 환경정책 분야에서
- 요약해석: 연단에서 연설하는 그 여성은 환경정책 분야에서 유명한 전문가이다.

04 The book / (recommended by my professor) / was helpful / (for writing my thesis).
- 구문해석: 그 책은 / 나의 교수님에 의해 추천된 / 도움이 되었다 / 내 논문을 쓰는 것에
- 요약해석: 나의 교수님에 의해 추천된 그 책은 논문 작성에 도움이 되었다.

05 (Having been warned about the traffic), / they / left home early / (to avoid / being late for the interview).
- 구문해석: 교통에 대해 경고를 받았기에 / 그들은 / 집을 일찍 떠났다 / 피하기 위해 / 면접에 지각하는 것을
- 요약해석: 교통에 대해 경고를 받았기에, 면접에 늦는 것을 피하려고 그들은 집을 일찍 떠났다.

06 The students / succeeded / (in solving the complex math problem) / (by sharing different approaches).
- 구문해석: 학생들은 / 성공했다 / 복잡한 수학 문제를 해결하는 것에 / 다양한 접근 방식을 공유함으로써
- 요약해석: 학생들은 다양한 접근 방식을 공유하여 그 복잡한 수학 문제를 푸는 것에 성공했다.

5 절의 영역 설정

📖 예문의 밑줄은 동사(구)를 가리킨다.

문장 중에~	절의 영역	영역의 끝점
명사 +	(접속사 + ~ 동사 ~)	① 두번째 동사 앞
	(관계사 + ~ 동사 ~)	② 마침표(.)나 쉼표(,) 앞
	(의문사 + ~ 동사 ~)	

1 명사절

- That she completed the project on her own impressed everyone in the department. (접속사)
  그녀가 혼자의 힘으로 그 프로젝트를 달성했다는 것은 그 부서의 모든 사람들에게 깊은 인상을 주었다.
- The committee hasn't decided whether the event will be postponed due to the weather. (접속사)
  위원회는 날씨 때문에 행사가 연기될 것인가를 결정하지 않았다.
- The scientist proposed that the new formula could solve the longstanding problem. (접속사)
  그 과학자는 새로운 공식이 오랫동안 지속된 문제를 해결할 수 있을 거라고 제안했다.
  ➡ 동사 뒤에 나오는 접속사 that은 생략할 수 있다. 즉, 동사 뒤에 뜬금없이 주어, 동사가 나온다면 that이 생략되었다고 보면 된다.

2 형용사절

- The scientist who discovered the new element was awarded an international prize. (관계사)
  새로운 원소를 발견했던 그 과학자는 국제적인 상을 수상했다.
- We visited the museum which our professor recommended during the last lecture. (관계사)
  우리는 우리 교수님이 지난 강의에서 추천하셨던 박물관을 방문했다.
  ➡ 목적격 관계사는 생략할 수 있다. 즉, 명사 뒤에 뜬금없이 주어, 동사가 나온다면 그 명사를 뒤에서 수식하고 있는 것이다.
- The company has established new guidelines under which employees are expected to work. (전치사 + 관계사)
  그 회사는 직원들이 그에 맞춰 작업하게 될 새로운 지침을 마련했다.
  ➡ [전치사 + which]나 [전치사 + whom]은 전치사부터 절의 영역이 시작된다.

3 부사절

- After she finished her presentation, the audience applauded enthusiastically. (접속사)
  그녀가 발표를 끝마친 후에, 청중들은 열정적으로 박수를 쳤다.
- The machine will automatically shut down if it detects any sign of overheating. (접속사)
  그 기계는 어떠한 과열의 신호를 감지한다면 자동적으로 멈출 것이다.
  ➡ 부사절이 문장 뒤로 가면 콤마가 생략될 수도 있다.

다음 문장에서 절의 영역을 설정하여 (괄호)를 치시오.

01 How the machine operates under pressure is still not fully understood.

02 The manager confirmed the documents had been sent to the client.

03 She finally bought the laptop which was recommended by several of her classmates.

04 The professor to whom I submitted my thesis gave me detailed feedback within a week.

05 The proposal the committee reviewed thoroughly was approved unanimously due to its innovative approach.

06 Since the data had not been fully analyzed, the researchers decided to postpone the publication of their findings.

07 The construction site will remain a high-risk environment for workers unless proper safety measures are implemented.

WORDS

operate 작동하다
confirm 확인하다
recommend 추천하다
submit 제출하다
detailed 상세한
thoroughly 철저하게
unanimously 만장일치로
analyze 분석하다
postpone ~을 연기하다
findings 연구결과
safety measures 안전조치
implement 실행하다

---

01 (How the machine operates under pressure) / is still not fully understood.
- 구문해석) 그 기계가 압력 하에서 어떻게 작동하는가는 / 아직 완전히 이해되지 않는다
- 요약해석) 그 기계가 압력 속에서 어떻게 작동하는가는 아직 완전히 파악되지는 않는다.

02 The manager / confirmed / (the documents had been sent to the client).
- 구문해석) 관리자는 / 확인했다 / 그 문서들이 고객들에게 발송되었다 (confirmed 뒤에 that이 생략된 구조)
- 요약해석) 관리자는 그 문서들이 고객에게 발송되었다는 것을 확인했다.

03 She / finally bought / the laptop / (which was recommended by several of her classmates).
- 구문해석) 그녀는 / 마침내 구매했다 / 노트북 컴퓨터를 / 그녀의 몇몇 학급 친구들에 의해 추천되었던
- 요약해석) 그녀는 몇몇 학급 친구들에 의해 추천되었던 노트북 컴퓨터를 마침내 구매했다.

04 The professor / (to whom I submitted my thesis) / gave me / detailed feedback / within a week.
- 구문해석) 그 교수는 / 내가 논문을 제출했던 / 나에게 주었다 / 상세한 피드백을 / 일주일 내에
- 요약해석) 내가 논문을 제출했던 교수는 일주일 내에 나에게 상세한 피드백을 해주었다.

05 The proposal / (the committee reviewed thoroughly) / was approved unanimously / due to its innovative approach.

(구문해석) 그 제안은 / 위원회가 철저하게 검토했던 / 만장일치로 승인되었다 / 혁신적인 접근법 때문에 (proposal 뒤에 목적격 관계사가 생략된 구조)

(요약해석) 위원회가 철저하게 검토했던 그 제안서는 혁신적인 접근법으로 만장일치로 승인되었다.

06 (Since the data had not been fully analyzed), the researchers / decided to postpone / the publication of their findings.

(구문해석) 데이터가 완전히 분석되지 않았기에 / 연구자들은 / 연기하기로 결심했다 / 그들이 발견한 것들에 대한 발표를

(요약해석) 데이터가 완전히 분석되지 않았기에, 연구자들은 연구 결과 발표를 연기하기로 결심했다.

07 The construction site / will remain / a high-risk environment for workers / (unless proper safety measures are implemented).

(구문해석) 그 공사 현장은 / 남아 있을 것이다 / 노동자들에게 위험한 환경으로 / 적절한 안전 조치가 실행되지 않는다면

(요약해석) 적절한 안전조치가 실행되지 않으면, 그 공사 현장은 노동자들에게 위험한 환경으로 남아 있을 것이다.

6 후치 수식어

📖 예문의 밑줄은 동사(구) 또는 준동사(구)를 가리킨다.

영어는 명사를 뒤에서 수식하는 '후치 수식어'를 많이 사용한다. 이런 후치 수식어는 크게 8가지 유형이 있는데, 이를 암기하고 있으면 구문 분석에 도움이 많이 된다.

1 [명사 + 관계사절]

관계사는 who, which, that, where, when, why 등이 있다.

- The device which was developed by engineers has significantly improved energy efficiency.
  공학자들에 의해 개발된 그 장치는 에너지 효율성을 상당히 개선시켰다.

2 [명사 + (주어 + 동사 ~)]

목적격 관계사는 생략될 수 있다.

- The place he always hoped to live in was outside of his country.
  그가 항상 살고 싶었던 그 장소는 그의 나라 밖에 있었다.
  ➡ 명사 뒤의 뜬금없는 주어, 동사에 괄호를 쳐라.

3 [명사 + 현재분사구]

주로 '~하는'으로 해석한다.

- The student preparing for the final exam stayed up all night.
  기말고사를 준비하는 그 학생은 밤을 샜다.
  ➡ 명사 뒤의 -ing에 괄호를 쳐라.

4 [명사 + 과거분사구]

주로 '~된'으로 해석한다.

- Books published in paperback editions are usually cheaper.
  페이퍼백 판으로 출간된 책들은 일반적으로 더 저렴하다.
  ➡ 명사 뒤의 pp에 괄호를 쳐라.

5 [명사 + to부정사구]

주로 '~할, ~하려는'으로 해석한다.

- The attempt to write well forces us to clarify our thoughts.
  글을 잘 쓰려는 시도가 우리를 더 명확하게 생각하도록 만든다.
  ➡ 명사 뒤의 to부정사에 괄호를 쳐라.

6 [명사 + 형용사구]

형용사가 다른 단어들과 같이 나온다.

- All things necessary for the expedition were prepared.
  탐험에 필요한 모든 것들이 준비되었다.
  ➡ 명사 뒤의 형용사 꾸러미에 괄호를 쳐라.

7 [명사 + 전명구]

이 경우 전명구는 형용사구로 기능한다.

➡ The book on the top shelf contains rare historical photographs from the early 20th century.
  맨 위 선반에 있는 그 책은 20세기 초의 희귀한 역사적 사진을 담고 있다.

8 [명사 + that절]

관계사 that절은 뒤에서 수식하고, 동격의 that절은 명사의 내용을 설명해 준다.

- Evidence that eating chocolate does not cause pimple comes from two studies.
  초콜릿을 먹는 것이 여드름을 초래하지 않는다는 증거는 두 연구에서 비롯된다.

다음 문장에서 후치 수식어를 찾아 (괄호)를 치시오.

01 The teacher who inspires her students with creative lessons often stays late to prepare engaging materials.

02 The journalist the public criticized for spreading false information later issued a formal apology.

03 The volunteers working in remote villages provide essential medical care for people with limited access to hospitals.

04 The paintings restored by a team of experts are now on display at the city museum.

05 The capacity to store and distribute information has increased through the use of computers and other devices.

06 A good deal of information available to children is quickening the beginning of their adulthood.

07 The student with a deep interest in environmental sustainability and climate action is organizing a campaign at school.

08 The bacteria and molds that cause decay and fermentation in food cannot thrive without moisture.

WORDS

engaging 흥미로운
criticize 비판하다
remote 동떨어진, 외딴
medical care 의료서비스
restore 복원하다
capacity 역량
distribute 배포하다
available 이용 가능한
quicken 빠르게 만들다
sustainability 지속 가능성
mold 균류
decay 부패
fermentation 발효
thrive 번성하다
moisture 수분

01 The teacher / (who inspires her students with creative lessons) / often stays late / to prepare engaging materials.
- 구문해석: 그 선생님은 / 창의적인 수업으로 학생들에게 영감을 주는 / 자주 늦게까지 남는다 / 흥미로운 자료를 준비하기 위해
- 요약해석: 창의적인 수업으로 학생들에게 영감을 주는 그 선생님은 흥미로운 자료를 준비하기 위해 자주 늦게까지 남는다.

02 The journalist / (the public criticized / for spreading false information) / later issued / a formal apology.
- 구문해석: 그 기자는 / 대중들이 비판했던 / 잘못된 정보를 퍼뜨린 것에 대해 / 나중에 발표했다 / 공식적인 사과를
- 요약해석: 잘못된 정보를 퍼뜨린 것에 대해 대중들의 비판을 받았던 그 기자는 나중에 공식적인 사과를 발표했다.

03 The volunteers / (working in remote villages) / provide essential medical care / for people / with limited access to hospitals.
- 구문해석: 자원봉사자들은 / 외딴 마을에서 활동 중인 / 필수 의료서비스를 제공한다 / 사람들을 위해 / 병원에 접근이 제한적인
- 요약해석: 외딴 마을에서 활동 중인 자원봉사자들은 병원 이용이 어려운 사람들에게 필수 의료서비스를 제공한다.

04 The paintings / (restored by a team of experts) / are now on display / at the city museum.
- 구문해석: 그 그림들은 / 전문가 팀에 의해 복원된 / 지금 전시되어 있다 / 시립박물관에
- 요약해석: 전문가 팀에 의해 복원된 그 그림들은 현재 시립박물관에 전시되어 있다.

05 The capacity / (to store and distribute information) / has increased / through the use of computers and other devices.
- 구문해석: 역량은 / 정보를 저장하고 배포할 / 증가하였다 / 컴퓨터와 다른 장치의 사용을 통해
- 요약해석: 정보를 저장하고 배포하는 역량은 컴퓨터와 다른 장치의 사용을 통해 증가하였다.

06 A good deal of information / (available to children) / is quickening / the beginning of their adulthood.
- 구문해석: 많은 양의 정보는 / 아이들에게 이용 가능한 / 빠르게 만든다 / 그들의 성년기의 시작을
- 요약해석: 아이들이 이용할 수 있는 많은 정보는 아이들의 성년기의 시작을 빠르게 만든다.

07 The student / (with a deep interest / in environmental sustainability and climate action) / is organizing / a campaign at school.
- 구문해석: 그 학생은 / 깊은 관심을 가지고 있는 / 환경의 지속 가능성과 기후 행동에 / 조직하고 있다 / 학교에서 캠페인을
- 요약해석: 환경의 지속 가능성과 기후 행동에 깊은 관심을 가진 그 학생은 학교에서 캠페인을 조직하고 있다.

08 The bacteria and molds / (that cause decay and fermentation in food) / cannot thrive / without moisture.
- 구문해석: 박테리아와 균류는 / 음식에서 부패와 발효를 초래하는 / 번성할 수 없다 / 수분 없이
- 요약해석: 음식에서 부패와 발효를 초래하는 박테리아와 균류는 수분 없이는 번성할 수 없다.

7 부사어

> 예문의 밑줄은 동사(구)를 가리킨다.

부사어는 문장의 다양한 위치에서 명사를 제외한 모든 것을 수식하고 의미를 보충한다. 이런 부사어의 대표적인 형태를 알고 있으면 구문 분석에 매우 유리하다.

1 단순부사

- Surprisingly, the student with no formal training in music performed a complex piano piece flawlessly.
  놀랍게도 음악에 있어 공식적인 훈련을 받지 않은 그 학생은 결점 없이 복잡한 피아노 작품을 연주했다.

2 전명구

전명구는 부사어 중 가장 대표적인 형태로, 다양한 위치에서 의미를 보충하는 기능을 한다.

- In the middle of the heated debate, the moderator known for his fairness and calmness stepped in to restore order. 뜨거운 논쟁 중에 공정성과 침착함으로 유명한 중재자가 질서를 회복하기 위해서 개입했다.

3 부사절과 분사구문

① **부사절과 분사구문의 관계**: 부사절의 주어와 주절의 주어가 같으면 부사절을 분사구문으로 만들 수 있다.

- Though they were warned about the risks in advance, the hikers continued along the trail without hesitation. 사전에 위험에 대해 경고를 받았지만, 등산객들은 망설임 없이 계속 그 산길을 따라 갔다.
  ➡ [접속어 + 주어 + 동사 ~]의 구조로서 부사절이다.

- = Warned about the risks in advance, the hikers continued along the trail without hesitation.
  ➡ 접속사(though)와 주어(they)를 생략하고 동사(were warned)를 분사(being warned)로 바꾼 형태이다. 분사 being은 주로 생략된다.

- = Though warned about the risks in advance, the hikers continued along the trail without hesitation.
  ➡ [접속사 + 분사구문]의 형태로서, 이 세 가지 형태 중 가장 많이 쓰인다.

② **부사어의 위치 변화**: 부사어는 문장 앞, 문장 중간, 문장 뒤에 위치할 수 있다. 특히 분사구문은 문장 뒤에 오는 경우가 많다.

- The experiment failed unexpectedly, revealing flaws in the initial hypothesis.
  그 실험은 초기 가설의 결함을 드러내면서 예상치 못하게 실패했다.
- The manager approved the proposal, impressed by its clarity and feasibility.
  관리자는 그 제안의 명확성과 실행 가능성에 감명을 받아 제안을 승인했다.

다음 문장에서 부사어를 찾아 (괄호)를 치시오.

01 Although having no prior experience in robotics, the student built a functional prototype within two weeks.

02 While reviewing the final draft, the editor noticed several inconsistencies in tone and style.

03 The platform has expanded its services to over 50 countries since it was launched in 2010.

04 The professor ended the lecture early, allowing students extra time to review their notes.

05 The child fell asleep in the car, holding his favorite toy tightly in his hands.

06 The suspect remained silent, surprised by the unexpected turn of events during the investigation.

WORDS

prior 사전의
robotics 로봇공학
functional 작동 가능한
prototype 시제품, 초기 모형
final draft 최종 원고
inconsistency 불일치
tone 어조
expand 확장하다
launch 출시하다
lecture 강의
extra 별도의, 추가의
fall asleep 잠들다

---

01 (Although having no prior experience in robotics), / the student / <u>built</u> a functional prototype / within two weeks.
- 구문해석: 로봇공학에 사전 경험이 없었지만 / 그 학생은 / 작동 가능한 시제품을 만들었다 / 2주 안에
- 요약해석: 로봇공학에 대한 사전 경험이 없었지만, 그 학생은 2주 안에 작동 가능한 시제품을 만들었다.

02 (While reviewing the final draft), / the editor / <u>noticed</u> several inconsistencies / in tone and style.
- 구문해석: 최종 원고를 검토하는 동안에 / 편집자는 / 몇몇 불일치를 발견했다 / 어조와 문체에 있어서
- 요약해석: 최종 원고를 검토하는 동안에, 편집자는 어조와 문체에서 몇 가지 일관성 없는 부분들을 발견했다.

03 The platform / <u>has expanded</u> its services / to over 50 countries / (since it <u>was launched</u> in 2010).
- 구문해석: 그 플랫폼은 / 서비스를 확장해 왔다 / 50개국 이상으로 / 2010년 출시된 이래로
- 요약해석: 2010년에 출시된 이래로, 그 플랫폼은 50개국 이상으로 서비스를 확장해 왔다.

04 The professor / <u>ended</u> the lecture early, / (allowing students extra time / to review their notes).
- 구문해석: 교수는 / 강의를 일찍 끝냈다 / 학생들에게 추가 시간을 허용하면서 / 노트를 복습할
- 요약해석: 교수는 강의를 일찍 끝내 학생들이 노트를 복습할 수 있는 추가 시간을 주었다.

05 The child / <u>fell</u> asleep in the car, / (holding his favorite toy tightly in his hands).
- 구문해석: 그 아이는 / 차에서 잠들었다 / 가장 좋아하는 장난감을 손에 꼭 쥐면서
- 요약해석: 그 아이는 가장 좋아하는 장난감을 손에 꼭 쥔 채로 차에서 잠들었다.

06 The suspect / <u>remained</u> silent, / (surprised by the unexpected turn of events / during the investigation).
- 구문해석: 용의자는 / 침묵을 유지했다 / 예상 밖의 상황 전개에 놀라서 / 수사 도중에
- 요약해석: 용의자는 수사 도중에 예상 밖의 상황 전개에 놀라서 침묵을 유지했다.

8 병치구조

📖 예문의 밑줄은 동사(구) 또는 준동사(구)를 가리킨다.

병치구조는 문장 안에서 중복되는 부분을 생략하여 나란히 배열한 구조를 말한다. 다른 언어와 마찬가지로 영어에서도 병치구조가 많이 사용되므로 기본적인 원리를 이해하고 있어야 구문 분석이 쉽다.

1 병치구조

중복 표현을 공통인수로 묶은 구조이다.

- The professor + (<u>explained</u> the theory clearly), and (<u>answered</u> all the students' questions with patience).
  교수님은 이론을 명확하게 설명했고, 학생들의 모든 질문에 인내심 있게 답해 주셨다.

- She <u>promised</u> + (<u>to complete</u> the report on time) and (<u>to submit</u> it before the meeting <u>started</u>).
  그녀는 보고서를 제시간에 끝내고 회의가 시작되기 전에 제출할 것을 약속했다.
  ➡ to부정사가 병치구조를 이룰 때, 뒤에 나오는 to부정사의 to는 생략할 수 있다.

2 [A, B, and C]의 구조

세 개 이상의 요소를 배열할 때는 일반적으로 [A, B, and C]의 형태로 배열한다. 이때에도 중요한 것은 A, B, C가 모두 병치구조를 이룬다는 것이다.

- He (<u>wants</u> to play baseball), (<u>wants</u> to watch movies), and (<u>wants</u> to go fishing).
  그는 야구하기, 영화 보기, 그리고 낚시 가기를 원한다.
  = He wants (<u>to play</u> baseball), (<u>to watch</u> movies), and (<u>to go</u> fishing).
  = He wants to (<u>play</u> baseball), (<u>watch</u> movies), and (<u>go</u> fishing).
  ➡ 공통인수의 관계: X·A + X·B + X·C = X(A+B+C) → X (A, B, and C)

다음 문장에서 병치구조를 이루고 있는 부분을 (괄호)를 치시오.

01 The company launched a new product last month, and expanded its marketing campaign to international markets.

02 The students were encouraged to think critically and express their ideas confidently during the debate.

03 Democracy is the government of the people, by the people, and for the people.

04 The new policy aims to reduce costs, improve efficiency, and increase employee satisfaction across all departments.

05 The crusaders were influential in extending knowledge of geography, stimulating travel, promoting commerce and culture, and hastening the disintegration of feudalism.

WORDS
expand 확장하다
encourage 격려하다
critically 비판적으로
confidently 자신 있게
debate 토론
efficiency 효율성
department 부서
crusader 십자군
influential 영향력이 있는
geography 지리
stimulate 자극하다
hasten 재촉하다, 가속화하다
disintegration 해체, 붕괴
feudalism 봉건주의

---

01 The company / (<u>launched</u> a new product / last month), / and / (<u>expanded</u> its marketing campaign / to international markets).

구문해석) 그 회사는 / 신제품을 출시했다 / 지난달에 / 그리고 / 마케팅 활동을 확장했다 / 국제 시장으로.
요약해석) 그 회사는 지난달에 신제품을 출시했고, 마케팅 활동을 국제 시장으로 확장했다.

02 The students / <u>were encouraged</u> / (to <u>think</u> critically) / and (<u>express</u> their ideas confidently / during the debate).

구문해석) 학생들은 / 격려를 받았다 / 비판적으로 생각하고 / 그리고 / 자신 있게 그들의 생각을 표현하도록 / 토론 중에.
요약해석) 학생들은 토론 중에 비판적으로 사고하고 자신있게 생각을 표현하도록 격려받았다.

03 Democracy / <u>is</u> the government / (<u>of</u> the people), / (<u>by</u> the people), / and / (<u>for</u> the people).

구문해석) 민주주의는 / 정부이다 / 국민의 / 국민에 의한 / 그리고 / 국민을 위한.
요약해석) 민주주의는 국민의, 국민에 의한, 국민을 위한 정부이다.

04 The new policy / <u>aims</u> / (to <u>reduce</u> costs), / (<u>improve</u> efficiency), / and / (<u>increase</u> employee satisfaction / across all departments).

구문해석) 새로운 정책은 / 목표로 한다 / 비용을 줄이고, / 효율성을 개선하고, / 직원 만족도를 증가시키는 것을 / 모든 부서에서.
요약해석) 새로운 정책은 모든 부서에서 비용을 줄이고, 효율성을 개선시키고, 직원 만족도를 높이는 것을 목표로 한다.

05 The crusaders / <u>were</u> influential / in (<u>extending</u> knowledge of geography), / (<u>stimulating</u> travel), / (<u>promoting</u> commerce and culture), / and / (<u>hastening</u> the disintegration of feudalism).

구문해석) 십자군은 / 영향력이 있었다 / 지리 지식을 확장하고 / 여행을 자극하고 / 상업과 문화를 촉진시키고 / 봉건주의 해체를 가속시키고.
요약해석) 십자군은 지리 지식을 확장하고, 여행을 자극하고, 상업과 문화를 촉진시키고, 봉건주의 해체를 가속하는 데 있어서 영향력이 있었다.

PART

01

독해 논리의 이해

01 독해의 논리어

02 중요 구문과 표현들

01 독해의 논리어

지문 속에는 글의 전개 방향을 잡아주는 많은 논리어들이 있다. 이런 논리어들은 지문 속에서 신호등과 같은 역할을 하므로, 논리어의 의미를 예문 속에서 반드시 연습해야 한다.

1 역접관계 연결사

① 역접관계 접속부사

> however 그러나 (= yet)
> on the contrary 반대로, 이와는 반대로 오히려 (cf. contrary to ~에 반해서)
> nonetheless 그럼에도 불구하고 (= nevertheless, still)

- The experiment seemed promising. However, the unexpected results surprised the researchers and forced them to reconsider their entire approach.
  그 실험은 유망해 보였다. 그러나 예상치 못한 결과가 연구자들을 놀라게 했고, 그들의 전반적인 접근 방식을 재고하게 만들었다.

- Many assumed the project would be a disaster; on the contrary, it became one of the most successful ventures in the company's history.
  많은 이들이 그 프로젝트가 실패할 것이라고 가정했다; 이와는 반대로 오히려 그것은 회사 역사상 가장 성공적인 사업 중 하나가 되었다.

- They trained for months. The team, nonetheless, suffered a disappointing loss after making several careless mistakes during the final match.
  그들은 몇 달 동안 훈련했다. 그럼에도 불구하고 팀은 결승전에서 몇 번의 부주의한 실수로 실망스러운 패배를 당했다.
  ➡ 접속부사가 문장 중간에 들어와도 실질적으로는 문장 앞에서 기능하는 것처럼 해석한다.

② 비교·대조의 접속부사

> on the other hand 반면에
> in contrast 대조적으로 (= on the contrary)
> conversely 반대로 (= reversely)

- The city offers modern entertainment and nightlife; on the other hand, the countryside provides natural beauty, peace, and a slower pace of life.
  도시는 현대적인 오락과 야경을 제공하지만, 반면에, 시골은 자연의 아름다움과 평화로움, 그리고 보다 느린 삶의 속도를 제공한다.

- The eastern coast experiences frequent summer rains. In contrast, the western coast enjoys dry weather and lower humidity throughout the summer months.
  동해안은 여름에 비가 자주 내린다. 대조적으로, 서해안은 여름 내내 건조한 날씨와 낮은 습도를 즐긴다.

- Urban populations are growing quickly. Conversely, rural communities are shrinking as young people leave in search of better opportunities.
  도시 인구는 빠르게 증가하고 있다. 반대로, 농촌 지역은 젊은이들이 더 나은 기회를 찾아 떠나면서 줄어들고 있다.

③ 앞에 부정문이 나오는 접속부사

> instead 대신에 (cf. instead of ~ 대신에)
> rather 오히려 (cf. rather than ~라기보다는)

- He didn't choose the expensive hotel. Instead, he booked a small guesthouse near the beach to save money on accommodations.
  그는 비싼 호텔을 선택하지 않았다. 대신에, 해변 근처의 작은 게스트하우스를 예약해 숙박비를 절약했다.

- The manager did not criticize the employee. Rather, she praised him for handling the situation calmly and professionally.
  그 관리자는 직원을 비난하지 않았다. 오히려, 그녀는 침착하고 전문적으로 상황을 처리한 것에 대해 그를 칭찬했다.

④ 양보 부사절을 이끄는 종속 접속사

> although, though 비록 ~이지만
> even if 비록 ~일지라도 (= even though)
> while ~하는 반면에 (= whereas)

- (Although the company invested heavily in advertising and new product development), sales continued to decline due to the worsening economic conditions and rising competition.
  (회사가 광고와 신제품 개발에 막대한 투자를 했음에도 불구하고), 경기 악화와 경쟁 심화로 인해 매출은 계속 감소했다.

- The team will proceed with the launch, (even if several critical components have not yet been fully tested or approved by the engineers).
  (몇몇 핵심 부품이 아직 엔지니어들에 의해 완전히 테스트되거나 승인되지 않았더라도), 그 팀은 출시를 진행할 것이다.

- (While many critics praised the novel for its originality and depth), some readers found it confusing and difficult to follow until the very end.
  (많은 평론가들이 그 소설의 독창성과 깊이를 칭찬한 반면), 일부 독자들은 끝까지 내용이 혼란스럽고 따라가기 어렵다고 느꼈다.

⑤ 전치사

> despite ~에도 불구하고 (= in spite of)
> in the face of ~에 직면하여
> notwithstanding ~에도 불구하고

- (Despite their thorough preparation and months of practice), the team failed to win the competition due to unexpected technical problems during the final round.
  (철저한 준비와 몇 달간의 연습에도 불구하고), 그 팀은 결승 라운드에서 예상치 못한 기술적인 문제로 대회에서 우승하지 못했다.

- The CEO announced a bold restructuring plan, (in the face of growing criticism and fears of a complete corporate collapse).
  CEO는 (기업의 완전한 붕괴에 대한 커져가는 비판과 두려움에 직면하여) 대담한 구조조정 계획을 발표했다.

- (Notwithstanding his lack of formal education and limited resources), the inventor created a device that revolutionized the way people communicate worldwide.
  (공식적인 교육의 부족과 제한된 자원에도 불구하고), 그 발명가는 전 세계 사람들이 소통하는 방식을 혁신한 장치를 만들어냈다.

2 예시

> for example 예를 들어 (= for instance)
> such as ~와 같은

- Many industries are adapting to digital transformation; for example, the healthcare sector is increasingly using AI to diagnose diseases and streamline patient care.
  많은 산업들이 디지털 전환에 적응하고 있다. 예를 들어, 의료 분야는 질병을 진단하고 환자 관리를 효율화하기 위해 AI를 점점 더 사용하고 있다.

- Many global issues, (such as climate change, resource depletion, and biodiversity loss), require urgent and coordinated action from governments and organizations worldwide.
  (기후 변화, 자원 고갈, 생물 다양성 손실과 같은) 많은 전 지구적 문제들은 전 세계 정부와 기관의 긴급하고 협력적인 대응을 필요로 한다.

3 첨가

> in addition 게다가
> moreover 게다가 (= furthermore, besides)
> what is more 더욱이, 게다가
> what is better 금상첨화로
> what is worse 설상가상으로

- The proposal includes a significant budget cut. In addition, several departments will be merged to improve operational efficiency and reduce overall costs.
  그 제안에는 상당한 예산 삭감이 포함되어 있다. 게다가, 여러 부서가 운영 효율성과 전반적인 비용 절감을 위해 통합될 것이다.

- The new system is fast and reliable. Moreover, it is designed to be user-friendly and adaptable to various business environments.
  새로운 시스템은 빠르고 신뢰성이 높다. 게다가, 사용자 친화적이고 다양한 비즈니스 환경에 적응할 수 있도록 설계되었다.

4 인과

① 인과관계 접속부사

> therefore 그러므로, 그래서 (= thus)
> as a result 그 결과, 결과적으로 (= in consequence, consequently)
> accordingly 그러한 이유로, 그래서 (= for this reason)
> in turn 결국, 결과적으로
> hence 이러한 이유로, 그러므로 (cf. from hence 지금부터는)

- The company failed to meet the safety standards. Therefore, production was halted, and a full investigation into the incident was immediately launched.

  그 회사는 안전 기준을 충족하지 못했다. 그래서 생산이 중단되었고, 사건에 대한 전면적인 조사가 즉시 시작되었다.

- The new policy restricted overtime work. As a result, employee satisfaction improved, and productivity increased steadily over the next few months.

  새로운 정책이 초과근무를 제한했다. 그 결과, 직원 만족도가 향상되었고 이후 몇 달 동안 생산성이 꾸준히 증가했다.

- The company expanded its product line. This, in turn, led to higher customer satisfaction and an increase in market share across several regions.

  회사가 자사의 제품 라인을 확장했다. 결과적으로, 이는 보다 높은 고객 만족과 여러 지역에서 시장 점유율의 증가로 이어졌다.

② 인과 표현 전치사

> due to ~ 때문에 (= because of, on account of)
> thanks to ~ 덕택으로 (= owing to, by virtue of)
> by means of ~에 의해서 (= by dint of)

- (Due to the increasing demand for renewable energy), many governments have introduced subsidies to encourage businesses to invest in green technology.

  (재생에너지에 대한 증가하는 수요 때문에), 많은 정부가 기업들이 친환경 기술에 투자하도록 장려하는 보조금을 도입했다.

- The detective solved the complex case (thanks to a small clue hidden in the suspect's testimony) which others had overlooked.

  다른 이들이 간과했던 (용의자의 증언 속 작은 단서 덕분에), 형사는 복잡한 사건을 해결했다.

- (By means of a thoughtful conversation and active listening), the counselor helped the teenager express emotions they had struggled to verbalize.

  (사려 깊은 대화와 적극적인 경청을 통해), 상담사는 그 십 대들이 말로 표현하기 어려웠던 감정을 털어놓게 도왔다.

③ 기타 인과관계 표현

> so ~ that … 너무 ~해서 …하다
> such ~ that … 너무 ~해서 …하다
> This is why 그것이 ~한 이유이다 (= That is why)
> This is how 그것이 ~한 방식이다 (= That is how)
> The reason ~ is like this ~의 이유는 다음과 같다

- The lecture was so detailed and informative that the students were able to answer even the most difficult questions on the final exam.
  강의가 너무 상세하고 유익해서 학생들은 기말 시험의 가장 어려운 문제들까지 풀 수 있었다.

- The mountain presented such a difficult challenge that even the most experienced climbers hesitated before attempting to reach the summit.
  그 산은 너무나도 험난한 도전이어서 가장 숙련된 등산가들조차 정상에 오르기 전에 주저했다.

- She always volunteers at the shelter on weekends. This is why the community trusts her and often seeks her advice on local issues.
  그녀는 주말마다 보호소에서 자원봉사를 한다. 이것이 지역사회가 그녀를 신뢰하고 자주 지역 문제에 대해 조언을 구하는 이유이다.

5 부연, 재진술

> in other words 다시 말해서 (= namely)
> that's to say 즉 다시 말해서 (= that is)
> so to speak 말하자면 (= as it were)

- The experiment failed due to contamination; in other words, the presence of unwanted substances affected the accuracy of the results.
  그 실험은 오염 때문에 실패했다. 다시 말하면, 원하지 않는 물질의 존재가 결과의 정확성에 영향을 준 것이다.

- Climate change is intensifying extreme weather patterns across the globe — that's to say, hurricanes are becoming stronger, droughts more prolonged, and heatwaves more frequent and deadly.
  기후변화는 전 세계적으로 극단적인 날씨 양상을 심화시키고 있다. 즉, 허리케인은 더 강해지고, 가뭄은 더 길어지며, 폭염은 더 자주 그리고 치명적이 되고 있다.

- The new policy acts as a double-edged sword, so to speak, bringing both innovation and unintended consequences.
  그 새 정책은 양날의 검처럼 작동하는데, 말하자면, 혁신도 가져오지만 의도치 않은 결과도 가져온다.

6 강조

> in fact 그러나 사실은, 그리고 사실은
> as a matter of fact 사실은
> in particular 특히 (= especially)

- She appeared calm during the interview — in fact, she was so nervous that she could hardly remember what she said afterward.

  그녀는 면접 도중 침착해 보였다. 그러나 사실은, 너무 긴장해서 나중에는 자신이 무슨 말을 했는지도 거의 기억하지 못했다.

- The internship was a valuable experience that helped me develop real-world skills — in fact, it confirmed my decision to pursue a career in marketing.

  그 인턴 과정은 내가 실무 능력을 키우는 데 도움이 된 소중한 경험이었다. 그리고 사실은, 그것은 내가 마케팅으로 진로를 정한 걸 확신하게 해주었다.

7 비교

> in comparison 이에 비해, 이에 반해
> (when) compared to ~와 비교될 때

- The cost of living in major cities continues to rise — in comparison, smaller towns offer more affordable housing and a generally lower financial burden.

  대도시의 생활비는 계속해서 오르고 있다. 이에 비해, 소도시는 더 저렴한 주거비와 전반적으로 낮은 경제적 부담을 제공한다.

- Compared to last year's results, the company showed a significant improvement in both customer satisfaction and overall revenue this quarter.

  작년 실적과 비교될 때, 그 회사는 이번 분기에 고객 만족도와 전반적인 수익 측면에서 뚜렷한 향상을 보였다.

8 요약

> to sum up 요약하면 (= in short, in brief)
> in conclusion 결론적으로
> in this regard 이러한 관점에서 (= in this respect)
> in this sense 이러한 의미에서
> in this way 이러한 방식으로

- To sum up, the experiment confirmed our hypothesis, revealed unexpected patterns in the data, and opened up new possibilities for future research directions.

  요약하면, 그 실험은 우리의 가설을 입증했고, 데이터에서 예상치 못한 패턴을 드러냈으며, 향후 연구방향에 새로운 가능성을 열어 주었다.

- Developing strong digital literacy skills is essential in today's world; in this regard, schools play a critical role in preparing students for future challenges.

  오늘날 세상에서는 디지털 문해력을 키우는 것이 필수적이다. 이러한 관점에서, 학교는 학생들이 미래의 도전에 대비할 수 있도록 중요한 역할을 한다.

- The app allows users to track their progress and set personalized goals; in this way, it encourages consistent effort and long-term habit formation.

  그 앱은 사용자가 자신의 진행 상황을 추적하고 개인 맞춤형 목표를 설정할 수 있게 해준다. 이러한 방식으로, 꾸준한 노력과 장기적인 습관 형성을 유도한다.

9 유사관계

> similarly 마찬가지로 (= in the same way)
> likewise 마찬가지로 (cf. otherwise 그렇지 않는다면)

- The northern region experienced record-breaking temperatures last summer. Similarly, several southern cities reported unusual heatwaves during the same period.
  북부 지역은 지난 여름 기록을 깨는 기온을 경험했다. 마찬가지로, 같은 시기에 남부 여러 도시에서도 이례적인 폭염이 보고되었다.

- Renewable energy sources like solar and wind are gaining popularity; likewise, investment in green technologies has increased significantly over the past decade.
  태양광과 풍력과 같은 재생가능 에너지원이 인기를 얻고 있다. 마찬가지로, 친환경 기술에 대한 투자도 지난 10년간 크게 증가했다.

10 논제

> in regard to ~에 관해서 (= with regard to, regarding)
> in respect to ~에 관해서 (= with respect to, respecting)
> concerning ~에 관해서 (= regarding, respecting)
> as far as A is concerned A에 관한 한
> as far as I am concerned 제가 관여하는 한, 저의 의견으로는 (= in my opinion)
> when it comes to ~에 관해서는, ~함에 있어서
> regardless of ~와 상관없이 (= irrespective of, without regard to)
> as to ~에 관해서

- In regard to the recent changes in school policy, many students and parents have expressed concerns about communication and decision-making transparency.
  최근 학교 정책 변화에 관해서, 많은 학생들과 학부모들이 소통과 의사 결정의 투명성에 대해 우려를 나타냈다.

- When it comes to effective time management, setting clear priorities and eliminating distractions are two of the most important strategies for students and professionals alike.
  효과적인 시간 관리에 관해서는, 명확한 우선순위를 정하고 방해 요소를 제거하는 것이 학생과 전문가 모두에게 가장 중요한 전략 중 두 가지다.

- Regardless of their academic background, all applicants will be given equal opportunities to demonstrate their potential during the interview process.
  학문적 배경에 상관없이, 모든 지원자들은 면접 과정에서 자신의 잠재력을 보여줄 동등한 기회를 부여받게 된다.

11 순서

> above all 무엇보다도 (= first of all)
> to begin with 우선
> afterwards 그 후에 (= after that)
> and then 그리고 나서, 그리고 나면
> meanwhile 그러한 동안에, 한편 (= in the meantime)
> simultaneously 동시에 (= at the same time)
> finally 마침내
> in the end 마지막으로

- The internship taught me practical skills, improved my communication, and above all, gave me the confidence to pursue a career in my chosen field.
  그 인턴 과정은 나의 실무 능력을 길러줬고, 소통 능력을 향상시켰으며, 그리고 무엇보다도 내가 선택한 분야에서 커리어를 추구할 수 있는 자신감을 주었다.

- To begin with, the company must conduct a thorough market analysis before launching a new product to avoid unnecessary financial and strategic risks.
  우선, 그 회사는 불필요한 재정적, 전략적 위험을 회피하기 위해 신제품 출시 전에 철저한 시장분석을 수행해야 한다.

- The technician worked on fixing the server issue; meanwhile, the support team responded to user complaints to minimize confusion and frustration.
  기술자는 서버 문제를 해결했다. 그러는 동안 지원팀이 사용자 불만에 대응해 혼란과 불편을 최소화했다.

02 중요 구문과 표현들

지문 속에서 글쓴이의 생각을 강하게 드러내는 어구나 표현을 찾으면 글쓴이의 의도를 잘 찾을 수 있다. 또한 아래에 나오는 주요 구문들을 사용한 문장에 정답 관련 내용이 많이 나오는 편이다.

1 강한 어조의 표현

> must, have to, should, ought to 동사원형 ~해야 한다
> need to 동사원형 ~할 필요가 있다
> had better 동사원형 ~하는 게 더 낫다
> be required to 동사원형 ~할 것을 요청 받다 (= be asked to 동사원형)

- Aggressive drivers are endangering everyone because they create hazardous condition by acting and driving foolishly. They must control their anger and learn to drive safely. 공격적인 운전자들은 바보처럼 행동하고 운전함으로써 위험한 상황을 만들기 때문에 모든 사람들을 위험에 빠뜨리고 있다. 그들은 자신들의 분노를 통제하고 안전하게 운전하는 법을 배워야 한다.

- The belief that anyone who is accused of a criminal offense should be considered innocent until proven guilty is an important part of universal human rights law.
  형사 범죄로 고소된 어떠한 사람도 유죄판결 전까지 무죄로 여겨져야 한다는 믿음은 보편적 인권법의 중요한 부분이다.

- In the near future, urban sprawl is going to leave us with a shortage of natural resources. We need to be aware of the potential risks in future years and start to restrict urban sprawl and unnecessary development.
  가까운 미래에, 도시 확장으로 인해 우리는 천연자원의 부족에 시달리게 될 것이다. 우리는 미래의 잠재적 위기를 인식해야 하며, 도시 확장과 불필요한 발전을 제한을 시작할 필요가 있다.

2 It is important that절 / to부정사 ~하는 것이 중요하다

> [It is important that절 / to부정사] ~해야 하는 것이 중요하다
> – important 계열: crucial, vital, pivotal (중요한)
> – necessary 계열: essential, imperative, compulsory (필요한)
> [It is clear that] ~이 명확하다
> – clear 계열: obvious, no doubt 등 (명확한)

- It is important to remember that without the greenhouse effect, life on the earth would not be possible.
  온실효과가 없으면 지구상의 생명은 가능하지 않을 것이라는 것을 기억하는 것이 중요하다.

- There are no methods for successful prediction. Nonetheless, it is essential to work out reasonable scenarios for the future.
  성공적인 예측의 방법은 없다. 그럼에도 불구하고, 미래에 대한 합리적인 시나리오를 만들어내는 것은 필요하다.

- It is now clear from the results of the first research studies of this subject that all of these opinions are wrong.
  이 주제에 대한 최초의 연구 결과에서 보면 이러한 모든 의견들이 잘못이라는 것이 현재 명확하다.

3 [It is ~ that] 강조구문

> [It is ~ that …] ~한 것은 바로 …이다
> - 강조구문에서 that 대신에 who, whom, which로 바꿔 사용할 수 있다.

- It is the feedback from actual users that helped the developers improve the app's interface and overall user experience significantly.
  개발자들이 앱의 인터페이스와 전반적인 사용자 경험을 크게 개선하도록 도왔던 것은 바로 실제 사용자들의 피드백이다.

- It is this research paper which laid the foundation for further studies in renewable energy storage and attracted international attention.
  재생 가능 에너지 저장에 관한 후속 연구의 기초를 세우고 국제적인 주목을 끌어낸 건 바로 이 연구 논문이다.

- It was not until the mid-1950s that the term greenhouse effect was coupled with concern over climate change.
  온실효과라는 용어가 기후 변화에 대한 걱정과 연결된 것은 바로 1950년대 중반이 되고 나서였다.

4 not A but B

> not A but B A가 아니라 B이다.
> [~ not A. Rather, 주어 + 동사 ~] A가 아니다. 오히려, ~이다
> [~ not A. Instead, 주어 + 동사 ~] A가 아니다. 대신에, ~이다
> [Rather than A, 주어 + 동사 ~] A라기보다는 ~하다

- The film didn't aim to entertain with action or humor. Rather, it sought to provoke thought and raise awareness about social issues.
  그 영화는 액션이나 유머로 즐거움을 주려는 것이 목적이 아니었다. 오히려 사회 문제에 대한 생각을 유도하고 인식을 높이려 했다.

- She didn't follow the traditional path of getting a corporate job. Instead, she launched her own startup focused on sustainable fashion.
  그녀는 전통적인 기업 취업의 길을 택하지 않았다. 대신에, 지속 가능한 패션에 중점을 둔 자신의 스타트업을 창업했다.

- Rather than waiting for external funding, the research team decided to launch a small-scale pilot project using internal resources and volunteer support.
  외부 자금을 기다리기보다는, 연구팀은 내부 자원과 자원 봉사를 활용해 소규모 파일럿 프로젝트를 시작하기로 결정했다.

5 not only A but B

> not only A but also B A뿐만 아니라 B도 역시 (= B as well as A)
> [Not only 도치 ~, but 주어 + 동사 …] ~할 뿐만 아니라 …하다

- She is respected in the field not only for her academic achievements but also for her dedication to mentoring young researchers.
  그녀는 학문적 성과뿐만 아니라 젊은 연구자들을 지도하는 데 헌신한 점에서도 그 분야에서 존경받고 있다.

- Not only did the internship provide practical experience, but it also helped students build meaningful professional relationships in their field of interest.

  그 인턴 과정은 실무 경험을 제공했을 뿐만 아니라, 학생들이 자신의 관심 분야에서 의미 있는 직업적 관계를 쌓는 데에도 도움이 되었다.

- Effective communication as well as strong leadership plays a vital role in building a team that can adapt to change and overcome unexpected challenges.

  강력한 리더십뿐만 아니라 효과적인 소통도 역시 변화에 적응하고 예기치 못한 문제를 극복할 수 있는 팀을 만드는 데 중요한 역할을 한다.

6 so that 구문 계열

> [주어 + 동사 ~ so ~ that 주어 + 동사 …] 너무 ~해서 …하다
> [주어 + 동사 ~ such ~ that 주어 + 동사 …] 너무 ~해서 …하다
> [주어 + 동사 ~ so that 주어 + may …] ~하기 위해서 (may 외에 can, will 등도 사용한다.)
> [주어 + 동사 ~, so that 주어 + 동사 …] ~하다. 그래서 …하다

- The speaker was so passionate about the topic that the entire audience remained fully engaged throughout the hour-long lecture.

  그 연사는 주제에 너무 열정적이어서, 청중 전체가 한 시간 내내 몰입한 상태로 강연을 들었다.

- The researcher simplified the technical terms in the report so that non-experts could understand the findings without needing specialized knowledge.

  그 연구자는 비전문가들도 전문 지식 없이 연구결과를 이해할 수 있도록 보고서의 전문용어를 단순화했다.

- The team had practiced every possible scenario in advance, so that they were fully prepared to handle unexpected challenges during the live demonstration.

  그 팀은 모든 가능한 상황을 사전에 연습했고, 그래서 실시간 시연 도중 예기치 못한 문제를 완벽하게 대응할 수 있었다.

7 The 비교급 ~, the 비교급 …

> [The 비교급 ~, the 비교급 …] ~하면 할수록, 더더욱 …하다

- The more regularly you practice speaking, the more confident you become in real-life communication, especially in academic or professional settings.

  말하기 연습을 규칙적으로 하면 할수록, 특히 학문적이거나 직업적인 상황에서 실제 의사소통에 더 자신감이 생긴다.

- The more attention we pay to small details during the planning stage, the fewer problems we face during execution and evaluation later on.

  기획 단계에서 작은 세부사항에 더 많은 주의를 기울일수록, 실행과 평가 과정에서 마주치는 문제는 더 줄어든다.

8 긴주어 도치

> [장소부사어 + 동사 + 긴주어]: 주어가 뒤에 나오므로 수의 일치 문제 주의
> [형용사, -ing, pp + be동사 + 긴주어]: 주어가 뒤에 나오므로 수의 일치 문제 주의

- With the increasing use of cell phones comes the public fear about driver distractions.
  핸드폰 사용의 증가와 함께 운전자들의 부주의에 대한 대중들의 걱정도 발생한다.

- In the Gallery of the Academy in Florence stands the David which is considered by many to be the most beautiful sculptural work in the world.
  피렌체에 있는 Gallery of the Academy에는 많은 사람들에 의해 세상에서 가장 아름다운 조각 작품으로 여겨지는 다비드 동상이 서 있다.

- Closely related to the politics and administration is the field that is widely classified as the social science.
  사회과학으로 크게 분류되는 그 분야는 정치학, 행정학과 밀접한 연관이 있다.

PART

02

유형별 독해

01 이메일

02 안내문(행사, 시설)

03 공공기관 및 인터넷 정보

04 요지, 주제, 제목

05 어색한 문장 찾기

06 문장 삽입

07 순서 배열

08 빈칸 완성(단어, 어구)

09 빈칸 완성(절, 문장)

01 이메일

1 지문의 특성

이메일은 실용문에서 가장 기본적인 유형이며 글의 구성과 내용도 쉬운 편에 속한다. 따라서 대표적인 지문을 연습하여 빠른 속도로 정확하게 문제를 해결하는 능력을 키울 필요가 있다. 이메일은 글의 목적과 내용 일치를 묻는 문제로 구성되는 편이다.

2 지문의 구성

① **발신, 수신, 날짜, 제목**
  • 제목에서 글의 목적이 나오는 경우도 많다.
② **인사말과 도입부**
  • 이메일을 쓰게 된 이유나 배경을 간단히 설명하는 부분이다. 글의 목적이 드러나는 경우도 많다.
③ **본문**
  • 이메일의 핵심 내용으로, 문제 제기, 요청사항, 제안, 협조, 설명 등 다양한 내용을 담고 있다.
  • 내용 일치를 묻는 문제가 있는 경우에는 잘 해석해야 하는 부분이다.
④ **마무리**
  • 상대방의 행동을 유도하거나 감사의 표현을 나타내는 내용이 많다.
  • 상대방의 행동을 유도하는 내용인 경우, 글의 목적을 다시 드러낸다.

3 지문의 주요 내용

① **민원 제기, 민원 처리**: 도로보수 요청, 대중교통 불편신고, 공원시설 문제 제기 등
② **개선안 제안**: 행정서비스 개선안 제시 등
③ **관공서 공지 메일**: 새로운 정책 공지, 절차 변경 안내, 긴급 정보 전달 등
④ **직원간 업무 메일**: 협력 요청, 회의 일정 및 참석, 프로젝트 진행 상황 및 처리 등

■ 전략 적용

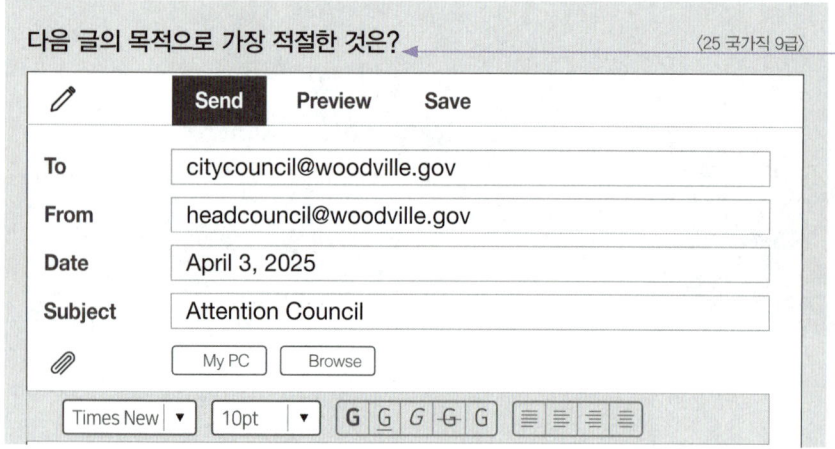

STEP 1
글의 목적을 묻는 문제임을 확인한다. 이메일이나 서신은 제목, 도입부 또는 마지막 부분에 글의 목적이 드러나는 경우가 많다.

Dear Members of the Woodville City Council,

①I am writing to inform you of several issues in our community that need attention. ②A resident, John Smith, of 123 Elm Street, has reported problems with the road conditions on Elm Street, especially between Maple Avenue and Oak Street. There are many potholes and cracks that have worsened after recent heavy rain, causing traffic disruptions and safety hazards. Even though temporary repairs have been made, the problems continue.

③The resident is also concerned about poor lighting in Central Park, especially along Park Lane, because broken or missing streetlights have led to minor accidents and lowered property values. He requests that the Council repair Elm Street and improve the lighting in the park.

④I urge the Council to address these issues for the safety and well-being of our community. Thank you for your attention to these matters. I trust we will work together to resolve these issues effectively.

Sincerely,

Stephen James
Head of Woodville City Council

~~to express gratitude to the Council for their efforts~~
~~to invite the Council to visit Central Park~~
③ to solicit the Council to deal with the community problems
~~to update the Council on recent repairs made in the area~~

STEP 2
글쓴이가 말하고자 하는 바에 대한 정보를 모은다.
① 주목해야 할 안건들을 알린다.
② 한 주민이 도로 상황에 대한 문제점을 신고했다.
③ 센트럴 파크의 조명 문제도 있다.
④ 의회가 이 문제를 처리해 주길 바란다.

STEP 3
선택지에서 가장 적절한 것을 선택한다.
• 'urge the Council to address these issues(의회가 이 안건들을 처리해 줄 것을 촉구한다)'에서 이메일의 목적이 명확하게 나왔으므로, ③이 정답이 된다.
• 참고로, 지문의 urge가 선택지에서는 solicit으로, address는 deal with로, issues는 problems로 표현되었다.

해석
수신: citycouncil@woodville.gov
발신: headcouncil@woodville.gov
날짜: 2025년 4월 3일
제목: 의회 주목 바람

우드빌 시의회 의원 여러분께,
저는 우리 지역사회에서 신경을 써야 하는 몇 가지 문제를 알려드리고자 이 글을 씁니다. 엘름 스트리트 123번지에 거주하는 주민 John Smith 씨는 엘름 스트리트, 특히 메이플 애비뉴와 오크 스트리트 사이 구간의 도로 상태에 대해 문제를 제기했습니다. 최근의 폭우 이후, 수많은 움푹 팬 곳들과 균열들이 더 심해졌으며, 이로 인해 교통 혼란과 안전상의 위험이 발생하고 있습니다. 임시적인 보수가 이루어졌음에도 불구하고 문제는 여전히 계속되고 있습니다.
또한 이 주민은 센트럴 파크, 특히 파크 레인 구간의 조명이 매우 어둡다는 점에도 우려를 표했는데, 고장 나거나 없어진 가로등이 경미한 사고로 이어졌고, 부동산 가치도 하락했기 때문입니다. 그는 시의회가 엘름 스트리트를 보수하고 공원의 조명도 개선해 줄 것을 요청하고 있습니다.
저는 우리 지역사회의 안전과 복지를 위해 시의회가 이 문제들을 해결해 주시길 강력히 촉구합니다. 이 사안들에 관심을 가져주셔서 감사드립니다. 우리가 함께 효과적으로 문제를 해결해 나가길 바랍니다.
Stephen James
우드빌 시의회 의장

① 시의회의 노력에 감사를 표하기 위해
② 시의회를 센트럴 파크에 초대하기 위해
③ 지역사회 문제를 해결해 달라고 시의회에 요청하기 위해
④ 해당 지역에서 최근 진행된 보수작업을 시의회에 알리기 위해

정답 ③

Exercise

[01~02] 다음 글을 읽고 물음에 답하시오. 〈23 인사처 1차예시〉

To: Clifton District Office
From: Rachael Beasley
Date: June 7
Subject: Excessive Noise in the Neighborhood

To whom it may concern,

I hope this email finds you well. I am writing to express my concern and frustration regarding the excessive noise levels in our neighborhood, specifically coming from the new sports field.

As a resident of Clifton district, I have always appreciated the peace of our community. However, the ongoing noise disturbances have significantly impacted my family's well-being and our overall quality of life. The sources of the noise include crowds cheering, players shouting, whistles, and ball impacts.

I kindly request that you look into this matter and take appropriate <u>steps</u> to address the noise disturbances. Thank you for your attention to this matter, and I appreciate your prompt response to help restore the tranquility in our neighborhood.

Sincerely,

Rachael Beasley

---

01 윗글의 목적으로 가장 적절한 것은?

① 체육대회 소음에 대해 주민들의 양해를 구하려고
② 새로 이사 온 이웃 주민의 소음에 대해 항의하려고
③ 인근 스포츠 시설의 소음에 대한 조치를 요청하려고
④ 밤시간 악기 연주와 같은 소음의 차단을 부탁하려고

02 밑줄 친 steps의 의미와 가장 가까운 것은?

① movements   ② actions   ③ levels   ④ stairs

01

정답 ③

해설 'to express my concern and frustration regarding the excessive noise levels in our neighborhood, specifically coming from the new sports field'에 글의 목적이 명확히 나와 있다.

■ **지문 분석** 예문의 밑줄은 동사(구)

To whom / it may concern, 사람에게 / 이 일이 관련된
I hope / (this email finds you well). 저는 바랍니다 / 이 서신이 당신을 잘 찾기를.
I am writing / to express my concern and frustration / (regarding the excessive noise levels / in our neighborhood), / specifically coming from the new sports field.
저는 글을 씁니다 / 제 걱정과 실망감을 표현하기 위해서 / 지나친 소음 수준에 대해서 / 우리 동네의 / 특히 새로운 스포츠 경기장에서 나오는.

As a resident of Clifton district / I have always appreciated / the peace of our community.
클리프턴 지역의 주민으로서 / 저는 항상 고맙게 생각했습니다 / 우리 마을의 평화를.

However, / the ongoing noise disturbances / have significantly impacted / my family's well-being and our overall quality of life. 하지만 / 지속적인 소음 방해는 / 상당히 영향을 끼쳤습니다 / 우리 가족의 안녕과 전반전인 삶의 질에.

The sources of the noise include / crowds cheering, players shouting, whistles, and ball impacts.
소음의 근원은 포함하고 있습니다 / 관중들의 함성, 선수들의 외침, 호루라기 소리, 그리고 공의 충돌 소리들.

I kindly request / (that you look into this matter / and take appropriate steps / to address the noise disturbances).
저는 정중하게 요구합니다 / 당신이 이 일을 조사할 것을 / 그리고 적절한 조치를 취해 줄 것을 / 이 소음 문제를 해결하기 위해서.

Thank you / for your attention to this matter, / and I appreciate your prompt response / (to help restore the tranquility in our neighborhood). 고맙습니다 / 이 일에 관심 가져준 것에 대해 / 그리고 당신의 빠른 대응에 고맙게 생각합니다 / 우리 마을의 평화를 되찾기 위해 도와주려는.

02

정답 ②

해설 take steps(조치를 취하다) = take actions = take measures

해석 수신: 클리프턴 지구 사무소
발신: Rachael Beasley
날짜: 6월 7일
제목: 동네의 과도한 소음

관계자 귀하,
이 이메일이 잘 전달되었기를 바랍니다. 저는 우리 동네의 과도한 소음 수준에 대한 우려와 좌절감을 표현하기 위해 글을 씁니다. 특히 새로운 스포츠 경기장에서 발생하는 소음에 대해 말씀드리고자 합니다.
클리프턴 지구의 주민으로서 저는 항상 우리 지역사회의 평화를 소중히 여겨왔습니다. 그러나 지속적인 소음 방해는 제 가족의 복지와 전반적인 삶의 질에 크게 영향을 미쳤습니다. 소음의 원인은 관중들의 환호, 선수들의 외침, 호루라기 소리, 그리고 공의 충돌 소리입니다.
이 문제를 조사하고 적절한 조치를 취해주시기를 정중히 요청드립니다. 이 문제에 대한 귀하의 관심에 감사드리며, 우리 동네의 평온을 회복하는 데 도움을 주시기 위한 신속한 응답을 부탁드립니다.
Rachael Beasley

어휘 district 지구, 지역 excessive 지나친 concern 관여시키다, 걱정시키다, 걱정, 관심 frustration 좌절, 실망 regarding ~에 관해서 appreciate 고맙게 여기다 ongoing 지속적인 disturbance 소란, 방해 impact 영향을 끼치다 overall 전반적인 take steps 조치를 취하다 address 다루다, 해결하다 prompt 즉각적인 tranquility 고요함

[03~04] 다음 글을 읽고 물음에 답하시오.

Send Preview Save

To: citycouncil@harborcity.gov
From: Grace Thompson (grace.t@email.com)
Date: March 28, 2025
Subject: Concern Regarding Noise Pollution from Late-Night Construction

Dear Harbor City Council,

I am writing as a resident of the Westbrook district to raise concerns about late-night construction work occurring near Lincoln Avenue. Over the past two weeks, construction activities have continued past midnight, caused significant noise disturbances and prevented residents from getting adequate rest.

Several neighbors, including myself, have attempted to address this issue with the site manager, but no changes have been made. The noise is impacting families, particularly those with small children and elderly members.

I kindly urge the council to investigate this matter and enforce existing noise regulations to ensure construction <u>adheres to</u> the permitted hours. I would appreciate timely communication regarding any actions taken.

Thank you for your attention.

Sincerely,

Grace Thompson
Resident, Westbrook District

---

03 윗글의 목적으로 가장 적절한 것은?

① To request a permit for construction beyond regular hours
② To inquire about the city's regulations on building codes
③ To file a complaint regarding disruptive night-time construction
④ To report illegal dumping near the Westbrook district

04 밑줄 친 adheres to와 의미상 가장 가까운 것은?

① breach
② conform to
③ contravene
④ submit

■ **지문 분석** 예문의 밑줄은 동사(구)

I am writing / as a resident of the Westbrook district / (to raise concerns / about late-night construction work / occurring near Lincoln Avenue).
저는 글을 씁니다 / 웨스트브룩 지구의 주민으로서 / 우려를 제기하기 위해 / 늦은 밤 공사에 대해 / 링컨 애비뉴 근처에서 발생하는.

Over the past two weeks, / construction activities have continued past midnight, / caused significant noise disturbances / and prevented residents from getting adequate rest.
지난 2주 동안 / 공사가 자정을 넘어서 계속되었고 / 심각한 소음 방해를 초래했고 / 주민들이 충분하게 쉬는 것을 막았습니다.

Several neighbors, / (including myself), / have attempted to address this issue / with the site manager, / but no changes have been made.
몇몇 주민들이 / 저 자신을 포함하여 / 이 문제를 해결하려 노력했습니다 / 현장 관리자와 함께 / 하지만, 아무런 변화도 만들어지지 않았습니다.

The noise is impacting families, / particularly those / with small children and elderly members.
소음은 가족들에게 영향을 끼치고 있습니다 / 특히 그러한 가족들에게 / 어린 자녀들과 노년층이 있는.

I kindly urge / the council / (to investigate this matter / and enforce existing noise regulations) / (to ensure / construction adheres to the permitted hours).
저는 정중히 요청합니다 / 시의회가 / 이 문제를 조사하고 / 기존의 소음 규제를 시행해줄 것을 / 확보하기 위해서 / 공사가 허가된 시간을 준수하는 것을.

I would appreciate / timely communication / (regarding any actions taken).
고맙겠습니다 / 적시의 소통에 대해서 / 취해질 행동에 관한.

03

정답 ③

해설 글쓴이는 야간 공사로 인한 소음 문제를 시의회에 신고하고, 해결을 요청하고자 한다. ① 정규 시간을 초과하는 공사 허가를 요청하기 위해 ② 도시 건축 규정에 대해 문의하기 위해 ③ 시끄러운 야간 공사에 대한 민원을 제기하기 위해 ④ 웨스트브룩 지구 인근의 불법투기를 신고하기 위해

04

정답 ②

해설 adhere to ~을 고수하다, ~을 지키다 / ① breach 위반하다 ② conform to ~을 따르다, ~에 순응하다 ③ contravene 위반하다 ④ submit 제출하다

해석 수신: citycouncil@harborcity.gov
발신: Grace Thompson (grace.t@email.com)
일자: 2025년 3월 28일
제목: 심야 공사로 인한 소음 공해 관련 민원

하버 시의회 귀하,
저는 웨스트브룩 지구 주민으로서 링컨 애비뉴 근처에서 발생하는 심야 공사에 대해 우려를 제기하고자 합니다. 지난 2주간, 공사가 자정 이후까지 계속되고 있어 심각한 소음 문제가 발생하고 있으며, 주민들이 충분한 휴식을 취하지 못하고 있습니다.
저를 포함한 여러 주민들이 현장 관리자와 함께 이 문제를 해결하기 위해 시도했으나 아무런 변화도 없습니다. 소음은 특히 어린 자녀와 노년층이 있는 가정에 큰 영향을 미치고 있습니다.
시의회가 이 사안을 조사하고 기존의 소음 규제를 철저히 시행하여 공사가 허가된 시간을 준수하도록 만들어 주길 정중히 요청합니다. 조치 사항에 대한 신속한 안내도 부탁드립니다.
관심을 가져주셔서 감사합니다.
Grace Thompson
웨스트브룩 지구 주민

어휘 raise concerns 우려를 제기하다 noise disturbance 소음 문제 adequate 충분한 site manager 현장 관리자 enforce 집행하다 noise regulation 소음 규제

05 이 글의 제목으로 가장 적절한 것은?

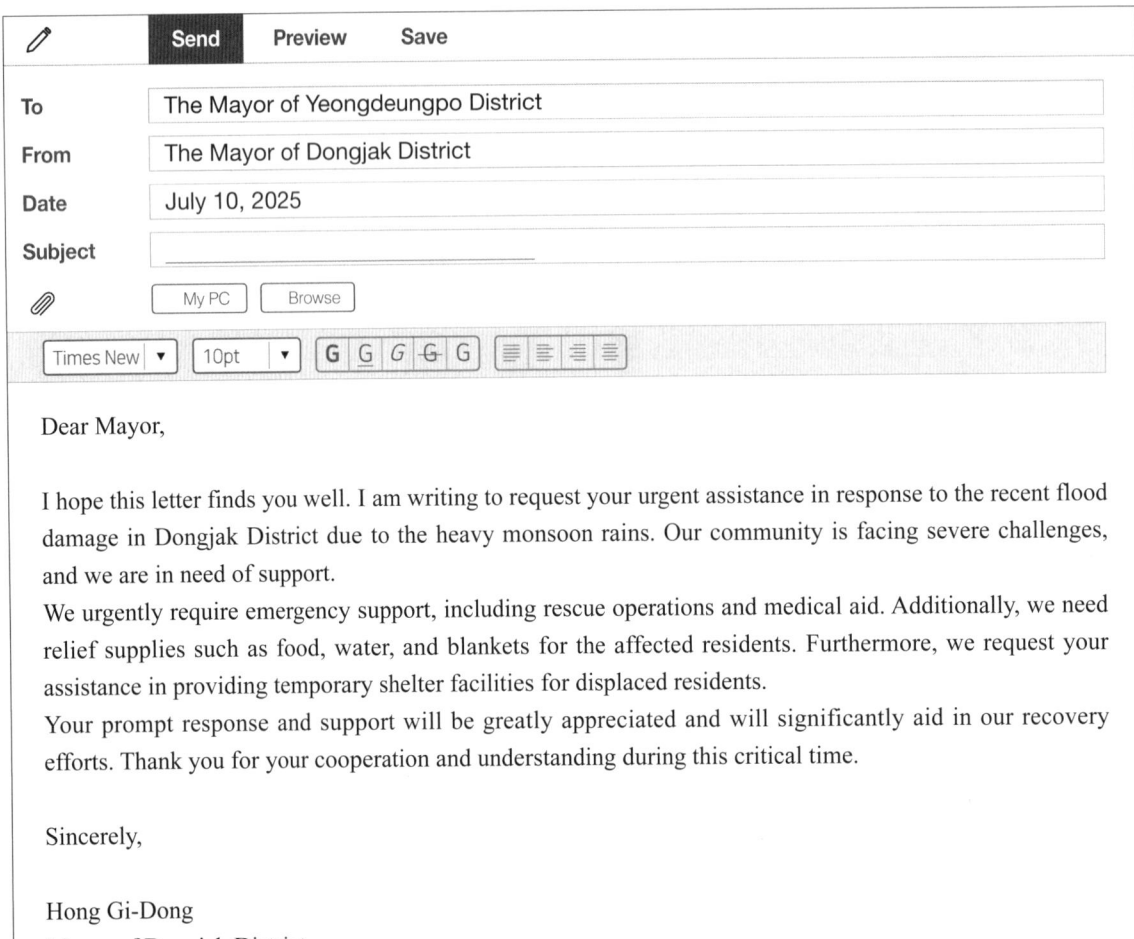

① Request for Financial Aid in Infrastructure Development
② Request for Collaboration on Environmental Protection
③ Request for Assistance in Flood Damage Recovery
④ Request for Support in Public Health Crisis

지문 분석 예문의 밑줄은 동사(구)

I <u>hope</u> / this letter <u>finds</u> you well. 저는 바랍니다 / 이 편지가 당신에게 잘 전달되길.
I <u>am writing</u> / (to request your urgent assistance / in response to the recent flood damage / in Dongjak District / due to the heavy monsoon rains). 저는 글을 씁니다 / 당신의 긴급한 도움을 요청하기 위해서 / 최근 홍수 피해에 대응해서 / 동작구의 / 극심한 장마로 인한.
Our community / <u>is facing</u> severe challenges, / and we <u>are</u> in need of support.
우리 지역사회는 / 심각한 어려움을 직면하고 있고 / 우리는 지원이 필요합니다.

We urgently <u>require</u> emergency support, / (including rescue operations and medical aid).
우리는 응급 지원을 절실히 요구합니다 / 구조 작업과 의료 지원을 포함하여.

Additionally, / we <u>need</u> relief supplies / such as food, water, and blankets / for the affected residents.
추가적으로 / 우리는 구호 물자가 필요합니다 / 음식, 물, 담요와 같은 / 피해를 입은 주민들을 위해.

Furthermore, / we <u>request</u> your assistance / (in providing temporary shelter facilities / for displaced residents).
게다가 / 우리는 당신의 도움을 요청합니다 / 임시 시설을 제공하는 데 있어 / 집을 잃은 주민들을 위한.

Your prompt response and support / <u>will be greatly appreciated</u> / and <u>will significantly aid</u> / in our recovery efforts.
당신의 신속한 대응과 지원은 / 매우 감사히 여겨질 것입니다 / 그리고 크게 도움이 될 것입니다 / 우리의 복구 노력에.

<u>Thank</u> you / for your cooperation and understanding / during this critical time.
감사드립니다 / 당신의 협력과 이해에 대해 / 이 중요한 시기에.

정답 ③

해설 수해를 당한 동작구청장이 영등포구청장에게 지원을 요청하는 글이다. ① 인프라 개발에 대한 재정 지원 요청 ② 환경보호에 대한 협력 요청 ③ 홍수 피해 복구 지원 요청 ④ 공중보건 위기 지원 요청

해석 수신: 영등포구청장
발신: 동작구청장
날짜: 2025년 7월 10일
제목: _____

존경하는 구청장님께,
이 편지가 구청장님께 잘 전달되기를 바랍니다. 저는 극심한 장마로 인해 동작구에 발생한 최근의 홍수 피해에 대해 긴급한 지원을 요청 드리고자 이 글을 씁니다. 우리 지역사회는 심각한 어려움에 직면해 있으며, 지원이 필요합니다.
우리는 구조 작업과 의료 지원을 포함한 응급 지원이 절실히 필요합니다. 또한, 피해를 입은 주민들을 위한 식량, 물, 담요와 같은 구호물자가 필요합니다. 더 나아가, 집을 잃은 주민들을 위한 임시시설 제공에 대한 도움도 요청 드립니다.
구청장님의 신속한 대응과 지원은 우리의 복구 노력에 큰 도움이 될 것이며 감사히 여겨질 것입니다. 이 중요한 시기에 협력과 이해에 감사드립니다.
홍길동
동작구청장

어휘 urgent assistance 긴급 지원 in response to ~에 대응하여 due to ~때문에 the heavy monsoon rains 장마철 폭우 severe 혹독한 in need of ~이 필요한 emergency support 응급 지원 rescue operation 구조 작업 medical aid 의료 지원 relief supplies 구호물자 blanket 담요 the affected residents (장마에) 영향 받은 주민들, 피해 주민들 temporary shelter facilities 임시 피난 시설 displaced residents 집을 잃은 주민들, 이재민들 prompt 즉각적인 recovery effort 회복 노력 critical 중차대한

[06~07] 다음 글을 읽고 물음에 답하시오.

Send Preview Save

To: Webpage designer, BFI
From: Eileen Bont@gmail.com
Date: 08/15/24
Subject: The Updates of the Bureau's Webpage

To Whom It May Concern:

Good afternoon. I'm writing to inform you about mistakes on the Bureau of Financial Investigation's website. As a shop owner in Nebraska, I recently tried to contact your office about discrepancies in my accounting records. The feasibility study I had done did not match the actual figures. I went to the website, found the Personnel Data page, and tried to call someone from the appropriate department for help. However, the number on the screen connected me to an entirely different person, and after several attempts, I gave up.

Due to this issue, I haven't been able to consult a federal official about my problem, delaying my financial assessment submission. I recommend updating your webpage as personnel listings are crucial for the public. Although I understand the bureau recently <u>underwent</u> changes and reorganization, website maintenance should be a top priority.

Thank you for your time and consideration.

---

06 본문의 내용과 일치하는 것은?

① The writer agrees with the financial figures presented on the website.
② The writer found accurate contact information on the Bureau of Financial Investigation's website.
③ The writer recommends updating the Bureau's webpage due to recent changes and reorganization.
④ The writer successfully met the submission deadline for the financial assessment.

07 밑줄 친 underwent와 바꿔 쓸 수 있는 것은?

① went broke
② went through
③ went over
④ went bad

■ **지문 분석** 예문의 밑줄은 동사(구)

I'm writing / to inform you about mistakes / on the Bureau of Financial Investigation's website.
저는 글을 씁니다 / 당신에게 오류에 대해 알리기 위해 / 금융조사국 웹사이트의.

As a shop owner in Nebraska, / I recently tried to contact your office / about discrepancies in my accounting records.
네브래스카의 점포 주인으로서, / 저는 최근에 당신의 사무실에 연락을 취하려 노력했습니다 / 제 회계 기록의 불일치에 대해.

The feasibility study / (I had done) / did not match the actual figures.
타당성 조사는 / 제가 했던 / 실제 수치와 맞지 않았습니다.

I went to the website, / found the Personnel Data page, / and tried to call someone / from the appropriate department / for help. 저는 웹사이트에 갔습니다, / 인사 데이터 페이지를 찾았습니다 / 그리고 누군가에게 전화를 하려 했습니다 / 적절한 부서의 / 도움을 청하기 위해.

However, / the number on the screen / connected me / to an entirely different person, / and / after several attempts, / I gave up. 하지만, / 화면의 번호는 / 저를 연결해 주었습니다 / 완전히 다른 사람에게 / 그리고 / 몇 차례 시도 후에 / 저는 포기했습니다.

Due to this issue, / I haven't been able to consult a federal official / about my problem, / delaying my financial assessment submission. 이 문제로 인해, / 저는 연방 공무원과 상담할 수 없었습니다 / 제 문제에 대해 / 재정평가서 제출을 지연시키면서.

I recommend / updating your webpage / (as personnel listings are crucial for the public).
저는 추천합니다 / 귀하의 웹페이지를 업데이트할 것을 / 직원 명단은 대중들에게 중요하기 때문에.

(Although I understand / the bureau recently underwent changes and reorganization), / website maintenance / should be a top priority. 이해하지만 / 금융조사국이 최근에 변화와 조직 재편성을 겪었다는 것을 / 웹사이트의 유지보수는 / 최우선 순위여야 합니다.

06

 ③

 ① 글쓴이는 웹사이트의 회계수치에 대해 동의한다. → 동의하지 않는다. ② 글쓴이는 금융조사국 웹사이트에서 정확한 연락처 정보를 찾았다. → 웹사이트의 연락처 정보가 맞지 않았다. ③ 글쓴이는 최근의 변화와 재편성 때문에 금융조사국의 웹페이지를 업데이트할 것을 권장한다. ④ 글쓴이는 재정평가서 제출 마감시한을 지켰다. → 재정평가서 제출을 미루게 되었다.

07

정답 ②

해설 undergo ~을 겪다, 경험하다 (= go through, experience) / ① go broke 파산하다 ③ go over ~을 검토하다 ④ go bad 썩다

해석 수신: 금융조사국 웹디자이너
발신: Eileen Bont@gmail.com
날짜: 24년 8월 15일
제목: 조사국 웹페이지 업데이트

담당자 귀하:
안녕하세요. 저는 금융조사국 웹사이트의 오류에 대해 알리기 위해 글을 씁니다. 네브래스카의 점주로서 ①저는 최근에 회계 기록의 불일치에 대해 귀하의 사무실에 연락하려고 했습니다. 제가 수행한 타당성 조사가 실제 수치와 일치하지 않았습니다. 저는 웹사이트에 접속하여 인사 데이터 페이지를 찾았고 관련 부서의 누군가에게 도움을 요청하기 위해 전화를 시도했습니다. ②그러나 화면에 나타난 번호는 저를 전혀 다른 사람과 연결해 주었고, 저는 여러 번 시도한 후 결국 포기했습니다.
이 문제로 인해 저는 제 문제에 대해 연방 공무원과 상담할 수 없었고, 이로 인해 ④재정평가서 제출이 지연되었습니다. ③직원 명단은 대중에게 중요하므로 귀하의 웹페이지를 업데이트할 것을 권장합니다. 비록 조사국이 최근 여러 변화와 재편성을 겪었음을 이해하지만, 웹사이트 유지관리는 최우선 과제가 되어야 한다고 생각합니다.
이 문제에 대한 귀하의 시간과 고려에 감사드립니다.

어휘 bureau 부서, 국 financial investigation 금융 조사 contact 연락하다 discrepancy 불일치 accounting record 회계 기록 feasibility 실행 가능성, 타당성 match 들어맞다, 일치하다 actual figure 실제 숫자 personnel 직원 appropriate 적절한 consult 상담하다 financial assessment 재무 평가 submission 제출 undergo 겪다, 경험하다 reorganization 조직 재편성 maintenance 유지 보수 top priority 최고 우선순위

08 다음 글의 목적으로 가장 적절한 것은? 〈24 인사처 2차 예시〉

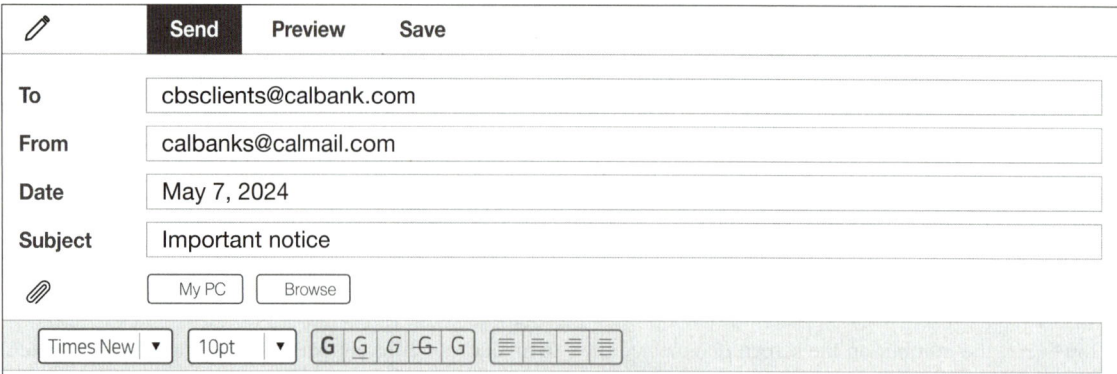

Dear Valued Clients,

In today's world, cybercrime poses a serious threat to your security. As your trusted partner, we want to help you protect your personal and business information. Here are five easy ways to safeguard yourself from cyber threats:

1. Use strong passwords and change them frequently.
2. Keep your software and devices up to date.
3. Be wary of suspicious emails, links, or telephone calls that pressure you to act quickly or give out sensitive information.
4. Enable Two Factor authentication and use it whenever possible. When contacting California Bank & Savings, you will be asked to use a One Time Passcode (OTP) to verify your identity.
5. Back up your data regularly.

Visit our Security Center to learn more about how you can stay safe online. Remember, cybersecurity is a team effort. By working together, we can build a safer online environment for ourselves and the world.

Sincerely,

California Bank & Savings

① to inform clients of how to keep themselves safe from cyber threats
② to inform clients of how to update their software and devices
③ to inform clients of how to make their passwords stronger
④ to inform clients of how to safeguard their OTPs

정답 ①

해설 이 글은 사이버 위협으로부터 자신을 보호하는 방법을 전달하고 있다. ① 사이버 위협으로부터 자신을 보호하는 방법을 고객에게 알리기 위해 ② 소프트웨어와 장치를 업데이트하는 방법을 고객에게 알리기 위해 ③ 비밀번호를 더 강력하게 만드는 방법을 고객에게 알리기 위해 ④ OTP를 보호하는 방법을 고객에게 알리기 위해

● 지문 분석 예문의 밑줄은 동사(구)

In today's world, / cybercrime poses a serious threat / to your security.
오늘날의 세상에서 / 사이버 범죄는 심각한 위험성을 가합니다 / 당신의 안전에.

As your trusted partner, / we want to help / you / (protect your personal and business information).
당신의 신뢰 받는 파트너로서 / 우리는 돕길 원합니다 / 당신을 / 개인 정보와 사업 정보를 보호하는 것을.

Here are five easy ways / (to safeguard yourself / from cyber threats):
여기에 5개의 쉬운 방법이 있습니다 / 당신 자신을 보호할 / 사이버 위협으로부터:

1. Use strong passwords / and change them frequently. 강력한 패스워드를 사용하세요 / 그리고 그것을 자주 변경하세요.
2. Keep your software and devices / up to date. 당신의 소프트웨어와 장치를 유지하세요 / 최신 상태로.
3. Be wary / of suspicious emails, links, or telephone calls / (that pressure you / to act quickly or give out sensitive information). 조심하세요 / 의심스러운 이메일, 링크, 전화를 / 당신을 압박하는 / 빨리 행동하거나 민감한 정보를 제공하라고.
4. Enable Two Factor authentication / and use it / whenever possible.
   이중 인증을 가능하게 하고 / 사용하세요 / 가능한 항상.

(When contacting California Bank & Savings), / you will be asked / to use a One Time Passcode (OTP) / to verify your identity. California Bank & Savings에 연락할 때 / 당신은 요청 받을 것입니다 / 일회용 비밀번호(OTP)를 사용할 것을 / 당신의 신분을 확인하기 위해서.

5. Back up your data regularly. 당신의 데이터를 규칙적으로 백업하세요.

Visit our Security Center / to learn more / about (how you can stay safe online).
저희 보안센터를 방문하세요 / 더 많이 배우기 위해서 / 당신이 온라인에서 안전할 수 있는 방법에 대해.

Remember, / cybersecurity is a team effort. 기억하세요 / 사이버보안은 팀 차원의 노력이라는 것을.
(By working together), / we can build a safer online environment / for ourselves and the world.
협력함으로써 / 우리는 안전한 온라인 환경을 만들 수 있습니다 / 우리 자신과 세상을 위해.

해석
수신: cbsclients@calbank.com
발신: calbanks@calmail.com
날짜: 2024년 5월 7일
제목: 중요한 공지

친애하는 고객님들께,
오늘날의 세상에서 사이버 범죄는 귀하의 보안에 심각한 위협을 가하고 있습니다. 신뢰할 수 있는 파트너로서 귀하의 개인 정보 및 사업 정보를 보호하는 데 도움을 드리고자 합니다. 사이버 위협으로부터 자신을 보호할 수 있는 다섯 가지 간단한 방법을 소개합니다:
1. 강력한 비밀번호를 사용하고 자주 변경하세요.
2. 소프트웨어와 장치를 최신 상태로 유지하세요.
3. 신속하게 행동하거나 민감한 정보를 제공하라고 압박하는 의심스러운 이메일, 링크, 전화 통화에 주의하세요.
4. 이중 인증을 활성화하고 가능한 경우 항상 사용하세요. California Bank & Savings에 연락할 때는 본인 확인을 위해 일회용 비밀번호(OTP)를 사용해야 합니다.
5. 데이터를 정기적으로 백업하세요.
저희 보안센터를 방문하여 온라인에서 안전을 유지하는 방법에 대해 더 알아보세요. 사이버 보안은 팀워크가 필요한 노력이라는 점을 기억하세요. 함께 협력함으로써 우리 자신과 세계를 위한 더 안전한 온라인 환경을 구축할 수 있습니다.
California Bank & Savings

어휘
dear (편지, 이메일 등에서) 친애하는 valued clients 고객들 pose a threat 위협을 제기하다 security 보안 device 장치, 기기 be wary of ~을 조심하다 give out ~을 내보내다 two factor authentication 이중 인증 verify 확인하다 identity 신분 back up 저장하다

09 다음 글의 내용과 일치하지 않는 것은?

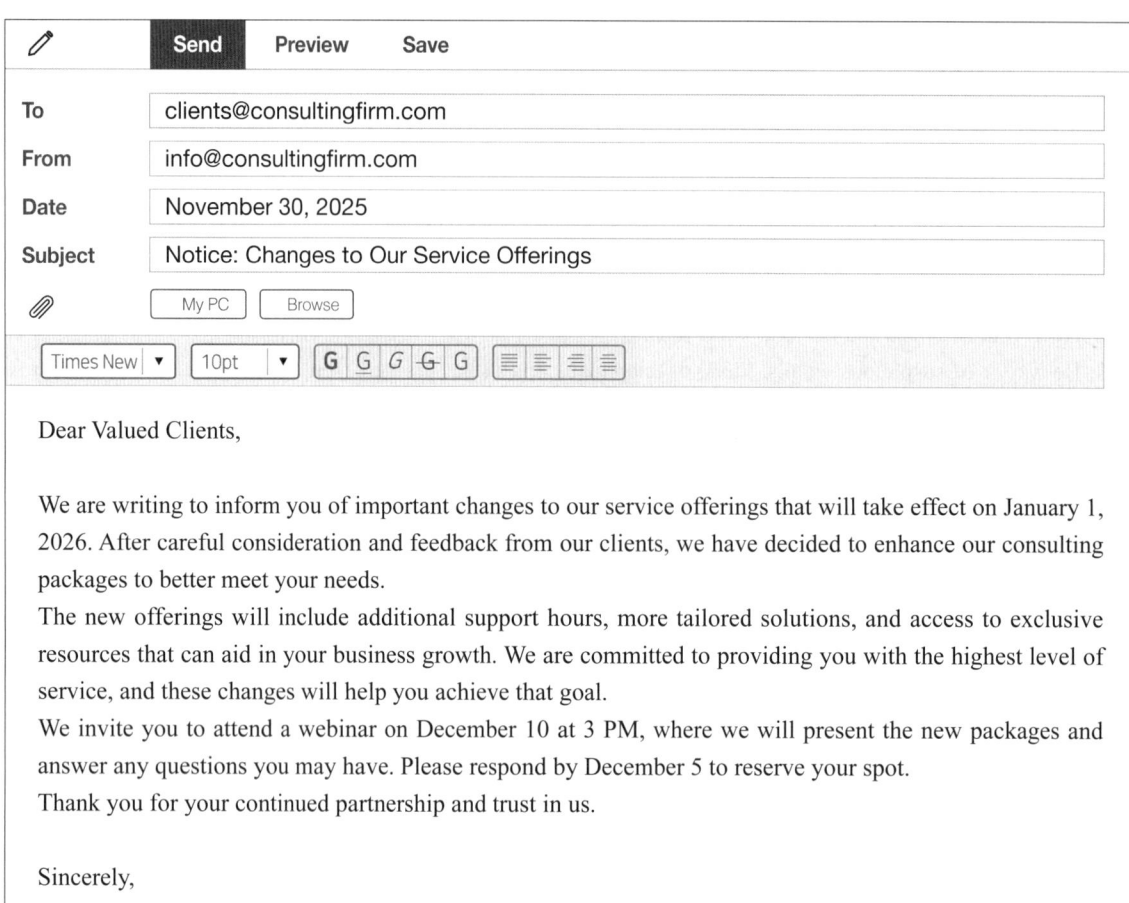

① The changes to the service offerings will start in January 2026.
② The new packages include more personalized consulting solutions.
③ Clients can apply for the webinar until December 10.
④ The webinar will provide details about the new service offerings.

● **지문 분석** 예문의 밑줄은 동사(구)

We are writing / (to inform you of important changes / to our service offerings) / [that will take effect on January 1, 2026]. 우리는 글을 씁니다 / 당신에게 중요한 변화를 알리려고 / 우리의 서비스 제공에 대한 / 2026년 1월 1일부로 효력을 갖는.

After careful consideration / and feedback from our clients, / we have decided to enhance / our consulting packages / (to better meet your needs).
신중한 검토 후에 / 그리고 우리 고객들의 피드백 / 우리는 강화하기로 결정했습니다 / 우리의 상담 패키지를 / 여러분의 니즈를 더 잘 충족시키기 위해서.

The new offerings will include / additional support hours, more tailored solutions, and access to exclusive resources / [that can aid in your business growth].
새로운 제공 사항은 포함할 것입니다 / 추가적인 지원 시간, 보다 맞춤형의 솔루션, 그리고 독점적 자료에 대한 접근을 / 여러분의 사업 성장에 도움이 될 수 있는.

We are committed / to providing you with the highest level of service, / and these changes will help / you / (achieve that goal). 우리는 헌신합니다 / 여러분에게 최고 수준의 서비스를 제공하는 것에 / 그리고 이러한 변화는 도울 것입니다 / 여러분들이 / 그 목표를 달성하는 것을.

We invite you / (to attend a webinar / on December 10 at 3 PM), / [where we will present the new packages / and answer any questions / (you may have)].
우리는 여러분을 초대합니다 / 웹 세미나에 참석할 것을 / 12월 10일 오후 3시에 / 거기에서 우리는 새로운 패키지 상품을 제공할 것이고 / 어떠한 질문에도 답할 것입니다 / 여러분들의 가질 수 있는.

Please respond / by December 5 / to reserve your spot.
답변을 부탁드립니다 / 12월 5일까지 / 여러분의 자리를 예약하기 위해서.

● **정답** ③

● **해설** ① 서비스 제공의 변경은 2026년 1월에 시작될 것이다. ② 새로운 패키지에는 더 개인 맞춤화된 컨설팅 솔루션이 포함되어 있다. ③ 고객들은 12월 10일까지 웹 세미나 참가 신청을 할 수 있다. (→ 12월 5일까지 신청할 수 있다) ④ 웹 세미나는 새로운 서비스 제공에 대한 세부정보를 제공할 것이다.

● **해석** 수신: clients@consultingfirm.com
발신: info@consultingfirm.com
날짜: 2025년 11월 30일
제목: 공지: 서비스 제공에 변화

친애하는 소중한 고객님,
①2026년 1월 1일부터 시행될 저희 서비스 제공의 중요한 변경 사항에 대해 알려드리고자 글을 씁니다. 신중한 검토와 고객님의 피드백을 바탕으로, 고객님의 니즈를 더 잘 충족시키기 위해 상담 패키지 상품을 강화하기로 결정했습니다.
②새로운 제공사항에는 추가적인 지원 시간, 보다 맞춤형의 솔루션, 그리고 고객님의 사업 성장에 도움이 될 수 있는 독점적 자료에 대한 접근이 포함될 것입니다. 저희는 최고 수준의 서비스를 제공하기 위해 최선을 다하고 있으며, 이러한 변화가 고객님의 목표 달성에 도움이 될 것입니다.
12월 10일 오후 3시에 ④새로운 패키지 상품을 소개하고 질문에 답변하는 인터넷상의 세미나에 참석하시길 초대합니다. ③고객님의 자리를 예약하기 위해 12월 5일까지 답변 부탁드립니다.
지속적인 파트너십과 저희에 대한 신뢰에 감사드립니다.
컨설팅 회사 팀

● **어휘** offering 제공 take effect 효력을 갖다, 시행되다 meet your need 요구를 충족시키다 tailored 맞춤형의 exclusive 독점적인 webinar 웹 세미나 (web + seminar) reserve 예약하다 spot 장소, 좌석

10 다음 글의 목적으로 가장 적절한 것은?

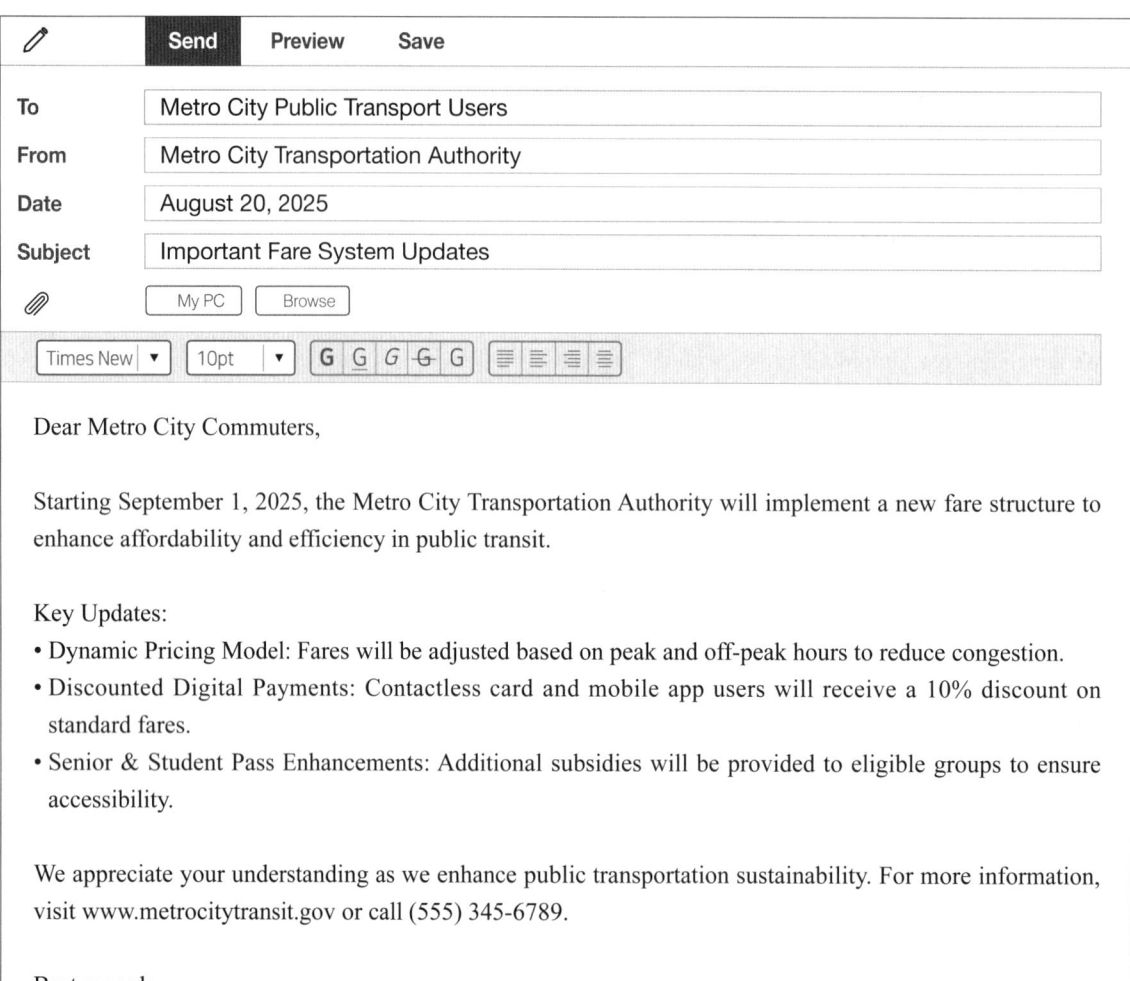

① To announce a revised fare policy for public transit users
② To discourage commuters from using public transportation
③ To introduce penalties for fare evasion
④ To promote alternative commuting methods

● **지문 분석** 예문의 밑줄은 동사(구)

Starting September 1, 2025, / the Metro City Transportation Authority / will implement a new fare structure / (to enhance affordability and efficiency / in public transit).
2025년 9월 1일부로 / 메트로 시티 교통 당국은 / 새로운 요금제도를 시행할 것입니다 / 경제성과 효율성을 강화하기 위해서 / 대중교통의.

Dynamic Pricing Model: / Fares will be adjusted / (based on peak and off-peak hours / to reduce congestion).
탄력적인 가격 모델: / 요금은 조정될 것입니다 / 혼잡 시간과 비혼잡 시간을 근거로 / 교통혼잡을 줄이기 위해서.

Discounted Digital Payments: / Contactless card and mobile app users / will receive a 10% discount / on standard fares.
디지털 결제 할인: / 비접촉 카드 및 모바일 앱 사용자는 / 10% 할인을 받을 것입니다 / 표준 요금에서.

Senior & Student Pass Enhancements: / Additional subsidies will be provided / to eligible groups / to ensure accessibility. 노인 및 학생 할인 강화: / 추가적인 보조금이 지급될 것입니다 / 자격을 갖춘 집단에 / 접근성(사용성)을 높이기 위해.

We appreciate your understanding / (as we enhance public transportation sustainability).
여러분의 협조에 감사드립니다 / 우리가 대중교통의 지속가능성을 강화함에 따라.

For more information, / visit www.metrocitytransit.gov / or call (555) 345-6789.
더 많은 정보를 원하면 / www.metrocitytransit.gov를 방문하시거나 / (555) 345-6789으로 전화하세요.

정답 ①

해설 이 글은 대중교통의 새로운 요금체계를 알리는 공지글이다. ① 대중교통 이용자들을 위한 개편된 요금 정책을 알리기 위해 ② 통근자들이 대중교통을 이용하지 않도록 하기 위해 ③ 요금 회피에 대한 처벌을 도입하기 위해 ④ 대체 통근 수단을 장려하기 위해

해석 수신: 메트로 시티 대중교통 이용자
발신: 메트로 시티 교통국
날짜: 2025년 8월 20일
제목: 요금 체계 중요 변경

메트로 시티 통근자 여러분,
2025년 9월 1일부터 메트로 시티 교통 당국은 새로운 요금 체계를 시행하여 대중교통의 경제성과 효율성을 향상시킬 예정입니다.
주요 변경 사항:
• 탄력 요금제: 혼잡 시간과 비혼잡 시간에 따라 요금이 조정되어 교통혼잡을 완화합니다.
• 디지털 결제 할인: 비접촉 카드 및 모바일 앱 이용자들은 표준 요금에서 10% 할인을 받게 됩니다.
• 노인 및 학생 할인 확대: 자격 요건을 갖춘 계층에는 접근성을 높이기 위해 추가 보조금이 지원됩니다.
대중교통의 지속 가능성을 높이려는 저희에게 협조해 주셔서 감사합니다. 더 자세한 내용은 www.metrocitytransit.gov를 방문하시거나 (555) 345-6789로 전화 주세요.
메트로 시티 교통 당국

어휘 implement 시행하다, 실시하다 fare structure 요금 체계 affordability 감당 가능성 dynamic 역동적인, 탄력적인 adjust 조정하다 off-peak time 비혼잡 시간 congestion 혼잡 contactless card 비접촉식 카드, 컨택리스 카드 subsidy 보조금 eligible 자격이 있는

[11~12] 다음 글을 읽고 물음에 답하시오.

Send Preview Save

To Registered Business Owners
From Springfield Tax Office
Date April 15, 2025
Subject Change in Business Tax Filing Procedures

Dear Business Owner,

We are informing you of a recent update to the business tax filing process. Starting with the current fiscal year, all tax filings must be submitted online through our official portal. Paper submissions will no longer be accepted.

Additionally, all businesses must now provide digital receipts for deductible expenses. To assist you with this transition, online tutorials and live webinars are available on our website.

Please ensure compliance by the May 31, 2025 deadline to avoid penalties. Should you have questions, contact our helpdesk at (555) 321-1234 or visit www.springfieldtax.gov.

Sincerely,

Springfield Tax Office

---

11 이 글의 내용과 일치하는 것은?

① Companies are encouraged to postpone tax submissions to avoid inaccuracies.
② Paper documents will still be processed alongside online submissions.
③ The tax office will impose fines on companies that fail to attend webinars.
④ Businesses are mandated to submit tax forms exclusively via an electronic platform.

12 밑줄 친 compliance와 의미가 가장 가까운 것은?

① assessment
② obedience
③ intervention
④ prevalence

■ **지문 분석** 예문의 밑줄은 동사(구)

We are informing you / of a recent update / to the business tax filing process.
저희는 여러분께 알려 드립니다 / 최근의 변경 사항을 / 사업세 신고 절차에 대한.

(Starting with the current fiscal year), / all tax filings must be submitted online / through our official portal.
이번 회계연도부터 시작하여 / 모든 세금 신고는 온라인으로 제출되어야 합니다 / 우리의 공식 포털을 통해서.

Paper submissions / will no longer be accepted. 서류 제출은 / 더 이상 받아들여지지 않습니다.
Additionally, / all businesses must now provide digital receipts / for deductible expenses.
추가적으로 / 모든 사업체는 이제 디지털 영수증을 제공해야 합니다 / 공제 가능한 비용에 대해서.

(To assist you with this transition), / online tutorials and live webinars / are available on our website.
이런 전환을 돕기 위해서 / 온라인 튜토리얼과 실시간 웹 세미나는 / 저희 웹사이트에서 이용 가능합니다.

Please ensure compliance / by the May 31, 2025 deadline / to avoid penalties.
반드시 준수해 주세요 / 2025년 3월 31일 마감일까지 / 벌칙을 피하기 위해서.

(Should you have questions), contact our helpdesk at (555) 321-1234 / or visit www.springfieldtax.gov.
혹시 문의사항이 있으면 / (555) 321-1234로 저희 지원 센터에 연락 주시거나 / www.springfieldtax.gov를 방문해 주세요.

11
정답 ④
해설 ① 회사들은 세금 서류 제출 지연을 통해 부정확성을 피할 것을 권장받고 있다. (→ 서류 제출 지연을 권장을 요구하는 내용은 없다.) ② 온라인 제출 외에도 종이로 된 문서가 여전히 처리될 것이다. (→ 앞으로 서류는 접수되지 않을 것이다.) ③ 세무서는 웹 세미나에 불참하는 회사에 대해 벌금을 부과할 것이다. (→ 웹 세미나 참석은 필수가 아니며, 이에 대한 벌금은 언급되지 않았다.) ④ 업체들은 반드시 전자 플랫폼을 통해서만 세금 양식을 제출할 것을 명령 받았다.

12
정답 ②
해설 compliance 순응, 준수 / ① assessment 평가 ② obedience 복종, 준수 ③ intervention 개입 ④ prevalence 널리 퍼짐, 유행

해석 수신: 등록된 사업체 대표자
발신: 스프링필드 세무서
일자: 2025년 4월 15일
제목: 사업 세금 신고 절차 변경

사업체 대표자님께,
최근에 사업세 신고 절차가 변경되었음을 알려드립니다. 이번 회계연도부터는 모든 세금 신고를 저희의 공식 온라인 포털을 통해 제출해야 합니다. 더 이상 서류 제출은 접수하지 않을 것입니다.
또한, 이제 모든 사업체는 비용 공제를 받기 위해서 디지털 영수증을 제출해야 합니다. 이러한 전환 과정을 돕기 위해 저희 웹사이트에서 온라인 튜토리얼 및 실시간 웹 세미나를 제공하고 있습니다.
벌금을 피하기 위해서 2025년 5월 31일 마감일까지 준수해 주실 것을 당부 드립니다. 문의 사항은 저희 지원 센터에 (555) 321-1234로 연락 주시거나 www.springfieldtax.gov를 방문해 주세요.
스프링필드 세무서

어휘 tax office 세무서 tax filing process 세금 신고 절차 fiscal year 회계연도 submit 제출하다 deductible expense 공제 가능한 비용 transition 전환 webinar 웹 세미나, 인터넷 상의 세미나 compliance 준수 mandate 명령하다 exclusively 배타적으로, 반드시 via ~을 경유하여 postpone ~을 연기하다 alongside ~와 함께 impose fine 벌금을 부과하다

13 다음 글의 목적으로 가장 적절한 것은?

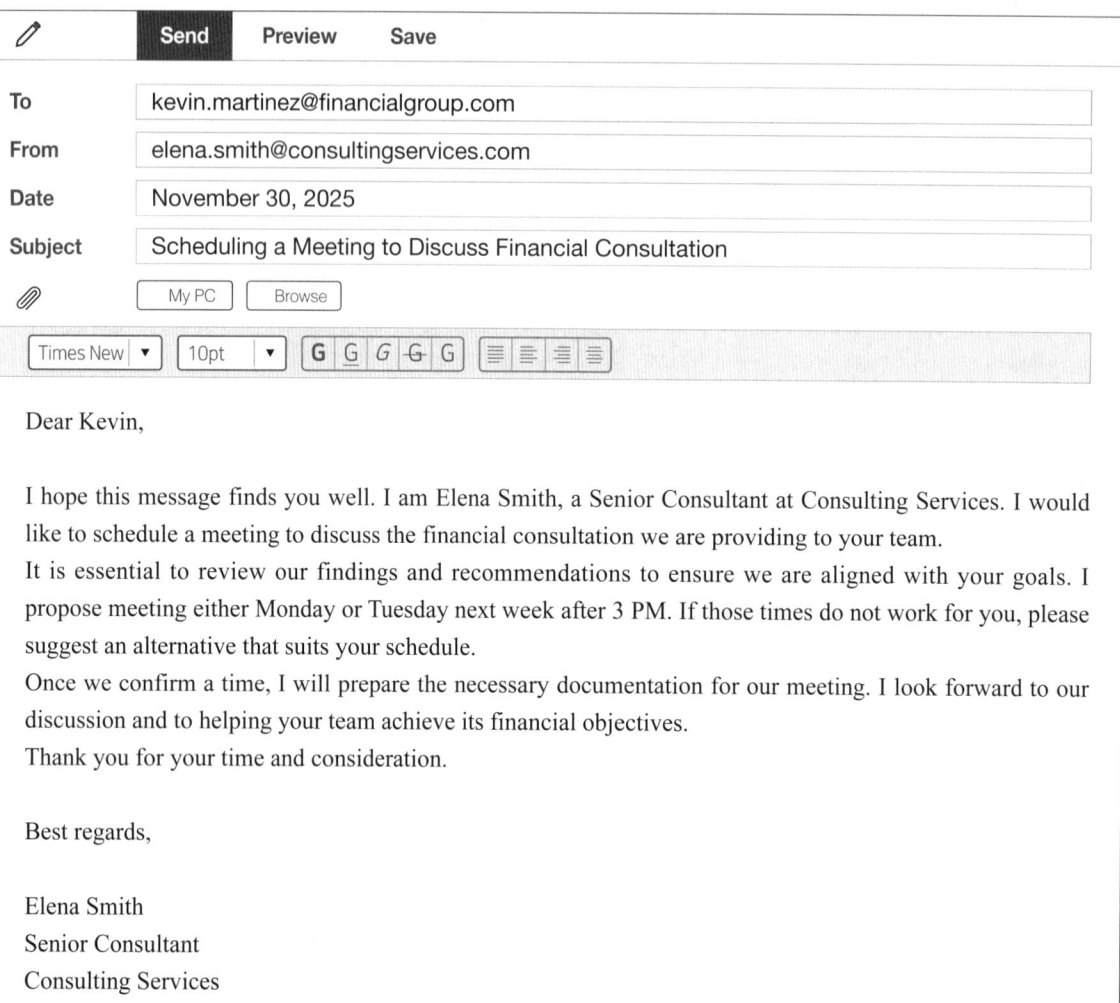

① To request an extension for the submission of financial documentation
② To confirm the final approval of a proposed investment strategy
③ To follow up on a previous meeting regarding contractual obligations
④ To arrange a meeting for reviewing consultancy report with the client

지문 분석 예문의 밑줄은 동사(구)

I hope / (this message finds you well).
저는 바랍니다 / 이 메시지가 당신에게 잘 전달되기를.

I am Elena Smith, / a Senior Consultant at Consulting Services.
저는 Elena Smith입니다 / 컨설팅 서비스의 선임 컨설턴트.

I would like to schedule a meeting / to discuss the financial consultation / (we are providing for your team).
회의 일정을 잡고 싶습니다 / 재무 상담을 논의할 / 우리가 귀하의 팀에 제공하는.

It is essential / to review our findings and recommendations / to ensure / (we are aligned with your goals).
필수적입니다 / 우리가 찾아낸 것과 추천 사항을 검토하는 것이 / 확실히 하기 위해서 / 우리가 귀하의 목표와 일치하는지를.

I propose meeting / either Monday or Tuesday / next week after 3 PM.
저는 회의를 제안합니다 / 월요일이나 화요일 / 다음 주 오후 3시 이후로.

(If those times do not work for you), / please suggest an alternative / (that suits your schedule).
만약 그 시간이 귀하에게 적합하지 않으면 / 대안을 제시해 주세요 / 귀하의 일정에 맞는.

(Once we confirm a time), / I will prepare the necessary documentation / for our meeting.
일단 우리가 시간을 확정하면 / 저는 필요한 서류를 준비할 것입니다 / 우리 회의를 위한.

I look forward / to our discussion and to helping / your team / (achieve its financial objectives).
저는 기대합니다 / 우리의 논의와 도울 것을 / 귀하의 팀이 / 재무 목적을 달성하는 것을.

정답 ④

해설 컨설팅 회사의 Elena Smith가 고객인 Kevin에게 재무 상담 결과를 논의하기 위한 회의 일정을 잡기 위한 글이다. "I would like to schedule a meeting to discuss the financial consultation we are providing to your team."에 글의 목적이 명확하게 나온다. ① 재무 서류 제출 기한 연장을 요청하기 위해 ② 제안된 투자 전략에 대한 최종 승인을 확인하기 위해 ③ 계약상 의무에 관한 이전 회의를 후속 확인하기 위해 ④ 고객과 상담 보고서 검토를 위한 회의를 조율하기 위해

해석 수신: kevin.martinez@financialgroup.com
발신: elena.smith@consultingservices.com
일자: 2025년 11월 30일
제목: 재무상담 논의를 위한 회의 일정 수립

Kevin,
이 메시지가 당신에게 잘 전달되기를 바랍니다. 저는 컨설팅 서비스의 선임 컨설턴트인 Elena Smith입니다. 저희가 귀하의 팀에 제공하는 재무 상담(결과)을 논의하기 위해 회의 일정을 잡고 싶습니다.
저희가 찾아낸 사항과 추천 사항을 검토하는 것이 필수적이며, 귀하의 목표와 일치하는지 확인해야 합니다. 다음 주 월요일 또는 화요일 오후 3시 이후에 회의를 제안합니다. 그 시간들이 맞지 않으시면 귀하의 일정에 맞는 대안을 제시해 주시기 바랍니다.
시간이 확정되면 제가 우리 회의에 필요한 문서를 준비하겠습니다. 우리의 논의를 기대하며, 귀하의 팀이 재무 목표를 달성하는 데 도움을 드릴 수 있기를 바랍니다.
귀하의 시간과 고려에 감사드립니다.
Elena Smith
선임 컨설턴트
컨설팅 서비스

어휘 financial consultation 재무상담 findings 발견한 것들 recommendation 추천 사항 be aligned with ~과 일치하다 alternative 대안 confirm 확인하다, 확정하다 look forward to ~을 기대하다 extension 연장 submission 제출 final approval 최종승인 follow up ~을 확인하다 previous 이전의 obligation 의무 consultancy report 상담 보고서

[14~15] 다음 글을 읽고 물음에 답하시오.

Send   Preview   Save

To: emily.johnson@greenwave.com
From: michael.brown@ecotech.org
Date: November 30, 2024
Subject: Proposal for Joint Sustainability Project

Dear Emily,

I hope this message finds you well. My name is Michael Brown, and I am the Project Manager at EcoTech Solutions. We have been following GreenWave's innovative approaches to renewable energy, especially your recent initiative on urban solar installations.

At EcoTech, we specialize in sustainable technologies and have developed a comprehensive system for energy efficiency in urban environments. I believe a partnership could enhance both our efforts in promoting sustainable practices and maximizing energy output.

I propose we collaborate on a joint sustainability project that aims to integrate our energy management systems with your solar installations. This could <u>significantly</u> improve energy consumption in urban areas while providing valuable data for future developments.

Could we schedule a meeting next week to discuss this exciting opportunity? I am looking forward to the possibility of working together to make a positive impact on our communities.

Michael Brown
Project Manager, EcoTech Solutions

---

14 이 글의 내용과 일치하지 않는 것은?

① Michael Brown is inclined towards establishing a partnership to augment urban sustainability initiatives.
② EcoTech Solutions possesses expertise in energy efficiency technologies pertinent to metropolitan environments.
③ GreenWave has articulated an interest in collaborating on ventures associated with energy management.
④ The proposed collaborative project could engender substantial enhancements in energy consumption metrics.

15 밑줄 친 significantly와 바꿔 쓸 수 있는 것은?

① carefully
② considerably
③ marginall
④ accidentally

14
정답 ③
해설 ① Michael Brown은 도시의 지속 가능성 계획을 증대시키기 위해 파트너십을 구축하고자 한다. ② 에코테크 솔루션즈는 대도시 환경에 적합한 에너지 효율 기술에 대한 전문 지식을 보유하고 있다. ③ 그린웨이브가 에너지 관리와 관련된 사업에 협력하고자 하는 의사를 표현했다. (→ 에코테크 솔루션즈가 그린웨이브의 재생에너지 접근 방식에 관심을 갖고 있는 상황이다.) ④ 제안된 협력 프로젝트는 에너지 소비 지표에서 상당한 향상을 가져올 수 있다.

15
정답 ②
해설 significantly 상당히 / ① carefully 주의 깊게 ② considerably 상당히 ③ marginally 미미하게 ④ accidentally 우연히

■ 지문 분석 예문의 밑줄은 동사(구)

I hope / (this message finds you well). 저는 바랍니다 / 이 메시지가 당신에게 잘 전달되길.
My name is Michael Brown, / and I am the Project Manager at EcoTech Solutions.
제 이름은 Michael Brown입니다 / 그리고 저는 에코테크 솔루션즈의 프로젝트 매니저입니다.

We have been following / GreenWave's innovative approaches to renewable energy, / especially your recent initiative / on urban solar installations.
우리는 주목해 왔습니다 / 그린웨이브의 재생에너지에 대한 혁신적인 접근법을 / 특히 귀하의 최근 계획에 / 도시 태양광 설치에 관한.

At EcoTech, / we specialize in sustainable technologies / and have developed a comprehensive system / for energy efficiency / in urban environments.
에코테크에서 / 우리는 지속 가능한 기술을 전문으로 하고 있습니다 / 그리고 종합 시스템을 개발해 왔습니다 / 에너지 효율성을 위한 / 도시 환경에서.

I believe / [a partnership could enhance both our efforts / in promoting sustainable practices / and maximizing energy output].
저는 믿습니다 / 협력 관계가 우리 양측의 노력을 강화시켜 줄 것이라고 / 지속 가능한 관행을 촉진하는 데 있어서 / 그리고 에너지 출력을 극대화함에 있어서].

I propose / [we collaborate / on a joint sustainability project / (that aims to integrate / our energy management systems with your solar installations)].
저는 제안합니다 / 우리가 협력할 것을 / 공동 지속 가능성 프로젝트에 / 통합을 목표로 하는 / 우리의 에너지 관리 시스템과 귀사의 태양광 설치의.

This could significantly improve energy consumption / in urban areas / (while providing valuable data / for future developments). 이것은 에너지 소비를 상당히 개선시킬 수 있습니다 / 도시 지역에서 / 중요한 데이터를 제공하면서 / 미래 개발을 위한.

Could we schedule a meeting next week / (to discuss this exciting opportunity)?
우리가 다음 주에 회의를 잡을 수 있을까요 / 이 흥미로운 기회에 대해 논의할?

I am looking forward / to the possibility of working together / (to make a positive impact / on our communities).
저는 기대합니다 / 함께 일할 가능성을 / 긍정적인 영향을 끼치기 위해 / 우리 지역사회에.

해석
수신: emily.johnson@greenwave.com
발신: michael.brown@ecotech.org
날짜: 2024년 11월 30일
제목: 공동 지속 가능성 프로젝트 제안

Emily,
이 메시지가 당신에게 잘 전달되기를 바랍니다. 제 이름은 Michael Brown이고, 에코테크 솔루션즈의 프로젝트 매니저입니다. ③우리는 그린웨이브의 혁신적인 재생에너지 접근방식을 주목하고 있으며, 특히 최근의 도시 태양광 설치 계획을 주목하고 있습니다.
②에코테크의 우리는 지속 가능한 기술을 전문으로 하며, 도시 환경에서 에너지 효율성을 높이기 위한 종합시스템을 개발해 왔습니다. 저는 파트너 관계가 지속 가능한 관행을 촉진하고 에너지 출력을 극대화하는 우리 양측의 노력에 도움이 될 것이라고 믿습니다.
①저는 우리가 협력하여 우리의 에너지 관리시스템을 귀사의 태양광 설치와 통합하는 공동 지속가능성 프로젝트를 제안합니다. ④이는 도시 지역의 에너지 소비를 상당히 개선하고 미래 개발을 위한 중요한 데이터를 제공할 수 있습니다.
다음 주에 이 흥미로운 기회를 논의하기 위해 회의를 잡을 수 있을까요? 우리 지역사회에 긍정적인 영향을 미칠 수 있는 협력의 가능성을 기대하고 있습니다.
Michael Brown
에코테크 솔루션즈 프로젝트 매니저

어휘 solar installation 태양광 설치 comprehensive 포괄적인, 종합적인 enhance 강화하다 output 생산, 출력 joint 협력, 합자 integrate 통합하다 look forward to ~을 기대하다 be inclined toward ~을 지향하다 augment 증가시키다 expertise 전문성 pertinent to ~와 관련된 articulate 표현하다 venture 벤처사업 engender 발생시키다 metrics 지표, 통계수치

02 안내문(행사, 시설)

1 지문의 특성

행사 안내문과 시설 사용 안내문도 실용문의 대표적인 형태이다. 소제목이 많이 사용되고, 정보가 간단하고 명시적이므로 빠르고 정확한 해석을 할 수 있도록 연습할 대상이다. 빈칸으로 된 제목을 묻는 문제, 내용 일치 문제가 주로 출제된다.

2 지문의 구성

① 행사 안내문
- 제목: 행사명을 쓰지만, 참여를 독려하는 문장으로 함축적으로 쓰기도 한다. 제목을 묻는 문제가 많이 출제된다.
- 행사의 개요: 행사의 목적과 의의를 간략하게 서술하는 부분이다.
- 행사의 세부사항: 날짜, 시간, 장소, 대상, 행사 등의 세부내용을 표현한다.
- 부가정보: 추가적인 주의사항이나 권장사항을 기술한다.
- 연락처: 담당자의 연락처나 웹사이트 주소를 제공한다.

② 시설 사용 안내문
- 제목: 시설의 명칭이나 안내하는 내용을 나타낸다.
- 시설의 개요: 시설물의 주요 목적을 소개한다.
- 운영 및 이용정보: 운영시간, 위치, 대상, 요금에 대한 정보를 제공한다.
- 예약, 서비스 소개: 예약에 관한 사항과 세부 서비스에 대한 정보를 제공한다.
- 규칙, 주의사항: 금지사항, 제한사항, 안전수칙 등의 추가정보를 제공한다.
- 연락처

3 지문의 주요 내용

① 행사 안내문: 세미나, 박람회, 축제, 문화행사, 환경 캠페인 등
② 공지 안내문: 공사 안내, 규정 변경 안내, 모집공고 등
③ 시설 안내문: 도서관, 박물관, 커뮤니티 센터, 관광지 등

■ 전략 적용

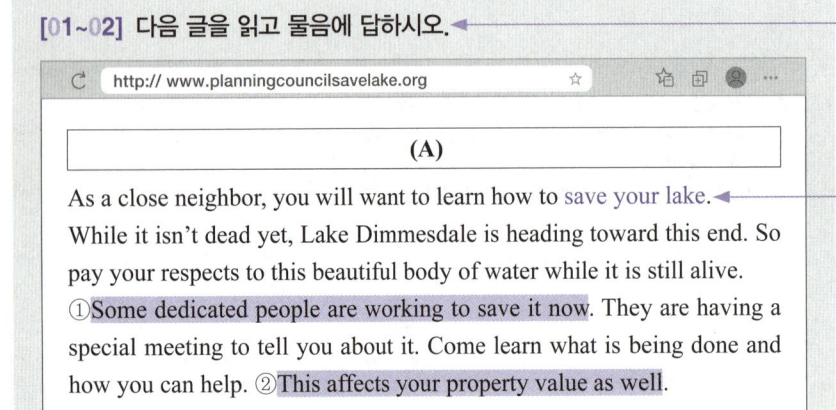

STEP 1
문제를 먼저 읽고, 제목 찾기와 내용 일치 문제임을 확인한다. 제목을 파악하기 위해 기본적으로 지문의 절반 정도까지는 정독한다.

STEP 2
- 지문의 전반부에서 주요 소재인 lake, 그리고 save your lake라는 핵심 내용을 확인하고, 첫 번째 문제의 선택지를 검토한다.
  ① 딤즈데일 호수가 죽어가고 있다
  ② 호수의 아름다움을 칭송하라
  ③ 딤즈데일 호수의 문화적 가치
  ④ 호수가 대학에 미치는 중요성
- 지문의 'save your lake'를 근거로 ①이 가장 적절함을 알 수 있다.

Who wants to live near a dead lake?
Sponsored by Central State Regional Planning Council

- Location: Green City Park, Opposite Southern State College (③in case of rain: College Library Room 203)
- Date: Saturday, July 6, 2025
- Time: 2:00 p.m.

④For any questions about the meeting, please visit our website at www.planningcouncilsavelake.org or contact our office at (432) 345-6789.

STEP 3
- 두 번째 문제의 선택지 내용과 관련된 부분을 지문에서 찾아서 확인한다.
- 비가 오는 경우에는 도서관 203호에서 모임을 갖는데, ③번 선택지에서 구내식당 이라고 했으므로, ③이 본문과 일치하지 않음을 판단할 수 있다.

01 (A)에 들어갈 윗글의 제목으로 가장 적절한 것은?

① Lake Dimmesdale Is Dying
② Praise to the Lake's Beauty
③ Cultural Value of Lake Dimmesdale
④ Significance of the Lake to the College

02 위 안내문의 내용과 일치하지 않는 것은?

① 호수를 살리기 위해 노력하는 사람들이 있다.
② 호수를 위한 활동이 주민들의 재산에 영향을 미친다.
③ 우천 시에는 대학의 구내식당에서 회의가 열린다.
④ 웹사이트 방문이나 전화로 회의에 관해 질문할 수 있다.

해석
가까운 이웃으로서, 당신은 당신의 호수를 구하는 방법을 배우고 싶을 것입니다.
호수가 아직 죽지는 않았지만, 딤즈데일 호수는 그 끝을 향해 가고 있습니다. 그러므로 이 아름다운 수역이 아직 살아 있을 때 경의를 표하세요.
일부 헌신적인 사람들이 지금 그것을 구하기 위해 노력하고 있습니다. 그들은 여러분에게 그에 대해 알리기 위한 특별한 모임을 가지고 있습니다. 무엇이 이루어지고 있는지, 그리고 여러분이 어떻게 도울 수 있는지 배우러 오세요. 이것은 여러분의 재산 가치에도 영향을 미칩니다.
누가 죽은 호수 근처에서 살고 싶겠습니까?
중앙 주(州) 지역 계획 위원회 후원

장소: 그린 시티 공원, 서던 주립 대학 맞은편 (우천 시: 대학 도서관 203호실)
날짜: 2025년 7월 6일 토요일
시간: 오후 2시

모임에 대한 질문이 있다면, 저희 웹사이트인 www. planningcouncilsavelake.org를 방문하거나 (432) 345-6789로 저희 사무실에 연락 주세요.

어휘 head toward ~로 향하다 pay respects to ~에 경의를 표하다 dedicated 헌신적인 affect 영향을 미치다 property value 재산 가치 as well 역시 contact 연락하다

정답
01 ①
02 ③

Exercise

[01~02] 다음 글을 읽고 물음에 답하시오. ⟨25 국가 9급⟩

---

noplasticjuly

(A)

Each year in July people all over the world aim to exclude common plastic waste items from their daily life, opting instead for reusable containers or those made from biodegradable materials. We think this is a great idea and why not make it a year-round effort at home and in the workplace.

The vision started in Western Australia in 2011 and has since moved across the world to help promote the vision and stop the earth becoming further saturated with plastic materials which are part of our convenience lifestyle.

Lots of items are designed to be used once and disposed of. They fill up bins in homes, schools, at work and on streets across the world.

You can assist in achieving the goal of having a world without plastic waste.

Choose what you will do
☐ Avoid single-use plastic packaging
☐ Target the takeaway items that could end up in the ocean
☐ Go completely plastic free

I will participate
☐ for 1 day   ☐ for 1 week   ☐ for 1 month   ☐ from now on

---

01 (A)에 들어갈 윗글의 제목으로 가장 적절한 것은?

① Development of Single-Use Items
② Join the Plastic-Free Challenge
③ How to Dispose of Plastic Items
④ Simple Ways to Save Energy

02 윗글에서 캠페인에 관한 내용과 일치하지 않는 것은?

① 2011년 서호주에서 시작되었다.
② 플라스틱 과다 사용을 줄이기 위해 전 세계로 확산되었다.
③ 실천할 활동을 선택하여 참여할 수 있다.
④ 최대 한 달까지 참여할 수 있다.

01
정답 ②
해설 일상의 삶에서 플라스틱 폐기물을 없애는 운동에 참여할 것을 권장하는 글이다. ① 일회용품의 발달 ② 플라스틱 없는 도전에 참여하세요 ③ 플라스틱 물품을 어떻게 처분할 것인가 ④ 에너지를 절약하는 간단한 방법들

■ **지문 분석** 예문의 밑줄은 동사(구)

> Each year in July / people all over the world / <u>aim</u> to exclude common plastic waste items / from their daily life, / (opting instead for reusable containers) / or those / (made from biodegradable materials).
> 매년 7월 / 전 세계의 모든 사람들은 / 일반 플라스틱 폐기물을 배제하는 것을 목표로 합니다 / 일상의 삶으로부터 / 대신에 재생 가능한 용기를 선택하면서 / 또는 그러한 물건을 / 생분해성 물질로 만들어진.
>
> We <u>think</u> / (this <u>is</u> a great idea) / and / why not <u>make</u> it / a year-round effort at home and in the workplace.
> 우리는 생각합니다 / 이것은 훌륭한 생각이라고 / 그러니 / 이것을 만드는 것이 어떨까요 / 가정과 직장에서 일년 내내 하는 노력으로.
>
> The vision <u>started</u> in Western Australia in 2011 / and <u>has</u> since <u>moved</u> across the world / [to help / promote the vision / and stop / the earth / becoming further saturated with plastic materials / (which <u>are</u> part of our convenience lifestyle)].
> 그 비전(운동)은 2011년 호주 서부에서 시작되었습니다 / 그리고 그 이후로 전세계로 확산되었습니다 / 돕기 위해 / 비전을 홍보하고 / 막기 위해 / 지구가 / 플라스틱 물질로 더 가득 채워지는 것을 / 우리의 편리한 삶의 일부인.
>
> Lots of items / <u>are designed</u> / to be used once and disposed of. 많은 물건들이 / 설계됩니다 / 한 번 사용되고 처분되도록.
> They <u>fill up</u> bins / in homes, schools, at work and on streets / across the world.
> 그것들은 쓰레기통을 가득 채웁니다 / 가정에서, 학교에서, 직장에서, 그리고 거리에서 / 전 세계에서.
>
> You <u>can assist</u> / in achieving the goal / of having a world without plastic waste.
> 여러분은 도울 수 있습니다 / 목표를 달성함에 있어 / 플라스틱 폐기물이 없는 세상을 갖는.
>
> <u>Choose</u> / (what you <u>will</u> do) 선택하세요 / 당신이 무엇을 할 것인가.
> <u>Avoid</u> / single-use plastic packaging 피하세요 / 일회용 플라스틱 포장을.
> <u>Target</u> / the takeaway items / (<u>that</u> could end up in the ocean). 목표로 하세요 / 테이크아웃 상품을 / 바다로 흘러 들어갈 수 있는.

02

정답 ④

해설 지문의 맨 끝 체크박스에 from now on(지금부터 계속)이 있으므로 ④는 본문과 일치하지 않는다.

해석 매년 7월, 전 세계의 사람들은 그들의 일상에서 흔한 플라스틱 쓰레기를 없애고, 대신 재사용 가능한 용기나 생분해성 재료로 만든 제품을 선택하는 것을 목표로 합니다. 우리는 이것이 훌륭한 아이디어라고 생각하는데, 이것을 가정이나 직장에서 일 년 내내 실천하는 것이 어떨까요?
①그 운동은 2011년 호주 서부에서 시작되었고, ②이후 전 세계로 확산되며 우리의 편리한 생활방식의 일부분이 된 플라스틱 재료로 지구가 더 이상 오염되는 것을 막기 위한 비전을 전파하고 있습니다.
많은 제품들이 한 번 사용하고 버리도록 설계되어 있습니다. 그것들은 전 세계의 가정, 학교, 직장, 거리 곳곳에서 쓰레기통을 가득 채우고 있습니다.
여러분은 플라스틱 쓰레기가 없는 세상을 갖는 목표를 달성하는 데 기여할 수 있습니다.

③당신이 할 일을 선택하세요
☐ 일회용 플라스틱 포장을 피하기
☐ 바다로 흘러갈 수 있는 테이크아웃 용품을 목표로 하기
☐ 완전히 플라스틱 없이 생활하기

나는 참여하겠습니다
  ☐ 1일 동안   ☐ 1주일 동안   ☐ 1개월 동안   ☐ ④지금부터 계속

어휘 exclude 제외하다, 배제하다 plastic waste item 플라스틱 폐기물 opt for ~을 선택하다 container 그릇, 용기 biodegradable 생분해성의 year-round 연중, 일년 내내 be saturated with ~로 가득 차다 dispose of ~을 처분하다 bin 쓰레기통 plastic packaging 플라스틱 포장 takeaway items 테이크아웃 용품

[03~04] 다음 글을 읽고 물음에 답하시오.

<23 인사처 1차 예시>

(A)

We're pleased to announce the upcoming City Harbour Festival, an annual event that brings our diverse community together to celebrate our shared heritage, culture, and local talent. Mark your calendars and join us for an exciting weekend!

Details
- **Dates**: Friday, June 16 – Sunday, June 18
- **Times**: 10:00 a.m. – 8:00 p.m. (Friday & Saturday)
  10:00 a.m – 6:00 p.m. (Sunday)
- **Location**: City Harbour Park, Main Street, and surrounding areas

Highlights
- **Live Performances**

Enjoy a variety of live music, dance, and theatrical performances on multiple stages throughout the festival grounds.

- **Food Trucks**

Have a feast with a wide selection of food trucks offering diverse and delicious cuisines, as well as free sample tastings.

For the full schedule of events and activities, please visit our website at www.cityharbourfestival.org or contact the Festival Office at (552) 234-5678.

---

03 (A)에 들어갈 윗글의 제목으로 가장 적절한 것은?

① Make Safety Regulations for Your Community
② Celebrate Our Vibrant Community Events
③ Plan Your Exciting Maritime Experience
④ Recreate Our City's Heritage

04 City Harbour Festival에 관한 윗글의 내용과 일치하지 않는 것은?

① 일 년에 한 번 개최된다.
② 일요일에는 오후 6시까지 열린다.
③ 주요 행사로 무료 요리 강습이 진행된다.
④ 웹사이트나 전화 문의를 통해 행사 일정을 알 수 있다.

■ **지문 분석** 예문의 밑줄은 동사(구)

We're pleased / (to announce / the upcoming City Harbour Festival), / an annual event / [that brings our diverse community together / (to celebrate our shared heritage, culture, and local talent)].
우리는 기쁩니다 / 알리게 되어 / 다가오는 시티 하버 축제를 / 연례 행사 / 우리의 다양한 지역사회를 하나로 모으는 / 우리가 공유하는 유산, 문화, 그리고 지역의 재능을 축하하기 위해서.

Mark your calendars / and / join us / for an exciting weekend!
달력에 표기하세요 / 그리고 / 우리와 함께하세요 / 즐거운 주말을 위해서!

Enjoy / a variety of live music, dance, and theatrical performances / on multiple stages / throughout the festival grounds.
즐기세요 / 다양한 라이브 음악, 춤 및 연극 공연을 / 여러 무대에서 / 축제장 곳곳에서.

Have a feast / with a wide selection of food trucks / (offering / diverse and delicious cuisines, / as well as free sample tastings).
잔치를 즐기세요 / 다양한 푸드 트럭과 / 제공하는 / 다양하고 맛있는 음식을 / 무료 시식뿐만 아니라.

For the full schedule of events and activities, / please visit our website / at www.cityharbourfestival.org / or contact the Festival Office at (552) 234-5678.
행사와 활동의 전체 일정에 대해 / 우리 웹사이트를 방문하세요 / www.cityharbourfestival.org로 / 또는 (552) 234-5678로 축제 사무실에 연락하세요.

03
정답 ②
해설 시의 항구 축제 참여를 독려하는 글이므로 ②가 가장 적절하다. ① 여러분의 지역사회를 위한 안전 규칙을 만드세요 ② 우리의 생동감 넘치는 지역사회 행사를 기념하세요 ③ 당신의 흥미로운 해양 경험을 계획하세요 ④ 우리 도시의 유산을 재창조하세요

04
정답 ③
해설 지문에서 free sample tastings는 '무료 시식'을 의미하는 것이지 '무료 요리 강습'은 아니므로 ③은 본문의 내용과 일치하지 않는다.

해석 다가오는 시티 하버 페스티벌을 발표하게 되어 기쁩니다. ①이 연례 행사는 우리의 다양한 지역사회가 하나로 모아 우리가 공유하는 유산, 문화 및 지역 재능을 축하하는 자리입니다. 달력에 표시하고 신나는 주말에 우리와 함께하세요!

세부 사항
- 날짜: 6월 16일 금요일 ~ 6월 18일 일요일
- 시간: 오전 10시 – 오후 8시 (금요일 & 토요일)
  오전 10시 – ②오후 6시 (일요일)
- 장소: 시티 하버 공원, 메인 스트리트 및 주변 지역

주요 볼거리
- 라이브 공연
③축제장 곳곳의 여러 무대에서 다양한 라이브 음악, 춤 및 연극 공연을 즐기세요.

- 푸드 트럭
③다양하고 맛있는 요리를 제공하는 푸드 트럭과 무료 시식을 즐기세요.

④행사 및 활동의 전체 일정은 우리 웹사이트인 www.cityharbourfestival.org를 방문하거나 (552) 234-5678로 축제 사무실에 문의하세요.

 upcoming 다가오는, 곧 있을 **annual** 연례의, 연간의 **diverse** 다양한 **bring together** ~을 모으다 **heritage** 유산 **surrounding areas** 주변 지역들 **theatrical** 연극의 **feast** 잔치 **cuisine** 요리, 요리법

[05~06] 다음 글을 읽고 물음에 답하시오.

(A)

Date: March 15, 2025 (Saturday)   **Time**: 1:00 PM - 4:00 PM
Location: Washington D.C., Lincoln Memorial   **Hosted by**: Citizen Alliance for Racial Equality

Event Details:
Join us for a rally advocating for racial equality and social justice. The event will feature various speakers discussing issues of racial discrimination and potential solutions. There will also be performances by local artists, photo opportunities, and a charity donation campaign.

How to Participate:
Open to all citizens; no pre-registration required.
Mask-wearing and social distancing are encouraged.
Feel free to bring personal signs and banners.

Additional Information:
Parking is limited; public transportation is recommended.
Following the rally, there will be a discussion gathering at nearby cafes and restaurants focused on racial equality.

Contact:
Email: info@racialjusticealliance.org   Phone: (202) 555-1234

Let's unite our voices to drive change for racial equality and social justice!

---

05 빈칸에 가장 적절한 것은?

① A Call for Justice: March Against Inequality
② Unity in Diversity: A Celebration of Cultures
③ Stand Up for Change: Vote against Discrimination
④ Voices for All, Rights for All: Rally for Racial Equality

06 이 글의 내용과 일치하지 않는 것은?

① The rally will feature performances by local artists and speakers discussing racial issues.
② Participants must register in advance to attend the event.
③ The event encourages the use of personal hygiene items.
④ Public transportation is recommended due to limited parking availability.

■ **지문 분석** 예문의 밑줄은 동사(구)

Join us for a rally / (advocating for racial equality and social justice).
집회에 우리와 함께하세요 / 인종 평등과 사회 정의를 옹호하는.

The event will feature / various speakers / (discussing issues of racial discrimination and potential solutions).
행사는 선보일 것입니다 / 다양한 연설자를 / 인종차별 문제와 잠재적 해법에 대해 논의하는.

There will also be performances by local artists, / photo opportunities, / and a charity donation campaign.
또한 지역 예술가들에 의한 공연들이 있을 것입니다 / 사진을 찍을 기회 / 그리고 자선 기부 캠페인.

Open to all citizens; / no pre-registration required. 모든 시민들에게 열려 있습니다 / 사전 등록은 필요 없음.
Mask-wearing and social distancing / are encouraged. 마스크 착용과 사회적 거리 두기가 / 권장됩니다.
Feel free to bring / personal signs and banners. 마음껏 가져오세요 / 개인 피켓과 현수막을.
Parking is limited; / public transportation is recommended. 주차장은 제한적입니다 / 대중교통 이용이 권장됩니다.
Following the rally, / there will be a discussion / (gathering at nearby cafes and restaurants) / (focused on racial equality). 집회에 이어 / 토론회가 있을 것입니다 / 근처 카페나 식당에서 모이는 / 인종 평등에 초점을 맞춘.
Let's unite our voices / to drive change / for racial equality and social justice!
우리의 목소리를 모읍시다 / 변화를 이끌기 위해 / 인종 평등과 사회 정의를 향한.

06

정답 ②

해설 사전 등록은 필요로 하지 않는다. ① 집회에는 지역 예술가들의 공연과 인종 문제를 논하는 연사들이 있을 것이다. ② 참가자는 행사에 참석하기 위해 사전에 등록해야 한다. ③ 행사는 개인 위생용품 사용을 권장한다. ④ 제한된 주차 공간 이용 가능성으로 인해 대중교통 이용이 권장된다.

해석 일시: 2025년 3월 15일 (토요일)　　시간: 오후 1시 – 4시
장소: 워싱턴 D.C., 링컨 기념관　　주최: 인종 평등을 위한 시민 연대

행사 내용:
인종 평등과 사회 정의를 위한 집회에 우리와 함께하세요. 행사에서는 다양한 연사들이 인종차별 문제와 가능한 해결 방안에 대해 이야기할 것입니다. 지역 예술가들의 공연, 사진 촬영 기회, 그리고 자선 기부 캠페인도 진행됩니다.

참여 방법:
모든 시민이 참여할 수 있으며, 사전 등록은 필요하지 않습니다.
마스크 착용과 사회적 거리 두기를 권장합니다.
개인 피켓 및 현수막은 자유롭게 가져올 수 있습니다.

기타 정보:
주차 공간이 제한되어 있으니 대중교통 이용을 권장합니다.
집회 후, 인근 카페와 음식점에서 인종 평등을 주제로 한 토론회가 열릴 것입니다.

연락처:
전화: (202) 555-1234　　　　이메일: info@racialjusticealliance.org

우리 모두의 목소리를 모아 인종 평등과 사회 정의의 변화를 이끌어냅시다!

어휘 rally 집회 racial equality 인종 평등 social justice 사회 정의 discrimination 차별 charity donation 자선 기부 pre-registration 사전 등록 social distancing 사회적 거리 두기 personal signs 개인 피켓 banner 현수막 march 행진 unity 단결 diversity 다양성 stand up for ~을 지지하다 discrimination 차별 hygiene item 위생용품 availability 이용 가능성

[07~08] 다음 글을 읽고 물음에 답하시오.

(A)

We invite you to participate in the Climate Action Movement, dedicated to combating climate change and promoting sustainability! This initiative brings together individuals and organizations to advocate for policies that reduce carbon emissions and promote renewable energy sources. Join us for our upcoming event, "Earth Day Rally," where we will gather to raise awareness and demand action from our leaders.

Event Details:
Date: April 22, 2025 (Saturday)　　　　　　Time: 10:00 AM - 3:00 PM
Location: Central Park, New York City

Activities Include:
- Guest speakers from environmental organizations
- Workshops on sustainable living practices
- Art installations created by local artists
- Opportunities to sign petitions for climate legislation

How to Participate:
- Everyone is welcome; no registration is necessary.
- Bring your own reusable water bottles and signs advocating for climate action.
- Please wear comfortable clothing and prepare for the weather.

Contact Information:
Email: info@climateactionalliance.org　　　　Phone: (212) 555-6789

Let's unite our voices and take a stand for our planet's future! We look forward to seeing you there!

07 이 글의 제목으로 빈칸에 가장 적절한 것은?

① Join the Movement for a Greener Future!
② Learn About the Science of Climate Change!
③ Explore the History of Earth Day Events!
④ Understand the Causes of Global Warming!

08 본문의 내용과 일치하지 않는 것은?

① The event will include workshops on sustainable living practices.
② Guest speakers from environmental organizations will be present.
③ Participants must register in advance to attend the event.
④ Attendees are encouraged to bring reusable water bottles.

07

정답 ①

해설 기후 행동 운동(Climate Action Movement)에 참여하도록 독려하는 내용이므로 ①이 가장 적절하다. ① 더 푸른 미래를 위한 운동에 동참하라! ② 기후 변화의 과학에 대해 배워라! ③ 지구의 날 행사 역사를 탐구하라! ④ 지구 온난화의 원인을 이해하라!

● **지문 분석** 예문의 밑줄은 동사(구)

We invite you / to participate in the Climate Action Movement, / (dedicated / to combating climate change / and promoting sustainability)! 여러분을 초대합니다 / 기후 행동 운동에 참여할 것을 / 전념하는 / 기후 변화와 싸우고 / 지속 가능성을 촉진시키는 것에!
This initiative brings together individuals and organizations / to advocate for policies / (that reduce carbon emissions / and promote renewable energy sources).
이 계획은 개인들과 단체들을 한 곳에 모읍니다 / 정책을 지지하기 위해서 / 탄소 배출을 줄이고 / 재생 에너지원 (사용)을 촉진하는.
Join us / for our upcoming event, "Earth Day Rally," / (where we will gather / to raise awareness / and demand action from our leaders).
우리와 함께하세요 / 다가오는 행사 '지구의 날 집회'에 / 여기에서 우리는 모일 것입니다 / 인식을 고양하고 / 우리의 지도자들에게 행동을 촉구하기 위해서.

Guest speakers / from environmental organizations 초청 연사들 / 환경단체로부터의
Workshops / on sustainable living practices 워크숍 / 지속 가능한 생활방식에 관한
Art installations / created by local artists 예술품 설치 / 지역 예술가들에 의해 만들어진
Opportunities / to sign petitions for climate legislation 기회들 / 기후 법안을 위한 탄원서에 서명할
Everyone is welcome; / no registration is necessary. 모든 사람을 환영합니다 / 등록은 필요하지 않습니다.
Bring / your own reusable water bottles / and signs (advocating for climate action).
가져오세요 / 당신의 재사용이 가능한 물병과 / 기후 행동을 옹호하는 피켓들을.
Please wear comfortable clothing / and prepare for the weather. 편안한 옷을 입으시고 / 날씨에 대비하세요.
Let's unite our voices / and take a stand for our planet's future! 우리의 목소리를 모읍시다 / 그리고 지구의 미래를 위해 입장을 취합시다!
We look forward / to seeing you there! 우리는 기대합니다 / 여러분을 만날 것을!

08

 ③

해설 'Everyone is welcome; no registration is necessary.'라고 했으므로 사전 등록은 필요하지 않다. ① 행사는 지속 가능한 생활 방식에 관한 워크숍이 포함된다. ② 환경단체의 초청 연사들이 참석할 것이다. ③ 참가자는 행사에 참석하기 위해 사전에 등록해야 한다. ④ 참석자들은 재사용 가능한 물병을 가져오는 것이 권장된다.

해석 기후 변화에 맞서고 지속 가능성을 촉진하기 위해 전념하는 기후 행동 운동에 참여해 주세요! 이 계획은 개인과 기관을 모아 탄소 배출을 줄이고 재생 가능 에너지원을 촉진하는 정책을 옹호합니다. 다가오는 "지구의 날 집회"에 참여하여 인식을 높이고 우리의 지도자들에게 행동을 촉구합시다.

행사 내용:
일시: 2025년 4월 22일 (토요일)   시간: 오전 10시 - 오후 3시
장소: 뉴욕시 센트럴 파크

활동 내용:
• ②환경단체의 초청 연사   • ①지속 가능한 생활방식에 관한 워크숍
• 지역 예술가들이 만든 예술품 설치   • 기후 법안을 위한 탄원서 서명 기회

참여 방법:
• ③누구나 환영하며 사전 등록은 필요 없습니다. • ④재사용 가능한 물병과 기후 행동을 옹호하는 피켓을 지참하세요.
• 편안한 복장을 착용하고 날씨에 대비해 주세요.

연락처 정보:
이메일: info@climateactionalliance.org   전화: (212) 555-6789

우리의 목소리를 모아 지구의 미래를 위해 행동합시다! 여러분을 뵙기를 기대합니다!

어휘 be dedicated to ~에 헌신하다 sustainability 지속 가능성 initiative 계획, 정책 advocate for ~을 옹호하다 rally 집회 installation 설치 petition 탄원서, 청원서 legislation 입법 registration 등록 unite 통합하다 take a stand 태도를 정하다 be present 참석하다 attendee 참석자

[09~10] 다음 글을 읽고 물음에 답하시오.

(A)

Join us at the Annual Science and Innovation Expo, a premier event showing the latest advancements in technology and science. Explore interactive exhibits, attend expert-led seminars, and discover future trends that are shaping our world!

Details
- **Dates**: Friday, October 13 – Sunday, October 15
- **Times**: 10:00 a.m. – 6:00 p.m. (All days)
- **Location**: Grand Convention Center, Maple City

Highlights
- Innovation Labs: Experience hands-on activities with cutting-edge technology, including AI and robotics.
- Keynote Speeches: Gain insights from industry leaders on the future of science and technology.
- Startup Showcase: Meet aspiring entrepreneurs presenting innovative products and services.

For more information, please visit our website at www.scienceexpo.com or contact us at (702) 123-4567.

---

09 (A)에 들어갈 윗글의 제목으로 가장 적절한 것은?

① Learn How to Launch Your Startup
② Embrace Nature's Wonders
③ Explore Ancient Scientific Theories
④ Discover the Future of Technology!

10 Annual Science and Innovation Expo에 관한 윗글의 내용과 일치하지 <u>않는</u> 것은?

① Participants can immerse themselves in AI and robotics.
② Keynote speeches by industry luminaries are available.
③ Attendees can engage with entrepreneurs showing groundbreaking innovations.
④ Advance reservation is an indispensable requirement for participation.

09

정답 ④

해설 최신 기술과 과학의 발전을 선보이는 행사에 대해 설명하고 있으므로 '기술의 미래를 발견하세요!'라는 제목이 적절하다. ① 스타트업을 시작하는 방법을 배우세요. ② 자연의 경이로움을 받아들이세요. ③ 고대 과학 이론을 탐구하세요. ④ 기술의 미래를 발견하세요!

● **지문 분석** 예문의 밑줄은 동사(구)

Join us / at the Annual Science and Innovation Expo, / a premier event / (showing the latest advancements / in technology and science).
합류하세요 / 연례 과학 혁신 엑스포에 / 최고의 행사입니다 / 최신 발전을 보여주는 / 기술과 과학에서의.

Explore interactive exhibits, / attend expert-led seminars, / and discover future trends / (that are shaping our world)!
쌍방향 전시물을 탐구하고 / 전문가가 진행하는 세미나에 참석하고 / 미래의 트렌드를 발견하세요 / 우리 세상을 만들어 가는!

Innovation Labs: / Experience / hands-on activities with cutting-edge technology, / (including AI and robotics).
혁신 실험실: / 경험하세요 / 최첨단 기술의 현장 체험 활동을 / 인공지능과 로봇을 포함하는.

Keynote Speeches: Gain insights / from industry leaders / on the future of science and technology.
기조연설: 통찰력을 얻으세요 / 산업계 리더들로부터 / 과학과 기술의 미래에 관한.

Startup Showcase: Meet aspiring entrepreneurs / (presenting innovative products and services).
스타트업 공개 행사: 야심찬 기업가들을 만나보세요 / 혁신적인 상품과 서비스를 제공하는.

10

정답 ④

해설 사전 예약에 대한 언급이 없으므로 ④의 내용이 일치하지 않는다. ① 참가자들은 인공지능과 로봇에 몰두할 수 있다. ② 산업계의 저명 인사들이 진행하는 기조연설을 들을 수 있다. ③ 참석자들은 획기적인 혁신을 선보이는 기업가들과 교류할 수 있다. ④ 참가를 위해 사전 예약이 필수적인 요건이다.

해석 최신 기술과 과학의 진보를 선보이는 최고의 행사인 연례 과학 혁신 엑스포에 참여하세요! 상호 작용하는 전시물들을 탐구하고, 전문가가 진행하는 세미나에 참석하며, 우리의 세상을 변화시키고 있는 미래의 트렌드를 발견해 보세요!

세부 사항
• 날짜: 10월 13일 금요일 – 10월 15일 일요일
• 시간: 오전 10시 – 오후 6시 (모든 날)
• 장소: 그랜드 컨벤션 센터, 메이플 시티

주요 볼거리
• 혁신 연구실: ①인공지능과 로봇을 포함한 최첨단 기술을 직접 체험할 수 있는 활동을 경험해 보세요.
• ②기조연설: 과학과 기술의 미래에 대해 산업 전문가들로부터 통찰을 얻으세요.
• 스타트업 공개 행사: ③혁신적인 제품과 서비스를 선보이는 야심찬 기업가들을 만나보세요.

보다 자세한 정보는 저희 웹사이트 www.scienceexpo.com을 방문하시거나 (702) 123-4567로 저희에게 연락하세요.

어휘 premier 최고의 interactive 쌍방향의, 상호 교류하는 exhibit 전시물 expert-led 전문가가 진행하는 hands-on activities 체험 활동 cutting-edge 최첨단의 aspiring 열정적인, 열망하는 entrepreneur 기업가 immerse oneself in ~에 푹 빠져들다 luminary 저명인사, 권위자 attendee 참석자 engage with ~와 소통하다 groundbreaking 혁신적인 advance reservation 사전 예약 indispensable 필수적인

11 다음 글의 내용과 일치하지 않는 것은?

KIDS SUMMER ART CAMP 2025

Join the Stan José Art Museum (SJAM) for a week of fun!
Campers get behind-the-scenes access to exhibitions, experiment with the artistic process, and show off their own work in a student exhibition.

WHO
For children ages 6-14
Each camper will receive individual artistic support, encouragement, and creative challenges unique to their learning style and skill level.

WHAT
Join SJAM for a summer art camp that pairs creative exploration of art materials and processes led by our experienced gallery teachers and studio art educators. In addition, campers will engage in interpretive art and science lessons created by Eddie Brown, a STEM consultant.

ART CAMP EXHIBITION
We invite families and caregivers to attend a weekly exhibition reception of campers' artwork to celebrate the artistic achievements of each participant.

WHEN
All camps run 9 am - 3 pm, Monday - Friday.
Monday, June 9 - Friday, July 25 (no camp the week of June 30)

---

① Campers will have opportunities to display their work in a student exhibition.
② The camp includes individual artistic support for children ages 6-14.
③ A STEM consultant developed interpretive art and science lessons.
④ The camp runs with no break between June 9 and July 25.

■ 지문 분석 예문의 밑줄은 동사(구)

Join the Stan José Art Museum (SJAM) / for a week of fun!
스탄 호세 미술관(SJAM)에 참여하세요 / 즐거운 한 주를 위해!

Campers / get behind-the-scenes access to exhibitions, / experiment with the artistic process, / and show off their own work / in a student exhibition.
캠프 참가자들은 / 비공식적으로 전시품들을 접하고 / 예술적 과정으로 실험하고 / 그들 자신의 작품을 선보일 것입니다 / 학생 전시회에서.

Each camper will receive / individual artistic support, encouragement, and creative challenges / unique to their learning style and skill level.
각각의 캠프 참가자들은 받을 것입니다 / 개별적인 예술지원, 격려와 창조적인 도전과제를 / 각자의 학습 스타일과 기술 수준에 맞는.

Join SJAM for a summer art camp / [that pairs creative exploration of art materials and processes / (led by our experienced gallery teachers and studio art educators)].
여름 캠프를 위해 SJAM에 참여하세요 / 예술 재료에 대한 창의적인 탐구와 과정을 함께 묶은 / 경험 많은 미술관 교사들과 실기 미술 교육자들에 의해 이끌어지는.

In addition, / campers will engage / in interpretive art and science lessons / (created by Eddie Brown, a STEM consultant). 게다가 / 캠프 참가자들은 참여할 것입니다 / 해석 중심의 예술과 과학 수업에 / STEM의 컨설턴트인 Eddie Brown에 의해 만들어진.

We invite families and caregivers / to attend a weekly exhibition reception of campers' artwork / to celebrate the artistic achievements of each participant.
우리는 가족들과 보호자들을 초대합니다 / 캠프 참가자들의 주간 예술작품 전시 리셉션에 참석하도록 / 참가자 개개인의 예술적 성과를 축하하기 위해서.

정답 ④

해설 6월 30일이 있는 주에는 캠프가 열리지 않는다. ① 캠프 참가자들은 자신들의 작품을 학생 전시회에서 전시할 기회를 갖게 된다. ② 캠프는 6세에서 14세 아동을 위한 개별적인 예술 지원을 포함한다. ③ STEM 컨설턴트가 해석 중심의 예술 및 과학 수업을 개발했다. ④ 캠프는 6월 9일부터 7월 25일까지 중단 없이 운영된다.

해석 2025 아동 여름 예술 캠프

스탄 호세 미술관(SJAM)과 함께하는 일주일간의 즐거운 활동에 참여하세요!
캠프 참가자들은 비공식적으로 전시품들을 접하고, 예술적 과정을 실험하며, ①학생 전시회에서 자신의 작품을 선보일 수 있습니다.

누가:
②6세에서 14세 아동 대상
각 캠프 참가자는 자신의 학습 스타일과 숙련도에 맞는 개별적인 예술 지원, 격려, 창의적 도전을 받게 됩니다.

무엇을:
우리의 경험 많은 미술관 교사와 실기 미술 교육자들이 이끄는 예술 재료와 과정에 대한 창의적인 탐구를 결합한 여름 미술 캠프를 위해 SJAM에 참여하세요. 또한, 캠프 참가자들은 ③STEM 컨설턴트인 Eddie Brown이 개발한 해석 중심의 예술 및 과학 수업에도 참여하게 될 것입니다.

예술 캠프 전시회:
캠프 참가자 각자의 예술적 성취를 축하하기 위해, 일주일간의 전시회 리셉션에 가족들 및 보호자들을 초대합니다.

언제:
모든 캠프는 월요일부터 금요일까지 오전 9시부터 오후 3시까지 운영됩니다.
④6월 9일 월요일부터 7월 25일 금요일까지 (6월 30일이 포함된 주에는 캠프가 없습니다)

어휘 camper 캠핑객, 캠프 참가자 behind-the-scene 막후의 experiment 실험하다 show off ~을 자랑하다 unique to ~에 맞는 pair A and B A와 B를 함께하다 engage in ~에 참여하다 interpretive 해석의, 해석을 하는 caregiver 보호자 with no break 휴식 없이, 중단 없이

12 다음 글의 내용과 일치하지 않는 것은?

〈24 인사처 2차 예시〉

> The David Williams Library and Museum is open 7 days a week, from 9:00 a.m. to 5:00 p.m. (NOV–MAR) and 9:00 a.m. to 6:00 p.m. (APR–OCT). Online tickets may be purchased at the link below. You will receive an email confirmation after making a purchase (be sure to check your SPAM folder). Bring this confirmation — printed or on smart device — as proof of purchase.
>
> • **Online tickets**: buy.davidwilliams.com/events
> The David Williams Library and Museum and the Home of David Williams (operated by the National Heritage Service) offer separate $10.00 adult admission tickets. Tickets for tours of the Home may be purchased on-site during normal business hours.
>
> • **CLOSED**: Thanksgiving, Christmas and New Year's Day
> There is no charge for conducting research in the David Williams Library research room.
>
> For additional information, call 1 (800) 333-7777.

① The Library and Museum closes at 5:00 p.m. in December.
② Visitors can buy tour tickets for the Home on-site.
③ The Home of David Williams is open all year round.
④ One can do research in the Library research room for free.

■ **지문 분석** 예문의 밑줄은 동사(구)

The David Williams Library and Museum / is open 7 days a week, / from 9:00 a.m. to 5:00 p.m. (NOV − MAR) / and 9:00 a.m. to 6:00 p.m. (APR − OCT).
David Williams 도서관 겸 박물관은 / 매일 개관합니다 / 오전 9시부터 오후 5시까지 (11월~3월) / 오전 9시부터 오후 6시까지 (4월~10월).

Online tickets / may be purchased at the link below.
온라인 티켓은 / 아래의 링크에서 구매될 수 있습니다.

You will receive an email confirmation / after making a purchase / (be sure to check your SPAM folder).
여러분은 확인 메일을 받을 것입니다 / 구매 후에 / 반드시 여러분의 스팸 폴더를 확인하세요.

Bring this confirmation / — printed or on smart device — / as proof of purchase.
이 확인서를 가져오세요 / 인쇄하거나 스마트 기기에 저장하여 / 구매 증빙으로.

The David Williams Library and Museum and the Home of David Williams / (operated by the National Heritage Service) / offer separate $10.00 adult admission tickets.
David Williams 도서관 겸 박물관, 그리고 David Williams의 저택은 / 국가유산청에 의해 운영되는 / 별도의 10달러의 성인 입장권을 제공합니다.

Tickets for tours of the Home / may be purchased on-site / during normal business hours.
저택 투어 입장권은 / 현장에서 구매될 수 있습니다 / 일반 영업시간에.

There is no charge / for conducting research / in the David Williams Library research room.
별도의 비용은 없습니다 / 연구를 하는 것에 대해 / David Williams 도서관 연구실에서.

정답 ③

해설 추수감사절, 크리스마스, 새해 첫날에는 박물관을 열지 않는다. ① 도서관과 박물관은 12월에 오후 5시에 문을 닫는다. ② 방문객들은 저택 투어 티켓을 현장에서 구매할 수 있다. ③ David Williams의 저택은 연중 개방된다. ④ 도서관 연구실에서 무료로 연구를 할 수 있다.

해석 David Williams 도서관 겸 박물관은 매일 운영되며, ①오전 9시부터 오후 5시까지 개방하고 (11월~3월), 오전 9시부터 오후 6시까지 개장합니다 (4월~10월). 온라인 티켓은 아래 링크에서 구매할 수 있습니다. 구매 후 확인 메일을 받게 됩니다 (반드시 스팸 폴더도 확인하세요). 이 확인서를 인쇄하거나 스마트 기기에 저장하여 구매 증빙으로 지참하십시오.

- 온라인 티켓: buy.davidwilliams.com/events
David Williams 도서관 겸 박물관과 David Williams의 저택(국가유산청에서 운영)에서는 각각 10달러의 성인 입장권을 제공합니다. ②저택 투어 티켓은 평상적인 영업시간 동안 현장에서 구매할 수 있습니다.

- ③휴무일: 추수감사절, 크리스마스, 새해 첫날
④ David Williams 도서관의 연구실에서 연구를 진행하는 데는 비용이 들지 않습니다.

추가 정보가 필요하시면 1 (800) 333-7777로 전화 주십시오.

어휘 7 days a week 일주일에 7일, 매일   purchase 구매하다   confirmation 확인   proof 증거   offer 제공하다   separate 별도의   admission ticket 입장권   on-site 현장에서   business hours 영업시간   no charge 청구 금액 없음   for free 공짜로

13 다음 글의 내용과 일치하지 않는 것은?

Alcatraz Island

A Historic Landmark
Alcatraz Island, located in the San Francisco Bay, was home to the infamous Alcatraz Federal Penitentiary, which housed some of the most notorious criminals in American history. The prison was in operation from 1934 to 1963 and is now a popular tourist attraction managed by the National Park Service.

Touring the Island
Visitors can take a ferry from San Francisco to Alcatraz Island, where they can explore the prison and learn about its history through informative exhibits and audio tours. The island also features beautiful gardens and wildlife, making it an interesting destination for nature lovers.

Important Information
Alcatraz tours are available year-round, with peak season being in the summer. Tickets are required for the ferry ride and the tour, and they can be purchased online or at the pier. The island is a unique blend of historical significance and natural beauty.

① Alcatraz Island was once home to a federal penitentiary.
② The island is only accessible by ferry from San Francisco.
③ The island's primary focus is its beautiful gardens and wildlife.
④ The prison on Alcatraz Island closed in 1963.

지문 분석 예문의 밑줄은 동사(구)

Alcatraz Island, / (located in the San Francisco Bay), / was home / to the infamous Alcatraz Federal Penitentiary, / (which housed some of the most notorious criminals / in American history).
알카트라즈 섬은 / 샌프란시스코만에 위치한 / 본거지였다 / 악명높은 알카트라즈 연방 교도소의 / 그곳은 가장 악명 높은 범죄자들을 수감했다 / 미국 역사상.

The prison was in operation / from 1934 to 1963 / and is now a popular tourist attraction / (managed by the National Park Service). 감옥은 운영되었다 / 1934년에서 1963년까지 / 그리고 지금은 유명한 관광지이다 / 국립공원 관리소에 의해 운영되는.

Visitors can take a ferry / from San Francisco to Alcatraz Island, / (where they can explore the prison / and learn about its history / through informative exhibits and audio tours). 방문객들은 페리를 탈 수 있다 / 샌프란시스코만에서 알카트라즈 섬까지 / 그곳에서 그들은 감옥을 탐험할 수 있고 / 그 역사를 배울 수 있다 / 유용한 전시물과 오디오 투어를 통해서.

The island also features beautiful gardens and wildlife, / (making it an interesting destination / for nature lovers).
그 섬은 또한 아름다운 정원과 야생생물을 선보인다 / 그것을 흥미로운 목적지로 만들면서 / 자연 애호가들에게.

Alcatraz tours are available year-round, / (with peak season / being in the summer).
알카트라즈 투어는 연중 내내 이용이 가능하다 / 성수기는 / 여름에 되면서.

Tickets are required / for the ferry ride and the tour, / and they can be purchased / online or at the pier.
티켓이 요구된다 / 페리 탑승과 투어를 위해 / 그리고 구매될 수 있다 / 온라인이나 부두에서.

The island is a unique blend / of historical significance and natural beauty.
그 섬은 독특한 결합이다 / 역사적 중요성과 자연의 아름다움의.

정답 ③

해설 알카트라즈 섬은 역사적인 중요성도 있고, 자연적인 아름다움도 관광의 목적이 된다. 하지만 지문에서는 예전에 연방 교도소였다는 역사적인 의미성을 더 강조하고 있으므로 ③이 가장 동떨어진 지문이다. ① 알카트라즈 섬은 한때 연방 교도소가 있었다. ② 섬은 샌프란시스코에서 페리로만 접근할 수 있다. ③ 섬의 주요 초점은 아름다운 정원과 야생생물이다. ④ 알카트라즈 섬의 교도소는 1963년에 폐쇄되었다.

해석 알카트라즈 섬

역사적인 랜드마크
알카트라즈 섬은 샌프란시스코만에 위치해 있으며, ①미국 역사상 가장 악명 높은 범죄자들이 수감된 알카트라즈 연방 교도소의 본거지였다. ④교도소는 1934년부터 1963년까지 운영되었으며 현재는 국립공원 관리소가 운영하는 인기 있는 관광 명소이다.

섬 투어
②방문객들은 샌프란시스코에서 알카트라즈 섬으로 가는 페리를 탈 수 있으며, 섬에서 교도소를 탐험하고 유용한 전시물과 오디오 투어를 통해 섬의 역사에 대해 배울 수 있다. ③섬에는 아름다운 정원과 야생생물도 있어 자연을 사랑하는 이들에게도 흥미로운 목적지가 된다.

중요 정보
알카트라즈 투어는 연중 내내 이용 가능하며 여름이 성수기가 된다. 페리 탑승과 투어를 위해서는 티켓이 필요하며, 온라인이나 부두에서 구매할 수 있다. 섬은 역사적 중요성과 자연의 아름다움을 모두 갖춘 독특한 곳이다.

어휘 infamous 악명 높은 penitentiary 교도소 house ~을 담아 두다 notorious 악명 높은 criminal 범죄자 in operation 운영되는 tourist attraction 관광명소 take a ferry 페리를 타다 feature 선보이다 destination 목적지 year-round 연중 내내 pier 부두 blend 혼합

14 다음 글의 내용과 일치하는 것은?

The Starlight Café and Bookstore is a cozy place for readers and coffee lovers alike. Located near the city library, it offers a wide selection of books, from fiction to non-fiction, and a variety of beverages and pastries. The café is open from 9:00 a.m. to 8:00 p.m. every day except Sundays, when it closes at 5:00 p.m.

Special Events and Membership
The café hosts book readings and author signings every Saturday afternoon. Members of the Starlight Book Club receive a 15% discount on all books and a free drink on their birthday. Memberships can be applied for at the counter or online.

Additional Services
Free Wi-Fi is available throughout the café, and study rooms can be reserved in advance for small groups. However, outside food and drinks are not allowed.

① The Starlight Café closes at 5:00 p.m. on Sundays.
② Members get a 20% discount on books.
③ Study rooms can be reserved for large groups.
④ The café allows outside food and drinks.

● **지문 분석** 예문의 밑줄은 동사(구)

The Starlight Café and Bookstore is a cozy place / for readers and coffee lovers alike.
스타라이트 카페 서점은 아늑한 장소입니다 / 독자와 커피 애호가들 모두를 위한.

(Located near the city library), / it offers a wide selection of books, / from fiction to non-fiction, / and a variety of beverages and pastries.
시립 도서관 근처에 위치하여 / 카페는 다양한 도서를 제공합니다 / 소설에서 비소설까지 / 그리고 다양한 음료와 패스트리를.

The café is open / from 9:00 a.m. to 8:00 p.m. every day / except Sundays, / (when it closes at 5:00 p.m.)
카페는 열립니다 / 매일 오전 9시부터 저녁 8시까지 / 일요일을 제외하고 / 그때는 오후 5시에 문을 닫습니다.

The café hosts / book readings and author signings / every Saturday afternoon.
카페는 주최합니다 / 도서 낭독회와 저자 사인회를 / 매주 토요일 오후에.

Members of the Starlight Book Club receive / a 15% discount on all books / and a free drink on their birthday.
스타라이트 북클럽 회원은 받습니다 / 모든 책에 15%의 할인을 / 그리고 그들의 생일에 무료 음료를.

Memberships can be applied for / at the counter or online.
회원권은 신청될 수 있습니다 / 카운터나 온라인에서.

Free Wi-Fi is available / throughout the café, / and study rooms can be reserved in advance / for small groups.
무료 와이파이가 이용 가능합니다 / 카페의 모든 곳에서 / 그리고 스터디룸은 사전에 예약될 수 있습니다 / 소규모 단체를 위해.

However, / outside food and drinks are not allowed.
하지만 / 외부 음식과 음료는 허용되지 않습니다.

정답 ①

해설 ① 스타라이트 카페는 일요일에는 오후 5시에 문을 닫는다. ② 회원들은 도서에 20% 할인을 받는다. (→ 회원들은 15% 할인을 받을 수 있다.) ③ 스터디룸은 규모가 큰 단체를 위해 예약할 수 있다. (→ 스터디룸은 소규모 단체를 위한 것이다.) ④ 카페는 외부 음식과 음료를 허용한다. (→ 카페는 외부 음식과 음료를 금지한다.)

해석 스타라이트 카페 서점은 독자와 커피 애호가들 모두를 위한 아늑한 장소입니다. 시립 도서관 근처에 위치한 서점은 소설부터 비소설에 이르는 다양한 도서와 음료 및 페이스트리를 제공합니다. 카페는 일요일을 제외하고 매일 오전 9시부터 오후 8시까지 문을 여는데, ①일요일에는 오후 5시에 문을 닫습니다.

특별 행사와 회원권
카페는 매주 토요일 오후에 도서 낭독회와 저자 사인회를 개최합니다. ②스타라이트 북클럽 회원은 모든 도서에 대해 15% 할인을 받고 생일에는 무료 음료를 제공합니다. 회원권은 카운터나 온라인에서 신청할 수 있습니다.

추가 서비스
카페 내 모든 곳에서 무료 와이파이가 제공되며, ③소규모 단체를 위한 스터디룸도 사전 예약이 가능합니다. 다만, ④외부 음식과 음료는 허용되지 않습니다.

어휘 cozy 아늑한 a wide selection of 다양한 a variety of 다양한 pastry 패스트리 (빵의 일종) host 개최하다 author 작가 in advance 미리 reserve 예약하다 allow 허용하다

[15~16] 다음 글을 읽고 물음에 답하시오.

_____(A)_____

Embark on an unforgettable adventure at Universal Studios Hollywood! From thrilling rides to iconic movie sets, this theme park offers an immersive experience for all visitors.

■ **Top Attractions You Can't Miss**
- Jurassic World – The Ride: Take a wild ride and get up close with life-sized dinosaurs.
- Transformers - The Ride-3D: Battle the Decepticons with Optimus Prime in this 3D action-packed adventure.

■ **Visit Us Today!**
- Admission Price: General tickets are $129 (subject to seasonal variations).
- Operating Hours: 10:00 AM to 8:00 PM daily.
- Free Entry: Children under 3 can enter for free!

■ **Helpful Tips for a Great Visit**
- No Outside Food: Outside food and drinks are not allowed inside the park.
- Safety First: Always follow safety guidelines when riding attractions.
- Photography: Flash photography is prohibited on certain rides to ensure safety.

15 (A)에 들어갈 윗글의 제목으로 가장 적절한 것은?

① A Guide to the Best Theme Parks in California
② Tips for Visiting Universal Studios Hollywood
③ A Day at Universal Studios Hollywood: Rides and Attractions
④ Discover the Magic of Universal Studios Hollywood!

16 본문의 내용과 일치하지 않는 것은?

① Children under the age of 3 are granted complimentary admission.
② Visitors can bring food and beverages from outside the park.
③ General admission tickets are priced at $129, although it may fluctuate with the seasons.
④ Flash photography is restricted in certain areas for safety reasons

---

15

정답 ④

해설 ③도 개연성이 있으나, 안내문으로서 놀러 올 것을 독려하는 느낌을 주는 ④가 더 나은 표현이다. ① 캘리포니아 최고의 테마파크에 대한 안내 ② 유니버설 스튜디오 할리우드 방문에 대한 조언 ③ 유니버설 스튜디오 할리우드에서의 하루: 놀이기구와 볼거리 ④ 유니버설 스튜디오 할리우드의 마법을 발견하세요!

■ **지문 분석** 예문의 밑줄은 동사(구)

Embark / on an unforgettable adventure / at Universal Studios Hollywood!
승선하세요 / 잊지 못할 모험에 / 유니버설 스튜디오 할리우드에서!

From thrilling rides to iconic movie sets, / this theme park offers / an immersive experience for all visitors.
스릴 넘치는 놀이기구에서 상징적인 영화 세트까지 / 이 테마파크는 제공합니다 / 모든 관광객을 위한 몰입감 있는 경험을.

Jurassic World – The Ride: / Take a wild ride / and get up close / with life-sized dinosaurs.
쥬라기 월드 – 놀이기구: / 거친 놀이기구를 타고 / 가까이 다가가세요 / 실물 크기의 공룡들에게.

Transformers - The Ride-3D: / Battle the Decepticons / with Optimus Prime / in this 3D action-packed adventure.
트랜스포머 –3D 놀이기구: / 디셉티콘들과 전투를 벌이세요 / 옵티머스 프라임과 함께 / 3D 액션으로 가득 찬 모험에서.

Admission Price: / General tickets are $129 / (subject to seasonal variations).
입장료: / 일반 티켓은 129달러입니다 / 시즌별로 변화의 대상인.

Operating Hours: / 10:00 AM to 8:00 PM daily. 운영 시간: / 매일 오전 10시부터 오후 8시까지.

Free Entry: / Children under 3 can enter for free! 무료 입장: / 3세 미만의 아동은 무료로 입장할 수 있습니다!

No Outside Food: / Outside food and drinks are not allowed / inside the park.
외부 음식 금지: / 외부 음식과 음료는 허용하지 않습니다 / 놀이공원 안에서.

Safety First: / Always follow safety guidelines / (when riding attractions).
안전 우선: / 항상 안전 수칙을 따르세요 / 놀이기구를 탈 때.

Photography: / Flash photography is prohibited / on certain rides / to ensure safety.
사진: / 플래시를 켠 촬영은 금지됩니다 / 특정 놀이기구에서는 / 안전을 확보하기 위해서.

16
정답 ②

해설 외부 음식은 반입 금지이다. ① 3세 이하 어린이는 무료 입장이 허용된다. ② 방문객은 공원에 외부 음식과 음료를 가져올 수 있다. ③ 일반 입장 티켓은 129달러인데, 계절에 따라 가격이 변동할 수 있다. ④ 안전을 이유로 일부 놀이기구에서는 플래시를 켠 촬영이 제한된다.

해석 유니버설 스튜디오 할리우드에서 잊지 못할 모험을 떠나세요! 스릴 넘치는 놀이기구부터 상징적인 영화 세트까지, 이 테마파크는 모든 방문객들에게 몰입감 있는 경험을 제공합니다.

■ 놓칠 수 없는 주요 명소
- 쥬라기 월드 – 놀이기구: 스릴 넘치는 놀이기구를 타고 실물 크기의 공룡에게 다가가세요.
- 트랜스포머 – 3D 놀이기구: 이 3D 액션으로 가득 찬 모험 세상에서 옵티머스 프라임과 함께 디셉티콘들과 전투를 벌이세요.

■ 오늘 방문하세요!
- 입장료: ③일반 티켓은 $129 (시즌에 따라 가격 변동 있음).
- 운영 시간: 매일 오전 10:00부터 오후 8:00까지.
- 무료 입장: ①3세 이하 어린이는 무료로 입장 가능합니다!

■ 환상적인 방문을 위한 유용한 팁
- 외부 음식 반입 금지: ②외부 음식과 음료를 공원 안으로 반입할 수 없습니다.
- 안전 우선: 놀이기구를 탈 때 항상 안전 지침을 따르세요.
- 사진 촬영: ④일부 놀이기구에서 안전을 위해 플래시를 켠 촬영이 제한됩니다.

어휘 embark on ~에 탑승하다 rides 탈것, 놀이기구 iconic 상징적인 immersive 몰입감 있는 get up close with ~에 가까이 가다 action-packed 액션으로 가득 채워진 subject to ~에 종속된, ~에 영향을 받는 seasonal variation 시즌별 변동 prohibit 금지하다 grant 허용하다 complimentary 칭찬의, 공짜의 fluctuate 변동하다

03 공공기관 및 인터넷 정보

1 지문의 특성

정부 시설이나 공공기관의 관련 업무를 전달하는 지문이나 인터넷 게시글은 소제목을 많이 사용하고 정보를 명시적으로 전달하는 특징이 있으며, 주로 내용 일치를 묻는 문제가 출제된다.

2 지문의 구성

- 기관 소개: 기관의 설립 역사와 구성을 소개한다.
- 주요 임무와 역할: 기관의 핵심 가치, 목표, 주요 임무 등을 기술한다.
- 세부 내용

3 지문의 주요내용

- 공정성 추구
- 지속 가능한 성장 추구
- 혁신과 효율성 향상
- 소외계층 보호, 지원
- 대국민 홍보 및 교육
- 향후 사업 목표

4 학습 전략

- 전문용어나 사회과학 용어가 등장하여 해석이 어려울 수 있다. 하지만 그 용어들이 반복적으로 사용되므로, 학습 초기에는 시간을 들여서 전체 지문을 해석하는 접근법이 좋다.
- 학습 초기에는 분량이 큰 지문보다는 분량이 작은 지문을 반복적으로 읽는 학습법이 효과적이다.
- 지문에 익숙해진 다음에는 다양한 지문을 빠르게 읽는 학습법을 취하는 것이 적합하다.

■ 전략 적용

다음 글의 내용과 일치하는 것은?

> Office of the Labor Commissioner (OLC) Responsibilities
> The OLC is the principal labor regulatory agency for the state. The OLC is responsible for ①ensuring that minimum wage, prevailing wage, and overtime are paid to employees, and that employee break and lunch periods are provided. In addition, ②the OLC has authority over the employment of minors. It is the vision and mission of this office to resolve labor-related problems in an efficient, professional, and effective manner. This includes ③educating employers and employees regarding their rights and responsibilities under the law. The OLC ④takes enforcement action when necessary to ensure that workers are treated fairly and compensated for all the time worked.

- ✗ It ensures that employees pay taxes properly.
- △ It has authority over employment of adult workers only.
- ✗ It promotes employers' business opportunities.
- ④ It takes action when employees are unfairly treated.

STEP 1
문제 유형을 파악하고, 지문 전체 읽기를 전략으로 삼는다.
- 내용 일치 문제의 지문이 짧을 때: 지문을 다 읽는다.
- 지문이 길 때: 지문 전체를 해석하기보다는 전반적인내용을 파악한다. 중간중간에 키워드가 있으면 표시해 두는 것도 좋은 방법이다.

STEP 2
선택지를 읽으면서 OX를 판단하고 애매한 것이 있으면 지문의 해당 부분을 다시 읽는다.
- 선택지 옆에 큰 글씨로 OX를 표시하면서 문제를 푸는 습관을 갖자.
- 애매하면 △ 표시를 하자. 실수하지 않는 것이 가장 중요하다.
  ① 직원들이 반드시 세금을 제대로 납부하도록 한다.
  ② 성인 노동자의 고용에 대한 권한만을 가지고 있다.
  ③ 고용주들의 사업 기회를 촉진한다.
  ④ 직원들이 불공정하게 대우를 받을 때 조치를 취한다.

STEP 3
△ 표시를 한 선택지는 지문을 다시 읽어 확실하게 판단한다.

해석 근로감독관 사무소(OLC)의 책임 사항
OLC는 주(州)의 주요 노동 규제 기관이다. OLC는 최저 임금, 통상 임금, 그리고 초과 근무 수당이 근로자에게 지급되는지와 근로자의 휴식 및 점심 시간이 제공되는지를 보장할 책임이 있다. 또한, OLC는 미성년자의 고용에 대한 권한도 가지고 있다. 사무소의 비전과 사명은 노동 관련 문제를 효율적이고, 전문적이며, 효과적인 방식으로 해결하는 것이다. 여기에는 법률에 따른 권리와 책임에 대해 고용주와 노동자에게 교육하는 것이 포함된다. OLC는 근로자들이 공정하게 대우받고 근무한 모든 시간에 대해 보상을 받을 수 있도록, 필요할 경우 법 집행 조치를 취한다.

어휘 labor commissioner 근로감독관 regulatory agency 규제 기관 ensure 보장하다, 확실히 하다 minimum wage 최저 임금 prevailing wage 통상 임금 break period 휴식 시간 authority 권한 minor 미성년자 regarding ~에 관해서 compensate for ~에 대해 보상하다 pay tax 세금을 납부하다 promote 촉진시키다, 홍보하다

정답 ④

Exercise

[01~02] 다음 글을 읽고 물음에 답하시오. 〈25 국가 9급〉

> **Consular services**
> We welcome all feedback about our consular services, whether you receive them in the UK or from one of our embassies, high commissions or consulates abroad. Tell us when we get things wrong so that we can <u>assess</u> and improve our services.
>
> If you want to make a complaint about a consular service you have received, we want to help you resolve it as quickly as possible. If you are complaining on behalf of someone else, we must have written, signed consent from that person allowing us to share their personal information with you before we can reply.
>
> Send details of your complaint to our feedback contact form. We will record and examine your complaint, and use the information you provide to help make sure that we offer the best possible help and support to our customers. The relevant embassy, high commission or consulate will reply to you.

01 밑줄 친 assess의 의미와 가장 가까운 것은?

① upgrade
② prolong
③ evaluate
④ render

02 윗글의 목적으로 가장 적절한 것은?

① to give directions to the consulate
② to explain how to file complaints
③ to lay out the employment process
④ to announce the opening hours

01
정답 ③
해설 assess 평가하다 / ① upgrade 등급을 올리다 ② prolong ~을 연장하다 ③ evaluate 평가하다 ④ render 주다, 만들다

02
정답 ②
해설 이 글은 영사 서비스에 대해 민원을 제기하는 절차와 방법 및 형식에 대해 전달하는 글이다. ① 영사관으로 가는 길을 안내하기 위해 ② 민원을 제기하는 방법을 설명하기 위해 ③ 채용 절차를 설명하기 위해 ④ 운영 시간을 알리기 위해

■ 지문 분석 예문의 밑줄은 동사(구)

We welcome all feedback / about our consular services, / (whether you receive them in the UK or / from one of our embassies, high commissions or consulates abroad).
우리는 모든 피드백을 환영합니다 / 우리의 영사 서비스에 대한 / 당신이 서비스를 영국에서 받았든 / 해외에 있는 우리대사관, 고등판무관부 또는 영사관 중 한 곳에서 받았든 간에.

Tell us / (when we get things wrong) / (so that we can assess and improve our services).
우리에게 말해 주세요 / 우리가 실수했을 때 / 우리가 서비스를 평가하고 개선할 수 있도록.

[If you want to make a complaint / about a consular service / (you have received)], / we want to help / you / resolve it as quickly as possible.
만약 당신이 불만을 제기하고자 한다면 / 우리 영사 서비스에 대해 / 당신이 받은 / 우리는 돕길 원합니다 / 당신이 / 그것을 가능한 빨리 해결하는 것을.

(If you are complaining / on behalf of someone else), / we must have / written, signed consent / from that person / (allowing us to share their personal information / with you) / (before we can reply).
만약 당신이 불만을 제기한다면 / 다른 누군가를 대신해서 / 우리는 받아야 합니다 / 서명된 서면 동의서를 / 그 사람으로부터 / 우리가 그들의 정보를 공유한다는 것을 허용하는 / 당신과 / 우리가 답변하기 전에.

Send details of your complaint / to our feedback contact form.
불만 사항의 세부 내용을 보내주세요 / 우리 피드백 접수 양식에.

We will record and examine your complaint, / and use the information / (you provide) / to help make sure / (that we offer the best possible help and support / to our customers).
우리는 당신의 민원 사항을 기록하고 검토할 것입니다 / 그리고 정보를 사용할 것입니다 / 당신이 제공하는 / 확실히 하기 위해서 / 우리가 가능한 최고의 도움과 지원을 제공하는 것을 / 우리의 고객에게.

The relevant embassy, high commission or consulate / will reply to you.
관련 대사관, 고등판무관부, 또는 영사관도 / 당신에게 답변할 것입니다.

해석 영사 서비스

영사 서비스에 대한 모든 피드백을 환영합니다. 그것이 영국 내에서 받은 것이든, 해외에 있는 우리 대사관, 고등판무관부 또는 영사관 중 한 곳에서 받은 것이든 상관없습니다. 우리가 실수했을 때 말씀해 주시면, 그 내용을 평가하고 서비스 개선에 반영할 수 있습니다.
여러분이 받은 영사 서비스에 대해 민원을 제기하고자 한다면, 우리가 그 문제를 가능한 한 신속하게 해결해 드리고자 합니다. 만약 다른 사람을 대신하여 불만을 제기하는 경우, 우리가 답변하기 전에 그 사람으로부터 서명된 서면 동의를 받아야 하며, 이를 통해 개인정보를 귀하와 공유할 수 있어야 합니다.
민원 사항의 세부내용을 우리 피드백 접수 양식을 통해 보내주시기 바랍니다. 우리는 귀하의 민원 사항을 기록하고 검토하며, 귀하가 제공한 정보를 바탕으로 고객에게 최상의 도움과 지원을 제공할 수 있도록 노력하겠습니다. 관련 대사관, 고등판무관부 또는 영사관에서 귀하에게 답변을 드릴 것입니다.

어휘 consular 영사의, 영사관의 embassy 대사관 high commission 고등판무관부 (영연방 국가 간의 대사관) consulate 영사관 get things wrong 잘못하다, 실수하다 resolve 해결하다 on behalf of ~을 대표하여, ~을 대신하여 consent 동의서 personal information 개인정보 feedback contact form 의견 접수 양식 file a complaint 민원을 제기하다, 불만을 제기하다

03 다음 글의 요지로 가장 적절한 것은?

> **Substance Abuse and Mental Health Services Administration**
>
> The Substance Abuse and Mental Health Services Administration (SAMHSA) actively seeks public opinions to improve its policies and services. Through online surveys and community meetings, SAMHSA gathers feedback from diverse groups, including patients, healthcare providers, and advocacy organizations. This approach helps ensure that the agency's decisions reflect the needs of those it serves. SAMHSA has implemented a systematic process to review and incorporate public feedback into its policies. Expert panels assess the suggestions, prioritizing issues related to accessibility and effectiveness of mental health and substance abuse programs. This transparent method builds trust and enhances the relevance of SAMHSA's services. To maintain accountability, SAMHSA publishes reports detailing how public feedback influences policy changes. By providing clear information and responding openly, the agency fosters a collaborative relationship with the community it serves.

① Establishing Rigorous Standards for Mental Health Services
② Enhancing Public Participation and Policy Transparency in SAMHSA
③ Focusing on Cost Reduction in Substance Abuse Programs
④ Restricting Access to Services for Efficiency

■ **지문 분석** 예문의 밑줄은 동사(구)

The Substance Abuse and Mental Health Services Administration (SAMHSA) / <u>actively seeks</u> public opinions / to improve its policies and services.
약물남용 및 정신건강 관리국(SAMHSA)은 / 대중의 의견을 적극적으로 구합니다 / 자사의 정책과 서비스를 개선하기 위해서.

Through online surveys and community meetings, / SAMHSA <u>gathers</u> feedback from diverse groups, / (including patients, healthcare providers, and advocacy organizations).
온라인 설문조사와 지역사회 모임을 통해서 / SAMHSA는 다양한 단체로부터 피드백을 모읍니다 / 환자, 의료 제공자, 그리고 후원 단체를 포함하여.

This approach <u>helps ensure</u> / ((that) the agency's decisions <u>reflect</u> the needs of those / it <u>serves</u>).
이러한 접근 방식은 보장하는 것을 돕습니다 / 기관의 결정이 그러한 사람들의 수요를 반영하는 것을 / 기관이 서비스하는.

SAMHSA <u>has implemented</u> a systematic process / (to review / and incorporate public feedback into its policies).
SAMHSA는 체계적인 절차를 실행해 왔습니다 / 검토하기 위해서 / 그리고 대중들의 피드백을 정책에 반영하기 위해서.

Expert panels <u>assess</u> the suggestions, / (prioritizing issues / related to accessibility and effectiveness of mental health and substance abuse programs).
전문가 패널들이 제안을 검토합니다 / 안건을 우선시 하면서 / 정신건강과 약물남용 프로그램의 접근성과 효과성과 관련된.

This transparent method / <u>builds</u> trust / and <u>enhances</u> the relevance of SAMHSA's services.
이 투명한 방법은 / 신뢰를 쌓고 / SAMHSA 서비스의 관련성을 향상시킵니다.

(To maintain accountability), / SAMHSA <u>publishes</u> reports / detailing / ((how) public feedback <u>influences</u> policy changes). 책임성을 유지하기 위해서 / SAMHSA는 보고서를 발간합니다 / 상세히 설명하는 / 대중들의 피드백이 정책 변화에 어떻게 영향을 미치는가를.

(By providing clear information / and responding openly), / the agency <u>fosters</u> a collaborative relationship / with the community / it serves.
명확한 정보를 제공하고 / 공개적으로 대응함으로써 / 이 기관은 협력적 관계를 발전시킵니다 / 지역사회와 / 기관이 서비스하는.

정답 ②

해설 SAMHSA가 시민의 의견 수렴과 정책 투명성을 강조하며, 이를 통해 서비스의 적절성을 높이고 신뢰를 구축한다는 내용이다. 따라서 ②가 지문의 요지를 가장 잘 반영한다. ① 정신건강 서비스에 대한 엄격한 기준 수립하기 ② SAMHSA에서 대중 참여와 정책 투명성 강화하기 ③ 약물남용 프로그램에서 비용 절감에 중점을 두기 ④ 효율성을 위해 서비스에 접근을 제한하기

해석 약물남용 및 정신건강 관리국

약물남용 및 정신건강 관리국(SAMHSA)은 정책과 서비스를 개선하기 위해 적극적으로 시민의 의견을 수렴한다. 온라인 설문조사와 지역사회 모임을 통해 SAMHSA는 환자, 의료 제공자, 후원 단체를 포함한 다양한 집단의 피드백을 수집한다. 이러한 접근 방식은 기관의 결정이 그들이 서비스하는 사람들의 요구를 반영하도록 돕는다. SAMHSA는 시민의 피드백을 정책에 반영하기 위해 체계적인 절차를 시행했다. 전문가 패널이 접근성과 정신건강 및 약물남용 프로그램의 효과와 관련된 문제를 우선시하여 제안을 검토한다. 이러한 투명한 방법은 신뢰를 쌓고 SAMHSA 서비스의 적절성을 향상시킨다. 책임성을 유지하기 위해 SAMHSA는 시민의 피드백이 정책 변화에 어떤 영향을 미쳤는지 자세히 설명하는 보고서를 발간한다. 명확한 정보를 제공하고 공개적으로 대응함으로써, 이 기관은 자신이 서비스하는 지역사회와 협력적인 관계를 발전시킨다.

어휘 substance abuse 약물남용 diverse 다양한 patient 환자 healthcare provider 의료 제공자 advocacy organization 옹호 단체 systematic 체계적인 incorporate 결합하다 assess 평가하다 prioritize 우선시하다 transparent 투명한 accountability 책임성 foster 발전시키다 rigorous 엄격한 restrict 제한하다

04 다음 글의 내용과 일치하는 것은?

〈25 국가 9급〉

Department of Health and Human Services

Mission Statement
The mission of the Department of Health and Human Services (HHS) is to enhance the health and well-being of all individuals in the nation, by providing for effective health and human services and by fostering sound, sustained advances in the sciences underlying medicine, public health, and social services.

Organizational Structure
HHS accomplishes its mission through programs and initiatives that cover a wide spectrum of activities. Eleven operating divisions, including eight agencies in the Public Health Service and three human services agencies, administer HHS's programs. While HHS is a domestic agency working to protect and promote the health and well-being of the American people, the interconnectedness of our world requires that HHS engage globally to fulfill its mission.

Cross-Agency Collaborations
Improving health and human services outcomes cannot be achieved by the Department on its own; collaborations are critical to achieve our goals and objectives. HHS collaborates closely with other federal departments and agencies on cross-cutting topics.

① HHS aims to improve the health and well-being of low-income families only.
② HHS's programs are administered by the eleven operating divisions.
③ HHS does not work with foreign countries to complete its mission.
④ HHS acts independently from other federal departments and agencies to achieve its goals.

정답 ②

해설 ① 보건복지부(HHS)는 저소득 가정만의 건강과 복지 향상을 목표로 한다. (→ 전 국민의 건강과 복지 향상을 목표로 한다.) ② HHS의 프로그램들은 11개 운영 부서에 의해 관리된다. ③ HHS는 임무를 달성하기 위해 외국과 협력하지 않는다. (→ 글로벌 차원에서 협력한다.) ④ HHS는 목표 달성을 위해 다른 연방 부처 및 기관들과는 독립적으로 행동한다. (→ 다른 연방 부처 및 기관들과 긴밀히 협력한다.)

지문 분석 예문의 밑줄은 동사(구)

The mission of the Department of Health and Human Services (HHS) / <u>is</u> / (to enhance / the health and well-being / of all individuals in the nation), / (by providing for effective health and human services) / and / (by fostering / sound, sustained advances / in the sciences / underlying medicine, public health, and social services).
보건복지부(HHS)의 임무는 / 이다 / 강화하는 것 / 건강과 복지를 / 전국 모든 개개인의 / 효과적인 보건과 복지 서비스를 제공함으로써 / 그리고 / 양성함으로써 / 건전하고 지속적인 발전을 / 과학에서 / 의학, 보건, 사회 서비스의 기초가 되는.

HHS <u>accomplishes</u> its mission / through programs and initiatives / (that <u>cover</u> a wide spectrum of activities).
HHS는 임무를 달성한다 / 프로그램과 정책을 통해서 / 광범위한 활동을 다루는.

Eleven operating divisions, / (including eight agencies in the Public Health Service / and three human services agencies), / <u>administer</u> HHS's programs.
11개의 운영 부서가 / 공중보건국의 8개 기관을 포함하여 / 3개의 복지 기관과 / HHS의 프로그램을 관리한다.

[While HHS <u>is</u> a domestic agency / (working / to protect and promote / the health and well-being of the American people)], / the interconnectedness of our world <u>requires</u> / (that HHS <u>engage</u> globally / to fulfill its mission).
HHS는 국내기관이지만 / 활동하는 / 보호하고 촉진하기 위해서 / 미국인들의 보건과 복지를 / 우리 세계의 상호 연관성은 요구한다 / HHS가 국제적으로 참여할 것을 / 임무를 완수하기 위해.

(Improving health and human services outcomes) / <u>cannot be achieved</u> / by the Department on its own;
보건 복지 서비스의 결과를 향상시키는 것은 / 달성될 수 없다 / 보건복지부 자력으로는.

collaborations <u>are</u> critical / to achieve our goals and objectives.
협력이 중요하다 / 우리의 목표와 목적을 달성하기 위해서.

HHS <u>collaborates</u> closely / with other federal departments and agencies / on cross-cutting topics.
HHS는 긴밀하게 협력한다 / 다른 연방 부처 및 기관과 / 공통적인 주제에 대해.

해석 보건복지부

사명 선언문
보건복지부(HHS)의 사명은 효과적인 보건 및 복지 서비스를 제공하고, 의학, 공중보건, 사회 서비스의 기반이 되는 과학 분야에서 건전하고 지속적인 발전을 양성함으로써, ①전국 모든 개개인의 건강과 복지를 증진하는 것이다.

조직 구조
HHS는 다양한 프로그램과 정책을 통해 사명을 수행하며, 이들은 매우 폭넓은 활동 범위를 포함한다. 공중보건국 소속의 8개 기관과 복지 관련 3개 기관을 포함한 ②11개의 운영 부서가 HHS의 프로그램을 관리하고 있다. HHS는 미국 국민의 건강과 복지를 보호하고 증진하는 국내 기관이지만, ③세계가 서로 긴밀히 연결된 현실에서 HHS가 그 사명을 완수하기 위해 글로벌 차원의 참여 또한 필요하다.

기관 간 협력
보건 복지 서비스의 결과를 개선하기 위해서는 HHS 단독으로는 불가능하며, 협력이 목표와 목적 달성에 있어 중요하다. ④HHS는 공통 주제를 놓고 다른 연방 부처 및 기관들과 긴밀히 협력하고 있다.

어휘 enhance 강화하다 well-being 복지 foster 증진하다, 발전시키다 sound 건전한, 건강한 sustained 지속된 underlying 기초가 되는 initiative 계획, 정책 a wide spectrum of 넓은 범위의 operating division 운영 부서 domestic 국내의 interconnectedness 상호 연관성 engage 참여하다 outcome 결과 collaboration 협력 objective 목표 federal 연방의 cross-cutting 공통적인 low-income 저소득의

05 다음 글의 내용과 일치하지 않는 것은?

National Institutes of Health (NIH)
The National Institutes of Health (NIH) is a vital component of the United States Department of Health and Human Services. Established in 1887, NIH is the primary agency responsible for conducting medical research and funding studies to improve public health. With a wide range of institutes and centers, NIH focuses on various health issues, including cancer, infectious diseases, and genetics.

Research Funding and Collaboration
NIH allocates significant funding to research institutions and universities, supporting innovative projects that aim to enhance medical knowledge. The agency also collaborates with international organizations to address global health challenges. As a leader in biomedical research, NIH plays a crucial role in advancing healthcare and improving the quality of life for people worldwide.

① NIH is part of the Department of Health and Human Services.
② NIH was established in the early 20th century.
③ NIH funds research projects to improve public health.
④ NIH focuses on various health issues, including cancer and genetics.

■ **지문 분석** 예문의 밑줄은 동사(구)

The National Institutes of Health (NIH) / is a vital component / of the United States Department of Health and Human Services. 국립보건원(NIH)은 / 중요한 구성 요소이다 / 미국 보건복지부의.

(Established in 1887), / NIH is the primary agency / responsible / (for conducting medical research / and funding studies) / (to improve public health).
1887년에 설립되어 / NIH는 주요 기관이다 / 책임이 있는 / 의료 연구를 하고 / 연구 자금을 지원하는 것에 대해 / 공중 보건을 개선하기 위해서.

With a wide range of institutes and centers, / NIH focuses / on various health issues, / (including cancer, infectious diseases, and genetics). 광범위한 기관과 센터를 가지고 / NIH는 집중한다 / 다양한 건강 문제에 / 암, 전염병, 유전학을 포함하여.

NIH allocates significant funding / to research institutions and universities, / (supporting innovative projects) / (that aim to enhance medical knowledge).
NIH는 상당한 자금을 할당한다 / 연구기관과 대학에 / 혁신적인 프로젝트를 지원하면서 / 의료 지식을 강화하는 것을 목표로 하는.

The agency also collaborates / with international organizations / (to address global health challenges).
기관은 또한 협력한다 / 국제 기관들과 / 세계적인 건강 문제를 해결하기 위해서.

As a leader in biomedical research, / NIH plays a crucial role / (in advancing healthcare / and improving the quality of life for people worldwide).
생물 의학 연구의 선두주자로서 / NIH는 중요한 역할을 한다 / 보건을 발전시키고 / 전 세계 시민들의 삶의 질을 향상시킴에 있어서.

정답 ②

해설 NIH는 1887년에 설립되었으므로 20세기 초가 아닌 19세기 후반에 설립된 것이다. ① NIH는 보건복지부의 일부이다. ② NIH는 20세기 초에 설립되었다. ③ NIH는 공중 보건을 개선하기 위한 연구 프로젝트에 자금을 지원한다. ④ NIH는 암과 유전학을 포함한 다양한 건강 문제에 집중한다.

해석 국립보건원 (NIH)

국립보건원(NIH)은 미국 보건복지부의 중요한 구성 요소입니다. 1887년에 설립된 NIH는 공중 보건을 개선하기 위한 의료 연구를 수행하고 연구에 자금을 지원하는 책임을 지는 주요 기관입니다. 다양한 연구소와 센터를 가진 NIH는 암, 전염병, 유전학 등 다양한 건강 문제에 집중합니다.

연구 자금 지원 및 협력
NIH는 연구 기관과 대학에 상당한 자금을 할당하여 의료 지식을 향상시키기 위한 혁신적인 프로젝트를 지원합니다. 기관은 또한 글로벌 건강 문제를 해결하기 위해 국제적 기관들과 협력합니다. 생물 의학 연구의 선두주자로서, NIH는 의료 발전과 전 세계 사람들의 삶의 질 향상에 중요한 역할을 합니다.

어휘 vital 중요한 component 구성 요소 primary 주요한 fund 자금을 지원하다 institute 연구소 infectious 전염성이 강한 genetics 유전학 allocate 할당하다 biomedical 생물 의학의

[06~07] 다음 글을 읽고 물음에 답하시오. 〈24 인사처 2차 예시〉

---

dagov

Agricultural Marketing Office

Mission
We administer programs that create domestic and international marketing opportunities for national producers of food, fiber, and specialty crops. We also provide the agriculture industry with valuable services to ensure the quality and availability of wholesome food for consumers across the country and around the world.

Vision
We facilitate the strategic marketing of national agricultural products in domestic and international markets while ensuring <u>fair</u> trading practices and promoting a competitive and efficient marketplace to the benefit of producers, traders, and consumers of national food, fiber, and specialty crops.

Core Values
- Honesty & Integrity: We expect and require complete honesty and integrity in all we do.
- Independence & Objectivity: We act independently and objectively to create trust in our programs and services.

---

06 윗글에서 Agricultural Marketing Office에 관한 내용과 일치하는 것은?

① It creates marketing opportunities for domestic producers.
② It limits wholesome food consumption around the world.
③ It is committed to benefiting consumers over producers.
④ It receives mandates from other agencies before making decisions.

07 밑줄 친 fair의 의미와 가장 가까운 것은?

① free
② mutual
③ profitable
④ impartial

■ **지문 분석** 예문의 밑줄은 동사(구)

> We administer programs / (that create domestic and international marketing opportunities / for national producers / of food, fiber, and specialty crops).
> 우리는 프로그램을 관리한다 / 국내 및 국제적인 마케팅 기회를 만들어내는 / 국내 생산자들을 위한 / 식품, 섬유, 특수 작물의.
>
> We also provide the agriculture industry / with valuable services / (to ensure the quality and availability of wholesome food / for consumers / across the country and around the world).
> 우리는 농업 산업에 제공한다 / 귀중한 서비스를 / 건강한 식품의 품질과 이용 가능성을 보장하기 위해서 / 소비자들에게 / 국내 및 전 세계의.
>
> We facilitate / the strategic marketing of national agricultural products / in domestic and international markets / [while ensuring fair trading practices / and promoting a competitive and efficient marketplace / (to the benefit / of producers, traders, and consumers / of national food, fiber, and specialty crops)]. 우리는 촉진한다 / 국내 농산품의 전략적 마케팅을 / 국내외 시장에서 / 공정한 거래 관행을 보장하고 / 경쟁력 있고 효율적인 시장을 촉진하면서 / 이익을 위해 / 생산자, 상인, 소비자의 / 국내 식품, 섬유, 특수 작물의.
>
> We expect and require complete honesty and integrity / in all / we do.
> 우리는 완전한 정직과 성실을 기대하고 요구한다 / 모든 것에서 / 우리가 하는.
>
> We act independently and objectively / (to create trust / in our programs and services).
> 우리는 독립적이고 객관적으로 활동한다 / 신뢰를 만들기 위해서 / 우리 프로그램과 서비스에서.

해석 농업 마케팅 사무소

미션
우리는 국내 및 국제 시장에서 식품, 섬유, 특수 작물의 ①<u>국내 생산자들에게 마케팅 기회를 창출하는</u> 프로그램을 관리한다. 또한, ②<u>국내외 소비자에게 건강한 식품의 품질과 가용성을 보장하기</u> 위해 농업 산업에 귀중한 서비스를 제공한다.

비전
우리는 국내 및 국제 시장에서 국가 농산물의 전략적 마케팅을 촉진하며, 공정한 거래 관행을 보장하고, ③<u>생산자, 상인, 소비자에게 이익이 되는</u> 경쟁력 있고 효율적인 시장을 촉진한다.

핵심 가치
- 정직과 성실: 우리는 우리가 하는 모든 일에서 완전한 정직과 성실을 기대하고 요구한다.
- 독립성과 객관성: 우리는 프로그램과 서비스에 대한 신뢰를 창출하기 위해 ④<u>독립적이고 객관적으로 행동한다</u>.

어휘 administer 관리하다 domestic 국내의 fiber 섬유 specialty crop 특수 작물 wholesome 건강한 facilitate 촉진하다, 도와주다 fair 공정한 integrity 성실, 최선 objectivity 객관성 be committed to ~에 헌신하다 mandate 명령

08 다음 글의 요지로 가장 적절한 것은?

Federal Reserve System

The Federal Reserve System (Fed) is the central bank of the United States, established in 1913 to ensure financial stability and manage monetary policy. The Fed's vision is to promote a healthy economy characterized by sustainable growth, low unemployment, and stable prices.

Vision for Economic Stability
The Fed aims to maintain economic stability by managing interest rates and regulating the money supply. It strives to prevent inflation and recession through balanced monetary policies.

Core Values: Independence and Accountability
Independence from political influence is vital for the Fed to make unbiased decisions. Simultaneously, it emphasizes accountability by being transparent about its actions and decisions. The Fed also values integrity, ensuring that its policies serve the public interest effectively.

By adhering to these principles, the Fed seeks to build trust and confidence in the U.S. financial system.

① The influence of political factors on the Federal Reserve's decisions
② The Federal Reserve's role in promoting international financial relations
③ The importance of government control over the Federal Reserve's policies
④ The Federal Reserve's commitment to economic stability and transparent policies

---

정답 ④

해설 지문은 연방준비제도가 경제 안정성과 투명성을 중시하고, 독립성과 책임성을 통해 신뢰를 쌓는다는 내용이 주를 이룬다. 나머지 선택지들은 본문에 언급되지 않거나 부차적인 내용이다. ① 연방준비제도의 결정에 대한 정치적 요인의 영향 ② 국제 금융 관계를 촉진하는 연방준비제도의 역할 ③ 연방준비제도의 정책에 대한 정부 통제의 중요성 ④ 연방준비제도의 경제 안정성과 투명한 정책에 대한 헌신

■ 지문 분석 예문의 밑줄은 동사(구)

The Federal Reserve System (Fed) / is the central bank of the United States, / (established in 1913) / (to ensure financial stability / and manage monetary policy).
연방준비제도(Fed)는 / 미국의 중앙은행이다 / 1913에 설립되어 / 재정 안정성을 보장하고 / 통화 정책을 관리하기 위해서.

The Fed's vision is / (to promote a healthy economy) / (characterized / by sustainable growth, low unemployment, and stable prices). Fed의 비전은 ~이다 / 건강한 경제를 촉진하는 것 / 특징지어지는 / 지속적인 성장, 낮은 실업률, 안정적인 가격으로.

The Fed aims to maintain economic stability / (by managing interest rates / and regulating the money supply).
Fed는 경제 안정 유지를 목표로 한다 / 이자율을 관리하고 / 통화 공급을 규제함으로써.

It strives / (to prevent inflation and recession / through balanced monetary policies).
그것(Fed)은 노력한다 / 인플레이션과 경기 침체를 막기 위해서 / 균형 잡힌 통화 정책을 통해서.

Independence from political influence / is vital / (for the Fed / to make unbiased decisions).
정치적 영향력으로부터의 독립성이 / 중요하다 / Fed가 / 공정한 결정을 내리기 위해서.

Simultaneously, / it emphasizes accountability / (by being transparent / about its actions and decisions).
동시에 / 그것은 책임성을 강조한다 / 투명함으로써 / 행동과 결정에 대해.

The Fed also values integrity, [ensuring / (that its policies serve the public interest effectively)].
Fed는 또한 성실성을 중요시한다 / 보장하면서 / 자신의 정책이 공공 이익에 효과적으로 기여하는 것을.

(By adhering to these principles), / the Fed seeks to build trust and confidence / in the U.S. financial system.
이러한 원칙을 고수함으로써 / Fed는 신뢰와 확신을 구축하려 한다 / 미국 금융 시스템에 대한.

해석 연방준비제도

연방준비제도(Fed)는 1913년에 설립된 미국의 중앙은행으로, 금융 안정성과 통화정책 관리를 목적으로 한다. Fed의 비전은 지속 가능한 성장, 낮은 실업률, 안정적인 물가로 특징지어지는 건전한 경제를 촉진하는 것이다.

경제 안정성에 대한 비전
Fed는 금리 관리와 통화 공급 조절을 통해 경제 안정을 유지하는 것을 목표로 한다. 균형 잡힌 통화 정책을 통해 인플레이션과 경기 침체를 방지하려고 노력한다.

핵심 가치: 독립성과 책임성
정치적 영향으로부터의 독립성은 Fed가 편견 없는 결정을 내리는 데 필수적이다. 동시에, 투명성을 통해 스스로의 행동과 결정에 대한 책임을 강조한다. 또한, Fed는 정책이 공익에 효과적으로 기여하도록 진정성을 중요시한다.

이러한 원칙을 준수함으로써, Fed는 미국 금융 시스템에 대한 신뢰와 확신을 구축하고자 한다.

어휘 central bank 중앙은행 monetary policy 통화정책 stability 안정성 interest rate 이자율 strive 애쓰다 recession 경기침체 unbiased 공정한 simultaneously 동시에 accountability 책임성 transparent 투명한 integrity 진정성, 성실성, 완전무결 adhere to ~을 고수하다 commitment 헌신

Animal Health Emergencies
Preparedness for animal disease outbreaks has been a top priority for the Board of Animal Health (BOAH) for decades. A highly contagious animal disease event may have economically devastating effects as well as public health or food safety and security consequences.

Foreign Animal Diseases
A foreign animal disease (FAD) is a disease that is not currently found in the country, and could cause significant illness or death in animals or cause extensive economic harm by eliminating trading opportunities with other countries and states.

Several BOAH veterinarians who are trained in diagnosing FADs are available 24 hours a day to investigate suspected cases of a FAD. An investigation is triggered when report of animals with clinical signs indicative of a FAD is received or when diagnostic laboratory identifies a suspicious test result.

① BOAH focuses on training veterinarians for FADs.
② BOAH's main goal is to respond to animal disease epidemic.
③ BOAH actively promotes international trade opportunities.
④ BOAH aims to lead laboratory research on the causes of FADs.

■ **지문 분석** 예문의 밑줄은 동사(구)

> Preparedness for animal disease outbreaks / has been a top priority / for the Board of Animal Health (BOAH) / for decades. 동물 질병 발생에 대한 대비가 / 최우선순위였다 / 동물보건위원회에게 / 수십 년 동안.
>
> A highly contagious animal disease event / may have economically devastating effects / as well as public health or food safety and security consequences.
> 전염성이 강한 동물 질병 발생은 / 경제적으로 파괴적인 영향을 가질 수 있다 / 공중 보건이나 식품 안전 및 보안에 대한 결과뿐만 아니라.
>
> A foreign animal disease (FAD) / is a disease / [that is not currently found in the country, / and could cause significant illness or death in animals / or cause extensive economic harm / (by eliminating trading opportunities / with other countries and states)]. 외래 동물 질병(FAD)은 / 질병이다 / 현재 국내에서는 찾을 수 없는 / 그리고 동물에 심각한 질병이나 죽음을 초래할 수 있는 / 또는 광범위한 경제적 피해를 줄 수 있는 / 무역 거래를 파괴함으로써 / 다른 국가나 주와의.
>
> Several BOAH veterinarians / (who are trained in diagnosing FADs) / are available 24 hours a day / (to investigate / suspected cases of a FAD). 여러 BOAH 수의사들은 / 외래 동물 질병 진단에 대해 훈련을 받은 / 24시간 대기 중이다 / 조사하기 위해서 / 외래 동물 질병에 대해 의심스러운 사례를.
>
> An investigation is triggered / [when report (of animals / with clinical signs / indicative of a FAD) / is received] / or [when diagnostic laboratory identifies a suspicious test result]. 조사가 실행된다 / 동물에 대한 보고서가 / 임상 신호를 갖는 / 외래 동물 질병의 징후를 보이는 / 접수될 때 / 또는 / 진단 실험실에서 의심스러운 테스트 결과를 확인할 때.

정답 ②

해설 지문의 첫머리에서 BOAH는 동물 질병 대응이 우선 과제임을 밝혔다. ① BOAH는 FAD를 위한 수의사 교육에 집중한다. ② BOAH의 주요 목표는 동물 질병 유행에 대응하는 것이다. ③ BOAH는 국제 무역 기회를 적극적으로 촉진한다. ④ BOAH는 FAD의 원인에 대한 실험실 연구를 주도하는 것을 목표로 한다.

해석 동물 건강 비상사태

동물 질병 발생에 대한 대비는 수십 년 동안 동물보건위원회(BOAH)의 최우선 과제였습니다. 매우 전염성이 강한 동물 질병 사건은 경제적으로 파괴적인 영향을 미칠 수 있으며, 공중 보건이나 식품 안전 및 보안에 대한 결과를 초래할 수 있습니다.

외래 동물 질병

외래 동물 질병(FAD)은 현재 국가 내에 존재하지 않는 질병으로, 동물에게 심각한 질병이나 사망을 초래하거나, 다른 나라 및 주와의 거래 기회를 없애서 광범위한 경제적 피해를 줄 수 있습니다.

BOAH에서 FAD 진단 교육을 받은 여러 수의사들이 24시간 대기하며 의심되는 FAD 사례를 조사합니다. 조사는 FAD를 나타내는 임상 징후를 보이는 동물에 대한 보고를 받거나, 진단 실험실에서 의심스러운 테스트 결과를 확인할 때 시작됩니다.

어휘 emergency 비상사태, 응급 사태 preparedness 준비, 대비 disease outbreak 질병 발생 top priority 최우선순위 for decades 수십 년간 contagious 전염성이 강한 economically 경제적으로 devastating 파괴적인 food safety 식품 안전 security 보안 currently 현재는 extensive 광범위한 eliminate 제거하다 trading opportunity 무역 기회, 매매 기회 veterinarian 수의사 diagnose 진단하다 suspected case 의심 사례 be triggered 촉발되다 clinical sign 병리적 신호, 임상 징후 indicative of ~을 가리키는 diagnostic laboratory 진단 실험실 identify 확인하다 respond to ~에 대응하다 epidemic 전염병

10 다음 글의 내용과 일치하지 않는 것은?

> **Core tasks of Disease Control and Prevention Agency**
>
> **• Protecting Public Health**
> Korea aims to safeguard its population from infectious diseases and create a secure society by strengthening emergency response systems and fostering skilled personnel. The country plans to develop risk analyses, eradicate chronic infectious diseases like tuberculosis and hepatitis, and prevent epidemic diseases. The national immunization program will be expanded, and diagnostic testing capacity will be enhanced.
>
> **• Chronic Disease Management**
> Efforts will focus on reducing health disparities through early detection and effective management of chronic diseases. Support for children with rare diseases will be increased, and climate-health impact assessments will be conducted.
>
> **• Research and Development**
> Korea will secure core technologies for vaccines and therapeutics, establish a bio big-data system, and promote global cooperation in healthcare research.

① Korea aims to safeguard its population from infectious diseases by strengthening emergency response systems.
② The national immunization program will be expanded and diagnostic testing capacity will be enhanced.
③ Efforts to manage chronic diseases will not include early detection.
④ Korea plans to secure core technologies for vaccines and therapeutics and promote global cooperation in healthcare research.

지문 분석 예문의 밑줄은 동사(구)

Korea <u>aims to safeguard</u> its population / from infectious diseases / and <u>create</u> a secure society / (by strengthening emergency response systems / and fostering skilled personnel). 한국은 국민을 보호하는 것이 목적이다 / 감염병으로부터 / 그리고 안전한 사회를 만드는 것이 / 응급대응 체계를 강화함으로써 / 그리고 숙련된 인력을 양성함으로써.

The country <u>plans</u> / (to develop risk analyses), / (eradicate chronic infectious diseases / like tuberculosis and hepatitis), / and (prevent epidemic diseases).
한국은 계획한다 / 위험 분석을 개발하고 / 만성적인 감염병을 근절하고 / 결핵과 간염과 같은 / 유행병을 예방하는 것을.

The national immunization program <u>will be expanded</u>, / and diagnostic testing capacity <u>will be enhanced</u>.
국가 면역 프로그램은 확장될 것이고 / 진단 시험 역량은 강화될 것이다.

Efforts <u>will focus</u> / on reducing health disparities / (through early detection and effective management / of chronic diseases). 노력은 집중될 것이다 / 건강 격차를 줄이는 것에 / 조기 진단과 효과적인 관리를 / 만성 질환에 대한.

Support for children with rare diseases / <u>will be increased</u>, / and climate-health impact assessments <u>will be conducted</u>.
희귀병을 앓는 아이에 대한 지원은 / 증가될 것이고 / 기후-건강 영향 평가가 실행될 것이다.

Korea <u>will secure</u> core technologies / for vaccines and therapeutics, / <u>establish</u> a bio big-data system, / and <u>promote</u> global cooperation / in healthcare research.
한국은 핵심 기술을 확보할 것이고 / 백신과 치료제에 대한 / 바이오 빅데이터 시스템을 구축할 것이고 / 국제 협력을 추진할 것이다 / 보건 연구에 있어서.

정답 ③
해설 만성 질환 관리가 조기 발견을 포함한다고 했으므로 ③의 내용이 일치하지 않는다. ① 한국은 비상 대응 시스템을 강화하여 감염병으로부터 국민을 보호할 계획이다. ② 국가 예방 접종 프로그램이 확대되고 진단 검사 역량이 향상될 것이다. ③ 만성 질환을 관리하려는 노력은 조기 발견을 포함하지 않을 것이다. ④ 한국은 백신 및 치료제의 핵심 기술을 확보하고 보건 연구에서 글로벌 협력을 촉진할 계획이다.

해석 질병통제예방청의 핵심 업무

- 공중 보건 보호
  ①한국은 감염병으로부터 국민을 보호하고 안전한 사회를 구축하기 위해 응급대응 체계를 강화하고 숙련된 인력을 양성하는 것을 목표로 합니다. 한국은 위험 분석 개발, 결핵 및 간염과 같은 만성 감염병 근절, 유행병 예방 등을 계획하고 있습니다. ②국가 예방접종 프로그램이 확대되고, 진단 검사 역량이 향상될 것입니다.

- 만성 질환 관리
  ③만성 질환에 대한 조기 진단과 효과적인 관리를 통한 건강 격차 해소에 중점을 둘 것입니다. 희귀 질환 아동에 대한 지원이 증가되고, 기후-건강 영향 평가가 수행될 것입니다.

- 연구 및 개발
  ④한국은 백신 및 치료제의 핵심 기술을 확보하고, 바이오 빅데이터 시스템을 구축하며, 보건 연구에 있어 글로벌 협력을 촉진할 것입니다.

어휘 infectious disease 감염병 secure society 안전한 사회 emergency response 응급 대응 foster 키우다 eradicate 박멸하다 chronic 만성적인 tuberculosis 결핵 hepatitis 간염 epidemic disease 전염병, 유행병 immunization 면역 diagnostic 진단의 enhance 강화하다 disparity 불일치, 격차 rare disease 희귀 질환 climate-health impact assessment 기후-건강 영향 평가 secure 확보하다 therapeutics 치료제, 치료법

[11~12] 다음 글을 읽고 물음에 답하시오.

Greenhouse gases
Korea is ambitiously reducing greenhouse gas emissions to meet its Paris Agreement goal of a 37% reduction by 2030. A detailed roadmap, established in 2016 and continuously updated, outlines strategies and policies across sectors, led by the Ministry of Environment.

Emission Trading Scheme
The Emissions Trading Scheme (ETS), a key tool for industrial emission reduction, began nationwide in 2015 and covers over 70% of national greenhouse gas emissions. The scheme increasingly uses auctioning for permits and employs a benchmark method based on Best Available Technology to reward efficiency.

Adaptation
Korea's average annual temperature has risen by 0.18°C per decade over the past century, faster than the global average, leading to more frequent extreme weather events. To adapt, the Ministry of Environment is enhancing national adaptive capacity with sector-specific action plans and climate-resilient infrastructure in cities. Programs are also being expanded to protect vulnerable groups such as children, the elderly, low-income individuals, and outdoor workers from extreme weather.

11 본문의 내용과 일치하지 않는 것은?

① Korea aims to reduce its greenhouse gas emissions by 37% by 2030.
② The Ministry of Environment leads the implementation of cross-sectoral climate policies.
③ Programs are being expanded to protect vulnerable groups from extreme weather conditions.
④ The Emissions Trading Scheme covers less than half of national greenhouse gas emissions.

12 밑줄 친 enhancing과 바꿔 쓸 수 있는 것은?

① resurrecting
② retrieving
③ reinforcing
④ restoring

11
정답 ④
해설 ① 한국은 2030년까지 온실가스 배출량을 37% 줄이는 것을 목표로 한다. ② 환경부는 부문 간 기후 정책 실행을 주도한다. ③ 극한의 기상 조건으로부터 취약 계층을 보호하기 위한 프로그램이 확대되고 있다. ④ 배출권 거래제는 국가 온실가스 배출량의 절반 미만을 포함한다. (→ 70% 이상을 포함하고 있다.)

12
정답 ③
해설 enhance 강화하다 / ① resurrect 부활하다 ② retrieve 회수하다 ③ reinforce 강화하다 ④ restore 복원하다

■ 지문 분석 예문의 밑줄은 동사(구)

Korea is ambitiously reducing / greenhouse gas emissions / (to meet its Paris Agreement goal / of a 37% reduction / by 2030). 한국은 야심차게 줄이고 있다 / 온실가스 배출을 / 파리협정의 목표를 달성하기 위해서 / 37%의 감소라는 / 2030년까지.

A detailed roadmap, / (established in 2016 / and continuously updated), / outlines strategies and policies / across sectors, / (led by the Ministry of Environment).
상세한 로드맵은 / 2016년에 설립되고 / 꾸준하게 업데이트되어 / 전략과 정책의 토대를 만들다 / 전 부문에 걸쳐서 / 환경부에 의해 주도되어.

The Emissions Trading Scheme (ETS), / a key tool for industrial emission reduction, / began nationwide in 2015 / and covers over 70% of national greenhouse gas emissions.
배출권 거래제(ETS)는 / 산업 배출 감소의 핵심 도구인 / 2015년에 전국적으로 시작되었다 / 그리고 국내 온실가스 배출의 70% 이상을 다룬다.

The scheme / increasingly uses auctioning for permits / and employs a benchmark method / (based on Best Available Technology) / (to reward efficiency).
이 제도는 / 할당권을 위한 경매를 증가적으로 사용하고 / 벤치마크 방법을 사용한다 / 최적의 기술을 근거로 하는 / 효율성을 보상하기 위해서.

Korea's average annual temperature / has risen by 0.18°C per decade / over the past century, / faster than the global average, / (leading to more frequent extreme weather events).
한국의 연평균 기온은 / 10년마다 0.18도씨 상승했다 / 지난 한 세기 동안 / 세계 평균보다 더 빠르게 / 더 빈번한 극한 기상현상을 초래하면서

(To adapt), / the Ministry of Environment / is enhancing national adaptive capacity / (with sector-specific action plans / and climate-resilient infrastructure / in cities).
적응하기 위해서 / 환경부는 / 국가 적응 능력을 강화하고 있다 / 부문별 행동 계획과 / 기후 회복력 인프라를 통해 / 도시의.

Programs are also being expanded / (to protect vulnerable groups / such as children, the elderly, low-income individuals, and outdoor workers / from extreme weather).
프로그램은 또한 확장되고 있다 / 취약 계층을 보호하기 위해서 / 어린이, 노인, 저소득층, 야외 근로자와 같은 / 극한의 날씨로부터.

해석 온실가스
한국은 파리협정 목표에 따라 ①2030년까지 온실가스 배출량을 37% 줄이기 위해 야심차게 노력하고 있습니다. 2016년에 수립되어 끊임없이 갱신되고 있는 상세한 로드맵은 ②환경부의 주도 하에 전 부문에 걸쳐서 전략과 정책의 토대를 만들고 있습니다.

배출권 거래제
산업 배출 감축의 핵심 도구인 ④배출권 거래제(ETS)는 2015년 전국적으로 시작되어 현재 국내 온실가스 배출량의 70% 이상을 다루고 있습니다. 이 제도는 할당권을 위한 경매를 점점 더 사용하고, 최적의 기술을 기준으로 한 제품 벤치마크 방법을 사용하여 효율성을 보상합니다.

적응
한국의 연평균 기온은 지난 세기 동안 매 10년마다 약 0.18°C 상승하여, 전 세계 평균보다 더 빠르게 상승했고, 이로 인해 극한 기상 현상이 더 빈번해지고 있습니다. 이에 적응하기 위해 환경부는 부문별 행동 계획과 도시의 기후 회복력 인프라를 통해 국가 적응 능력을 강화하고 있습니다. 또한, ③극한의 날씨로부터 어린이, 노인, 저소득층, 야외 근로자와 같은 취약 계층을 보호하기 위한 프로그램도 확대되고 있습니다.

어휘 ambitiously 야심차게 emission 배출 Paris Agreement 파리협정 outline 윤곽을 잡다, 만들다, 기본 틀을 만들다 nationwide 전국적으로 scheme 계획 auctioning 경매 permits 할당권 reward 보상하다 temperature 온도 enhance 강화하다 adaptive capacity 적응 능력 sector-specific 부문별 action plan 행동 계획 resilient 탄력적인, 회복력이 있는 infrastructure 인프라, 기반시설 expand 확장하다 vulnerable group 취약 계층 the elderly 노인들 implementation 실행 cross-sector 부문 간

13 다음 글의 내용과 일치하는 것은?

Federal Trade Commission (FTC)

Protect Consumers
The FTC invites businesses and individuals to collaborate in safeguarding consumer rights. By working together, we can prevent deceptive practices and ensure fair competition in the marketplace.

Promote Ethical Business Practices
Through partnerships, the FTC aims to encourage ethical operations and transparency in various industries. Participants will gain access to resources that help maintain legal compliance while building public trust.

Raise Awareness
The FTC is committed to educating the public about fraud prevention and consumer protection. By joining our initiatives, you can help spread important information to communities and empower consumers to make informed decisions.

---

① The FTC exclusively targets corporations engaging in monopolistic conduct.
② Collaborators are expected to abide by legal standards and foster public credibility.
③ The agency refrains from public outreach initiatives to combat misinformation.
④ Participants are required to relinquish their autonomy when joining FTC programs.

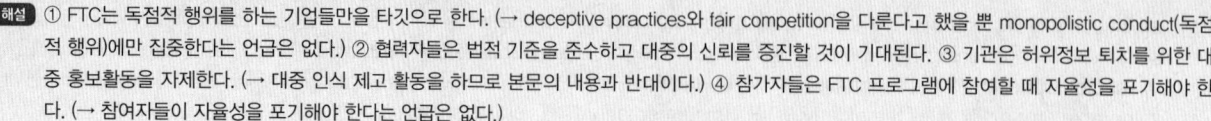

● **지문 분석** 예문의 밑줄은 동사(구)

The FTC invites businesses and individuals / (to collaborate / in safeguarding consumer rights).
FTC는 기업과 개인을 초대한다 / 협력하도록 / 소비자 권리를 보호함에 있어.

(By working together), / we can prevent deceptive practices / and ensure fair competition in the marketplace.
협력함으로써 / 우리는 기만적인 관행을 방지할 수 있다 / 그리고 시장에서 공정한 경쟁을 보장할 수 있다.

Through partnerships, / the FTC aims to encourage ethical operations and transparency / in various industries.
파트너십을 통해서 / FTC는 윤리적 운영과 투명성을 장려하는 것을 목표로 한다 / 다양한 산업에서.

Participants will gain access to resources / (that help maintain legal compliance / while building public trust).
참여자들은 자료에 접근할 것이다 / 법적 준수 유지를 도와주는 / 대중들의 신뢰를 구축하면서.

The FTC is committed / (to educating the public / about fraud prevention and consumer protection).
FTC는 전념한다 / 대중들을 교육하는 것에 / 사기 방지와 소비자 보호에 대해.

(By joining our initiatives), / you can help / (spread important information to communities / and empower consumers / to make informed decisions.
우리 계획에 참여함으로써 / 당신은 도울 수 있다 / 중요한 정보를 지역사회에 퍼뜨리고 / 소비자들에게 권한을 부여하는 것을 / 현명한 결정을 하도록.

해석 연방거래위원회(FTC)

소비자 보호
FTC는 소비자 권리를 보호하는 일에 협력하도록 기업과 개인들을 초대합니다. ①우리는 함께 협력함으로써 기만적 관행을 방지하고 시장에서 공정한 경쟁을 보장할 수 있습니다.

윤리적 사업 관행 촉진
FTC는 파트너십을 통해 다양한 산업에서 윤리적 운영과 투명성을 장려하는 것을 목표로 합니다. ②참가자들은 법적 준수를 유지하면서 공공의 신뢰를 구축하는 데 도움이 되는 자료에 접근하게 됩니다.

인식 제고
FTC는 사기 방지와 소비자 보호에 대해 ③대중을 교육하는 데 전념합니다. 우리의 계획에 동참함으로써, 여러분은 지역사회에 중요한 정보를 전파하고, 소비자가 현명한 결정을 내릴 수 있도록 돕는 데 기여할 수 있습니다.

어휘 trade commission 거래(무역)위원회 consumer right 소비자 권리 deceptive 기만적인 fair competition 공정 거래 ethical 윤리적인 transparency 투명성 legal compliance 법적 준수 public trust 공공 신뢰, 대중적 신뢰 be committed to ~에 헌신하다 fraud prevention 사기 예방 empower 권한을 부여하다 make informed decision 현명한 결정을 하다 exclusively 배타적으로 engage in ~에 참여하다 abide by ~을 지키다 refrain from ~을 삼가다 public outreach 대중 홍보활동 relinquish 포기하다 autonomy 자율성

04 요지, 주제, 제목

1 지문의 특성

① **요지**: 글쓴이가 하고 싶은 핵심 주장이나 전달하고자 하는 주된 메시지.
구체적인 문장의 형태가 많다.
② **주제**: 지문 전반에 걸쳐 일관되게 다루는 중심 내용, 일반적으로 '무엇에 관한 글인가'에 대한 대답.
요지나 주장보다는 포괄적이고 제목보다는 구체적이다.
③ **제목**: 가장 포괄적으로 독자의 흥미를 끌 수 있도록 간결하게 표현한 문장.
상징적, 비유적 어구로도 표현하는 경우가 있다. 의문문, 속담, 격언으로 표현하는 경우도 있다.

2 지문의 구성

① **문제 제기 & 해결**: 문제를 제기하고 그에 대한 해결 방안을 제시. (자기가 묻고, 자기가 답한다)
② **주장 & 근거 제시**: 주장을 먼저 밝히고 그에 대한 근거를 설명. (for example 앞이 주장이다)
③ **일반론 & 개별론**: 일반론에 대한 비판으로 글쓴이의 주장 제시. (but, however 다음이 주장이다)
④ **비교 & 대조**: 두 가지 사안을 비교하거나 대조하며 주장 전개. (두 소재를 찾아라)
⑤ **원인 & 결과 제시**: 원인 설명 후 결과를 제시하거나 결과를 설명하며 끝맺음. (Therefore 다음이 주장이다)
⑥ **분산형**: 필자의 의도가 하나의 문장에 압축되지 않고, 글 전체에 분산된 경우. 이 경우 지문 전체에 대한 이해가 필요.

3 독해 전략

① 글의 중간까지 읽고 → keyword 파악, 선택지에서 정답을 추측
② 접속부사의 활용
- 예시어(for example, for instance 등)가 있으면 → 앞 문장이 핵심문장이다.
- 부연 설명어(콜론(:), 세미콜론(;), in other words, so to speak, that is 등)가 있으면
→ 앞 문장을 다시 부연 설명하는 문장이므로 주요 문장이다.
- 역접관계 접속부사(however, but, on the other hand 등)가 있으면
→ 다음 문장이 주요 문장이다.
③ 마지막 문장 확인
위의 경우에서 정답을 못 찾는 경우, 지문 중반 이후는 가볍게 읽다가 마지막 문장에 집중.
④ 선택지에서 너무 세부적이거나, 극단적인 표현(all, always, never, only, exclusively 등)을 사용한 문장은 오답일 확률이 높음.
중립적이며 포괄적인 표현을 선택하는 것이 바람직하다.
⑤ 답이 두 개처럼 보일 땐: 선택지를 주제로 '내가 글을 쓰면 어떤 내용을 쓸 것인가'를 생각해 보자.

■ 전략 적용

다음 글의 요지로 가장 적절한 것은? 23 인사처 1차 예시

> Despite ongoing efforts to address educational disparities, the persistent achievement gap among students continues to highlight significant inequities in the education system. Recent data reveal that marginalized students, including those from low-income backgrounds and vulnerable groups, continue to lag behind their peers in academic performance. The gap poses a challenge to achieving educational equity and social mobility. Experts emphasize the need for targeted interventions, equitable resource allocation, and inclusive policies to bridge this gap and ensure equal opportunities for all students, irrespective of their socioeconomic status or background. The issue of continued educational divide should be addressed at all levels of education system in an effort to find a solution.

① We should deal with persistent educational inequities.
② Educational experts need to focus on new school policies.
③ New teaching methods are necessary to bridge the achievement gap.
④ Family income should not be considered in the discussion of education.

STEP 1 문제 유형을 보고 독해 전략을 취한다
요지, 주제, 제목은 첫 문장, 마지막 문장, 그리고 중간에 반전이 있는가를 확인하는 것이 기본이다.

STEP 2 지문의 소재를 파악한다
- 첫 문장에서 '학생들 사이에서의 지속적인 성적 격차', '교육 시스템 내의 불평등'이 소재임을 확인한다.
- 두 번째 문장에서 'Recent data reveal that ~'이 앞 문장에 대한 논거를 제시한다. 앞 문장에 힘을 더해 주는 표현이다.
- 마지막 문장에서 should를 사용한 강한 어조가 나와 있으므로 좀 더 주의 깊게 살펴본다.

STEP 3 선택지에서 정답을 선택한다
- 정답은 ① '우리는 지속적인 교육 불평등을 해결해야 한다'이다.
- ③에서 지문 내용과 동일한 achievement gap과 같이 혼동을 주는 선택지가 나오면, ①과 비교하여 어느 것이 더 나은 정답인지를 고민해야 한다. 지문에 '새로운 교육 방법'에 대한 언급이 없고 '모든 차원에서 노력해야 한다'고 주장했으므로 ①이 더 나은 선택지가 된다.

[해석] 교육 격차를 해결하기 위한 지속적인 노력에도 불구하고, 학생들 간의 고질적인 성과의 격차는 교육 시스템 내의 중요한 불평등을 여전히 부각시키고 있다. 최근 데이터에 따르면 저소득층 배경과 취약 계층을 포함한 소외된 학생들이 여전히 학업 성취도에서 동료보다 뒤처지고 있다. 이러한 격차는 교육적 평등과 사회적 이동성을 달성하는 데 어려움을 제기한다. 전문가들은 이 격차를 줄이고 모든 학생들에게 사회 경제적 지위나 배경에 관계없이 동등한 기회를 보장하기 위해 목표 지향적인 개입, 공평한 자원 배분 및 포괄적인 정책의 필요성을 강조한다. 지속적인 교육 격차 문제는 해결책을 찾기 위한 노력으로 교육 시스템의 모든 차원에서 다루어져야 한다.
① 우리는 지속적인 교육 불평등을 해결해야 한다.
② 교육 전문가들은 새로운 학교 정책에 집중해야 할 필요가 있다.
③ 성취 격차를 메우기 위해서 새로운 교육 방법이 필요하다.
④ 교육에 대한 논의 속에 가족의 소득은 고려되지 말아야 한다.

[어휘] disparity 불일치, 격차 persistent 끈질긴, 지속적인 achievement gap 성취 격차 highlight 강조하다 inequity 불평등 marginalized 소외된 vulnerable 취약한 lag behind 뒤처지다 peer 친구, 동료 academic performance 학업 성적 pose a challenge 어려움을 초래하다 social mobility 사회적 이동, 신분 상승 targeted intervention 목표 지향적인 개입 resource allocation 자원 할당 inclusive 포괄적인 bridge the gap 격차를 메우다 irrespective of ~와 상관없이 status 지위

[정답] ①

Exercise

01 다음 글의 제목으로 가장 적절한 것은?

> How can scientists predict earthquakes? Earthquakes are not just scattered anywhere but happen in certain areas, places where pieces of the earth's surface meet. This pattern causes them to shake the same places many times. For example, earthquakes often occur on the west coasts of North and South America, and along the Pacific coast of Asia. Another way to predict earthquakes is to look for changes in the earth's surface, like sudden drop of water level in the ground. Some people say animals can predict earthquakes. Before earthquakes, people have seen chickens on trees, fish jumping out of water, snakes leaving their holes, and other animals acting strangely.

① Where Earthquakes Happen
② The Causes of Earthquakes
③ How Earthquakes Work
④ Earthquakes Can Be Known Beforehand

■ 지문 분석 예문의 밑줄은 동사(구)

How / can scientists predict earthquakes?
어떻게 / 과학자들은 지진을 예측할 수 있는가?

Earthquakes are not just scattered anywhere / but happen in certain areas, / places / (where pieces of the earth's surface meet). 지진은 / 아무 곳에서나 흩어져 일어나는 것이 아니다 / 그러나 특정 지역에서 발생한다 / 장소들 / 지구 표면의 조각들이 만나는.

This pattern causes / them / to shake the same places many times.
이러한 패턴은 유발한다 / 지진이 / 동일한 곳을 여러 차례 흔들도록.

For example, / earthquakes often occur / on the west coasts of North and South America, / and along the Pacific coast of Asia. 예를 들어 / 지진은 자주 발생한다 / 북아메리카와 남아메리카 서쪽 해안에서 / 그리고 아시아의 태평양 연안을 따라.

Another way / (to predict earthquakes) / is to look for / changes in the earth's surface, / like sudden drop / of water level in the ground. 또 다른 방법은 / 지진을 예측하는 / 찾는 것이다 / 지구 표면에서 변화를 / 갑작스러운 하락과 같은 / 지하의 수위의.

Some people say / (animals can predict earthquakes). 어떤 사람들은 말한다 / 동물이 지진을 예측할 수 있다고.

Before earthquakes, / people have seen / chickens on trees, / fish jumping out of water, / snakes leaving their holes, / and other animals acting strangely.
지진 전에 / 사람들은 보아 왔다 / 나무 위에 올라간 닭들 / 물 밖으로 튀어나온 물고기 / 굴에서 떠나는 뱀 / 그리고 이상하게 행동하는 다른 동물들.

정답 ④

해설 첫 문장에서 의문문을 통해 지문의 의도가 나타난다. 정답을 ①로 판단하지 않도록 주의해야 한다. 과학자들이 지진을 어떻게 예측하는가에 대해, '자주 발생하는 곳이 있다', '지하 수위로 예측할 수 있다', '동물을 보고 예측할 수 있다' 등으로 설명하고 있으므로 ④가 글의 제목으로 가장 적절하다. ① 지진은 어디서 발생하는가? ② 지진의 원인 ③ 어떻게 지진은 작용하는가? ④ 지진은 사전에 파악될 수 있다

해석 과학자들은 어떻게 지진을 예측할 수 있을까? 지진은 아무 곳에서나 흩어져 일어나는 것이 아니라, 지구 표면의 조각들이 만나는 특정 지역에서 발생한다. 이러한 패턴 때문에 동일한 장소가 여러 번 흔들리게 된다. 예를 들어, 지진은 북아메리카와 남아메리카의 서해안, 그리고 아시아의 태평양 연안에서 자주 발생한다. 지진을 예측하는 또 다른 방법은 지표면의 변화를 관찰하는 것으로, 예를 들면 지하수 수위가 갑자기 떨어지는 것과 같은 변화이다. 어떤 사람들은 동물들이 지진을 예측할 수 있다고 말한다. 지진이 일어나기 전, 사람들은 나무 위에 올라간 닭, 물 밖으로 튀어나오는 물고기, 굴에서 나오는 뱀, 그리고 이상하게 행동하는 다른 동물들을 본 적이 있다.

어휘 predict 예측하다 scattered 흩어진 look for ~을 찾다 beforehand 사전에

02 다음 글의 주제로 적절한 것은?

Clay pots are used to keep water cool when it is stored outside. Despite the fact that the pots are exposed to the hot sun, the water within them always remains refreshingly chilled. But how is this possible? The answer lies in the fact that the clay which the pots are made from is filled with tiny, invisible holes. These small openings allow water to escape the pots through the process of evaporation. Heat is required to make water evaporate, so the tiny water molecules absorb heat from within the pots and take it with them as they turn to vapor and exit through the holes. In this way, the heat is transferred out of the pots, keeping the liquid water within them cool.

① the process of water evaporation
② the reason water in clay pots stays cool
③ different materials used to make clay pots
④ the relationship between clay pots and water

지문 분석 예문의 밑줄은 동사(구)

Clay pots are used / (to keep water cool) / (when it is stored outside).
진흙 항아리는 사용된다 / 물을 시원하게 유지시키기 위해서 / 물이 외부에서 보관될 때.

Despite the fact / (that the pots are exposed to the hot sun), / the water within them / always remains refreshingly chilled.
사실에도 불구하고 / 도자기가 뜨거운 태양에 노출된다는 / 항아리 안의 물은 / 항상 상쾌하게 차가운 상태로 남아 있다.

But / how is this possible?
그러나 / 이것은 어떻게 가능한가?

The answer lies in the fact / [that the clay / (which the pots are made from) / is filled with tiny, invisible holes].
답은 사실에 놓여 있다 / 진흙은 / 도자기가 만들어지는 / 작은, 보이지 않은 구멍으로 채워져 있다.

These small openings allow / water / (to escape the pots / through the process of evaporation).
이 작은 구멍들은 허용한다 / 물이 / 도자기에서 빠져 나가도록 / 증발 과정을 통해서.

Heat is required / (to make water evaporate), / so / the tiny water molecules absorb heat / from within the pots / and take it with them / (as they turn to vapor / and exit through the holes).
열이 필요하다 / 물이 증발하도록 만들기 위해서 / 그래서 / 작은 물 분자는 열을 흡수한다 / 항아리 내부로부터 / 그리고 물 분자와 함께 열을 가져간다 / 물 분자가 수증기로 바뀌고 / 구멍을 통해 나갈 때.

In this way, / the heat is transferred out of the pots, / (keeping / the liquid water within them / cool).
이런 식으로 / 열은 도자기 밖으로 이동된다 / 유지시키면서 / 도자기 안의 액체 상태의 물을 / 시원한 상태로.

정답 ②

해설 But 다음에 how is this possible?로 질문하고 이에 답하는 과정에서 글의 요지를 전달하는 지문이다. 항아리 안의 구멍들이 물의 시원함을 유지시키는 원리를 설명하는 글이므로 ②가 정답이다. ① 수분 증발의 과정 ② 진흙 항아리 안의 물이 시원하게 유지되는 이유 ③ 진흙 항아리를 만드는 데 사용되는 여러 재료들 ④ 진흙 항아리와 물 사이의 관계

해석 진흙 항아리는 물을 밖에 보관할 때 시원하게 유지하기 위해 사용된다. 항아리가 뜨거운 태양에 노출되어 있음에도 불구하고, 항아리 안의 물은 항상 상쾌하게 차가운 상태이다. 하지만 어떻게 이것이 가능한가? 그 답은 항아리를 만든 진흙에 작고 눈에 보이지 않는 구멍들이 가득하다는 사실에 있다. 이 작은 구멍들이 증발이라는 과정을 통해 물이 항아리를 빠져 나갈 수 있도록 해 준다. 물을 증발시키는 데에 열이 필요하므로, 작은 물 분자가 항아리 안의 열을 흡수하고, 수증기로 변하여 그 구멍들을 통해 빠져나가면서 그들과 함께 열을 가지고 간다. 이런 식으로, 열은 항아리 밖으로 이동되어 도자기 안의 액체 상태의 물을 시원하게 유지시켜 준다.

어휘 clay pot 진흙 항아리 chilled 시원한 openings 구멍들 evaporation 증발 molecule 분자 turn to vapor 수증기로 변하다 exit through ~을 통해 나가다 be transferred 전달되다 liquid 액체의

03 다음 글의 주제로 가장 적절한 것은?

> Many disciplines are better learned by entering into the doing than by mere abstract study. This is often the case with the most abstract as well as the seemingly more practical disciplines. For example, within the philosophical disciplines, logic must be learned through the use of examples and actual problem solving. Only after some time and struggle does the student begin to develop the insights and intuitions that enable him to see the centrality and relevance of this mode of thinking. This learning by doing is essential in many of the sciences. For instance, only after a good deal of observation do the sparks in the bubble chamber become recognizable as the specific movements of identifiable particles.

① history of science education
② limitations of learning strategies
③ importance of learning by doing
④ effects of intuition on scientific discoveries

■ 지문 분석 예문의 밑줄은 동사(구)

Many disciplines <u>are better learned</u> / (by entering into the doing) / than / by mere abstract study.
많은 과목들은 더 잘 학습된다 / 실행을 함으로써 / ~보다 / 단순한 추상적인 학습에 의한.

This <u>is</u> often the case / with the most abstract / as well as / the seemingly more practical disciplines.
이것은 자주 있는 사례이다 / 가장 추상적인 것에서도 / ~뿐만 아니라 / 보다 실용적으로 과목에서 (뿐만 아니라).

For example, / within the philosophical disciplines, / logic <u>must be learned</u> / through the use of examples and actual problem solving.
예를 들어 / 철학 과목 내에서 / 논리는 학습되어야 한다 / 사례와 실제 문제 해결을 통해서.

Only after some time and struggle / <u>does</u> the student <u>begin</u> / (to develop the insights and intuitions) / (that <u>enable</u> him / to see the centrality and relevance of this mode of thinking).
어느 정도의 시간과 노력이 있은 후에야 / 학생은 시작한다 / 통찰력과 직관을 발전시키는 것을 / 그가 ~하도록 가능케 하는 / 이러한 사고방식의 중심적 위치 (중요성)와 타당성을 보는 것을.

This learning by doing / <u>is</u> essential / in many of the sciences.
실행을 통한 이러한 학습은 / 필수적이다 / 과학의 많은 부분에서.

For instance, / only after a good deal of observation / <u>do</u> the sparks in the bubble chamber <u>become</u> recognizable / as the specific movements of identifiable particles.
예를 들어 / 많은 관찰이 있은 후에야 / 거품 상자의 불꽃은 인식될 수 있었다 / 확인 가능한 미립자의 구체적인 운동으로.

정답 ③

해설 For example 앞에서 주제문이 나오는 구성이다. 실제로 실행을 하면서 학습하는 것이 추상적인 학습보다 효과성이 있다는 것을 주요 내용으로 하는 지문이다. ① 과학 교육의 역사 ② 학습 전략의 한계 ③ 실행함으로써 학습하는 것의 중요성 ④ 과학적 발견에 대한 직관의 영향

해석 많은 과목이 단순한 추상적인 공부에 의해서보다는 실제로 행함으로써 더 잘 학습된다. 이것은 표면적으로 더 실용적인 교과뿐만 아니라 가장 추상적인 교과에서도 흔히 그러하다. 예를 들어, 철학 교과 내에서 논리는 실례의 사용과 실제적 문제 해결을 통해서 학습되어야 한다. 어느 정도의 시간과 노력이 있은 뒤에야 학생은 이런 사고방식의 중요성과 타당성을 알 수 있게 해주는 통찰력과 직관력을 발달시키기 시작한다. 행함으로써 배우는 이런 학습은 많은 과학 과목에서 필수적이다. 예를 들어, 상당한 양의 관찰이 있은 뒤에야 거품 상자의 불꽃은 확인 가능한 미립자의 구체적 운동으로서 인식될 수 있게 된다.

어휘 discipline 과목, 훈련, 규율, 벌칙 abstract 추상적인 seemingly 표면적으로, 외관상 logic 논리, 논리학 insight 통찰력 intuition 직관(력) centrality 중심적 위치 relevance 타당성, 관련성 a good deal of 상당한 양의 bubble chamber 거품(기포) 상자 identifiable 확인 가능한 particle 미립자

04 다음 글의 주제로 가장 적절한 것은?

The International Space Station, orbiting some 240 miles above the planet, is about to join the effort to monitor the world's wildlife — and to revolutionize the science of animal tracking. A large antenna and other equipment aboard the orbiting outpost, installed by spacewalking Russian astronauts in 2018, are being tested and will become fully operational this summer. The system will relay a much wider range of data than previous tracking technologies, logging not just an animal's location but also its physiology and environment. This will assist scientists, conservationists and others whose work requires close monitoring of wildlife on the move and provide much more detailed information on the health of the world's ecosystems.

① evaluation of sustainability of global ecosystems
② successful training projects of Russian astronauts
③ animal experiments conducted in the orbiting outpost
④ innovative wildlife monitoring from the space station

■ **지문 분석** 예문의 밑줄은 동사(구)

The International Space Station, / (orbiting some 240 miles / above the planet), / is about to join the effort / to monitor the world's wildlife / and to revolutionize the science of animal tracking.
국제우주정거장은 / 약 240마일 위에서 궤도를 도는 / 지구 위에서 / 이제 곧 노력에 참여할 것이다 / 세계의 야생 동물을 모니터링하고 / 동물 추적 과학을 혁신시키는.

A large antenna and other equipment / aboard the orbiting outpost, / (installed by spacewalking Russian astronauts in 2018), / are being tested / and will become fully operational this summer.
대형 안테나와 기타 장비가 / 궤도를 도는 전초 기지에 탑재된 / 2018년에 우주 유영을 한 러시아 우주비행사들에 의해 설치된 / 현재 시험되고 있으며 / 이번 여름에 완전히 가동될 예정이다.

The system will relay / a much wider range of data / than previous tracking technologies, / (logging / not just an animal's location / but also its physiology and environment).
시스템은 전달할 것이다 / 훨씬 더 다양한 범위의 데이터를 / 기존의 추적 기술보다 / 기록하면서 / 단순히 동물의 위치뿐만 아니라 / 동물의 생리와 환경까지.

This will assist / scientists, conservationists and others / (whose work / requires / close monitoring of wildlife on the move) / and provide much more detailed information / on the health of the world's ecosystems.
이것은 도울 것이다 / 과학자, 환경보호론자 및 기타 전문가들을 / 그들의 임무는 / 요구한다 / 이동하는 야생 동물에 대한 면밀한 모니터링을 / 그리고 훨씬 더 상세한 정보를 제공한다 / 세계 생태계의 건강 상태에 대한.

정답 ④

해설 첫 문장에서 글의 소재와 주제가 드러난 구성이다. 뒤에서 구체적인 예시를 통해 설명하는 방식으로 전개된다. 우주 정거장에서 야생 동물을 모니터링 하고 동물을 추적한다는 내용을 담고 있는 ④가 정답이다. ① 지구 생태계의 지속 가능성에 대한 평가 ② 러시아 우주비행사들에 대한 성공적인 훈련 계획 ③ 궤도를 도는 전초 기지에서 실행된 동물 실험 ④ 우주 정거장에서의 혁신적인 야생 동물 모니터링

해석 지구상 약 240마일 위에서 궤도를 도는 국제우주정거장이 세계의 야생 동물을 모니터링하고 동물 추적 과학을 혁신시키는 노력에 곧 합류할 예정이다. 2018년에 우주 유영을 한 러시아 우주비행사들에 의해 궤도를 도는 전초 기지(국제우주정거장)에 설치된 대형 안테나와 기타 장비가 현재 시험되고 있으며, 올 여름에 완전히 가동될 예정이다. 시스템은 기존의 추적 기술보다 훨씬 더 다양한 범위의 데이터를 전달할 것이며, 단순히 동물의 위치뿐만 아니라 동물의 생리와 환경까지 기록할 것이다. 이는 이동하는 야생 동물을 면밀히 모니터링해야 하는 과학자, 환경보호론자 및 기타 전문가들을 돕고, 세계 생태계의 건강 상태에 대한 훨씬 더 상세한 정보를 제공하게 될 것이다.

어휘 Space Station 우주 정거장 orbiting 궤도를 도는 be about to 동사원형 막 ~하려고 하다 animal tracking 동물 추적 aboard 탑승 중인 outpost 전초 기지 astronaut 우주비행사 operational 작동되는 relay 전송하다, 전달하다 previous 이전의 log 기록하다 physiology 생리학, 생리적 상태 conservationist 환경보호론자 on the move 이동하는 sustainability 지속 가능성 conduct 실행하다 innovative 혁신적인

05 다음 글의 제목으로 가장 적절한 것은?

A defining element of catastrophes is the magnitude of their harmful consequences. To help societies prevent or reduce damage from catastrophes, a huge amount of effort and technological sophistication are often employed to assess and communicate the size and scope of potential or actual losses. This effort assumes that people can understand the resulting numbers and act on them appropriately. However, recent behavioral research casts doubt on this fundamental assumption. Many people do not understand large numbers. Indeed, large numbers have been found to lack meaning and to be underestimated in decisions unless they convey affect (feeling). This creates a paradox that rational models of decision making fail to represent. On the one hand, we respond strongly to aid a single individual in need. On the other hand, we often fail to prevent mass tragedies or take appropriate measures to reduce potential losses from natural disasters.

*catastrophe: 큰 재해

① Insensitivity to Mass Tragedy: We Are Lost in Large Numbers
② Power of Numbers: A Way of Classifying Natural Disasters
③ Preventing Potential Losses Through Technology
④ Be Careful, Numbers Magnify Feelings!

● **지문 분석** 예문의 밑줄은 동사(구)

A defining element of catastrophes / is the magnitude of their harmful consequences.
재난을 정의하는 요소는 / 해로운 결과의 규모(강도)이다.

(To help societies / prevent or reduce damage from catastrophes), / a huge amount of effort and technological sophistication / are often employed / (to assess and communicate / the size and scope of potential or actual losses).
사회를 돕기 위해서 / 재난으로부터의 피해를 막거나 줄이도록 / 많은 양의 노력과 기술적인 정교함이 / 자주 사용된다 / 평가하고 전달하기 위해서 / 잠재적 또는 실질적인 손실의 규모와 범위를.

This effort assumes / (that people can understand the resulting numbers / and act on them appropriately).
이러한 노력은 가정한다 / 사람들의 결과적인 수치를 이해하고 / 그 수치에 맞춰 적절하게 행동할 수 있다는 것을.

However, / recent behavioral research / casts doubt / on this fundamental assumption.
하지만, / 최근의 행동 연구는 / 의구심을 던진다 / 이러한 근본적인 가정에.

Many people do not understand / large numbers.
많은 사람들은 이해하지 못한다 / 큰 수치들을.

Indeed, / large numbers have been found / (to lack meaning / and to be underestimated in decisions) / (unless they convey affect (feeling)).
실은 / 큰 수치들은 파악되어 왔다 / 의미가 부족하고 / 결정 과정에서 과소평가되는 것으로 / 그 수치들이 (감정에) 영향을 끼치지 않는다면.

This creates a paradox / (that rational models of decision making fail to represent).
이는 역설을 만든다 / 의사결정의 합리적인 모델이 나타내지 못하는.

On the one hand, / we respond strongly / to aid a single individual in need.
한편으로는 / 우리는 강하게 반응한다 / 어려움에 처한 한 개인을 돕기 위해서.

On the other hand, / we often fail to prevent mass tragedies / or take appropriate measures / (to reduce potential losses from natural disasters).
반면에 / 우리는 종종 큰 대규모 참사를 자주 막지 못하거나 / 적절한 조치를 취하지 못한다 / 자연재해로부터의 잠재적인 손실을 줄이기 위한.

정답 ①

해설 However 다음에 이 글의 소재에 대한 글쓴이의 생각을 드러내는 지문의 구성이다. 재난을 정의하고 이에 대응하기 위해 재난에 대한 수치를 표현하지만, 대규모의 재난에서는 이 수치에 매몰되어 오히려 적절한 조치를 취하는 것을 놓치게 된다는 것을 의미하는 글이다. ①이 글의 제목으로 가장 적절하다. ① 대규모의 비극에 대한 무감각: 우리는 큰 숫자에 매몰되어 있다 ② 숫자의 힘: 자연재해를 분류하는 방법 ③ 기술을 통한 잠재적 손실 예방하기 ④ 조심하라: 숫자는 감정을 확대한다!

해석 재난을 정의하는 요소 중 하나는 그것이 초래하는 해로운 결과의 규모이다. 사회가 재난으로부터 피해를 예방하거나 줄일 수 있도록 돕기 위해, 잠재적이거나 실제적인 손실의 크기와 범위를 평가하고 전달하는 데 많은 노력과 기술적인 정교함이 종종 동원된다. 이러한 노력은 사람들이 그 결과로 제시된 수치를 이해하고 적절히 행동할 수 있다는 것을 가정한다. 그러나 최근의 행동 연구는 이러한 근본적인 가정에 의문을 제기하고 있다. 많은 사람들은 큰 수치를 이해하지 못한다. 실제로 큰 수치는 정서(느낌)을 동반하지 않으면 의미가 없는 것으로 밝혀졌으며, 결정 과정에서 과소평가되는 경향이 있는 것으로 나타났다. 이는 합리적인 의사결정 모델로는 설명되지 않는 역설을 만들어낸다. 한편으로 우리는 도움이 필요한 한 개인에게는 강하게 반응한다. 다른 한편으로 우리는 대규모 참사를 예방하거나 자연재해로 인한 잠재적인 손실을 줄이기 위한 적절한 조치를 종종 취하지 않는다.

어휘 catastrophe 재난, 재앙 magnitude 규모 sophistication 정교함 cast doubt on ~에 의문을 제기하다 assumption 가정 underestimate 저평가하다 convey 전달하다 paradox 역설 in need 궁핍한 mass tragedy 비극

06 다음 글의 주제로 가장 적절한 것은?

While predictions about the future are always difficult, one can be made with certainty. People will find themselves in large numbers of interactions where intercultural communication skills will be essential. There are several reasons for such prediction. Some reasons include increasing amounts of contact brought on by overseas assignments in the business world, the movement of college students spending time in other countries, and increasing amounts of international travel among tourists. Others are related to social changes within any one large and complex nation: affirmative action, the movement of immigrants and refugees, bilingual education programs, and movement away from the goal that ethnic minorities become a part of a 'melting pot.' Therefore, it is essential that people research the cultures and communication conventions of those whom they propose to meet in the future.

① predictions of social changes in other countries
② necessity of understanding intercultural communication
③ importance of good educators in a multicultural nation
④ limitations of communication conventions across cultures

■ **지문 분석** 예문의 밑줄은 동사(구)

(While predictions about the future are always difficult), / one can be made / with certainty.
미래에 대한 예측이 항상 어렵지만 / 하나는 만들어질 수 있다 / 확실하게.

People will find / themselves / in large numbers of interactions / (where intercultural communication skills will be essential).
사람들은 파악할 것이다 / 자기 자신들이 / 많은 상호관계 속에 (있다는 것을) / 다문화간의 의사소통 기술이 필수적인.

There are several reasons / for such prediction.
몇몇 이유가 있다 / 그러한 예측에는.

Some reasons include / increasing amounts of contact / (brought on by overseas assignments in the business world), / the movement of college students / (spending time in other countries), / and increasing amounts of international travel / among tourists.
일부 이유는 포함하고 있다 / 증가하는 접촉의 양을 / 비즈니스 세계의 해외 업무에 의해 초래된 / 대학생들의 이동을 / 다른 나라에서 시간을 많이 보내는 / 그리고 증가하는 국제 여행을 / 관광객들 사이에서.

Others are related / to social changes within any one large and complex nation:
다른 이유들은 관련된다 / 하나의 크고 복잡한 국가 안에서의 사회적 변화와:

affirmative action, / the movement of immigrants and refugees, / bilingual education programs, / and / movement away from the goal (that ethnic minorities become a part of a 'melting pot.')
소수 집단 우대 정책 / 이민자와 난민의 이동 / 이중언어 교육 프로그램 / 그리고 / 소수 민족이 용광로의 일부가 된다라는 목표에서 벗어나는 움직임(목표).

Therefore, / it is essential / [that people research / the cultures and communication conventions of those / (whom they propose to meet in the future)].
그러므로 / 필수적이다 / 사람들이 연구해야 하는 것이 / 그러한 사람들의 문화와 소통의 관습을 / 그들이 앞으로 만날 예정인.

정답 ②

해설 첫 문장에서 글쓴이의 주장을 제시한 뒤, 그 이유를 서술해가는 구성이다. 마지막 문장에서 Therefore, it is essential that ~으로 다시 한번 글쓴이의 강조하는 바가 드러난다. ① 다른 나라의 사회적 변화에 대한 예측 ② 문화 간의 의사소통에 대한 이해의 필요성 ③ 다문화 국가에서 좋은 교육자의 중요성 ④ 문화 간의 의사소통 관습의 한계

해석 미래에 대한 예측은 항상 어렵지만, 하나는 확실하게 할 수 있다. 사람들이 다문화간 의사소통 능력이 필수적인 많은 상호작용 속에 놓이게 될 것이라는 점이다. 이러한 예측에는 여러 가지 이유가 있다. 일부 이유는 비즈니스 세계에서 해외 업무, 외국에서 시간을 보내는 대학생들의 이동, 그리고 관광객들 사이에서 증가하는 국제 여행과 같은 접촉 증가와 관련되어 있다. 다른 이유들은 하나의 크고 복잡한 국가 내의 사회적 변화와 관련된다. 예를 들어, 소수 집단 우대 정책, 이민자와 난민의 이동, 이중언어 교육 프로그램, 그리고 소수 민족이 '용광로' 사회의 일부가 되도록 하려는 목표에서 벗어나는 경향 등이 있다. 그러므로, 사람들이 앞으로 만나게 될 사람들의 문화와 의사소통 관습을 조사하는 것이 필수적이다.

어휘 prediction 예측 intercultural 문화 간의 essential 필수적인 contact 접촉 bring on 초래하다 tourist 관광객 immigrant 이민자 bilingual 2개 국어의 ethnic 인종의 minority 소수자

07 다음 글의 주제로 가장 적절한 것은? 〈25 국가 9급〉

> Young people are fast learners. They are energetic, active and have a 'can-do' mentality. Given the support and right opportunities, they can take the lead in their own development as well as the development of their communities. In many developing countries, agriculture is still the largest employer and young farmers play an important role in ensuring food security for future generations. They face many challenges, however. For example, it is very difficult to own land or get a loan if you do not have a house — which, if you are young and only just starting your career, is often not yet possible. Working in agriculture requires substantial and long-term investments. It is also quite risky and uncertain, because it relies heavily on the climate: flooding, drought and storms can damage and destroy farmers' crops and affect livestock.

① the economic advantages of working in the agricultural sector
② the importance of technology in modern farming practices
③ the roles of young farmers and the challenges they face
④ young people's efforts for urban development

■ 지문 분석 예문의 밑줄은 동사(구)

Young people are fast learners.
젊은이들은 빠른 학습자이다.

They are energetic, active / and have a 'can-do' mentality.
그들은 열정적이고 활동적이다 / 그리고 '할 수 있다'라는 정신을 가지고 있다.

(Given the support and right opportunities), / they can take the lead / in their own development / as well as the development of their communities.
지원과 적절한 기회를 받는다면 / 그들은 주도할 수 있다 / 그들 자신의 성장에서도 / 지역 사회의 발전뿐만 아니라.

In many developing countries, / agriculture is still the largest employer / and young farmers play an important role / (in ensuring food security for future generations).
많은 개발도상국에서는 / 농업은 여전히 가장 큰 고용 주체이고 / 젊은 농부들은 중요한 역할을 한다 / 미래 세대들을 위한 식량 안전을 보장함에 있어.

They face many challenges, / however.
그들은 많은 어려움을 직면한다 / 그러나.

For example, / it is very difficult / (to own land or get a loan / if you do not have a house)
예를 들면 / 매우 어렵다 / 토지를 소유하거나 대출을 받는 것 / 만약 집이 없다면

— which, / (if you are young and only just starting your career), / is often not yet possible.
그것은 / 만약 당신이 젊고 이제 막 경력을 시작한다면 / 흔히 아직 가능하지 않다.

(Working in agriculture) / requires substantial and long-term investments.
농업에 종사하는 것은 / 상당하고 장기적인 투자를 필요로 한다.

It is also quite risky and uncertain, / (because it relies heavily on the climate):
그것(농업에서 일하는 것)은 또한 위험하고 불확실하다 / 그것은 날씨에 크게 의존하기 때문에:

flooding, drought and storms / can damage and destroy farmers' crops / and affect livestock.
홍수, 가뭄, 폭풍은 / 농부의 농작물에 피해를 주고 파괴할 수 있다 / 그리고 가축에 영향을 끼칠 수 있다.

정답 ③

해설 however가 들어가 있는 문장과 For example 앞의 문장이 겹친다. 지문의 중간에 작가가 말하고자 하는 의도가 있는 중괄식 구조이다. 젊은 농부가 농업에서 중요한 역할을 하면서도 현재는 많은 어려움에 직면해 있다는 것을 글의 주제로 하고 있다. ① 농업 분야에서 일하는 것의 경제적 이점 ② 현대 농업 방식에서 기술의 중요성 ③ 젊은 농부들의 역할과 그들이 직면한 어려움들 ④ 도시 개발을 위한 청년들의 노력

해석 젊은 사람들은 배우는 속도가 빠르다. 그들은 에너지가 넘치고, 활동적이며, 할 수 있다는 사고방식을 가지고 있다. 지원과 적절한 기회가 주어진다면, 그들은 자신의 성장뿐만 아니라 지역 사회의 발전에서도 주도적인 역할을 할 수 있다. 많은 개발도상국에서는 농업이 여전히 가장 큰 고용 분야이며, 젊은 농부들은 미래 세대의 식량 안보를 보장하는 데 중요한 역할을 한다. 그러나 그들은 많은 도전에 직면해 있다. 예를 들어, 집이 없다면 토지를 소유하거나 대출을 받는 것이 매우 어렵다. 이는 젊고 막 경력을 시작한 사람들에게는 흔히 불가능한 일이다. 농업에 종사하는 일은 많은 자본과 장기적인 투자가 필요하다. 또한 매우 위험하고 불확실한데, 그 이유는 농업이 기후에 크게 의존하기 때문이다. 홍수, 가뭄, 폭풍 등은 농작물에 피해를 주고 가축에도 영향을 미칠 수 있다.

어휘 energetic 에너지가 넘치는, 열정적인 mentality 사고방식 take the lead 주도하다 food security 식량 안보 substantial 상당한 drought 가뭄 livestock 가축 [Given ~, 주어 + 동사] ~을 받는다면, ~이 주어진다면

08 다음 글의 주제로 가장 적절한 것은?

> Managers of natural resources typically face market incentives that provide financial rewards for exploitation. For example, owners of forest lands have a market incentive to cut down trees rather than manage the forest for carbon capture, wildlife habitat, flood protection, and other ecosystem services. These services provide the owner with no financial benefits, and thus are unlikely to influence management decisions. But the economic benefits provided by these services, based on their non-market values, may exceed the economic value of the timber. For example, a United Nations initiative has estimated that the economic benefits of ecosystem services provided by tropical forests, including climate regulation, water purification, and erosion prevention, are over three times greater per hectare than the market benefits. Thus cutting down the trees is economically inefficient, and markets are not sending the correct "signal" to favor ecosystem services over extractive uses.

① necessity of calculating the market values of ecosystem services
② significance of weighing forest resources' non-market values
③ impact of using forest resources to maximize financial benefits
④ merits of balancing forests' market and non-market values

● **지문 분석** 예문의 밑줄은 동사(구)

Managers of natural resources / typically face market incentives / (that provide financial rewards / for exploitation).
천연자원의 관리자들은 / 일반적으로 시장(경제적) 동기를 직면한다 / 재정적 보상을 제공하는 / (자원) 이용에 대한.

For example, / owners of forest lands / have a market incentive / to cut down trees / (rather than manage the forest / for carbon capture, wildlife habitat, flood protection, and other ecosystem services).
예를 들어 / 산림지대의 소유자는 / 경제적 동기를 가지고 있다 / 벌목하려는 / 숲을 관리하기보다는 / 탄소 포집, 야생동물 서식지, 홍수 방어, 그리고 다른 생태계 서비스를 위해.

These services provide the owner with no financial benefits, / and thus are unlikely to influence management decisions.
이러한 도움은 소유자에게 아무런 재정적 이익을 제공하지 못하고 / 그러므로 관리 결정에 아무런 영향을 끼치지 못할 것 같다.

But / the economic benefits / (provided by these services, / based on their non-market values), / may exceed / the economic value of the timber.
하지만 / 경제적 이익은 / 이러한 서비스를 통해 제공되는 / 비시장적 가치를 근거로 하여 / 초과할 수도 있다 / 목재의 경제적 가치를.

For example, / a United Nations initiative has estimated / [that the economic benefits of ecosystem services / (provided by tropical forests), / (including climate regulation, water purification, and erosion prevention), / are over three times greater / per hectare / than the market benefits].
예를 들어 / 유엔의 한 계획은 추정한다 / 생태계 서비스의 경제적 이익은 / 열대우림에 의해 제공되는 / 기후 조절, 수질 정화, 침식 방지를 포함하여 / 3배 이상 크다 / 헥타르 당 / 시장이익보다.

Thus / (cutting down the trees) is economically inefficient, / and markets are not sending the correct "signal" / (to favor ecosystem services / over extractive uses).
그러므로 / 나무를 잘라 내는 것은 경제적으로 비효율적이다 / 그리고 시장은 올바른 신호를 보내는 것이 아니다 / 생태계 도움을 선호하게 하려는 / 채취하는 사용보다.

정답 ②

해설 지문의 중간 부분에서 But을 제시하여 작가의 의도가 나오고, 그 뒤에 For example를 더해 예시 설명을 덧붙이는 구조이다. 산림이 주는 '생태계 도움 (ecosystem service)'이 시장적 가치보다 훨씬 더 크다는 것을 내용으로 하는 글이므로 ②가 정답이다. ① 생태계 도움의 시장가치 산정의 필요성 ② 산림자원의 비시장적 가치를 따져보는 중요성 ③ 재정적 이익을 극대화하기 위한 산림자원 이용의 영향 ④ 숲의 시장 가치와 비시장 가치의 균형을 맞추는 장점

해석 천연자원의 관리자는 일반적으로 이용에 대한 재정적 보상을 제공하는 시장(경제적) 동기에 마주한다. 예를 들어, 삼림지대의 소유자는 탄소 포집, 야생동물 서식지, 홍수 방어 및 다른 생태계 도움을 위해 숲을 관리하기보다는 나무를 베어 내는 시장 동기를 가지고 있다. 이러한 (생태계) 도움은 소유자에게 어떠한 재정적 이익도 제공하지 않으므로, 관리 결정에 영향을 미칠 것 같지 않다. 그러나 이러한 도움이 제공하는 경제적 이익은, 그것의 비시장적 가치에 근거하여, 목재의 경제적 가치를 초과할 수도 있다. 예를 들어, 유엔의 한 계획은 기후 조절, 수질 정화 및 침식 방지를 포함하여 열대우림이 제공하는 생태계 도움의 경제적 이익이 시장 이익보다 헥타르당 3배 이상 더 크다고 추정했다. 따라서 나무를 베는 것은 경제적으로 비효율적이며, 시장은 채취하는 사용보다 생태계 도움을 선호하게 하는 올바른 '신호'를 보내지 않고 있다.

어휘 natural resource 천연자원 face 직면하다 market incentive 시장(경제적) 동기 exploitation 이용, 개발 carbon capture 탄소 포집 wildlife habitat 야생동물 서식지 ecosystem service 생태계 서비스, 생태계에 기여 timber 목재 initiative 계획, 프로젝트 tropical forest 열대산림 climate regulation 기후조절 water purification 수질정화 erosion prevention 침식방지 hectare 헥타르 (면적의 단위) extractive 추출하는 extractive uses 채취 사용

09 다음 글의 주제로 가장 적절한 것은?

The arrival of the Industrial Age changed the relationship among time, labor, and capital. Factories could produce around the clock, and they could do so with greater speed and volume than ever before. A machine that runs twelve hours a day will produce more widgets than one that runs for only eight hours per day — and a machine that runs twenty-four hours per day will produce the most widgets of all. As such, at many factories, the workday is divided into eight-hour shifts, so that there will always be people on hand to keep the widget machines humming. Industrialization raised the potential value of every single work hour — the more hours you worked, the more widgets you produced, and the more money you made — and thus wages became tied to effort and production. Labor, previously guided by harvest cycles, became clock-oriented, and society started to reorganize around new principles of productivity.

* widget: 제품

① shift in the work-time paradigm brought about by industrialization
② effects of standardizing production procedures on labor markets
③ influence of industrialization on the machine-human relationship
④ problems that excessive work hours have caused for laborers

■ **지문 분석** 예문의 밑줄은 동사(구)

The arrival of the Industrial Age / changed the relationship / among time, labor, and capital.
산업시대의 도래는 / 관계를 변화시켰다 / 시간, 노동과 자본 간의.

Factories could produce / around the clock, / and they could do so / with greater speed and volume / than ever before.
공장은 생산할 수 있었다 / 24시간 내내 / 그리고 공장은 그렇게 할 수 있었다 / 더 큰 속도와 양으로 / 이전보다.

A machine (that runs twelve hours a day) / will produce more widgets / than one (that runs for only eight hours per day)
하루에 12시간 돌아가는 기계는 / 더 많은 제품을 생산할 것이다 / 하루에 8시간만 돌아가는 기계보다.

— and / a machine (that runs twenty-four hours per day) / will produce the most widgets of all.
그리고 / 하루에 24시간 돌아가는 기계는 / 가장 많은 제품을 생산할 것이다.

As such, / at many factories, / the workday is divided into eight-hour shifts, / so that there will always be people on hand / (to keep the widget machines humming).
그래서 / 많은 공장에서 / 근무시간은 8시간 교대제로 나뉜다 / 그래서 대기 중인 사람이 항상 있을 것이다 / 제품생산 기계가 계속 윙윙거리도록 만들기 위해서.

Industrialization raised / the potential value of every single work hour / — the more hours you worked, / the more widgets you produced, / and the more money you made / — and thus / wages became tied / to effort and production.
산업화는 상승시켰다 / 각각의 노동 시간의 잠재적 가치를 / 더 많은 시간을 당신이 일할수록 / 더 많은 제품을 당신은 생산했고 / 더 많은 돈을 당신은 벌었다 / 그러므로 / 임금은 연계되었다 / 노력과 생산량에.

Labor, / (previously guided by harvest cycles), / became clock-oriented, / and society started to reorganize / around new principles of productivity.
노동은 / 이전에는 수확 주기에 따라 결정되던 / 시계 중심으로 되었다 / 그리고 사회는 재구성되기 시작했다 / 새로운 생산성 원리를 중심으로.

정답 ①

해설 글의 초반부에는 산업화로 인한 공장 운영 시간의 변화를 제시하고 그 결과를 As such(그래서, 그 결과)로 표현했다. 글의 중반부 이후에서부터 산업화로 인한 노동시간의 개념이 변화하게 된 점을 설명하고 있다. 이를 잘 반영하는 선택지는 ①이다. ① 산업화에 의해 초래된 노동-시간 패러다임의 변화 ② 생산 절차의 표준화가 노동시장에 미친 영향 ③ 산업화가 기계와 인간 관계에 끼친 영향 ④ 과도한 노동시간이 노동자들에게 초래한 문제들

해석 산업시대의 도래는 시간, 노동, 자본 간의 관계를 변화시켰다. 공장들은 24시간 내내 생산할 수 있게 되었고, 이전보다 더 빠르고 더 많은 양을 생산할 수 있었다. 하루 12시간 작동하는 기계는 하루에 8시간만 작동하는 기계보다 더 많은 제품을 생산하고, 하루 24시간 작동하는 기계는 가장 많은 제품을 생산한다. 그래서, 많은 공장에서 근무시간을 8시간 교대제로 나누어 항상 기계를 돌릴 인력이 있게 하였다. 산업화는 각각의 노동 시간이 가지는 잠재적 가치를 높였는데, 더 오래 일할수록 더 많은 제품을 생산하고 더 많은 돈을 벌게 되어, 임금은 노력과 생산량에 따라 결정되었다. 이전에는 수확 주기에 따라 이루어지던 노동이 이제는 시계 중심으로 바뀌었고, 사회는 새로운 생산성 원칙을 중심으로 재구성되기 시작했다.

어휘 capital 자본 around the clock 24시간 내내 volume 양 as such 그래서, 그 결과 eight-hour shifts 8시간 근무제 on hand 대기 중인 humming (기계가) 윙윙거리는 be tied to ~와 연결되다 harvest cycle 수확 주기 oriented 지향하는, 중심적인 paradigm 패러다임, 대명제

10 다음 글의 제목으로 가장 적절한 것은?

> After witnessing an event, we are sometimes exposed to new information that can actually change our memory. What is known as the "post-event information effect" often results from our dialogues with other people. For example, an eyewitness to some event frequently discusses with others what they saw. And later, the eyewitness and others may speculate as to exactly what happened, the sequence in which it occurred, and the degree to which various participants were involved. Rather than facilitating reproductive memory — the accurate reproduction of some past event, an eyewitness' dialogues with other people create reconstructive memory — a reconstruction of the past which may be quite inaccurate because it responds more to considerations of plausibility than fact. Therefore, people can reconstruct inaccurate memories after witnessing some event as a result of discussing that event with other people.

① How Distortion of Memory Can Occur
② Why We Need to Reconstruct Our Memory
③ Relationship Between Intelligence and Memory
④ Reproductive Memory: A Source of Inspiration

■ **지문 분석** 예문의 밑줄은 동사(구)

(After witnessing an event), / we are sometimes exposed / to new information / (that can actually change our memory).
어떤 사건을 목격한 후에 / 우리는 가끔씩 노출된다 / 새로운 정보에 / 실질적으로 우리의 기억을 바꾸는.

(What is known as the "post-event information effect") / often results / from our dialogues with other people.
'사후 정보 효과'라고 알려진 것은 / 자주 비롯된다 / 우리의 다른 사람과의 대화로부터.

For example, / an eyewitness (to some event) / frequently discusses / with others / (what they saw).
예를 들어 / 어떤 사건에 대한 목격자는 / 자주 논의한다 / 타인들과 / 그들이 본 것에 대해.

And later, / the eyewitness and others may speculate / as to / exactly (what happened, / the sequence (in which it occurred), / and the degree (to which various participants were involved).
그리고 나중에 / 목격자와 타인들은 추측할 수도 있다 / ~에 관해서 / 정확히 / 무슨 일이 발생했는가 / 그 일이 발생한 순서 / 그리고 다양한 참여자들이 노출된 정도(에 관해서).

(Rather than facilitating reproductive memory — the accurate reproduction of some past event), / an eyewitness' dialogues with other people / create reconstructive memory / — a reconstruction of the past / (which may be quite inaccurate) / (because it responds more / to considerations of plausibility than fact).
재현적 기억을 도와주기 보다는 — 과거의 사건에 대한 정확한 재현 / 목격자의 타인들과의 대화는 / 재구성적 기억을 만들어 낸다 / 과거에 대한 재구성 / 상당히 부정확할 수도 있는 / 왜냐하면, 그것은 더 많이 반응하기 때문에 / 사실보다는 개연성에 대한 고려에.

Therefore, / people can reconstruct inaccurate memories / (after witnessing some event) / as a result of discussing that event with other people.
그러므로 / 사람들은 / 부정확한 기억을 재구성할 수 있다 / 어떤 사건을 목격한 후에 / 다른 사람들과 그 사건을 논의한 결과로.

정답 ①

해설 지문의 도입부에서 이 글의 소재인 '사후 정보 효과(post-event information effect)'을 제시하고, 이것의 영향을 부연설명하는 구조이다. 마지막 문장에서 Therefore를 사용하면서 사후 정보효과의 영향을 요약하여 다시 표현하고 있다. 즉, 같은 것을 목격하고도 다른 사람과의 대화를 통해 자신이 목격한 것을 왜곡시킬 수 있다는 것을 설명하는 것이다. 이를 잘 반영한 선택지는 ①이다. ① 기억의 왜곡이 발생하는 방식 ② 우리가 기억을 재구성할 필요의 이유 ③ 지능과 기억력의 관계 ④ 재구성의 기억: 영감의 근원

해석 어떤 사건을 목격한 후에 때때로 우리는 우리의 기억을 사실상 바꿀 수 있는 새로운 정보에 노출된다. '사후 정보 효과'로 알려진 것은 흔히 우리가 다른 사람과 나누는 대화에 기인한다. 예를 들어, 어떤 사건의 목격자는 자신이 본 것에 관하여 다른 사람과 자주 이야기한다. 그리고 나중에, 목격자와 다른 사람들은 정확히 무슨 일이 일어났는가, 그 일이 일어난 순서, 그리고 여러 관계자들이 연루된 정도에 관하여 되짚어 볼 수 있다. 목격자가 다른 사람들과 대화를 나누는 것은 재현적 기억, 즉 과거의 어떤 사건을 정확하게 재현하는 것을 돕기보다는 재구성된 기억, 즉 사실보다 개연성에 대한 고려에 더 많이 반응하기 때문에 상당히 부정확할 수 있는, 과거에 대한 재구성을 만든다. 그래서, 사람들은 어떤 사건을 목격한 후에 그 사건에 관하여 다른 사람과 이야기한 결과로 부정확한 기억을 재구성할 수 있다.

어휘 post-event 사건 후 eyewitness 목격자 speculate 추측하다 sequence 연속, 결과 facilitate 쉽게 만들다, 도와주다 plausibility 그럴싸함, 개연성 distortion 왜곡

05 어색한 문장 찾기

1 지문의 구성

① 글의 논리적 흐름을 파악하는 문제이다.
② 글의 앞부분에 주요 소재와 주제가 등장한다.
③ 이 주제를 기준으로 세부 내용, 예시, 결론 등이 자연스럽게 연결되는지를 살펴보고, 흐름을 방해하는 문장(논리적 비약, 내용 불일치, 주제 일탈 등)을 찾아야 한다.
④ 대표적인 출제 포인트
　• 주제와 무관한 정보: 글의 중심 생각이나 주제와 관련 없는 문장
　• 논리적 모순: 앞뒤 문장 간에 의미상 충돌하거나 맞지 않는 경우
　• 연결어 부적절: 접속사나 전환 표현이 앞뒤 흐름과 맞지 않는 경우

2 독해 전략

① 주제와 무관한 정보가 제시되는 경우

> 고래는 포유류 중에서도 가장 큰 동물로, 바다에서 살아간다. 고래는 폐로 숨을 쉬며, 새끼를 낳아 젖을 먹인다.
> 1) 최근 고래 개체수의 감소로 인해 인류는 환경 오염에 대해 다시 생각할 필요가 있다.
> 2) 그리고 고래는 사회적 동물로 무리를 지어 생활하는 경우가 많다.

　• 이 글의 소재는 '고래'이고 '고래는 바다에서 살아가는 포유류이다'가 주제이다.
　• 2)의 '무리를 지어 생활한다'는 언급은 고래 행태의 특성을 말하는 것이다.
　• 하지만 1)의 문장의 요지는 '환경 오염에 의한 고래 개체수 감소'이므로 글의 주제나 전체 흐름과는 무관하다.

② 글 자체에서 논리적인 모순이 발생하는 경우

> 1) 바이러스는 인간의 면역 체계를 약화시키고 다양한 질병을 유발할 수 있다.
> 2) 최근에는 백신과 치료제가 개발되어 많은 바이러스 감염병의 확산을 효과적으로 억제하고 있다.
> 3) 그러나 전 세계적으로 바이러스 감염자는 급격히 증가하고 있으며, 아직 바이러스에 대한 근본적인 치료법이나 백신은 전혀 존재하지 않는다.
> 4) 이에 따라 정부는 백신 보급 확대와 치료제 연구를 동시에 추진하고 있다.

　• [바이러스 위험성 → 백신 및 치료제 개발 → 정부 대책]으로 글이 전개되는 구조이다.
　• 3)에서 모순 발생: 2)에서 '백신과 치료제가 개발되어 감염병 확산을 억제'한다고 설명했는데, 3)에서 '백신과 치료제가 전혀 존재하지 않는다'고 말하는 것은 논리적인 모순이다.

③ **연결어 부적절**: 접속사나 전환 표현이 앞뒤 흐름과 맞지 않는 경우

> 1) 세계화는 국가 간 교류를 활성화하고 국제 무역을 확대시키며 세계 경제를 성장시켰다.
> 2) 반면, 세계화는 한편으로 선진국과 개발도상국 간의 경제 격차를 더욱 심화시키는 결과를 가져왔다.
> 3) 이처럼 세계화는 긍정적 효과와 부정적 효과를 동시에 지니고 있다.
> 4) 게다가, 세계화로 인해 많은 국가들이 자유무역 협정을 체결하고 있다.

- 1) [세계화의 순기능 – (반면에) – 2) 세계화의 역기능]의 흐름은 자연스럽다.
- 하지만, [3] 세계화의 양면성 – (게다가) – 4) 많은 국가들의 자유무역 협정]은 자연스럽지 않다. '게다가'는 앞의 내용과 뒤의 내용이 같은 속성을 가져야 하지만, 3)과 4)는 같은 속성이라 볼 수 없으므로 4)가 어색한 문장이라 할 수 있다.

■ 전략 적용

다음 글의 흐름상 어색한 문장은? 〈24 인사처 2차 예시〉

A very common type of writing task — one that appears in every academic discipline — is a reaction or response. ① In a reaction essay, the writer is usually given a "prompt" — a visual or written stimulus — to think about and then respond to. ② It is very important to gather reliable facts so that you can defend your argument effectively. ③ Common prompts or stimuli for this type of writing include quotes, pieces of literature, photos, paintings, multimedia presentations, and news events. ④ A reaction focuses on the writer's feelings, opinions, and personal observations about the particular prompt. Your task in writing a reaction essay is twofold: to briefly summarize the prompt and to give your personal reaction to it.

STEP 1
첫 문장에서 이 글의 소재와 주제를 파악한다. 이 글의 소재는 '글쓰기의 한 유형으로서 reaction과 response'이다. 이를 ①에서 부연 설명하고 있다.

STEP 2
각 문장을 읽으면서 기준이 되는 첫 문장과 어긋나는 내용이 무엇인지를 파악한다. ①, ③, ④에서는 핵심 소재인 prompt와 reaction에 대해 설명을 하고 있지만, ②에서는 전혀 언급되고 있지 않다.

STEP 3
전체 흐름과 상관없는 문장을 선택한다. ②의 문장은 '효과적인 변호를 위해 믿을 만한 사실을 모으는 것이 중요하다'로 전체 글의 흐름과 상관없다.

해석 아주 흔한 유형의 글쓰기 과제 — 모든 학문 분야에서 등장하는 과제 — 는 반응(reaction) 또는 답변(response)이다. ① 반응 글(reaction essay)에서, 글을 쓰는 사람은 보통 "프롬프트" — 시각적 또는 서면으로 된 자극 — 를 받고, 그것에 대해 생각한 후 반응을 작성하게 된다. ② 자신의 주장을 효과적으로 뒷받침할 수 있도록 신뢰할 만한 사실을 수집하는 것은 매우 중요하다. ③ 이러한 유형의 글쓰기를 일으키는 일반적인 프롬프트나 자극에는 인용문, 문학 작품, 사진, 그림, 멀티미디어 프레젠테이션, 뉴스 사건 등이 포함된다. ④ 반응은 특정 프롬프트에 대한 글쓴이의 감정, 의견, 개인적인 관찰에 초점을 맞춘다. 반응 에세이를 쓸 때 당신의 과제는 두 가지이다: 프롬프트를 간략히 요약하고 그것에 대한 개인적인 반응을 제시하는 것이다.

어휘 academic discipline 학과 과목, 학문 분야 prompt 자극 visual 시각적인 stimulus 자극 reliable 믿을 만한 defend 변호하다 argument 주장 quote 인용문 literature 문학 presentation 발표 observation 관찰 twofold 두 가지로 된

정답 ②

Exercise

01 다음 글의 흐름상 어색한 문장은? ⟨23 인사처 1차 예시⟩

Every parent or guardian of small children will have experienced the desperate urge to get out of the house and the magical restorative effect of even a short trip to the local park. ① There is probably more going on here than just letting off steam. ② The benefits for kids of getting into nature are huge, ranging from better academic performance to improved mood and focus. ③ Outdoor activities make it difficult for them to spend quality time with their family. ④ Childhood experiences of nature can also boost environmentalism in adulthood. Having access to urban green spaces can play a role in children's social networks and friendships.

■ 지문 분석 예문의 밑줄은 동사(구)

Every parent or guardian of small children / <u>will have experienced</u> / the desperate urge (to get out of the house) / and the magical restorative effect of even a short trip to the local park.
어린 자녀를 둔 모든 부모나 보호자는 / 경험하게 될 것이다 / 집을 벗어나고 싶은 절박한 충동과 / 지역 공원으로의 짧은 외출의 마법 같은 회복 효과를.

There <u>is</u> probably more / (going on here) / than just letting off steam.
아마도 무언가가 더 있다 / 여기에는 / 단순히 스트레스를 해소하는 것 이상의.

The benefits for kids / of getting into nature / <u>are</u> huge, / ranging from better academic performance / to improved mood and focus.
아이들에 대한 이점은 / 자연 속으로 들어가는 것의 / 크다 / 보다 나은 학업 성취도에서부터 / 기분 및 집중력의 개선까지.

Outdoor activities / <u>make</u> it difficult / (for them / to spend quality time with their family).
야외 활동은 / 어렵게 만든다 / 그들이 / 가족과 양질의 시간을 보내는 것을.

Childhood experiences of nature / <u>can also boost</u> / environmentalism in adulthood.
어린 시절 자연을 경험하는 것은 / 높여줄 수 있다 / 성인일 때 환경보호 정신을.

(Having access to urban green spaces) / <u>can play</u> a role / in children's social networks and friendships.
도시의 녹지 공간에 접근하는 것은 / 역할을 할 수 있다 / 아이들의 사회적 관계망과 우정에도.

정답 ③

해설 이 글은 아이들이 자연과 접촉함으로써 얻게 되는 다양한 장점을 언급하는 내용이다. ③은 야외 활동을 부정적으로 언급하여 전체 글의 흐름과는 맞지 않는다.

해석 어린 자녀를 둔 모든 부모나 보호자는 집을 벗어나고 싶은 절박한 충동과, 지역 공원으로의 짧은 외출조차 마법처럼 회복시키는 효과를 경험해 본 적이 있을 것이다. ① 여기에는 단순히 스트레스를 해소하는 것 이상의 무언가가 있을 가능성이 높다. ② 자연 속으로 들어가는 것은 아이들에게 매우 큰 이점을 주며, 이는 학업 성취도 향상에서부터 기분 및 집중력 개선에 이르기까지 다양하다. ③ 야외 활동은 그들이 가족과 양질의 시간을 보내는 것을 어렵게 만든다. ④ 어린시절 자연을 경험하는 것은 성인이 되었을 때 환경보호 정신을 높이는 데에도 도움이 될 수 있다. 도시의 녹지 공간에 접근할 수 있는 것은 아이들의 사회적 관계망과 우정에도 역할을 할 수 있다.

어휘 guardian 보호자 desperate 절박한 urge 충동 restorative effect 회복 효과 let off steam 스트레스를 해소하다 range from A to B A에서 B에 이르다 academic performance 학업 성적 outdoor activity 야외 활동 quality time 양질의 시간 boost 북돋우다, 향상시키다 environmentalism 환경주의

02 다음 글의 흐름상 어색한 문장은?

The body has an effective system of natural defense against parasites, called the immune system. The immune system is so complicated that it would take a whole book to explain it. Briefly, when it senses a dangerous parasite, the body is mobilized to produce special cells, which are carried by the blood into battle like a kind of army. ① Usually the immune system wins, and the person recovers. ② After that, the immune system remembers the molecular equipment that it developed for that particular battle, and any following infection by the same kind of parasite is beaten off so quickly that we don't notice it. ③ As a result, the weakened immune system leads to infection, and the infection causes damage to the immune system, which further weakens resistance. ④ That is why, once you have had a disease like the measles or chicken pox, you're unlikely to get it again.

● **지문 분석** 예문의 밑줄은 동사(구)

The body has / an effective system of natural defense / against parasites, / (called the immune system).
신체는 가지고 있다 / 효율적인 자연적 방어 체계를 / 병균에 대한 / 면역체계라고 불리는.

The immune system is so complicated / that it would take a whole book / (to explain it).
면역체계는 너무 복잡해서 / 책 한 권이 필요할 것이다 / 이를 설명하려면.

Briefly, / (when it senses a dangerous parasite), / the body is mobilized / to produce special cells, / (which are carried / by the blood / into battle / like a kind of army).
간략하게 말하면 / 신체가 위험한 기생충을 감지할 때 / 신체는 동원(활용)된다 / 특별한 세포를 만들기 위해서 / 그리고 그 세포는 이동된다 / 혈액에 의해 / 전투로 / 군대처럼.

Usually / the immune system wins, / and the person recovers.
일반적으로 / 면역체계가 승리하고 / 그 사람은 회복한다.

After that, / the immune system remembers / the molecular equipment / (that it developed for that particular battle), / and any following infection (by the same kind of parasite) is beaten off so quickly / that we don't notice it.
그 후에 / 면역체계는 기억한다 / 분자 장비를 / 그 특정 전투를 위해 개발한 / 그리고 동일한 균에 의한 이어지는 감염은 / 빠르게 퇴치된다 / 그래서 우리는 그것을 알아차리지도 못한다.

As a result, / the weakened immune system leads to infection, / and the infection causes damage to the immune system, / (which further weakens resistance).
그 결과 / 약해진 면역체계는 감염을 일으키고 / 감염은 면역체계에 손상을 일으킨다 / 그리고 그것은 더 나아가 저항력을 약화시키다.

That is / [why, (once you have had a disease like the measles or chicken pox), you're unlikely to get it again].
그것이 ~이다 / 일단 당신이 천연두나 홍역과 같은 질병을 겪는다면 / 당신은 그것을(질병을) 다시는 얻지 못하게 되는 이유이다.

정답 ③

해설 면역체계가 형성되어 기생충에 대항하는 과정을 설명하는 글이다. ①, ②, ④는 면역체계 형성에 의해 기생충에 대응하는 것을 내용으로 하고 있는 반면, ③번은 면역체계가 약화된 상황에 대해 언급하고 있어 전체 글의 흐름과 맞지 않다.

해석 신체는 면역체계라 불리는, 기생충에 대항하는 효율적인 자연적 방어 체계를 갖고 있다. 면역체계는 너무나 복잡해서 그것을 설명하려면 책 한 권이 있어야 할 것이다. 간단히 말해, 면역체계가 위험한 기생충을 감지할 때, 신체는 특별한 세포를 만들어내기 위해 가동되며, 그 세포는 마치 군대처럼 혈액에 의해 전쟁터로 운반된다. ① 보통은 면역체계가 승리하고, 그 사람은 회복한다. ② 그 후, 면역체계는 그 특정한 전투를 위해 발달시켰던 분자로 된 장비를 기억해서, 동일한 기생충에 대한 후속 감염은 너무 빨리 퇴치되어 우리는 그것을 알아차리지도 못한다. ③ 그 결과, 약해진 면역체계는 감염을 일으키고, 그 감염은 면역체계에 손상을 일으켜, 더 나아가 저항력을 약화시킨다. ④ 그것이 당신이 홍역이나 천연두와 같은 질병을 한 번 앓고 나면, 그것에 다시 걸릴 가능성이 거의 없어지는 이유이다.

어휘 parasite 기생충   immune system 면역체계   complicated 복잡한   sense 감지하다   be mobilized 가동되다   molecular 분자의   equipment 장비   infection 감염   be beaten off 퇴치되다   resistance 저항성   chicken pox 천연두   measles 홍역

03 다음 글의 흐름상 어색한 문장은?

Amnesty International is an independent organization which will only be satisfied when it is no longer needed. ① We are a worldwide movement, dependent upon government, political parties, economic interests, and religious beliefs. ② Our activities focus on the release of prisoners of conscience. ③ There are men and women imprisoned for their beliefs, color, sex, language, or religion. ④ We try to get fair and early trials for all political prisoners, and we oppose the death penalty and torture of all prisoners without reservation.

지문 분석 예문의 밑줄은 동사(구)

Amnesty International / is an independent organization / (which will only be satisfied) (when it is no longer needed).
국제사면위원회는 / 독립된 기관이다 / (목적이) 달성되는 / 이 기구가 더 이상 필요하지 않을 때.

We / are a worldwide movement, (dependent / upon government, political parties, economic interests, and religious beliefs).
우리는 / 전 세계적인 운동이다 / 의존하는 / 정부, 정당, 경제적 이익, 그리고 종교의 믿음에.

Our activities focus / on the release of prisoners of conscience.
우리는 활동은 초점을 맞춘다 / 양심수의 석방에.

There are men and women / (imprisoned / for their beliefs, color, sex, language, or religion).
남성과 여성이 있다 / 감금된 / 그들의 믿음, 피부색, 성별, 언어 또는 종교 때문에.

We try to get / fair and early trials / for all political prisoners, / and we oppose / the death penalty and torture of all prisoners / without reservation.
우리는 받으려고 애쓴다 / 공정하고 신속한 재판을 / 모든 정치범에 대해 / 그리고 우리는 반대한다 / 죄수들에 대한 사형과 고문을 / 무조건.

정답 ①

해설 글의 도입부에 독립 기구임을 강조하고 있으므로 ①의 dependent upon에서 모순이 발생한다. 'independent of'로 표현해야 문맥의 연결이 자연스럽게 된다.

해석 국제사면위원회는 독립 기구로서, 그것이 더 이상 필요로 하지 않을 때에야 목적을 달성하게 될 것입니다. ① 우리는 전 세계적인 운동 조직으로 정부, 정당, 경제적 이익, 종교의 믿음에 의존합니다. ② 우리의 활동은 양심수 석방에 초점을 맞추고 있습니다. ③ 신념, 피부색, 성, 언어, 또는 종교 때문에 감금되어 있는 사람들이 있습니다. ④ 우리는 모든 정치범들을 위한 공정하고 신속한 재판을 위해 노력하며, 모든 죄수의 사형과 고문을 전적으로 반대합니다.

어휘 Amnesty International 국제사면위원회 worldwide movement 전세계적인 운동 dependent on ~에 의존하는 political party 정치 정당 release 석방 prisoners of conscience 양심수 trial 재판 without reservation 무조건, 기탄없이

04 다음 글의 흐름상 어색한 문장은?

An ant is a tiny thing, a small spot crawling on the ground. ① Most people may guess there is little they could learn from such an insignificant creature. ② But in some ancient cultures, ants were respected as consumptive and monotonous insects. ③ Their teamwork and perseverance enabled the tiny animals to build grand cities. ④ So a medieval sage advised his followers "to study and learn from the under-appreciated ant when planning any great endeavor."

■ **지문 분석** 예문의 밑줄은 동사(구)

An ant is a tiny thing, / a small spot / (crawling on the ground).
개미는 작은 것이다 / 작은 점 / 땅 위를 기어다니는.

Most people may guess / [there is little / (they could learn / from such an insignificant creature)].
대부분의 사람들은 생각할지도 모른다 / 거의 없다 / 그들이 배울 수 있는 것은 / 그렇게 미미한 피조물로부터.

But / in some ancient cultures, / ants were respected / as consumptive and monotonous insects.
하지만 / 고대 문화에서 / 개미는 존중 받았다 / 소비적이고 단조로운 곤충으로.

Their teamwork and perseverance enabled / the tiny animals / (to build grand cities).
개미의 팀워크와 인내심은 가능하게 했다 / 그 작은 동물이 / 거대한 도시를 건설하는 것을.

So / a medieval sage advised his followers / "to study and learn / from the under-appreciated ant / (when planning any great endeavor)."
그래서 / 중세의 한 현인은 그의 추종자들에게 충고를 했다 / 학습하고 배울 것을 / 그 저평가된 개미로부터 / 무슨 큰 노력을 계획할 때.

정답 ②

해설 이 문제는 제시된 문장들 중에서 반대의 표현을 사용하여 뒷문장과 모순이 발생하는 문장을 찾는 유형이다. ②의 'consumptive and monotonous insects(소비적이고 단조로운 곤충)'는 전체 글의 흐름상 바르지 않다. productive and complex(생산적이고 복잡한)을 사용하는 것이 글의 흐름상 어울린다.

해석 개미는 미물로서 땅에 기어다니는 작은 점이다. ① 대부분의 사람은 그런 미미한 피조물로부터는 배울 게 거의 없다고 생각할 것이다. ② 그러나 고대 문화에서 개미는 소비적이고 단조로운 곤충으로 존중 받았다. ③ 그들의 팀워크와 인내심은 그 작은 동물들이 거대한 도시를 건설할 수 있도록 한다. ④ 그래서 한 중세의 현인은 추종자들에게 "무슨 큰 노력을 계획하든지 간에 사람들에게 저평가 받고 있는 개미를 살피고 배우라"고 충고한 바 있다.

어휘 spot 점 crawling 기어다니는 consumptive 소비적인 monotonous 단조로운 perseverance 인내심 tiny 작은 medieval 중세의 sage 현자, 현명한 사람 under-appreciated 저평가된 endeavor 노력

05 다음 글의 흐름상 어색한 문장은?

Economic distance relates to the time and cost involved in traveling from the origin to the destination area and back. The higher the economic distance, the higher the resistance for that destination and, consequently, the lower the demand. It follows, conversely, that between any origin and destination point, if the travel time or travel cost can be reduced, demand will increase. ① Many excellent examples of this are available, such as the introduction of the jet plane in 1959 and the introduction of the wide-bodied jets in the late 1960s. ② Jet planes first cut travel time between California and Hawaii, for example, from twelve hours to five hours, and demand grew dramatically. ③ The agricultural products picked up from Hawaiian farms in the morning were on dinner tables in Californian homes by evening. ④ A similar surge in demand was experienced with the introduction of the wide-bodied planes for transatlantic flights. The introduction of these planes cut the travel cost by almost 50 percent between the United States and most countries on the European continent.

정답 ③

해설 경제적 거리의 감소와 수요의 증가 관계를 주된 내용으로 언급하는 글이다. ①, ②, ④는 제트기와 폭이 넓은 항공기의 등장으로 인한 이동 시간의 감소, 이동 수요의 증가, 이동 비용의 감소에 대해 언급하고 있다. 반면, ③은 단순히 '수송의 속도가 증가했다'는 것만을 의미하는 것으로 글의 흐름과 거리가 멀다. ④의 'a similar surge in demand'가 참조할 수 있는 표현은 ②의 'demand grew dramatically'이다. 즉 ②에서 ④로 연결됨을 잘 보여주는 신호 단어이다.

■ 지문 분석 예문의 밑줄은 동사(구)

Economic distance <u>relates</u> / to the time and cost / (involved / in traveling from the origin to the destination area and back).
경제적 거리는 관련된다 / 시간과 비용에 / 연관된 / 출발지에서 목적지까지 이동하고 돌아오는 것에.

(The higher / the economic distance), / (the higher / the resistance for that destination) / and, consequently, / (the lower / the demand).
더 높을수록 / 경제적 거리가 / 더 높아진다 / 그 목적지에 대한 저항이 / 그리고 결과적으로 / 더 낮아진다 / 그 수요는.

It <u>follows</u>, conversely, / [that between any origin and destination point, / (if the travel time or travel cost <u>can be reduced</u>), / demand <u>will increase</u>].
반대로 뒤따르게 된다 / 출발지와 목적지 사이에 / 만약 이동 시간이나 경비가 줄어들 수 있다면 / 수요는 증가할 것이다.

Many excellent examples of this / <u>are</u> available, / (such as the introduction of the jet plane in 1959 / and the introduction of the wide-bodied jets in the late 1960s).
이에 대한 많은 훌륭한 사례가 / 이용 가능하다 / 1959년에 제트기의 도입과 / 1960년대 후반에 동체 폭이 넓은 항공기의 도입과 같은 것들.

Jet planes first <u>cut</u> travel time / between California and Hawaii, / for example, / from twelve hours to five hours, / and demand <u>grew</u> dramatically.
제트기는 처음으로 이동 시간을 줄였다 / 캘리포니아와 하와이 사이의 / 예를 들어 / 12시간에서 5시간으로 / 그리고 수요는 급격하게 증가했다.

The agricultural products / (picked up from Hawaiian farms in the morning) <u>were</u> on dinner tables / in Californian homes / by evening.
농산물은 / 아침에 하와이에서 수확된 / 저녁 테이블에 오르게 되었다 / 캘리포니아 가정의 / 저녁까지.

A similar surge in demand / <u>was experienced</u> / (with the introduction of the wide-bodied planes / for transatlantic flights).
수요의 유사한 증가가 / 경험되었다 / 동체 폭이 넓은 비행기의 도입과 함께 / 대서양 횡단 비행에서.

The introduction of these planes / <u>cut</u> the travel cost / by almost 50 percent / between the United States and most countries on the European continent.
이러한 비행기의 도입은 / 이동 비용을 절감시켰다 / 거의 50%만큼 / 미국과 유럽 대륙의 대부분의 나라 사이에서.

해석 경제적 거리란 출발지로부터 목적지까지 이동하고 다시 돌아오는 데 수반되는 시간 그리고 비용과 관련이 있다. 경제적 거리가 멀면 멀수록 그 목적지에 대한 저항은 커지며, 결과적으로 수요는 더 낮아진다. 그와는 반대로, 어떤 출발지와 목적 지점 사이에서 이동하는 시간이나 비용을 줄일 수 있다면 수요가 증가할 것이다. ① 1959년에 제트기를 도입한 것과 1960년대 후반에 동체의 폭이 넓은 항공기를 도입한 것과 같이, 이것에 대한 많은 훌륭한 예들을 들 수 있다. ② 예를 들어, 제트기는 처음에 캘리포니아와 하와이 사이의 이동 시간을 열두 시간에서 다섯 시간으로 줄였고, 수요가 급격히 증가했다. ③ 아침에 하와이 농장에서 수확한 농산물들이 저녁에는 캘리포니아에 있는 가정의 저녁 식탁에 올랐다. ④ 그와 유사한 급격한 수요 증가가 대서양 횡단을 위한 항공편에 동체의 폭이 넓은 항공기의 도입과 더불어 경험되었다. 이러한 항공기들의 도입으로 미국과 유럽 대륙의 대부분의 국가들 사이를 이동하는 비용이 거의 50퍼센트까지 줄어들었다.

어휘 economic distance 경제적 거리 involved in ~에 연결된 resistance 저항 consequently 결과적으로 conversely 반대로 wide-bodied 동체가 넓은 dramatically 급격하게 surge 급등 transatlantic 대서양 횡단의

06 다음 글의 흐름상 어색한 문장은?

Any new resource (e.g., a new airport, a new mall) always opens with people benefiting individually by sharing a common resource (e.g., the city or state budget). Soon, at some point, the amount of traffic grows too large for the "commons" to support. Traffic jams, overcrowding, and overuse lessen the benefits of the common resource for everyone — the tragedy of the commons! ① If the new resource cannot be expanded or provided with additional space, it becomes a problem, and you cannot solve the problem on your own, in isolation from your fellow drivers or walkers or competing users. ② The total activity on this new resource keeps increasing, and so does individual activity; but if the dynamic of common use and overuse continues too long, both begin to fall after a peak, leading to a crash. ③ Likewise, common resource such as knowledge and information is infinite one whose relative value decreases as the number of users increases, but will not be totally consumed though overused. ④ What makes the "tragedy of commons" tragic is the crash dynamic — the destruction or degeneration of the common resource's ability to regenerate itself.

정답 ③

해설 공유지의 비극, 즉 물리적 공공자원의 과다 사용에 의한 고갈을 주제로 하는 글이다. ①, ②, ④는 공공자원의 사용 증가에 따른 공유지의 비극을 언급하고 있는 반면, ③은 지식과 정보와 같이 고갈되지 않는 자원을 언급하고 있어 전체 흐름과 맞지 않다.

● 지문 분석 예문의 밑줄은 동사(구)

Any new resource / (e.g., a new airport, a new mall) / always opens / (with people / benefiting individually / by sharing a common resource) / (e.g., the city or state budget).
새로운 자원은 / 예를 들어, 새로운 공항이나 쇼핑몰 / 항상 시작된다 / 사람들이 / 각각 이익을 보면서 / 공공자원을 공유함으로써 / 예를 들어, 시나 주(州) 예산.

Soon, / at some point, / the amount of traffic grows too large / for the "commons" to support.
곧 / 어느 시점에 / 트래픽의 양이 너무 커지게 된다 / 공유자원이 뒷받침하기에는.

Traffic jams, overcrowding, and overuse lessen / the benefits of the common resource for everyone / — the tragedy of the commons!
교통체증, 과밀, 과잉 사용은 줄이게 된다 / 모든 사람을 위한 공공자원의 혜택을 / 공유지의 비극이다!

(If the new resource cannot be expanded / or provided with additional space), / it becomes a problem, / and you cannot solve the problem on your own, / (in isolation / from your fellow drivers or walkers or competing users).
만약 새로운 자원이 확장될 수 없거나 / 추가적인 공간을 제공받지 못한다면 / 그것은 문제가 된다 / 그리고 당신은 혼자서 그 문제를 해결할 수 없다 / 분리되어 / 당신의 동료 운전자나 보행자, 경쟁 사용자들과.

The total activity / on this new resource / keeps increasing, / and so does individual activity;
전체 활동은 / 이 새로운 자원에 대한 / 계속 증가한다 / 그리고 개인들의 활동도 마찬가지이다.

but / (if the dynamic of common use and overuse / continues too long), / both begin to fall after a peak, / (leading to a crash).
하지만, / 공용과 과잉 사용의 역학관계가 / 너무 오래 지속되면 / 둘 다 정점 후에 하락하기 시작한다 / 붕괴에 이르면서.

Likewise, / common resource / such as knowledge and information / is infinite one / [whose relative value decreases / (as the number of users increases), but will not be totally consumed / though overused].
마찬가지로, / 공공자원은 / 지식과 정보와 같은 / 무한한 것이다 / 그것의 상대적 가치는 감소한다 / 사용자의 수가 증가할 때 / 하지만 완전히 소모되지는 않을 것이다 / 과잉 사용되더라도.

(What makes the "tragedy of commons" tragic) / is the crash dynamic / — the destruction or degeneration / of the common resource's ability / to regenerate itself.
공유지의 비극을 만드는 것은 / 붕괴의 역학이다 / 파괴와 악화 / 공공자원의 능력의 / 스스로를 재생하려는.

[해석] 모든 새로운 자원(예: 새로운 공항, 새로운 쇼핑몰)은 공공자원(예: 시나 주 예산)을 공유함으로써 사람들이 각각 이득을 보면서 시작된다. 곧, 어느 시점에서는 트래픽의 양이 지나치게 많아져 '공공자원'이 감당할 수 없게 된다. 교통체증, 과밀, 과잉 사용은 모두를 위한 공공자원의 이점을 줄인다 — 이것이 바로 '공유지의 비극'이다! ① 새로운 자원이 확장되거나 추가 공간을 가지고 제공될 수 없다면, 그것은 문제가 되고, 동료 운전자나 보행자, 경쟁 사용자들과 분리된 채 혼자서 해결할 수 없는 문제가 된다. ② 이 새로운 자원에 대한 전체적인 활동이 계속 증가하고 개인의 활동도 증가하지만, 공용과 과잉 사용의 역학관계가 너무 오래 지속되면 정점을 지나 하락하기 시작하며 붕괴에 이르게 된다. ③ 마찬가지로, 지식과 정보 같은 공공자원은 무한한 자원이며, 사용자 수가 늘어날수록 그 상대적 가치는 줄어들지만, 과잉 사용되더라도 완전히 고갈되지는 않는다. ④ '공유지의 비극'을 비극적으로 만드는 것은 바로 붕괴의 역학 — 즉, 스스로를 재생산하는 공공자원의 능력의 파괴나 악화이다.

[어휘] e.g. 예를 들면 common resource 공공 자원 overcrowding 과밀 lessen 줄이다 tragedy 비극 be provided with ~을 공급 받다 on one's own 자력으로 dynamics 역학관계, 상관관계 peak 정점 infinite 무한한 crash dynamic 붕괴의 역학 degeneration 악화, 퇴보 regenerate 재생산하다

07 다음 글의 흐름상 어색한 문장은?

⟨25 국가 9급⟩

As OECD countries prepare for an AI revolution, underscored by rapid advancements in generative AI and an increased availability of AI-skilled workers, the landscape of employment is poised for significant change. ① To navigate this shift, it's critical to prioritize training and education to equip both current and future workers with the necessary skills, and to support displaced workers with adequate social protection. ② Additionally, safeguarding workers' rights in the face of AI integration and ensuring inclusive labor markets become paramount. ③ Social dialogue will also be key to success in this new era. ④ Many experts believe that AI will completely replace all human jobs within the next decade. Together, these actions will ensure that the AI revolution benefits all, transforming potential risks into opportunities for growth and innovation.

■ **지문 분석** 예문의 밑줄은 동사(구)

(As OECD countries / prepare for an AI revolution), / (underscored / by rapid advancements in generative AI / and an increased availability of AI-skilled workers), / the landscape of employment / is poised / for significant change.
OECD 국가들이 / AI혁명을 준비함에 따라 / 강조되어 / 생성형 AI의 빠른 성장과 / AI 숙련 노동자의 증가에 의해 / 고용의 환경은 / 준비를 하고 있다 / 상당한 변화에 대해.

(To navigate this shift), / it's critical / (to prioritize training and education / to equip both current and future workers with the necessary skills), / and (to support displaced workers / with adequate social protection).
이러한 변화를 헤쳐 나가기 위해서 / 중요하다 / 훈련과 교육을 우선시하는 것은 / 현재와 미래의 노동자들에게 필요한 기술을 갖추게 하기 위해서 / 그리고 대체된 노동자들을 지원하는 것은 / 적절한 사회 보장으로.

Additionally, / (safeguarding workers' rights / in the face of AI integration) / and (ensuring inclusive labor markets) / become paramount.
추가적으로 / 노동자들의 권리를 보호하는 것 / AI 통합에 직면하여 / 그리고 포괄적인 노동시장을 확보하는 것은 / 매우 중요해진다.

Social dialogue / will also be key to success / in this new era.
사회적 대화가 / 또한 성공의 핵심이 될 것이다 / 이 새로운 시대에서.

Many experts believe / (that AI will completely replace all human jobs / within the next decade).
많은 전문가들은 믿는다 / AI가 인간의 일자리를 완전히 대체할 것이라고 / 향후 10년 이내에.

Together, / these actions will ensure / [that the AI revolution benefits all, / (transforming potential risks / into opportunities for growth and innovation)].
이와 함께, / 이러한 조치들은 보장할 것이다 / AI 혁명이 모두를 이롭게 한다는 것을 / 잠재적 위험을 변형시키면서 / 성장과 혁신을 위한 기회로.

정답 ④

해설 AI 혁명에 따른 고용 시장의 변화를 주요 내용으로 하는 글이다. ① 노동자 교육, 훈련의 필요 ② 노동자 권리 보호는 무난하게 연결이 된다. 반면 ③의 '사회적 대화가 중요하다'는 내용은 언뜻 본문의 흐름과 일치하지 않는 것처럼 보일 수 있다. 그러나 ④의 'AI가 모든 인간 노동을 대체할 것이다'는 내용은 이 글의 주제와도 맞지 않고, 다음 문장의 'AI 혁명은 모두를 이롭게 할 것이다'와 의미가 정면으로 배치된다. 따라서 ④가 전체 흐름과 맞지 않는 문장이다.

해석 OECD 국가들이 생성형 AI의 급속한 발전과 인공지능 기술을 가진 노동자의 증가라는 배경 속에서 AI 혁명을 준비함에 따라, 고용 환경은 중대한 변화를 겪을 준비가 되어 있다. ① 이러한 변화에 대처하기 위해, 현재와 미래의 노동자 모두가 필요한 기술을 갖추게 하기 위한 교육과 훈련을 우선시하고, 실직한 노동자들에게 적절한 사회 보장을 제공하는 것이 중요하다. ② 또한, AI 통합에 직면한 상황에서 노동자의 권리를 보호하고, 포괄적인 노동 시장을 보장하는 일이 매우 중요해진다. ③ 새로운 시대의 성공을 위해서는 사회적 대화 또한 핵심적인 요소가 된다. ④ 많은 전문가는 인공지능이 향후 10년 이내에 인간의 모든 일자리를 완전히 대체할 것이라고 믿는다. 종합하면, 이러한 조치들은 AI 혁명이 모두에게 이익이 되도록 할 것이고, 잠재적인 위험을 성장을 위한 기회와 혁신으로 변화시킬 것이다.

어휘 underscore ~을 강조하다　generative AI 생성형 AI　landscape 광경, 환경, 상황　be poised for ~에 대해 준비를 갖추다, ~와 균형을 맞추다　navigate 길을 찾아가다　displaced 대체된, 실직된　integration 통합　inclusive 포괄적인　paramount 가장 중요한　era 시대　replace ~을 대체하다

08 다음 글의 흐름상 어색한 문장은?

Dictionaries are relatively good resources for anyone interested in finding out what a word means. Using one set of words to define another word is called a lexical definition. But it's important to understand the limits of dictionary definitions. ① More often than not, a definition in a dictionary requires readers to have a fairly robust understanding of the language already at their disposal. ② In other words, a dictionary functions in many cases as a cross-reference or translator between words one knows and words that one doesn't yet know. ③ However, there are words that may be defined not through other words but only by pointing to something in our experience. ④ Even the most obscure words in a dictionary, say, for example, "pulchritudinous" or "kalokagathia," must be defined using words that the reader already knows and understands. Otherwise, the dictionary isn't very helpful.

* lexical: 어휘적인

■ 지문 분석 예문의 밑줄은 동사(구)

Dictionaries / <u>are</u> relatively good resources / for anyone / interested / in finding out / (what a word <u>means</u>).
사전은 / 비교적 좋은 자료이다 / 모든 이에게 / 관심을 갖는 / 찾으려는 데에 / 어떤 단어가 의미하는 바를.

(Using one set of words / to define another word) / <u>is called</u> a lexical definition.
일련의 단어를 사용하는 것은 / 다른 단어를 정의하기 위해 / '어휘적 정의'라고 불린다.

But / <u>it's</u> important / (to understand the limits of dictionary definitions).
하지만 / 중요하다 / 사전적 정의의 한계를 이해하는 것이.

More often than not, / a definition in a dictionary <u>requires</u> / readers / (to have a fairly robust understanding of the language / already at their disposal).
매우 자주 / 사전에서의 정의는 필요로 한다 / 독자(사전 사용자)가 / 그 언어에 대해 탄탄한 이해력을 가지고 있을 것을 / 그들이 마음대로 사용할 수 있는.

In other words, / a dictionary <u>functions</u> / in many cases / as a cross-reference or translator / [between words (one knows) and words (that one doesn't yet know)].
다시 말해서 / 사전은 기능한다 / 많은 경우에 / 참고서나 번역가로 / 이미 아는 단어와 아직 모르는 단어 사이에서.

However, / there <u>are</u> words / (that may be defined / not through other words / but only by pointing to something in our experience).
하지만 / 단어들이 있다 / 정의될 수 있는 / 다른 단어를 통해서가 아니라 / 우리 경험에 있는 어떤 것을 가리킴으로써만.

Even the most obscure words in a dictionary, / (say, for example, / "pulchritudinous" or "kalokagathia,") / <u>must be defined</u> / (using words / that the reader already <u>knows and understands</u>).
심지어 사전에서 가장 난해한 단어들도 / 예를 들어 / "pulchritudinous"나 "kalokagathia," / 정의되어야 한다 / 단어들을 사용해서 / 독자(사전 사용자)가 이미 알거나 이해하는.

Otherwise, / the dictionary <u>isn't</u> very helpful.
그렇지 않으면 / 사전은 그다지 도움이 되지 않는다.

정답 ③

해설 사전적 정의(어휘적 정의)의 한계성을 설명하는 글이다. 즉 충분한 어휘력이 있어야 사전을 통해 개념을 이해할 수 있다는 것이다. 이에 반해 ③은 경험을 통해서만 전달할 수 있는 개념이 있다는 것을 말하고 있다. ④에서 '어려운 단어도 이미 알고 있는 단어로 설명해야 한다'는 사전적 정의에 대해 언급하고 있으므로 ①, ②, ④는 사전적 정의의 한계성에 대해서 이야기하고 있다.

해석 사전은 단어의 의미를 알고자 하는 사람에게 비교적 좋은 자료이다. 한 단어를 다른 단어 집합을 사용해 정의하는 것은 '어휘적 정의'라고 불린다. 하지만 사전적 정의의 한계를 이해하는 것이 중요하다. ① 사전의 정의는 대개, 독자가 이미 어느 정도 탄탄한 언어적 이해력을 갖추고 있어야 제대로 활용될 수 있다. ② 다시 말해, 사전은 많은 경우에, 이미 아는 단어와 아직 모르는 단어 사이에서 교차 참조하거나 번역하는 역할을 한다. ③ 그러나 어떤 단어들은 다른 단어가 아니라, 오직 우리의 경험 속 무언가를 가리킴으로써만 정의될 수 있다. ④ 가장 애매모호한 단어들조차도, 예를 들어 pulchritudinous와 kalokagathia와 같이, 독자가 이미 알거나 이해하는 단어들을 사용해서 정의되어야 한다. 그렇지 않으면 사전은 그다지 도움이 되지 않는다.

어휘 define 정의하다 dictionary definition 사전적 개념, 사전적 정의 more often than not 빈번하게 robust 강건한, 강력한 at one's disposal 처분할 수 있는 cross-reference 교차 참조 translator 번역기 pulchritudinous 몸매가 아름다운 kalokagathia 예쁘면서 착한 것

09 다음 글의 흐름상 어색한 문장은?

The political power of the British East India Company, the organization that supplied Britain's tea, was vast. At its height the company generated more revenue than the British government and ruled over far more people, while the duty on the tea it imported accounted for as much as 10 percent of government revenue. ① Because of the high duty, tea brought from Asia by the Dutch was smuggled into Britain. ② All this gave the company both direct and indirect influence over the policies of the most powerful nation on Earth. ③ The company had many friends in high places, and many of its officials simply bought their way into the British Parliament. ④ Supporters of the East India Company also cooperated on occasion with politicians with interests in the West Indies; the demand for West Indian sugar was driven by the consumption of tea. All this ensured that in many cases company policy became government policy.

지문 분석 예문의 밑줄은 동사(구)

The political power of the British East India Company, / (the organization / that supplied Britain's tea), <u>was</u> vast.
영국 동인도 회사의 정치적인 힘은 / 조직 / 영국의 차를 공급하던 / 거대했다.

At its height / the company <u>generated</u> more revenue / than the British government / and <u>ruled over</u> far more people, / [while the duty on the tea (it imported) / <u>accounted for</u> / as much as 10 percent of government revenue].
전성기에 / 그 회사는 더 많은 수익을 창출했다 / 영국 정부보다 / 그리고 훨씬 더 많은 사람을 지배했다 / 그 회사가 수입한 차에 대한 세금이 / 차지하는 동안에 / 정부 세입의 10%만큼이나.

Because of the high duty, / tea (brought from Asia by the Dutch) / <u>was smuggled</u> into Britain.
높은 세금 때문에 / 네덜란드 사람들에 의해 아시아에서 들여온 차는 / 영국으로 밀수되었다.

All this / <u>gave</u> the company / both direct and indirect influence / over the policies of the most powerful nation on Earth.
이러한 모든 것은 / 그 회사에게 주었다 / 직접적이고 간접적인 영향력을 / 지구상의 가장 강력한 나라의 정책에 대해.

The company <u>had</u> many friends in high places, / and many of its officials / <u>simply bought</u> their way into the British Parliament.
그 회사는 고위직에 많은 친구들을 가졌고 / 회사의 임원들 중 상당수는 / 의회로 가는 길을 간단하게 매수했다.

Supporters of the East India Company / <u>also cooperated</u> on occasion / (with politicians / with interests in the West Indies);
동인도회사의 지지자들은 / 또한 때때로 협력을 했다 / 정치인들과 / 서인도제도에 이해관계를 가지고 있는.

the demand for West Indian sugar / <u>was driven</u> / by the consumption of tea.
서인도제도의 설탕에 대한 수요는 / 움직였다 / 차의 소비에 의해.

All this <u>ensured</u> / (that (in many cases) company policy <u>became</u> government policy).
이러한 모든 것은 보장했다 / 많은 경우에 회사의 정책이 정부의 정책이 되는 것을.

정답 ①

해설 이 글은 영국 동인도회사가 다양한 방식으로 정치력을 행사했다는 것을 주 내용으로 한다. ②, ③, ④는 동인도회사가 국가 정책, 의회, 정치인들에게 영향을 끼쳤다는 내용을 다루고 있다. 반면, ①은 높은 관세 때문에 영국으로 차가 밀수입되고 있다는 것으로, 전체 흐름에서 벗어나는 문장이다.

해석 영국의 차를 공급했던 조직인 영국 동인도회사의 정치적 힘은 막대했다. 절정기에 그 회사는 영국 정부보다 더 많은 수익을 창출했고 훨씬 더 많은 사람들을 지배했는데, 그 회사가 수입한 차에 대한 세금은 정부 세입의 10%나 차지했다. ① 높은 세금 때문에 네덜란드 사람들이 아시아로부터 가져온 차가 영국으로 밀수입되었다. ② 이 모든 것은 그 회사에게 지구상에서 가장 강력한 국가의 정책에 대한 직접적이고 간접적인 영향력을 갖게 했다. ③ 회사는 고위직에 많은 친구들을 있었는데, 회사 임원들 중 상당수는 돈을 써서 간단하게 영국의 의회에 들어갔다. ④ 동인도회사의 지지자들은 또한 서인도제도에 이해 관계가 있는 정치인들과 때때로 협력했는데, 서인도제도 설탕에 대한 수요는 차의 소비에 의해 움직여졌기 때문이다. 이 모든 것은 많은 경우에 회사의 정책이 정부의 정책이 되도록 보장했다.

어휘 at its height 절정기에   revenue 세입   rule over ~을 지배하다   account for ~을 차지하다   the Dutch 네덜란드 사람들   be smuggled 밀수되다   buy one's way into Parliament 돈을 써서 의회에 진출하다   on occasion 상황에 따라   ensure ~을 보장하다

10 다음 글의 흐름상 어색한 문장은?

Job relatedness, the foundation of effective human resource management, requires that all employment decisions be based on the requirements of a position; that is, the criteria used in hiring, evaluating, promoting, and rewarding people must be tied directly to the jobs being performed. ① For example, a policy that all office managers must be women would violate job relatedness because gender is irrelevant to the job. ② In contrast, hiring only young females to model clothing designed for teenage girls is a job-related practice and thus reflects sound human resource management. ③ It is for this reason that teenage girls tend to be most interested in the latest trends in fashion and hair styles. ④ Central to the principle of job relatedness is person-job matching: the process of matching the right person to the right job. Good human resource managers match people's skills, interests, and dispositions with the requirements of their jobs.

● **지문 분석** 예문의 밑줄은 동사(구)

> Job relatedness, / the foundation of effective human resource management, / requires / (that all employment decisions be based / on the requirements of a position);
> 직무 관련성은 / 효과적인 인적 자원의 관리의 근간인 / 요구한다 / 모든 고용 결정은 근거를 두어야 한다고 / 어떤 직책의 필요조건에.
>
> that is, / the criteria (used in hiring, evaluating, promoting, and rewarding people) / must be tied directly / to the jobs (being performed).
> 다시 말해서, / 사람들을 고용하고, 평가하고, 승진시키고, 보상하는 기준들은 / 직접 연관되어야 한다 / 수행되는 직무와.
>
> For example, / a policy (that all office managers must be women) / would violate job relatedness / (because gender is irrelevant to the job).
> 예를 들어 / 모든 관리자들이 여성이어야 한다는 정책은 / 직무 관련성을 위반할 것이다 / 왜냐하면, 성별은 직무와 관련 없기 때문이다.
>
> In contrast, / (hiring only young females / to model of clothing / designed for teenage girls) / is a job-related practice / and thus reflects / sound human resource management.
> 반대로, / 젊은 여성만을 고용하는 것은 / 의상의 모델로 / 십 대 소녀들을 위해 디자인된 / 직무와 관련된 관행이다 / 그러므로 반영하는 것이다 / 건전한 인적 자원 관리를.
>
> It is / for this reason / (that teenage girls / tend to be most interested / in the latest trends in fashion and hair styles).
> 바로 이러한 이유 때문이다 / 10대 소녀들이 / 가장 관심을 갖는 경향이 있는 것은 / 패션과 헤어스타일의 최신 유행에.
>
> Central (to the principle of job relatedness) / is person-job matching: / the process (of matching the right person / to the right job).
> 직무 관련성 원리의 중심이다 / 사람과 일자리를 맞추는 것은 / 적절한 사람을 맞추는 과정 / 적절한 자리에.
>
> Good human resource managers / match people's skills, interests, and dispositions / with the requirements of their jobs.
> 훌륭한 인적 자원 관리자는 / 사람들의 기술, 관심, 성향을 연결시킨다 / 그들의 업무의 요건들과.

정답 ③

해설 수행해야 할 업무에 어울리는 담당자를 찾아서 그 일을 부여하는 것이 효과적인 인력 자원 관리의 기초가 되는 직무 관련성이라고 말한 후 예를 들어 설명하고 있다. ③은 십 대 여자아이들이 유행하는 헤어와 패션 스타일에 매우 관심이 있다는 내용으로, 본문의 흐름과는 무관하다. ③의 문장을 "It is because teenage girls tend to be most interested in the latest trends in fashion and hair styles.(이것은 십 대 소녀들이 최신 패션과 헤어스타일에 가장 관심이 있기 때문이다)"라고 표현하면 ②와 ③의 연결은 자연스러워진다.

해석 효과적인 인력 관리의 기초가 되는 직무 관련성은 고용에 대한 모든 결정이 그 자리의 필요조건에 근거할 것을 요구한다. 다시 말하면, 사람을 고용하고 평가하고 승진시키고 보상하는 데 사용되는 기준들이 수행되는 업무와 직접적으로 결부되어야 한다는 것이다. ① 예를 들어, 모든 사무 관리자가 여성이어야 한다는 방침은 성별이 그 업무와 무관하기 때문에 직무 관련성을 위배하게 될 것이다. ② 이와는 대조적으로, 십 대 소녀들을 위해 디자인된 의상의 모델이 되도록 젊은 여성만을 고용하는 것은 업무와 관련성을 갖는 관행이므로 바람직한 인적 자원 관리를 반영한다. ③ 십 대 여자아이들이 패션과 헤어스타일에 있어서 최신 유행에 관심을 보이는 경향이 있는 것은 바로 이러한 이유 때문이다. ④ 직무 관련성 원칙에 중심이 되는 것은 사람과 업무를 맞추는 것으로, 적합한 사람을 적절한 업무에 맞추는 과정이다. 훌륭한 인력자원 관리자는 사람의 기술, 흥미, 그리고 기질을 그들의 업무에 필요한 요건들과 맞춘다.

어휘 job relatedness 직무 관련성 foundation 기초, 근간 human resource management 인력 관리 employment decision 고용 결정 the requirement of a position 어떤 자리의 필요조건 criteria 기준들 be tied to ~와 관련되다 office manager 사무직, 사무 관리자 irrelevant 관련 없는 sound 건전한 match 짝을 짓다, 연결하다 disposition 성향

06 문장 삽입

1 글의 특성

논리 추론 문제에서 수험생들을 가장 많이 힘들게 하는 문제 중 하나이다. 글의 초반부에서 글의 소재나 주제를 잘 찾아냄과 동시에 제시문에 나오는 접속부사나 지시어를 잘 확인하는 능력을 키우는 것이 중요하다. 더불어, 제시문을 관련성이 있다고 확인되는 문장의 앞에 배치할 것인지, 뒤에 배치할 것인지를 잘 판단하는 훈련을 해야 한다.

2 독해 전략

- 제시문에 지시어나 접속부사가 있는지 확인한다.
- 글의 앞부분에서 소재를 파악한다. 간혹 주제까지 드러나는 경우도 있다.
- 지문 안의 각 문장에 어떤 지시어와 부사어가 있는지 확인한다.
- 지문 안의 각 문장 중에서 글의 내용이 급변하는 부분을 확인한다. (제시문이 역접인 경우)

3 접속부사와 지시어

① 접속부사
- 역접: but, however, on the other hand 등
- 예시: for example, for instance 등
- 인과: therefore, as a result, consequently 등
- 첨가: in addition, furthermore, moreover, similarly 등
- 전환, 대안: instead, rather 등

② 지시어 (신호단어)
- he, she, it, they, them 등
- such, the same
- this, that, these, those 등
- also, another 등

전략 적용

주어진 문장이 들어갈 위치로 가장 적절한 것은? ⟨24 인사처 2차 예시⟩

⟨제시문⟩

For others, activism is controversial and disruptive; after all, it often manifests as confrontational activity that directly challenges the order of things.

⟨본문⟩

Activism is frequently defined as intentional, vigorous or energetic action that individuals and groups practice to bring about a desired goal. (①) For some, activism is a theoretically or ideologically focused project intended to effect a perceived need for political or social change. (②) Activism is uncomfortable, sometimes messy, and almost always strenuous. (③) In addition, it does not occur without the presence and commitment of activists, that is, folks who develop workable strategies, focus a collective spotlight onto particular issues, and ultimately move people into action. (④) As a noted scholar suggests, effective activists also make noise, sometimes loudly.

STEP 1

제시문을 읽으면서 접속부사나 신호단어가 있는지 찾아본다. 여기서는 others가 신호단어가 된다. [Some ~ . Others …;] (어떤 사람들은 ~한다. 다른 사람들은 …한다)의 논리 전개를 예측할 수 있다.

STEP 2

- 본문의 초반부에서 소재인 activism을 찾고, 그것을 어떻게 말하고 있는가를 살핀다.
- For some(어떤 사람들에게는)이 제시문의 For others와 짝을 이루고 있음을 알 수 있다.

STEP 3

글의 소재인 activism에 대한 진술이 다르다는 것을 확인한다. ①의 문장에서는 activism을 긍정적으로 평가하고 ②의 문장에서는 부정적으로 평가하여 역접 관계가 이어지고 있다. 제시문 역시 activism을 부정적으로 표현하고 있다. 제시문의 For others가 반대 의견의 첫머리에 등장할 표현이므로 ②가 적절한 위치가 된다.

해석 행동주의는 개인과 집단이 원하는 목표를 달성하기 위해 실천하는 의도적이고, 활발하거나 에너지 넘치는 행동으로 자주 정의된다. 어떤 사람들에게 행동주의는 정치적 또는 사회적 변화에 대한 인식된 필요를 해결하기 위해 이론적이거나 이념적으로 집중된 프로젝트다. ② 다른 사람들에게 행동주의는 논란이 많고 파괴적이다; 결국, 행동주의는 기존 질서에 직접적으로 도전하는 대립적인 활동으로 종종 나타난다. 행동주의는 불편하고 때로는 지저분하며 거의 항상 힘들다. 또한, 행동주의는 행동주의자들의 존재와 헌신 없이 이루어지지 않는다. 즉, 실행 가능한 전략을 개발하고, 집단의 주목을 특정 문제에 집중시키며, 결국 사람들을 행동으로 이끄는 사람들이 필요하다. 저명한 학자가 제시하듯이, 효과적인 행동주의자들은 소음을 내는데, 때로는 크게 큰 소음을 낸다.

어휘 controversial 논쟁적인 disruptive 파괴적인 manifest 발현되다 confrontational 대립적인, 충돌하는 the order of things 기존 질서 activism 행동주의 be defined as ~라고 정의되다 intentional 의도적인 vigorous 활력이 넘치는 individual 개인 practice 연습하다, 실천하다 bring about ~을 초래하다 theoretically 이론적으로 ideologically 이념적으로 intended to ~하려고 의도된 effect ~을 초래하다 a perceived need 인식된 필요 messy 지저분한 strenuous 힘든 commitment 헌신 that is 즉, 다시 말해서 folks 사람들 workable strategy 실행 가능한 전략 move A into action A가 행동하게 만들다 noted 저명한

정답 ②

Exercise

01 주어진 문장이 들어갈 위치로 가장 적절한 것은? 〈17 교행 9급〉

> Adolescent clients, however, are too old to play with toys and often too young to be comfortable with a primarily verbal format.

Adult clients are usually comfortable with therapy that involves talking as its primary vehicle. (①) Child clients often do best in play therapy, where they can use toys and other materials to supplement their verbal expressions. (②) This means that working with adolescents requires a creative use of various kinds of structure, both to help the client feel more comfortable and to promote talking, self-exploration, and problem solving. (③) These kinds of structure include the use of more questions, therapist self-disclosure, providing treatment in many different settings, and structured mutual activities, such as going for walks or meeting in a restaurant for lunch. (④) Research suggests that with adolescents "traditional long-term individual psychotherapy is less effective than briefer and more focused psychotherapeutic interventions".

지문 분석 예문의 밑줄은 동사(구)

Adult clients are usually comfortable / with therapy / (that involves talking / as its primary vehicle).
성인고객(피상담자)들은 대체적으로 편안해 한다 / 치료법에 / 대화를 포함하는 / 주요 전달수단으로.

Child clients often do best / in play therapy, / (where / they can use toys and other materials / to supplement their verbal expressions).
어린이 고객(피상담자)들은 가장 잘한다 / 놀이 치료법에서 / 그 치료법에서 / 어린이들은 장난감이나 다른 물건들을 사용한다 / 언어적 표현을 보충하기 위해서.

Adolescent clients, however, / are too old / (to play with toys) / and often too young / (to be comfortable with a primarily verbal format).
하지만 청소년 고객(피상담자)들은 / 너무 나이를 먹었고 / 장난감을 가지고 놀기에는 / 종종 너무 어리다 / 주로 언어적 구성 방식에 편안함을 느끼기에는.

This means / [that (working with adolescents) / requires a creative use of various kinds of structure, / both (to help the client / feel more comfortable) / and (to promote talking, self-exploration, and problem solving)].
이것은 의미한다 / 청소년들을 상대하는 것은 / 다양한 종류의 상담 기법에 대한 창의적인 사용을 필요로 한다는 것을 / 고객을 돕기 위해 / 보다 편안함을 느끼도록 / 대화, 자기 성찰, 문제 해결을 촉진시키기 위해서는.

These kinds of structure include / (the use of more questions), (therapist self-disclosure), (providing treatment in many different settings), and (structured mutual activities, / such as going for walks or meeting in a restaurant for lunch).
이러한 종류의 기법은 포함한다 / 더 많은 질문의 사용, 치료사의 자기 노출, 다양한 설정에서 치료법 제공하기, 그리고 체계화된 상호 활동을 / 산책이나 식당에서 점심식사 하기와 같은.

Research suggests / [that (with adolescents) "traditional long-term individual psychotherapy is less effective / than briefer and more focused psychotherapeutic interventions"].
연구는 보여준다 / 청소년과의 전통적인 장기 개별 심리치료는 덜 효과적이라는 것을 / 더 간단하고 집중적인 심리치료 개입보다.

정답 ②

해설 이 글은 심리 치료법이 소재이며, 성인, 어린이, 청소년에게 적절한 치료법을 설명하고 있다. 제시문에서 however가 나오고, 청소년 상담을 소재로 다루고 있다. 본문에서 청소년 상담 치료 앞에 제시문이 들어갈 자리임을 추론할 수 있다. ②의 This가 가리키는 것은 제시문의 내용을 가리키고, ③의 These kinds of structure는 ②의 various kinds of structure를 가리킨다. 따라서 ②가 정답이 된다.

해석 성인 고객들은 주요 전달수단으로 대화를 포함하는 치료법에 대해 대체적으로 편안함을 느낀다. 어린이 고객들은 놀이 치료에서 최고의 결과를 만들어 내는데, 그 놀이 치료에서 그들은 언어적 표현을 보충하기 위해서 장난감이나 다른 물건들을 사용한다. ② 그러나(however), 청소년 고객들은 장난감을 가지고 놀기에는 너무 나이를 먹었고, 주로 언어 구성 방식에 대해 편안함을 느끼기에는 너무 어리다. 이것은 청소년들과 상대하는 것은 다양한 종류의 상담 기법의 창조적 사용을 필요로 한다는 것을 의미하는데, 피상담자가 편안함을 느끼고, 또 대화, 자기 성찰, 문제 해결을 촉진하기 위해서이다. 이러한 기법은 더 많은 질문의 사용, 치료사의 자기 폭로, 다양한 설정에서 치료하기, 그리고 산책이나 식당에서 점심식사를 같이 하기와 같은 구조적 상호작용을 포함하고 있다. 연구 결과는 청소년과 상담함에 있어, 전통적인 장기간의 개별 심리치료는 보다 간단하고 집중적인 심리 치료적 개입보다 덜 효과적이라는 것을 보여준다.

어휘 adolescent 청소년의 verbal format 언어 구성 방식 therapy 치료법 vehicle 차량, 전달 수단 play therapy 놀이 치료법 supplement 보충하다 self-exploration 자기성찰 self-disclosure 자기 폭로 structured mutual activity 구조화된 상호 활동 long-term 장기간의 psychotherapy 심리치료 intervention 개입

02 주어진 문장이 들어갈 위치로 가장 적절한 것은?

> Excessive uncontrolled oxidation, however, is the enemy of health and longevity in humans, just as excessive oxidation turns your new car into a junker and your apple slice into compost.

Oxidation is the process by which atoms and molecules lose electrons as they come into contact with other atoms and molecules; it's one of the most basic chemical reactions in the universe. (①) When you cut an apple and it turns brown in contact with air or when your car bumper rusts, you're witnessing oxidation at work. (②) Oxidation happens within our bodies as well. Some of it is natural and good; oxidation facilitates the transfer of energy within the body. (③) Oxidation also gets rid of potentially harmful foreign substances in the body by making them water-soluble (and therefore able to flow out of the body through urine). (④) Oxidation produces something called free radicals*, which we know are responsible for encouraging aging and promoting cancer.

*free radical: 활성 산소

지문 분석 예문의 밑줄은 동사(구)

Oxidation is the process / (by which atoms and molecules lose electrons) / (as they come into contact / with other atoms and molecules);
산화는 과정이다 / 원자와 분자가 전자를 잃는 / 그것들이 접촉할 때 / 다른 원자와 분자와

it's / one of the most basic chemical reactions / in the universe.
이것은 ~이다 / 가장 기본적인 화학적 반응들 중에 하나 / 우주에서.

(When you cut an apple / and it turns brown in contact with air) or (when your car bumper rusts), / you're witnessing / oxidation at work.
당신이 사과를 잘랐는데 / 그것이 공기와 접촉해서 갈색으로 변할 때 또는 당신의 자동차 범퍼가 녹슬 때 / 당신은 목격하는 것이다 / 산화 작용을.

Oxidation happens / within our bodies as well.
산화는 발생한다 / 우리 몸에서도 역시.

Some of it / is natural and good;
이중 일부는 / 자연스러운 것이며 이롭다

oxidation facilitates / the transfer of energy within the body.
산화는 도와준다 / 체내에서 에너지의 이동을.

Oxidation also gets rid of / potentially harmful foreign substances in the body / (by making them / water-soluble / and therefore able to flow out of the body through urine).
산화는 또한 제거한다 / 체내에서 잠재적으로 해로운 이물질을 / 그것들을 만듦으로써 / 수용성으로 / 그리고 소변을 통해 체외로 배출될 수 있도록.

Excessive uncontrolled oxidation, however, / is the enemy of health and longevity in humans, / [just as excessive oxidation turns / (your new car into a junker) and (your apple slice into compost)].
하지만 과도하고 통제되지 않는 산화는 / 인간의 건강과 장수의 적이다 / 과도한 산화가 바꾸듯이 / 당신의 새 차를 고물 자동차로, 그리고 당신의 사과 조각을 퇴비로.

Oxidation produces / something (called free radicals), / [which (we know) are responsible / for encouraging aging and promoting cancer].
산화는 만들어 낸다 / 활성 산소라고 불리는 어떤 것을 / 그리고 그것은 우리가 아는 바로는 책임이 있다 / 노화를 부추기고, 암을 조장하는 것에.

정답 ④

해설 산화(oxidation)를 소재로 그 개념과 그것이 신체에 미치는 영향을 설명하는 글이다. 제시문에서 however가 나오고, 과도한 산화가 인간에게 끼치는 부정적 영향을 언급하고 있다. ③에서는 산화의 긍정적인 기능을 설명하고 ④에서는 산화의 부정적 기능을 서술하고 있으므로, 제시문은 ④에 들어가는 것이 적절하다.

해석 산화는 원자와 분자가 다른 원자와 분자와 접촉하게 되면서 전자를 잃는 과정이며, 그것은 우주의 가장 기본적인 화학적 반응 중 하나이다. 사과를 잘랐는데 그것이 공기와 접촉하면서 갈색으로 변하거나 자동차의 범퍼가 녹슬면, 여러분은 산화 작용을 목격하고 있는 것이다. 산화는 우리 몸 속에서도 발생한다. 그것의 일부는 자연적이고 좋은 것인데, 산화는 몸 속에서 에너지의 이동을 촉진한다. 산화는 또한 해로울 수 있는 몸 안의 이물질을 물에 녹게 하여 (그러므로 소변을 통해 몸에서 빠져나갈 수 있게 하여) 제거해 준다. ④ 하지만(however) 과도한 산화가 여러분의 새 자동차를 고물 자동차로 바꾸고 사과 조각을 퇴비로 바꿔버리는 것처럼, 제어되지 않은 과도한 산화는 인간에게 있어 건강과 장수의 적이다. 산화는 활성 산소라고 불리는 무언가를 만드는데, 그것은 우리가 아는 바로는 노화를 부추기고 암을 조장하는 원인이 된다.

어휘 oxidation 산화 longevity 장수 junker 고물 자동차 compost 퇴비 atom 원자 molecule 분자 electron 전자 chemical reaction 화학 반응 rust 녹슬다 at work 작동하는 facilitate 도와주다 transfer of energy 에너지의 이동 water-soluble 수용성의, 물에 녹는 urine 소변 aging 노화

03 주어진 문장이 들어갈 위치로 가장 적절한 것은?

What's amazing is that these arrival time differences are extremely small.

If you are driving down the street and hear a sudden screech of brakes, you very quickly identify the direction from which the sound came. How do you accomplish this feat? Let's assume that the braking car is approaching yours from the left side. (①) Because your left ear is closer to the source of the sound, it receives the sound vibrations slightly sooner than your right ear. (②) If an object is directly in front of or behind you, the input will arrive at both ears simultaneously. (③) By comparing the arrival times between the left and right ears, the brain is able to locate the sound fairly accurately. (④) For example, the maximum arrival time difference, which occurs when an object is directly opposite one ear, is only about 60 milliseconds.

● **지문 분석** 예문의 밑줄은 동사(구)

(If you are driving down the street / and hear a sudden screech of brakes), / you very quickly identify the direction / (from which the sound came).
만약 당신이 거리에서 운전하고 있다가 / 갑작스러운 브레이크의 날카로운 소리를 들으면 / 당신은 매우 빨리 방향을 파악한다 / 어디에서 그 소리가 온 건지.

How / do you accomplish / this feat?
어떻게 / 당신은 성취하는가 / 이러한 재주를?

Let's assume / (that the braking car / is approaching yours / from the left side).
가정해 보자 / 브레이크를 밟는 차가 / 당신 차에 다가오고 있다 / 왼쪽에서.

(Because your left ear / is closer to the source of the sound), / it receives / the sound vibrations slightly sooner / than your right ear.
당신의 왼쪽 귀가 / 소리의 근원에 더 가까이 있기에 / 그것(왼쪽 귀)은 받아들인다 / 소리의 진동을 조금 더 빨리 / 오른쪽 귀보다.

(If an object / is directly in front of or behind you), / the input will arrive / at both ears simultaneously.
만약 하나의 물체가 / 바로 당신의 앞이나 뒤에 있다면 / (그 소리의) 입력은 도달할 것이다 / 양쪽 귀에 동시에.

(By comparing the arrival times / between the left and right ears), / the brain / is able to locate the sound fairly accurately.
도달 시간을 비교함으로써 / 왼쪽 귀와 오른쪽 귀 사이의 / 두뇌는 / 소리의 위치를 매우 정확하게 파악할 수 있다.

(What's amazing) is / (that these arrival time differences / are extremely small).
놀라운 것은 ~이다 / 이 도달 시간의 차이는 / 극도로 작다는 것.

For example, / the maximum arrival time difference, / [which occurs / (when an object is directly opposite one ear)], is only about 60 milliseconds.
예를 들어 / 도달 시간의 최대 차이는 / 그것은 발생한다 / 물체가 한쪽 귀의 정반대에 있을 때 / 단지 60밀리 초밖에 되지 않는다.

정답 ④

해설 양쪽 귀에 도달하는 소리의 시간 차이로 방향을 구별해내는 능력을 소재로 하는 글이다. 제시문의 these arrival time differences가 가리키는 것은 ③ 뒤의 the arrival times between the left and right ears이므로, 제시문은 ④에 들어가는 것이 가장 적절하다.

해석 거리를 따라 차를 몰고 가다가 갑작스럽게 브레이크를 밟는 날카로운 소리를 들으면 당신은 그 소리가 오는 방향을 아주 빨리 식별한다. 당신은 어떻게 그런 재주를 성취하는가? 브레이크를 밟는 자동차가 왼쪽에서 당신의 차로 접근하고 있다고 가정하자. 당신의 왼쪽 귀는 소리가 나는 근원과 더 가깝기 때문에 그(왼쪽) 귀는 오른쪽 귀보다 약간 더 빨리 소리의 진동을 접수한다. 만약 한 물체가 당신 바로 앞이나 바로 뒤에 있다면, 투입(소리)은 양쪽 귀에 동시에 도달할 것이다. 왼쪽 귀와 오른쪽 귀에 도달하는 시간을 비교함으로써 뇌는 그 소리의 위치를 꽤 정확하게 알아낼 수 있다. ④ 놀라운 것은 이 도달 시간 차이가 극도로 작다는 것이다. 예를 들어(For example), 어떤 물체가 한쪽 귀의 정반대 쪽에 있을 때 일어나는 <u>최대 도달 시간 차이는 약 60밀리 초밖에 되지 않는다</u>.

어휘 screech 날카로운 소리 identify 확인하다 feat 묘기, 재주 vibration 진동 slightly 약간 object 물체 simultaneously 동시에 millisecond 1천분의 1초

04 주어진 문장이 들어갈 위치로 가장 적절한 것은?

Only New Zealand, New Caledonia and a few small islands peek above the waves.

Lurking beneath New Zealand is a long-hidden continent called Zealandia, geologists say. But since nobody is in charge of officially designating a new continent, individual scientists will ultimately have to judge for themselves. (①) A team of geologists pitches the scientific case for the new continent, arguing that Zealandia is a continuous expanse of continental crust covering around 4.9 million square kilometers. (②) That's about the size of the Indian subcontinent. Unlike the other mostly dry continents, around 94 percent of Zealandia hides beneath the ocean. (③) Except those tiny areas, all parts of Zealandia submerge under the ocean. "If we could pull the plug on the world's oceans, it would be quite clear that Zealandia stands out about 3,000 meters above the surrounding ocean crust," says a geologist. (④) "If it wasn't for ocean level, long ago we'd have recognized Zealandia for what it was – a continent."

● **지문 분석** 예문의 밑줄은 동사(구)

Lurking (beneath New Zealand) is / a long-hidden continent (called Zealandia), / geologists say.
뉴질랜드 아래에 숨어 있다 / Zealandia라고 불리는 오랫동안 숨겨진 대륙이 / 지질학자들이 말한다.

But / (since nobody is in charge / of officially designating a new continent), / individual scientists will ultimately have to judge / for themselves.
하지만 / 어느 누구도 책임이 있지 않기에 / 새로운 대륙을 공식적으로 지정하는 것에 대해 / 개별 과학자들은 궁극적으로 판단해야 한다 / 스스로.

A team of geologists / pitches the scientific case / for the new continent, / arguing (that Zealandia is / a continuous expanse of continental crust / covering around 4.9 million square kilometers).
한 팀의 지질학자들이 / 과학적 설명을 하려 한다 / 새로운 대륙에 대해 / Zealandia는 ~이다라고 주장하면서 / 연속적인 대륙의 지각 / 약 490만 평방 킬로미터를 덮는.

That's / about the size of the Indian subcontinent.
그것은 ~이다 / 대략 인도 아대륙의 크기.

Unlike the other mostly dry continents, / around 94 percent of Zealandia hides / beneath the ocean.
다른 마른 대륙과는 달리 / Zealandia의 약 94%는 숨어 있다 / 바다 아래에.

Only New Zealand, New Caledonia and a few small islands / peek above the waves.
단지 뉴질랜드, 뉴칼레도니아와 몇몇 섬들만이 / 파도 위로 살짝 보인다.

Except those tiny areas, / all parts of Zealandia submerge / under the ocean.
그 작은 지역들을 제외하고 / Zealandia의 모든 부분은 잠겨 있다 / 바다 아래에.

"(If we could pull the plug / on the world's oceans), / it would be quite clear / (that Zealandia stands out / about 3,000 meters / above the surrounding ocean crust)," / says a geologist.
"우리가 만약 마개를 뽑을 수 있다면 / 전 세계 바다의 / 명확할 것이다 / Zealandia가 우뚝 솟아 있다는 것이 / 약 3000미터 / 주변 해양 지각 위로" / 한 지질학자가 말한다.

"(If it wasn't for ocean level), / long ago / we'd have recognized / Zealandia / for (what it was – a continent)."
"만약 해수면이 없었다면 / 오래 전에 / 우리는 인정했을 것이다 / Zealandia를 / 그것이 대륙이었다는 것으로."

 ③

 뉴질랜드 아래에 감춰진 대륙인 Zealandia를 소재로 설명하는 지문이다. 제시문에서 몇 개의 섬만이 수면 위로 보인다고 했으니, 제시문의 앞에는 대부분의 지역이 수면 아래에 있다는 내용이 어울린다. ③ 뒤의 those tiny area는 제시문의 a few small islands를 가리킨다.

 Zealandia라고 불리는 오랫동안 감춰진 대륙이 뉴질랜드 아래에 숨어 있다고 지질학자들은 말한다. 하지만 공식적으로 새로운 대륙을 지정하는 데에 어느 누구도 책임을 지지 않기에, 개별 과학자들은 궁극적으로는 스스로 판단을 해야 할 것이다. 한 팀의 지질학자들이 새로운 대륙에 대해 과학적 설명을 하려고 하는데, Zealandia가 약 4백 9십만 평방 킬로미터를 덮는 연속적인 대륙 지각이라고 주장한다. 그것은 대략 인도 아대륙의 크기와 비슷한 것이다. 다른 마른(육지로 된) 대륙들과는 달리, Zealandia의 약 94%는 바다 아래 숨어 있다. ③ 단지 뉴질랜드, 뉴칼레도니아와 몇몇 작은 섬들만이 파도 위로 살짝 보인다. 그러한 작은 지역들을 제외하고, Zealandia의 모든 부분들은 대양의 아래에 잠겨 있다. "만약 우리가 전 세계 바다의 마개를 뽑으면, Zealandia가 주위 해양 지각 위로 약 3000미터 솟아 있다는 것이 명백해질 것입니다."라고 한 지질학자는 말한다. "만약 해수면이 없었다면, 우리는 오래 전에 Zealandia를 대륙으로 인정했을 것입니다."

 peek 살짝 보이다 **lurk** 숨어 있다, 잠복하다 **geologist** 지질학자 **designate** 지정하다 **for oneself** 혼자의 힘으로 **pitch** 던지다 **crust** 지각, 껍질 **Indian subcontinent** 인도 아대륙 **submerge** 가라앉다 **stand out** 두드러지다, 솟아 있다

05 주어진 문장이 들어갈 위치로 가장 적절한 것은?

〈19 서울 9급〉

> In this situation, we would expect to find less movement of individuals from one job to another because of the individual's social obligations toward the work organization to which he or she belongs and to the people comprising that organization.

Cultural differences in the meaning of work can manifest themselves in other aspects as well. (①) For example, in American culture, it is easy to think of work simply as a means to accumulate money and make a living. (②) In other cultures, especially collectivistic ones, work may be seen more as fulfilling an obligation to a larger group. (③) In individualistic cultures, it is easier to consider leaving one job and going to another because it is easier to separate jobs from the self. (④) A different job will just as easily accomplish the same goals.

■ 지문 분석 예문의 밑줄은 동사(구)

Cultural differences (in the meaning of work) / can manifest themselves / in other aspects as well.
직장의 의미에 있어서 문화적 차이는 / 드러날 수 있다 / 다른 측면에서도 역시.

For example, / in American culture, / it is easy / (to think of work simply as a means / to accumulate money and make a living).
예를 들어 / 미국 문화에서는 / 쉽다 / 직업을 단순한 수단으로 여기는 것은 / 돈을 축적하고 생계를 유지하려는.

In other cultures, / especially collectivistic ones, / work may be seen more / as fulfilling an obligation to a larger group.
다른 문화에서는 / 특히 집단적인 문화에서는 / 직업은 여겨질 수 있다 / 더 큰 집단에 대한 의무를 이행하는 것으로.

In this situation, / we would expect / (to find less movement of individuals / from one job to another) / [because of the individual's social obligations / (toward the work organization / to which he or she belongs) / and (to the people / comprising that organization)].
이런 상황에서 / 우리는 기대할 것이다 / 개인의 더 적은 이동을 발견할 것으로 / 한 직장에서 다른 직장으로 / 개인의 사회적 의무감 때문에 / 직장 조직에 대한 / 그가 속해 있는 / 그리고 사람들에 대한 / 그 조직을 구성하는.

In individualistic cultures, / it is easier / (to consider / leaving one job and going to another) / (because it is easier / to separate jobs from the self).
개인주의적 문화에서는 / 더 쉽다 / 고려하는 것이 / 한 직장을 떠나 다른 직장의 이동하는 것을 / 왜냐하면 더 쉽기 때문이다 / 자아와 직장을 분리하는 것이.

A different job / will just as easily accomplish / the same goals.
다른 직업도 / 마찬가지로 쉽게 달성할 것이다 / 동일한 목표를.

정답 ③

해설 문화적 차이에 따른 직업의 의미를 설명하는 글이다. 특히 집단주의 문화와 개인주의 문화에서의 직업에 대한 인식 차이를 비교하여 설명하고 있다. ②는 집단주의 문화를, ③은 개인주의 문화에서의 직업관을 비교하고 있다. 제시문은 집단주의 문화에서 직업에 대한 관점을 말하고 있으며, 제시문의 this situation은 ②에 나온 집단주의 문화를 가리키므로 ③의 자리가 적절한 위치가 된다.

해석 직업의 의미에 있어서 문화적 다양성은 또한 다른 면에서도 드러나게 된다. 예를 들어 미국 문화에서는 직업을 단순히 돈을 모으고 생계를 꾸리기 위한 수단으로 쉽게 생각한다. 다른 문화에서는, 특히 집단주의적 문화의 경우 직업은 더 큰 조직에 대한 책임을 이행하는 것으로써 더욱 여겨질 수 있다. ③ 이러한 상황에서 우리는 개인이 속한 직장 조직에 대한, 그리고 그 조직을 구성하고 있는 사람들에 대한 사회적 책임으로 인해 한 직장에서 다른 직장으로의 보다 적은 개개인의 이동을 기대하게 된다. 개인주의적 문화의 경우 한 직업을 떠나 다른 직업으로 이동하는 것이 더 쉽게 여겨질 수 있는데 왜냐하면 직업을 개인으로부터 더욱 쉽게 분리할 수 있기 때문이다. 다른 직업도 그만큼 쉽게 동일한 목적을 달성하게 될 것이다.

어휘 obligation 의무 comprise 구성하다 manifest 명확하게 하다 means 수단 accumulate 축적하다 collectivistic 집단적인 fulfill 수행하다, 완수하다

06 주어진 문장이 들어갈 위치로 가장 적절한 것은?

> Instead, it indicates that a very specific question served as a negative stimulus and really bothered the person.

I look for lip compression or disappearing lips during interviews or when someone is making a declarative statement. This is such a reliable cue that it will show up precisely at the moment a difficult question is asked. (①) If you see it, that doesn't necessarily mean the person is lying. (②) For example, if I ask someone, "Are you hiding something from me?" and he compresses his lips as I ask the question, he is hiding something. (③) This is especially accurate if it is the only time he has concealed or compressed his lips during our discussion. (④) It is a signal that I need to push further in questioning this person.

● **지문 분석** 예문의 밑줄은 동사(구)

I look for / lip compression or disappearing lips / (during interviews) or (when someone is making a declarative statement).
나는 찾는다 / 입술을 다무는 것 또는 입술을 보이지 않게 하는 것 / 면담하는 동안에 또는 누군가가 단정적인 표현을 하고 있을 때.

This is such a reliable cue / that it will show up precisely / at the moment (a difficult question is asked).
이것은 매우 신뢰할 만한 단서라서 / 그것은 정확히 나타날 것이다 / 어려운 질문이 제기되는 순간에.

(If you see it), / that doesn't necessarily mean / (the person is lying).
당신이 그것을 보게 되면 / 그것이 반드시 의미하는 것은 아니다 / 그 사람이 거짓말을 하고 있다는 것을.

Instead, / it indicates / (that a very specific question / served as a negative stimulus / and really bothered the person).
대신에 / 그것은 가리킨다 / 어떤 특정 질문이 / 부정적인 자극으로 작동하고 / 그 사람을 정말로 괴롭혔다는 것을.

For example, / [if I ask someone, "Are you hiding something from me?" / and he compresses his lips (as I ask the question),] / he is hiding something.
예를 들어 / 내가 어떤 사람에게 "당신은 나에게 뭔가를 숨기고 있나요?"라고 질문하고 / 내가 질문할 때 그가 입술을 꽉 다문다면 / 그는 뭔가를 숨기고 있는 것이다.

This is especially accurate / [if it is the only time (he has concealed or compressed his lips / during our discussion)].
이것은 특히 정확하다 / 만약 그것이 그가 입술을 감추거나 꽉 다무는 유일한 순간이라면 / 우리가 논의하는 중에.

It is a signal / (that I need to push further / in questioning this person).
그것은 신호이다 / 내가 더 밀어붙일 필요가 있다는 / 이 사람에게 질문함에 있어.

정답 ②

해설 대화 중에 입술을 다무는 행위에 대해 글쓴이의 생각을 기술한 지문이다. 제시문의 Instead의 특성은 앞에 부정문이 나올 확률이 높다는 것이다. 이에 따라 ① 뒤의 문장에서 doesn't necessarily mean을 찾아 내용을 연결하면 ②가 적절하다.

해석 나는 면담을 하는 동안이나 누군가 단정적인 표현을 하고 있을 때 입술을 꽉 다물거나 입술을 보이지 않게 하는 행위를 찾는다. 이것은 매우 믿을 만한 단서라서 어려운 질문을 받는 바로 그 순간에 나타날 것이다. 여러분이 그것을 보게 되면, 그것이 반드시 그 사람이 거짓말을 하고 있다는 것을 의미하지는 않는다. ② 대신에(Instead), 그것(it)은 바로 그 특정 질문이 부정적인 자극의 역할을 하여 그 사람을 정말로 괴롭혔다는 것을 가리킨다. 예를 들어, 만약 내가 어떤 사람에게 "당신은 나에게 뭔가 숨기고 있지요?"라고 질문하고, 내가 질문할 때 그가 자신의 입술을 꽉 다문다면, 그는 무엇인가를 숨기고 있는 것이다. 만약 그것이 우리가 논의하던 중에 그가 입술을 숨기거나 꽉 다문 유일한 경우라면 이것은 특히 정확하다. 그것은 내가 이 사람에게 더 다그쳐 물을 필요가 있다는 신호인 것이다.

어휘 specific 특정의, 구체적인 stimulus 자극 lip compression 입술을 꽉 다물기 disappearing lip 입술을 보이지 않게 하기 declarative statement 단정적인 진술 cue 단서 conceal 숨기다

07 주어진 문장이 들어갈 위치로 가장 적절한 것은? ⟨23 인사처 1차 예시⟩

> In particular, in many urban counties, air pollution, as measured by the amount of total suspended particles, had reached dangerous levels.

Economists Chay and Greenstone evaluated the value of cleaning up of air pollution after the Clean Air Act of 1970. (①) Before 1970, there was little federal regulation of air pollution, and the issue was not high on the agenda of state legislators. (②) As a result, many counties allowed factories to operate without any regulation on their pollution, and in several heavily industrialized counties, pollution had reached very high levels. (③) The Clean Air Act established guidelines for what constituted excessively high levels of five particularly dangerous pollutants. (④) Following the Act in 1970 and the 1977 amendment, there were improvements in air quality.

■ **지문 분석** 예문의 밑줄은 동사(구)

> Economists Chay and Greenstone / evaluated the value of cleaning up of air pollution / after the Clean Air Act of 1970.
> 경제학자 Chay와 Greenstone은 / 대기오염 정화의 가치를 평가했다 / 1970년 청정대기법 이후에.
>
> Before 1970, / there was little federal regulation of air pollution, / and the issue was not high / on the agenda of state legislators.
> 1970년 이전에는 / 대기오염에 대한 연방 규제가 거의 없었다 / 그리고 그 문제도 높지 않았다 / 주 의원들의 의제에서.
>
> As a result, / many counties allowed / factories / (to operate / without any regulation on their pollution), / and in several heavily industrialized counties, / pollution had reached very high levels.
> 결과적으로 / 많은 카운티는 허용했다 / 공장들이 / 운영되는 것을 / 오염에 대한 아무런 규제 없이 / 그리고 몇몇 고도로 산업화된 카운티에서 / 오염은 매우 높은 수준에 도달했다.
>
> In particular, / in many urban counties, / air pollution, / (as measured / by the amount of total suspended particles), / had reached dangerous levels.
> 특히 / 많은 도시 카운티에서 / 대기오염은 / 측정되었을 때 / 총 부유 입자의 양으로 / 위험한 수준에 도달했다.
>
> The Clean Air Act established guidelines / for (what constituted excessively high levels / of five particularly dangerous pollutants).
> 청정대기법은 지침을 만들었다 / 과도하게 높은 수준을 구성하는 것에 대해 / 특히 위험한 다섯 가지의 오염물질의.
>
> (Following / the Act in 1970 / and the 1977 amendment), / there were improvements in air quality.
> 뒤따라서 / 1970년의 법안과 / 1977년의 개정을 / 대기 질에 개선이 있었다.

[정답] ③

[해설] 제시문은 in particular를 사용하여 앞 문장에 대한 구체적 예시의 신호를 주고 있다. ②의 문장의 후반부에 나오는 '몇몇 카운티에서 오염은 높은 수준에 이르렀다'에 대해 제시문에서 구체적으로 '도시 지역에서는 위험한 수준까지 도달했다'라고 설명하는 흐름이 자연스럽다.

[해석] 경제학자인 Chay와 Greenstone은 1970년 청정대기법(Clean Air Act) 이후 대기오염 정화의 가치를 평가했다. 1970년 이전에는 대기오염에 대한 연방 차원의 규제가 거의 없었고, 이 문제는 주 의원들의 주요 의제가 아니었다. 그 결과, 많은 카운티에서는 공장들이 오염에 대한 규제 없이 가동되도록 허용되었고, 산업화가 심한 몇몇 카운티에서는 오염이 매우 높은 수준에 이르렀다. ③ 특히, 많은 도시 지역의 카운티에서는 총 부유 입자의 양으로 측정된 대기오염이 위험한 수준에 도달해 있었다. 청정대기법은 특히 위험한 다섯 가지 오염 물질에 대해 어떤 수준이 과도한 오염인지에 대한 기준을 마련했다. 1970년 법 제정과 1977년 개정 이후, 대기 질에는 개선이 있었다.

[어휘] **suspended particles** 부유 입자 **evaluate** 평가하다 **cleaning up** 정화 **federal regulation** 연방 규제 **agenda** 의제 **legislator** 입법자, 의원 **constitute** 구성하다 **pollutant** 오염물질 **amendment** (법)수정, 개정

08 주어진 문장이 들어갈 위치로 가장 적절한 것은?

In addition, they were free to cultivate plots of land for additional revenue.

In the early stages of industrialization, work was done in the home, with merchants providing the raw material and paying for the finished product. (①) This system was called the cottage or putting-out system. (②) Although there was pressure to produce more, the workers remained basically in control of how and when to work, establishing their own hours and employing members of their family or apprentices as helpers. (③) In the cottage system individual artisans produced the whole product and later an entire facet of the production process. (④) They could see what they were making and could feel pride in a job well done.

지문 분석 예문의 밑줄은 동사(구)

In the early stages of industrialization, / work was done in the home, / (with merchants / providing the raw material / and paying for the finished product).
산업화의 초기 단계에서 / 일은 가정에서 이루어졌다 / 상인들이 / 원자재를 제공하고 / 완제품에 대해 값을 지불하면서.

This system / was called the cottage or putting-out system.
이 시스템은 / cottage system 또는 putting-out system이라고 불렸다.

(Although there was pressure / to produce more), / the workers / remained basically in control of (how and when to work), / (establishing their own hours) and (employing members of their family or apprentices / as helpers).
압박이 있었지만 / 더 많이 생산하라는 / 작업자들은 / 어떻게, 언제 작업할 것인가에 대해 기본적으로 통제하고 있었다 / 자기 자신의 시간을 만들면서 그리고 가족 구성원이나 실습생을 고용하면서 / 도우미로.

In addition, / they were free to cultivate plots of land / for additional revenue.
게다가 / 그들은 자유롭게 토지를 경작했다 / 추가 수익을 위해서.

In the cottage system / individual artisans produced / (the whole product / and later an entire facet of the production process).
cottage system에서 / 개인 장인들은 만들어 냈다 / 완제품을 / 그리고 나중에는 생산 과정 전체 단계를.

They could see / (what they were making) / and could feel pride / in a job (well done).
그들은 볼 수 있었다 / 자신들이 만드는 것을 / 그리고 자부심을 가질 수 있었다 / 잘 진행된 일에 대해.

정답 ③

해설 산업화 초기의 가내 수공업에 대한 지문이다. 제시문에 In addition(게다가)이 있으므로 제시문의 내용과 앞 문장이 같은 맥락이라는 것이 정답 찾기의 핵심이다. ②의 문장은 '생산 압박이 있었지만, 생산자들이 작업 시간과 방식을 스스로 통제하고 있었다'가 주요 내용이고 제시문의 내용은 '자신들의 땅도 경작할 수 있었다'로 생산 과정에 대한 통제 가능성을 언급하고 있으므로 같은 맥락이다. 따라서 ③이 제시문의 위치로 적절하다.

해석 산업화 초기 단계에서는 일이 가정에서 이루어졌으며, 상인들은 원재료를 제공하고 완제품에 대한 값을 지불했다. 이 시스템은 cottage system 또는 putting-out system라고 불렸다. 비록 더 많이 생산하라는 압력이 있었지만 근로자들은 자신의 시간을 만들고 가족들이나 실습생들을 도우미로 고용하면서 근본적으로 일을 하는 방법과 시기를 통제하고 있었다. ③ 게다가(In addition) 그들은 추가 소득을 위해 작은 땅을 마음껏 경작하였다. cottage system에서 개인 장인들은 완전한 하나의 제품과, 나중에는 생산 공정의 전체 단계의 것을 생산하게 되었다. 그들은 그들이 만들고 있는 것을 보면서 잘된 작업에 대해 자부심을 가질 수 있었다.

어휘 plot 땅의 일부, 작은 구획의 땅 raw material 원재료 the finished product 완제품 apprentice 도제, 실습생 artisan 장인(匠人) facet 측면, 양상 production process 생산 과정

09 주어진 문장이 들어갈 위치로 가장 적절한 것은?

> It is assumed that such contamination may result from airborne transport from remote power plants or municipal incinerators.

An incident in Japan in the 1950s alerted the world to the potential problems of organic mercury in fish. Factories were discharging mercury into the waters of Minamata Bay, which also harbored a commercial fishing industry. Mercury was bioaccumulated in the fish tissue and severe mercury poisoning occurred in many people who consumed the fish. (①) The disabling neurological symptoms were subsequently called Minamata disease. (②) Control over direct discharge of mercury from industrial operations is clearly needed for prevention. (③) However, it is now recognized that traces of mercury can appear in lakes far removed from any such industrial discharge. (④) Strictly controlled emission standards for such sources are needed to minimize this problem. Fish advisories have been issued for many lakes in the United States; these recommend limits on the number of times per month particular species of fish should be consumed.

정답 ④

해설 '발전소나 소각로로부터 멀리 떨어진 곳에서도 오염이 발생할 수 있다'는 것이 제시문의 내용이다. 제시문은 ③번 문장에 대한 원인을 설명하는 문장이며, 제시문의 such contamination이 가리키는 말은 ③번 문장의 '멀리 떨어진 호수에서도 수은의 흔적이 나타날 수 있다'를 가리키므로 제시문은 ③의 다음인 ④에 들어오는 것이 적절하다.

지문 분석 예문의 밑줄은 동사(구)

An incident (in Japan in the 1950s) / alerted the world / to the potential problems of organic mercury in fish.
1950년대 일본에서의 한 사건은 / 세상에 경고했다 / 물고기 안의 유기 수은의 잠재적 문제점에 대해.

Factories were discharging mercury / into the waters of Minamata Bay, / (which also harbored / a commercial fishing industry).
공장들은 수은을 방출하고 있었다 / 미나마타 만의 수역에 / 그곳은 또한 품고 있었다 / 상업적 어업을.

Mercury was bioaccumulated / in the fish tissue / and severe mercury poisoning occurred / in many people (who consumed the fish).
수은은 생체에 축적되었다 / 물고기의 세포 조직에 / 그리고 심각한 수은 중독이 발생했다 / 물고기를 섭취한 사람들에게.

The disabling neurological symptoms / were subsequently called / Minamata disease.
장애를 초래하는 신경학적 증상은 / 나중에 불렸다 / 미나마타 병으로.

Control (over direct discharge of mercury / from industrial operations) / is clearly needed / for prevention.
수은의 직접적인 방출에 대한 통제는 / 산업 활동으로부터 / 명확히 요구된다 / 예방을 위해.

However, / it is now recognized / (that traces of mercury can appear / in lakes (far removed from any such industrial discharge).
그러나 / 지금은 인식된다 / 수은의 흔적이 나타날 수 있다는 것이 / 그런 산업 배출에서 멀리 떨어진 호수에서도.

It is assumed / (that such contamination may result / from airborne transport / from remote power plants or municipal incinerators).
가정된다 / 그러한 오염은 비롯될 수 있다는 것이 / 공기를 통한 전파에서 / 멀리 떨어진 발전소나 지자체의 소각로로부터.

Strictly controlled emission standards (for such sources) / are needed / to minimize this problem.
그러한 오염원에 대한 엄격하게 통제된 배출 기준이 / 요구된다 / 이 문제를 최소화하기 위해서.

Fish advisories have been issued / for many lakes in the United States;
물고기 경고안이 발령되었다 / 미국의 많은 호수에 대해서

these recommend limits / on the number of times per month (particular species of fish should be consumed).
이것들(경고안)은 제한을 권고한다 / 특정 물고기가 섭취되어야 할 한 달의 횟수에 대해.

해석 1950년대에 일본에서 한 사건이 물고기에 들어 있는 유기 수은의 잠재적 문제에 대해 전 세계에 경종을 울렸다. 공장들이 미나마타 만의 수역에 수은을 방출하고 있었는데, 그곳은 또한 상업적 어업이 이루어지는 곳이었다. 물고기의 몸 조직 속에 수은이 생체 내에 축적되었으며 그 물고기를 먹은 많은 사람들에게 심한 수은 중독이 발생했다. 이 장애를 초래하는 신경학적 증상은 나중에 미나마타 병으로 불렸다. 예방을 위해서 산업 활동으로부터 나오는 수은을 직접적으로 방출하는 것에 대한 통제가 절실하게 필요하다. 하지만 이제는 그런 산업 배출에서 멀리 떨어진 호수에서도 수은의 흔적이 나타날 수 있다는 것이 인식되고 있다. ④ 그러한 오염(such contamination)이 멀리 떨어진 발전소 혹은 지방자치단체의 소각로로부터 공기를 통해 전파된 결과로 발생할 수 있다는 것이 가정된다. 이 문제를 최소화하기 위해서 그러한 오염원에 대한 엄격하게 통제된 배출 기준이 요구된다. 미국의 많은 호수들에 대해 물고기에 대한 경고안이 발표되었는데, 이것들은 한 달에 특정 종의 물고기를 먹어야 할 횟수에 대한 제한을 권고한다.

어휘 contamination 오염 airborne 공기로 운반되는 power plant 발전소 municipal 시의, 도의 incinerator 소각로 incident 사고 alert A to B B에 대해 A에게 경고하다 organic mercury 유기 수은 discharge 방출하다 harbor ~을 품다 be bioaccumulated 생체 내에 축적되다 tissue (세포) 조직 disabling 장애를 주는 neurological 신경학적인 subsequently 나중에 trace 흔적, 소량 emission 배출 advisory 경고, 주의보

10 주어진 문장이 들어갈 위치로 가장 적절한 것은? ⟨25 국가 9급⟩

> Schedule your time in a way that relegates distracting activities, such as news consumption and social-media scanning, to prescribed times.

When you learn to drive, you are taught to maintain a level of situational awareness that is wide enough to help you anticipate problems but not so wide that it distracts you. The same goes for your project. (①) You need to know what's going on around you that might affect your life and work, but not what is irrelevant to these things. (②) I am not advocating a "full ostrich" model of ignoring the outside world entirely. (③) Rather, I mean to recommend ordering your information intake so that extraneous stuff doesn't eat up your attention. (④) Perhaps you could decide to read the news for 30 minutes in the morning and vegetate* on social media for 30 minutes at the end of the day.

*vegetate: 별로 하는 일 없이 지내다

■ **지문 분석** 예문의 밑줄은 동사(구)

(When you learn to drive), / you are taught / to maintain a level of situational awareness / (that is wide enough / to help you anticipate problems) / but (not so wide / that it distracts you).
당신이 운전하는 것을 배울 때 / 당신은 배운다 / 일정 수준의 상황 인식을 유지할 것을 / 충분히 폭 넓은 / 당신이 문제를 예상하도록 도와줄 만큼 / 하지만 그렇게 넓지 않은 / 그것이 당신을 산만하게 만들 만큼.

The same goes for your project.
동일한 원리가 당신의 계획에도 적용된다.

You need to know / (what's going on around you) / (that might affect your life and work), / but not (what is irrelevant to these things).
당신은 알 필요가 있다 / 당신 주변에 무슨 일이 펼쳐지는가 / 당신 삶과 일에 영향을 끼칠 수 있는 / 하지만 이러한 것들과 관련 없는 것은 알 필요가 없다.

I am not advocating / a "full ostrich" model (of ignoring the outside world entirely).
나는 옹호하는 것이 아니다 / 바깥 세상을 완전히 무시하는 '완전 타조형' 모형을.

Rather, / I mean to recommend / (ordering your information intake) / (so that extraneous stuff doesn't eat up your attention).
오히려 / 나는 추천하려 한다 / 정보 수용의 순서를 정할 것을 / 관련없는 것들이 당신의 주의력을 소모하지 않도록.

Schedule your time / in a way / [that relegates distracting activities, (such as news consumption and social-media scanning), / to prescribed times].
당신의 시간을 계획하라 / 방식으로 / 뉴스 소비나 소셜미디어 둘러보기와 같은 방해하는 행동을 뒤로 미루는 것을 / 정해진 시간으로.

Perhaps / you could decide / (to read the news / for 30 minutes in the morning) / and (vegetate on social media / for 30 minutes at the end of the day).
아마도 / 당신은 결정할 수 있을 것이다 / 뉴스를 읽는 것을 / 아침에 30분 동안 / 그리고 소셜 미디어를 보며 시간 보내는 것을 / 하루가 끝날 무렵 30분 동안.

정답 ④

해설 제시문의 내용은 '산만한 활동을 규정된 시간에 하라'라는 내용이고, 이는 ③ 다음의 문장의 ordering information intake(정보 수용을 정하는 것)을 의미한다. ④ 다음의 문장은 산만한 활동을 하는 시간에 대한 예시 설명이다. 즉 제시문에 대한 예시 문장인 셈이다. 따라서 ④가 제시문이 들어가기에 가장 적절한 위치이다.

해석 운전을 배울 때, 문제를 예상할 수 있도록 도와줄 만큼 충분히 넓지만, 너무 넓어서 주의를 산만하게 만들지는 않는 수준의 상황 인식을 유지하라고 배운다. 프로젝트에서도 마찬가지이다. 당신의 일과 인생에 영향을 줄 수 있는 주변 상황은 파악할 필요가 있지만, 그와 무관한 것은 알 필요가 없다. 나는 바깥 세상을 완전히 무시하는 '완전 타조형' 모델을 옹호하는 것이 아니다. 오히려, 불필요한 것들이 주의력을 소모하지 않도록 정보 수용을 정할 것(ordering information intake)을 추천하는 것이다. ④ 뉴스 소비나 소셜 미디어 둘러보기 같은 산만한 활동은 규정된 시간에만 하도록 시간을 계획하라. 아마도, 아침에 30분 동안 뉴스를 읽고, 하루가 끝날 무렵 30분 동안 소셜 미디어에서 빈둥거리며 시간을 보내는 것으로 정할 수 있다.

어휘 relegate A to B A를 B로 좌천시키다, 뒤로 미루다 prescribed times 규정된 시간 situational awareness 상황 인식 irrelevant 관련 없는 ostrich 타조 rather 오히려 extraneous 외부의 stuff 일

07 순서 배열

1 지문의 특성

순서 배열은 자신만의 임의적인 판단을 배제하고 지문 속에 배치된 접속부사나 신호단어를 잘 파악하는 것이 중요하다. 따라서 세밀한 독해에 들어서기 앞서 A, B, C에 나오는 신호단어를 스캔하는 접근법을 훈련할 필요가 있다.

2 독해 전략

① 제시문에서 글의 소재나 키워드를 확인한다.
② A, B, C를 세밀하게 읽기 전에, 각 지문의 첫 줄에서 접속부사, 신호단어 등을 찾는다.
③ 접속부사와 지시어(신호단어)의 쓰임에 주의하면서 글의 순서를 확인한다.

3 참조 내용

① **접속부사**
- 역접: however, on the other hand 등
- 예시: for example, for instance 등
- 인과: therefore, as a result 등
- 첨가: in addition, furthermore, moreover 등

② **지시어 (신호단어)**
- he, she, it, they, them 등
- such, the same 등
- this, that, these, those 등
- also, another 등

③ 시간의 흐름이나 사건의 전개 순서로 풀 수 있는 문제도 있다.
④ 사람 이름이 나오면: 풀 네임(full name)이 나오는 지문이 이름만 나오는 지문보다 앞선다.

■ 전략 적용

주어진 글 다음에 이어질 글의 순서로 가장 적절한 것은?

〈제시문〉
Slowly, over the past several decades, technology, in all its various forms, has been introduced into the educational institutions of our country and is now a widespread presence.

〈본문〉
(A) These opponents of the massive rush of technology into school systems state that the results of the technology have, thus far, not proven to be sufficient reasons for accepting it and its shortcomings.
(B) For example, computers are present in most classrooms; teachers use visual and auditory materials for lectures and students of all ages research on the Internet via smart phones, laptops, etc.
(C) While advocates of these new technological classrooms have cheered, technology has made its way into classrooms across the country and knowledge of its applications has become a requirement for a modern education. Some people, however, do not accept this situation entirely.

①(A) – (C) – (B)
②(C) – (B) – (A)
③(B) – (C) – (A)
④(C) – (A) – (B)

STEP 1 제시문 읽기
제시문에서 다루는 소재와 주제를 확인한다. 이 지문에서는 '기술이 교육기관에 도입되고 유행하게 되었다'라는 내용이다.

STEP 2 본문에서 접속부사와 지시어 확인
- (A), (B), (C)의 앞부분을 확인한다. (A)의 these opponents, (B)의 For example, (C)의 these new technological classrooms를 각각 확인한다.
- 접속부사가 앞에 나온 (B)를 먼저 읽고 [제시문→(B)]의 순서가 적절한지 확인한다. 제시문에서 '기술이 교육기관에 널리 보급되었다'와 (B)의 '예를 들어 컴퓨터는 대부분의 교실에 있다'는 연관성이 높으므로 [제시문→(B)]의 순서는 적절하다.

STEP 3 나머지 순서 확인
(B)의 본문과 연결되는 것을 (A), (C)에서 확인한다. (C)의 these new technological classrooms는 (B)에서 언급한 교실을 말한다. 따라서 [(B)→(C)]의 순서이다. (A)의 these opponents는 (C)의 some people을 가리키므로 [(C)→(A)]의 순서이다.

해석 지난 수십 년에 걸쳐 기술은 천천히, 다양한 형태로 우리나라의 교육 기관에 소개되었고 현재는 널리 퍼져 있다.
(B) 예를 들어, 대부분의 교실에 컴퓨터가 있다. 교사들은 시청각 자료를 강의에 사용하고, 모든 연령의 학생들이 스마트폰, 노트북 컴퓨터 등을 통해 인터넷에서 조사를 한다.
(C) 이런 새로운 기술적 교실의 옹호자들이 환호하는 동안, 기술은 전국의 교실 속으로 들어왔고, 응용 지식이 현대 교육의 필요조건이 되었다. 하지만 몇몇 사람들은 이런 상황을 전적으로 받아들이지 않는다.
(A) 학교 시스템에 대규모로 밀려오는 기술에 대한 이러한 반대자들은 그 기술의 결과가 지금까지는 그것과 그것의 단점을 받아들일 만한 충분한 이유를 증명하지 못했다고 주장한다. 지난 수십 년에 걸쳐 기술은 천천히, 다양한 형태로 우리나라의 교육 기관에 소개되었고 현재는 널리 퍼져 있다.

어휘 decade 10년 institution 기관, 단체 widespread 널리 퍼진 presence 실재, 존재 opponent 반대자 massive 대규모 thus far 지금까지는 shortcomings 단점 material 자료 advocate 옹호자 cheer 환호하다 application 응용, 적용 requirement 필요조건 entirely 전적으로

정답 ③

Exercise

01 주어진 글 다음에 이어질 글의 순서로 가장 적절한 것은?

> Even worse than reaching a conclusion with just a little evidence is the fallacy of reaching a conclusion without any evidence at all. Sometimes people mistake a separate event for a cause-and-effect relationship.

(A) You therefore leap to the conclusion that the man in the black jacket has robbed the bank. However, such a leap tends to land far from the truth of the matter. You have absolutely no evidence — only a suspicion based on coincidence. This is a post hoc fallacy.

(B) They see that 'A' happened before 'B', so they mistakenly assume that 'A' caused 'B'. This is an error known in logic as a post hoc fallacy.

(C) For example, suppose you see a man in a black jacket hurry into a bank. You notice that he is nervously carrying his briefcase, and a few moments later you hear a siren.

① (A) – (B) – (C)
② (A) – (C) – (B)
③ (B) – (A) – (C)
④ (B) – (C) – (A)

지문 분석 예문의 밑줄은 동사(구)

Even worse (than reaching a conclusion / with just a little evidence) / <u>is</u> the fallacy / (of reaching a conclusion / without any evidence at all).
결론에 도달하는 것보다 훨씬 더 나쁜 것은 / 약간의 증거만 가지고 / 오류이다 / 결론에 도달하는 / 증거가 전혀 없이.

Sometimes / people <u>mistake</u> a separate event / for a cause-and-effect relationship.
가끔씩 / 사람들은 분리된 사건을 착각한다 / 인과관계로.

They <u>see</u> / (that 'A' <u>happened</u> before 'B'), / so they <u>mistakenly assume</u> / (that 'A' <u>caused</u> 'B').
그들은 본다 / A가 B보다 먼저 발생한 것을 / 그래서 사람들은 잘못 추정한다 / A가 B를 초래했다고.

This <u>is</u> an error (known / in logic / as a post hoc fallacy).
이것은 오류이다 / 알려진 / 논리에서 / 인과 오류라고.

For example, / <u>suppose</u> / (you <u>see</u> / a man in a black jacket / <u>hurry</u> into a bank).
예를 들어 / 가정해 보자 / 당신이 본다고 / 검은 재킷을 입은 남자가 / 은행에 급하게 들어가는 것을.

You <u>notice</u> / (that he <u>is nervously carrying</u> his briefcase), / and a few moments later / you <u>hear</u> a siren.
당신은 알아차린다 / 그가 초조하게 서류가방을 들고 가는 것을 / 그리고 몇 분 후에 / 당신은 사이렌 소리를 듣는다.

You therefore <u>leap</u> to the conclusion / (that the man (in the black jacket) <u>has robbed</u> the bank).
그러므로 당신은 성급하게 결론에 도달한다 / 검은 재킷을 입은 남자가 은행을 털었다고.

However, / such a leap <u>tends to land</u> / far from the truth of the matter.
그러나 / 그러한 비약은 도달하는 경향이 있다 / 그 사건의 진실에서 멀리 떨어진 (결론에).

정답 ④

해설 post hoc fallacy(인과 오류: 먼저 일어난 일이 나중 일의 원인이라고 착각하는 오류)의 개념을 설명하는 글이다. (B)의 They가 가리키는 것은 제시문의 people이므로 [제시문 → (B)]의 순서이다. (C)에서는 (B)에서 정의한 인과 오류에 대한 예시 설명을 하고 있으므로 [(B) → (C)]의 순서이다. (A)에서 therefore를 사용하여 C에서 언급한 것에 대한 결론을 내고 있으므로 [(C) → (A)]의 순서이다. (C)의 'a man in black jacket'과 (A)의 'the man in the black jacket'도 순서를 알리는 신호가 된다.

해석 약간의 증거만 가지고 결론에 이르는 것보다 더 나쁜 것은, 아예 아무 증거도 없이 결론에 이르는 오류이다. 사람들은 때때로 서로 별개의 사건을 인과 관계로 잘못 판단하기도 한다.
(B) 그들은(They) 'A가 B보다 먼저 일어났다'는 것을 보고, 'A가 B를 유발했다'고 잘못 추정한다. 이것은 논리학에서 인과 오류라고 알려진 실수이다.
(C) 예를 들어(For example), 당신이 검은 재킷을 입은 한 남자가 은행 안으로 급히 들어가는 것을 본다고 가정하자. 당신은 그가 초조한 듯 서류가방을 들고 있는 것을 알아차리고, 잠시 후 사이렌 소리를 듣는다.
(A) 그래서(therefore) 당신은 그 검은 재킷을 입은 남자가 은행을 털었다는 결론에 성급히 도달한다. 하지만 이런 도약은 사실에서 멀리 떨어진 결론에 도달하는 경향이 있다. 당신은 전혀 증거가 없다 ― 단지 우연에 근거한 의심만 있을 뿐이다. 이것이 인과 오류이다.

어휘 evidence 증거 fallacy 오류 conclusion 결론 cause-and-effect 인과 관계 leap 비약 suspicion 의심 coincidence 우연한 일치 post hoc fallacy 인과 오류 logic 논리학 briefcase 서류가방

02 주어진 글 다음에 이어질 글의 순서로 가장 적절한 것은?

Scientific information is a body of knowledge, but much scientific knowledge is a constantly changing body of observations. Many "scientific facts" of the past are now known to be false.

(A) At that time, however, the astronomer Copernicus thought that the earth was not the unmoving center of the universe, but was actually one of several planets revolving around the sun.

(B) For example, people believed that the earth was the center of the universe until the fifteenth century in Europe, because all objects appeared to fall to the earth. It had been the predominant view for so long that it became dogma.

(C) The intellectual community did not accept this idea until another astronomer, Kepler, worked out mathematically the rules of planetary motion. Later in the seventeenth century, Newton figured out his laws of gravitational force from Kepler's theories.

① (A) – (C) – (B)
② (B) – (A) – (C)
③ (B) – (C) – (A)
④ (C) – (A) – (B)

지문 분석 예문의 밑줄은 동사(구)

Scientific information is a body of knowledge, / but much scientific knowledge / is a constantly changing body of observations.
과학적 정보는 지식의 집합체이다 / 하지만 많은 과학 지식은 / 계속해서 변하는 관찰의 집합체이다.

Many "scientific facts" of the past / are now known to be false.
과거의 많은 과학적 사실은 / 지금은 거짓으로 알려져 있다.

For example, / people believed / [that the earth was the center of the universe / until the fifteenth century in Europe, / (because all objects appeared to fall to the earth)].
예를 들어 / 사람들은 믿었다 / 지구가 우주의 중심이라고 / 15세기까지 유럽에서는 / 왜냐하면 모든 물체가 지구로 떨어지는 것으로 보였기 때문에.

It had been the predominant view / for so long / that it became dogma.
이것은 지배적인 관점이었다 / 너무 오랫동안 / 그래서 그것은 정설이 되었다.

At that time, however, / the astronomer Copernicus thought / [that the earth was not the unmoving center of the universe, / but was actually one of several planets (revolving around the sun)].
하지만 그 당시에 / 천문학자 코페르니쿠스는 생각했다 / 지구는 우주의 움직이지 않는 중심이 아니라 / 태양 주위를 도는 몇몇 행성들 중에 하나라고.

The intellectual community / did not accept this idea / (until another astronomer, Kepler, / worked out mathematically the rules of planetary motion).
지식인 집단은 / 이러한 생각을 받아 들이지 않았다 / 다른 천문학자인 케플러가 / 행성 움직임의 규칙을 수학적으로 해결할 때까지.

Later in the seventeenth century, / Newton figured out his laws of gravitational force / from Kepler's theories.
17세기 후반에 / 뉴턴은 그의 만유인력의 법칙을 생각해냈다 / 케플러의 이론으로부터.

정답 ②

해설 제시문에서 과거의 과학적 사실 중 거짓으로 판명된 것이 많다고 언급하고 있다. (B)에서 For example를 사용해서 제시문에 대한 예시를 들어 '15세기까지 지구가 우주의 중심이라고 믿었다'는 내용을 제시했다. 따라서 [제시문 → (B)]의 순서이다. (A)에서 however를 써서 (B)와 반대되는 코페르니쿠스의 이론을 제기하였으므로 [(B) → (A)]의 순서이다. (C)의 this idea는 (A)의 코페르니쿠스의 주장을 가리키므로 [(A) → (C)]의 순서이다.

해석 과학적 정보는 지식의 집합체이지만, 많은 과학적 지식은 계속해서 변하고 있는 관찰의 집합체이다. 과거의 많은 '과학적 사실들'은 지금은 잘못된 것으로 알려져 있다.
  (B) 예를 들면(For example) 모든 물체가 지구로 떨어지는 것처럼 보였기 때문에 사람들은 유럽에서 15세기까지 지구가 우주의 중심이라고 믿었다. 그것은 너무 오랫동안 지배적인 견해였기 때문에 정설이 되었다.
  (A) 그러나(however) 그 당시에(At that time) 천문학자 코페르니쿠스는 지구가 우주의 움직이지 않는 중심이 아니라 실제로 태양 주위를 도는 몇 개의 행성 중의 하나라고 생각했다.
  (C) 지식인의 집단은 또다른 천문학자인 케플러가 수학적으로 행성의 움직임에 대한 규칙을 세우고 나서야 이러한 생각(this idea)을 받아들였다. 17세기 후반에 뉴턴은 케플러의 이론으로부터 그의 만유인력의 법칙을 생각해 냈다.

어휘 a body of information 지식의 집합체 astronomer 천문학자 planet 행성 revolving 공전하는 predominant 지배적인 dogma 교리, 정설 gravitational 중력의

03 주어진 글 다음에 이어질 글의 순서로 가장 적절한 것은?

Sustainability is the quality of having the capacity to continue indefinitely. In terms of environmentalism, it's about using only the resources we need and ensuring that we leave enough for future generations. In other words, it's about living within our means.

(A) For example, when purchasing raw materials to construct a home, the concept of sustainability requires that we consider the origins of the wood, how the trees were harvested, and what kind of effect the process had on the region's habitat.

(B) But it's not just about looking towards the future. It's also about making sure that our lifestyle doesn't have an adverse effect on the animals and other humans that currently share our planet.

(C) These things need to be considered because our modern lifestyle is threatening our natural environment. By adjusting the way we interact with nature, we can help reduce our impact on the world around us.

① (B) – (A) – (C) ② (B) – (C) – (A)
③ (C) – (A) – (B) ④ (C) – (B) – (A)

■ **지문 분석** 예문의 밑줄은 동사(구)

Sustainability / is the quality (of having the capacity to continue indefinitely).
지속 가능성이란 / 무한하게 계속할 수 있는 능력을 갖춘 특성이다.

In terms of environmentalism, / it's about / (using only the resources / we need) and (ensuring / that we leave enough / for future generations).
환경주의 관점에서 / 그것은 ~에 관한 것이다 / 자원만을 사용하는 것 / 우리가 필요한 / 보장하는 것 / 우리가 충분한 것을 남기는 것을 / 미래 세대를 위해.

In other words, / it's about / (living within our means).
즉 다시 말해서 / 그것은 ~에 관한 것이다 / 우리가 감당할 수 있는 범위 안에서 살아가는 것.

But / it's not just about / (looking towards the future).
하지만 / 그것은 ~에 관한 것만은 아니다 / 미래를 기대하는 것.

It's also about / making sure / (that our lifestyle doesn't have an adverse effect / on the animals and other humans / that currently share our planet).
그것은 또한 ~에 관한 것이다 / 확실하게 하는 것 / 우리의 삶이 부정적인 영향을 끼치지 않도록 하는 것을 / 동물과 다른 인간들에게 / 우리의 행성을 같이 공유하는.

For example, / (when purchasing raw materials / to construct a home), / the concept of sustainability requires / [that we consider / (the origins of the wood), (how the trees were harvested), and (what kind of effect the process had / on the region's habitat).
예를 들어 / 원자재를 구매할 때 / 주택을 짓기 위해 / 지속 가능성의 개념은 필요로 한다 / 우리가 고려해야 한다는 것을 / 목재의 출처, 나무가 어떻게 벌목되었는지, 그리고 그 벌목 과정이 무슨 영향을 끼치는지 / 그 지역의 서식지에.

These things need to be considered / (because our modern lifestyle / is threatening our natural environment).
이러한 것들은 고려될 필요가 있다 / 왜냐하면 우리의 현대적 삶의 방식이 / 우리의 자연환경을 위협하기 때문이다.

(By adjusting the way / we interact with nature), / we can help / (reduce our impact / on the world around us).
방법을 조정함으로써 / 우리가 자연과 상호작용하는 / 우리는 도울 수 있다 / 우리의 영향을 줄이는 것을 / 우리 주변의 세상에.

정답 ①

해설 지속 가능성의 개념을 예시를 들어 설명하는 글이다. 제시문에서 '지속 가능성은 미래 세대를 위해 자원을 남기는 것을 의미한다'라고 개념을 제시하고, (B)에서 이에 대해 But을 사용하여 '미래만을 바라보는 것은 아니다'라고 언급하고 있으므로 [제시문 → (B)]의 순서가 적절하다. (C)의 These things가 가리키는 것은 A에서 열거한 '목재의 출처, 벌목 방식, 지역에 끼치는 영향'을 가리키므로 [(A) → (C)]의 순서이다.

해석 지속 가능성이란 무기한으로 계속할 수 있는 능력을 갖춘 특성을 말한다. 환경주의 관점에서, 이는 우리가 필요한 만큼의 자원만을 사용하고, 미래 세대를 위해 충분한 자원을 남기는 것을 의미한다. 다시 말해, 우리가 감당할 수 있는 범위 안에서 살아가는 것을 뜻한다.
(B) 그러나(But), 그것은 단지 미래를 바라보는 것만이 아니다. 우리의 삶의 방식이 현재 지구에 함께 살아가고 있는 동물과 다른 인간들에게 부정적인 영향을 주지 않는 것을 확실히 하는 것도 포함된다.
(A) 예를 들어(For example), 주택을 짓기 위해 원자재를 구입할 때, 지속 가능성이라는 개념은 목재의 출처, 나무가 어떻게 벌목되었는지, 그리고 그 과정이 지역 서식지에 어떤 영향을 미쳤는지를 고려할 것을 요구한다.
(C) 이러한 것들(These things)을 고려해야 하는 이유는 우리의 현대적 삶의 방식이 자연 환경을 위협하고 있기 때문이다. 자연과 상호작용하는 방식을 조정함으로써, 우리는 주변 세계에 미치는 우리의 영향을 줄일 수 있다.

어휘 **sustainability** 지속 가능성 **capacity** 능력 **indefinitely** 무한하게 **in terms of** ~의 관점에서 **environmentalism** 환경주의 **live within one's means** 분수에 맞게 살아가다, 감당할 수 있는 범위에서 살아가다 **raw material** 원자재 **harvest** 수확하다 **habitat** 서식지 **adverse** 반대의, 부정적인 **adjust** 조정하다 **interact with** ~와 상호작용하다

04 주어진 글 다음에 이어질 글의 순서로 가장 적절한 것은?

〈24 인사처 2차 예시〉

Nick started a fire with some chunks of pine he got with the ax from a stump. Over the fire he stuck a wire grill, pushing the four legs down into the ground with his boot.

(A) They began to bubble, making little bubbles that rose with difficulty to the surface. There was a good smell. Nick got out a bottle of tomato ketchup and cut four slices of bread.
(B) The little bubbles were coming faster now. Nick sat down beside the fire and lifted the frying pan off.
(C) Nick put the frying pan on the grill over the flames. He was hungrier. The beans and spaghetti warmed. He stirred them and mixed them together.

① (B) – (A) – (C) ② (B) – (C) – (A)
③ (C) – (A) – (B) ④ (C) – (B) – (A)

■ **지문 분석** 예문의 밑줄은 동사(구)

Nick started a fire / (with some chunks of pine / he got / with the ax / from a stump).
Nick은 불을 피우기 시작했다 / 소나무 조각으로 / 그가 구한 / 도끼로 / 그루터기에서.

Over the fire / he stuck a wire grill, / (pushing the four legs down / into the ground / with his boot).
불 위로 / 그는 와이어 그릴을 설치했다 / 네 개의 다리를 눌러 박으면서 / 땅에 / 그의 부츠로.

Nick put the frying pan / on the grill / over the flames.
Nick은 프라이팬을 올렸다 / 그릴 위에 / 불 위의.

He was hungrier.
그는 배가 더 고팠다.

The beans and spaghetti warmed.
콩과 스파게티가 데워졌다.

He stirred them / and mixed them together.
그는 그것들을 저었고 / 그것들을 함께 섞었다.

They began to bubble, / (making little bubbles) / (that rose with difficulty to the surface).
그것들은 끓기 시작했다 / 작은 기포를 만들면서 / 어렵게 표면으로 떠오르는.

There was a good smell.
좋은 냄새가 났다.

Nick got out a bottle of tomato ketchup / and cut four slices of bread.
Nick은 토마토 케첩 한 병을 꺼냈다 / 그리고 빵을 네 조각으로 잘랐다.

The little bubbles were coming faster now.
작은 기포들이 이제는 더 빠르게 올라오고 있었다.

Nick sat down beside the fire / and lifted the frying pan off.
Nick은 불 옆에 앉았다 / 그리고 프라이팬을 들어올렸다.

정답 ③

해설 제시문은 요리의 시작을 묘사하며, 글은 [요리 시작 → 요리가 끓기 시작 → 요리 마무리]와 같이 사건의 전개 순서대로 배열되어야 한다. (A)의 They가 가리키는 것이 문맥상 (C)의 beans와 spaghetti를 의미하므로 [(C) → (A)]의 순서가 된다. (B)의 The little bubbles는 (A)의 little bubbles를 가리키므로 [(A) → (B)]의 순서가 된다.

해석 Nick은 도끼로 그루터기에서 얻은 소나무 토막으로 불을 붙였다. 그는 불 위에 와이어 그릴을 놓고, 네 개의 다리를 부츠로 땅에 눌러 박아 고정했다.
(C) Nick은 불 위의 그릴 위에 프라이팬을 올렸다. 그는 배가 더 고팠다. 콩과 스파게티가 데워졌다. 그는 그것들을 휘저어 섞었다.
(A) 그것들(They)은 보글보글 끓기 시작했고, 작은 기포들이 어렵게 표면 위로 떠올랐다. 좋은 냄새가 났다. Nick은 토마토 케첩 한 병을 꺼내고 빵 네 조각을 잘랐다.
(B) 그 작은 기포들(the little bubbles)이 이제 더 빠르게 올라오고 있었다. Nick은 불 옆에 앉아 프라이팬을 들어 올렸다.

어휘 chunk 덩어리 pine 소나무 stump 그루터기 stuck (stick의 과거) 찌르다, 박다 boot 부츠, 신발 bubble 보글보글 끓다, 거품 with difficulty 어렵게 lift 들어올리다 flame 불, 화염 bean 콩 stir 휘젓다

05 주어진 글 다음에 이어질 글의 순서로 가장 적절한 것은?　〈23 인사처 1차 예시〉

Before anyone could witness what had happened, I shoved the loaves of bread up under my shirt, wrapped the hunting jacket tightly about me, and walked swiftly away.

(A) When I dropped them on the table, my sister's hands reached to tear off a chunk, but I made her sit, forced my mother to join us at the table, and poured warm tea.
(B) The heat of the bread burned into my skin, but I clutched it tighter, clinging to life. By the time I reached home, the loaves had cooled somewhat, but the insides were still warm.
(C) I sliced the bread. We ate an entire loaf, slice by slice. It was good hearty bread, filled with raisins and nuts.

① (A) – (B) – (C)　　② (B) – (A) – (C)
③ (B) – (C) – (A)　　④ (C) – (A) – (B)

● **지문 분석** 예문의 밑줄은 동사(구)

(Before anyone could witness / what had happened), / I shoved the loaves of bread up (under my shirt), / wrapped the hunting jacket tightly (about me), / and walked swiftly away.
누구도 목격하기 전에 / 무슨 일이 발생했는가를 / 나는 내 셔츠 밑으로 빵 덩어리를 쑤셔 넣었다 / 나의 둘레에 사냥 재킷을 단단히 감쌌고 / 신속하게 걸어갔다.

The heat of the bread / burned into my skin, / but I clutched it tighter, / (clinging to life).
빵의 열기가 / 내 피부 속으로 파고 들었다 / 하지만 나는 빵을 더 꽉 쥐었다 / 필사적으로.

(By the time I reached home), / the loaves had cooled somewhat, / but the insides were still warm.
내가 집에 도착할 무렵 / 덩어리는 어느 정도 식었다 / 하지만 속은 여전히 따뜻했다.

(When I dropped them on the table), / my sister's hands reached / (to tear off a chunk), / but I made her sit, / forced my mother (to join us at the table), / and poured warm tea.
내가 테이블 위해 빵을 놓았을 때 / 내 여동생이 손을 뻗었다 / 한 조각을 떼어내기 위해 / 하지만 나는 그녀를 앉게 했다 / 어머니도 우리와 테이블에 함께 하도록 만들었고 / 따뜻한 차를 부었다.

I sliced the bread.
나는 빵을 썰었다.

We ate an entire loaf, / slice by slice.
우리는 전체 덩어리를 먹었다 / 한 조각씩.

It was good hearty bread, / (filled with raisins and nuts).
그것은 푸짐한 빵이었다 / 건포도와 견과류가 채워진.

정답 ②

해설 [제시문(빵을 몰래 가져옴) → (B) (집에 도착함) → (A) (테이블에 빵을 놓음) → (C) (빵을 나눠 먹음)]과 같이 사건의 전개 순으로 배열하면 된다. (A)의 them은 (B)의 loaves를 가리키므로 [(B) → (A)]의 순서이다.

해석 누구도 무슨 일이 벌어졌는지 목격하기 전에, 나는 빵 덩어리들을 셔츠 안으로 밀어 넣고, 사냥용 재킷을 단단히 여미고 빠르게 걸어갔다.
(B) 빵의 열기가 내 피부 속으로 뜨겁게 파고들었지만, 나는 그것을 더 꽉 쥐고 필사적이었다. 집에 도착했을 때, 빵(loaves)은 어느 정도 식었지만 속은 여전히 따뜻했다.
(A) 내가 테이블에 그것들(them)을 떨어뜨리자, 내 여동생의 손이 조각을 뜯으려 했지만, 나는 그녀를 앉게 만들었고, 어머니도 테이블에 우리와 함께 하도록 강요한 뒤 따뜻한 차를 부었다.
(C) 나는 빵을 썰었다. 우리는 전체 덩어리를 조각조각 나눠 먹었다. 그것은 건포도와 견과류가 가득한 맛있고 푸짐한 빵이었다.

어휘 witness 목격하다 shove 쑤셔 넣다, 밀어 넣다 wrap 감싸다 swiftly 재빠르게 clutch 붙잡다 cling to life 필사적이다 loaf 빵 한 덩이 somewhat 어느 정도는 tear off 떼어내다 chunk 조각 pour 붓다 slice by slice 조각조각 hearty 푸짐한 raisin 건포도

06 주어진 글 다음에 이어질 글의 순서로 가장 적절한 것은? 〈25 국가 9급〉

> The idea that society should allocate economic rewards and positions of responsibility according to merit is appealing for several reasons.

(A) An economic system that rewards effort, initiative, and talent is likely to be more productive than one that pays everyone the same, regardless of contribution, or that hands out desirable social positions based on favoritism.

(B) Rewarding people strictly on their merits also has the virtue of fairness; it does not discriminate on any basis other than achievement.

(C) Two of these reasons are generalized versions of the case for merit in hiring — efficiency and fairness.

① (A) – (C) – (B)
② (B) – (C) – (A)
③ (C) – (A) – (B)
④ (C) – (B) – (A)

■ **지문 분석** 예문의 밑줄은 동사(구)

The idea (that society should allocate / economic rewards and positions of responsibility / according to merit) / is appealing / for several reasons.
사회가 할당해야 한다는 생각 / 경제적 보상과 책임 있는 자리를 / 능력에 따라 / 매력적이다 / 몇몇 이유로.

Two of these reasons / are / generalized versions of the case for merit / in hiring / — efficiency and fairness.
이러한 이유 중에 두 개는 / ~이다 / 능력을 중시하는 일반화된 사례 / 고용에서의 / 효율성과 공정성.

An economic system (that rewards effort, initiative, and talent) / is likely to be more productive / than one / (that pays everyone the same, / regardless of contribution), / or (that hands out desirable social positions based on favoritism).
경제 체제는 노력, 진취성, 그리고 재능에 보상을 주는 / 보다 생산적일 가능성이 있다 / 체제보다 / 모두에게 동일하게 지불하는 / 기여도와 상관없이 / 또는 가치 있는 사회적 지위를 분배하는 / 선호에 따라.

(Rewarding people strictly on their merits) / also has the virtue of fairness;
능력에 따라 엄격하게 사람들을 보상하는 것은 / 또한 공정성이라는 미덕을 가지고 있다

it does not discriminate / on any basis (other than achievement).
이것은 차별하지 않는다 / 업적을 제외한 다른 근거로.

정답 ③

해설 (C)의 these reasons가 가리키는 것은 제시문의 several reasons이므로 (C)가 가장 먼저 배치된다. (C)에 나온 효율성(efficiency)과 공정성(fairness)에 관한 것을 (A), (B)에서 순차적으로 언급하고 있으므로, 소재의 순서에 따라 [(A) → (B)]의 순서가 된다.

해석 사회가 능력에 따라 경제적 보상과 책임 있는 자리를 배분해야 한다는 생각은 여러 이유로 매력적이다.
(C) 이러한 이유(these reasons) 중 두 개는 고용에서의 능력 중시를 옹호하는 주장의 일반화된 형태인데, 그것은 효율성과 공정성이다.
(A) 노력, 진취성, 그리고 재능에 보상을 주는 경제 시스템은, 기여도와 상관없이 모두에게 같은 임금을 주거나 또는 선호에 따라 가치 있는 사회적 지위를 나누는 시스템보다 생산성이 높을 가능성이 있다.
(B) 사람들에게 철저히 그들의 능력에 근거해 보상을 주는 것은 공정성이라는 미덕도 갖는다. 이는 성취 이외의 어떤 기준에도 근거한 차별을 하지 않는다.

어휘 allocate 할당하다 merit 능력, 공로 appealing 매력적인 initiative 진취성, 적극성 productive 생산적인 regardless of ~와 상관없이 hand out ~을 분배하다 favoritism 편애, 선호 virtue 미덕, 장점 discriminate 차별하다 generalized 일반화된

07 주어진 글 다음에 이어질 글의 순서로 가장 적절한 것은?

> Nineteenth-century writings about disease offer a window into earlier conceptions of the body. Perhaps less obviously, these same writings speak to earlier conceptions of the environment.

(A) This fear of distant and unfamiliar places generated a lot of popular advice for would-be settlers and travelers. At the same time, existing medical and scientific practices brought the environmental sources of disease into focus.

(B) Different conceptions of illness point to differences in how people have understood the nonhuman world. When viewed from the perspective of health, the nineteenth-century environment was neither passive nor necessarily benign in its natural state.

(C) To the contrary, the "natural" environment, especially those environments least touched by the processes of civilization, acted on settlers' bodies in sometimes aggressive and unpredictable ways. Consequently, untested landscapes were always physically threatening.

① (C) – (B) – (A)　　② (B) – (A) – (C)
③ (B) – (C) – (A)　　④ (C) – (A) – (B)

지문 분석 예문의 밑줄은 동사(구)

Nineteenth-century writings (about disease) / offer a window / into earlier conceptions of the body.
질병에 관한 19세기 글들은 / 창문을 제공한다 / 신체에 대한 이전의 인식에 대한.

Perhaps less obviously, / these same writings speak / to earlier conceptions of the environment.
아마 덜 명확하지만 / 이러한 동일한 글이 말해준다 / 환경에 대한 초기 인식에 대해.

Different conceptions of illness / point to differences / in (how people have understood the nonhuman world).
질병에 대한 다양한 개념이 / 차이를 보여준다 / 사람들이 인간 이외의 세계를 어떻게 이해해 왔는가.

(When viewed from the perspective of health), / the nineteenth-century environment was / neither passive / nor necessarily benign (in its natural state).
건강의 관점에서 비추어지면 / 19세기 환경은 / 수동적이지 않았다 / 자연상태에서 반드시 온화한 것도 아니었다.

To the contrary, / the "natural" environment, / especially those environments / (least touched by the processes of civilization), / acted / on settlers' bodies / in sometimes aggressive and unpredictable ways.
반대로 / '자연' 환경은 / 특히 그러한 환경은 / 문명화 과정에서 최소로 접촉되었던 / 작동했다 / 정착민의 몸에 / 가끔 공격적이고 예측할 수 없는 방식으로.

Consequently, / untested landscapes / were always physically threatening.
결과적으로 / 검증되지 않은 환경은 / 항상 신체적으로 위협적이었다.

This fear (of distant and unfamiliar places) / generated a lot of popular advice / for would-be settlers and travelers.
멀리 떨어지고 낯선 장소에 대한 이러한 두려움은 / 많은 대중적인 조언을 만들어냈다 / 정착이나 여행을 하려는 사람들에게.

At the same time, / existing medical and scientific practices / brought the environmental sources of disease / into focus.
동시에 / 기존의 의학 및 과학적 관행들은 / 질병의 환경적 원인들을 가져왔다 / 관심 속으로.

정답 ③

해설 (B)에서 제시한 '환경이 수동적이지도 온화한 것도 아니었다'라는 말에 대해, (C)에서 '자연 환경은 공격적이었다'라고 부연 설명하고 있다. 여기서 To the contrary(오히려, 반대로)는 '반대의 개념'이 아닌, '강화'의 개념으로 사용되었다. 따라서 [(B) → (C)]의 순서이다. (A)의 This fear는 (C)에서 언급한 '자연 환경은 위협적이었다'에 대한 두려움을 언급한 것이므로 [(C) → (A)]의 순서가 자연스럽다.

해석 질병에 관한 19세기의 글들은 신체에 대한 이전의 인식을 들여다보는 창을 제공한다. 덜 명백할 수는 있으나, 이러한 동일한 글들은 환경에 대한 이전의 인식들도 보여준다.
(B) 질병에 대한 다양한 개념은 사람들이 인간 이외의 세계를 어떻게 이해해 왔는지에 대한 차이점을 보여준다. 건강의 관점에서 보았을 때, 19세기의 환경은 수동적이지도 않았고 자연 상태에서 반드시 온화한 것도 아니었다.
(C) 오히려(To the contrary), '자연' 환경, 특히 문명의 과정이 거의 닿지 않은 환경은 때로는 공격적이고 예측 불가능한 방식으로 개척자들의 몸에 영향을 주었다. 따라서 검증되지 않은 풍경은 항상 신체적으로 위협적이었다.
(A) 낯설고 멀리 떨어진 장소에 대한 이러한 두려움(This fear)은 개척자나 여행자 지망생을 위한 대중적인 조언을 많이 만들어냈다. 동시에, 기존의 의학 및 과학적 관행은 질병의 환경적 원인을 부각시켰다.

어휘 generate 만들어내다, 야기하다 would-be ~하고자 하는 settler 정착민 bring A into focus A에 초점을 맞추다 nonhuman 인간 이외의 perspective 관점 benign 온화한 aggressive 공격적인 untested 검증되지 않은

08 주어진 글 다음에 이어질 글의 순서로 가장 적절한 것은?

Nowadays, a lot of countries are evolving into cashless societies. In Sweden, cash circulation of currency dropped dramatically, and it now accounts for only 2% of the nation's transactions.

(A) Nevertheless, a cashless society does not benefit everyone. While the elderly struggle with the technology, the younger generations are more prone to overspending when no physical money is exchanged.

(B) Furthermore, this progression raises several ethical concerns, such as threats to individual privacy. Therefore, before the day of 0% cash circulation comes, several legal and political issues need to be resolved.

(C) This evolution has had several positive effects. Financial institutions have been able to make bigger profits thanks to the reduction in cash-handling services. Moreover, bank robberies across the country have almost disappeared.

① (B) – (A) – (C) ② (B) – (C) – (A)
③ (C) – (A) – (B) ④ (C) – (B) – (A)

■ **지문 분석** 예문의 밑줄은 동사(구)

Nowadays, / a lot of countries are evolving / into cashless societies.
오늘날 / 많은 나라들은 발전하고 있다 / 현금 없는 사회로.

In Sweden, / cash circulation of currency dropped dramatically, / and it now accounts for / only 2% of the nation's transactions.
스웨덴에서 / 현금 유통이 급격하게 줄었고 / 이는 현재 차지한다 / 국가 거래의 겨우 2%만을.

This evolution / has had several positive effects.
이러한 발전은 / 몇몇 긍정적인 영향을 끼치고 있다.

Financial institutions / have been able to make bigger profits / (thanks to the reduction / in cash-handling services).
금융 기관들은 / 보다 많은 이익을 만들 수 있었다 / 감소 덕분에 / 현금을 다루는 서비스의.

Moreover, / bank robberies (across the country) / have almost disappeared.
게다가 / 전국의 은행 강도는 / 거의 사라졌다.

Nevertheless, / a cashless society / does not benefit everyone.
그럼에도 불구하고 / 현금 없는 사회는 / 모든 사람을 이롭게 하는 것은 아니다.

(While the elderly struggle with the technology), / the younger generations are more prone / to overspending / (when no physical money is exchanged).
나이 든 사람들이 기술로 고생하는 동안에 / 젊은 세대들은 더 취약하다 / 과소비에 / 실물 화폐가 교환되지 않을 때).

Furthermore, / this progression / raises several ethical concerns, / (such as threats / to individual privacy).
게다가 / 이러한 발전은 / 몇몇 윤리적인 우려를 일으킨다 / 위협과 같은 / 사생활에 대한.

Therefore, / (before the day of 0% cash circulation comes), / several legal and political issues / need to be resolved.
그러므로 / 현금 유통 0%의 날이 오기 전에 / 몇몇 합법적, 정치적 문제가 / 해결될 필요가 있다.

정답 ③

해설 제시문과 (C)는 '현금을 사용하지 않는 것의 이점'에 대해 언급하고 있고, (A)와 (B)는 '현금을 사용하지 않는 것의 단점'에 대해 언급하고 있다. 따라서 [제시문 → (C)]의 순서가 자연스럽다. (A)에서 Nevertheless를 사용하여, (A)가 반론의 시작임을 보여준다. (B)의 furthermore는 [(A): 단점 → 게다가 → (B): 단점]의 논리 전개를 보여준다.

해석 오늘날, 많은 나라들이 현금이 불필요한 사회로 발전하고 있다. 스웨덴에서는 현금 유통이 급격하게 줄었고, 현재는 국가 거래의 2%만을 차지한다.
(C) 이러한 발전(This evolution)은 몇 가지 긍정적인 영향을 갖는다. 금융 기관들은 현금을 다루는 서비스의 감소로 인해 더 많은 이윤을 창출하는 것이 가능했다. 게다가, 전국적으로 은행 강도 사건들이 거의 사라졌다.
(A) 그렇지만(Nevertheless), 현금이 불필요한 사회가 모두에게 유익한 것은 아니다. 나이 든 사람들은 기술과 씨름하고, 젊은 세대들은 실물 화폐가 교환되지 않을 때 과소비를 하기가 더 쉽다.
(B) 게다가(Furthermore), 이러한 진전은 사생활의 위협과 같은 몇 가지 윤리적인 우려를 일으킨다. 그러므로, 현금 유통이 0%가 되는 날이 오기 전에, 몇 가지 법적인 문제와 정치적 문제가 해결될 필요가 있다.

어휘 cashless society 현금을 사용하지 않는 사회 currency 통화, 현금 dramatically 급격하게 account for ~을 차지하다 transaction 거래 benefit ~을 이롭게 하다 the elderly 나이 든 사람들 struggle with ~와 씨름하다, ~로 고생하다 be prone to -ing ~에 취약하다 progression 발전 financial institution 금융기관 cash-handling service 현금을 다루는 서비스

09 주어진 글 다음에 이어질 글의 순서로 가장 적절한 것은?

Stress not only affects physical disease but also the very structure of our brains, making us even more likely to experience a drained brain.

(A) Why does this matter? This part of the brain helps you remain resilient in the face of stress and is involved in mood regulation. It also helps you to monitor the safety of your environment and store dangerous images in your longterm memory so you can avoid them in the future.

(B) It does all these things as part of its duties of regulating your sympathetic and parasympathetic* nervous systems. But chronic stress can confuse the hippocampus and lead to turning signals for cortisol "on" instead of "off," which can trap you in a constant state of fight, flight, or freeze.

(C) A number of studies have been done to reveal what happens in healthy people's brains when they go through something stressful. One study demonstrated a link between a smaller hippocampus and people who had experienced longlasting stress.

* (para)sympathetic: (부)교감

① (B) – (A) – (C) ② (B) – (C) – (A)
③ (C) – (A) – (B) ④ (C) – (B) – (A)

● **지문 분석** 예문의 밑줄은 동사(구)

Stress not only affects physical disease / but also the very structure of our brains, / (making us / even more likely to experience a drained brain).
스트레스는 신체적 질병에 영향을 미칠 뿐만 아니라 / 뇌의 구조 자체에도 영향을 미친다 / 우리를 만들면서 / 탈진한 뇌를 더 쉽게 경험할 수 있도록.

A number of studies have been done / to reveal (what happens in healthy people's brains) / (when they go through something stressful).
많은 연구가 실행되었다 / 건강한 사람의 두뇌에 무슨 일이 발생하는가를 밝히기 위해서 / 그들이 스트레스 받는 일을 겪을 때.

One study demonstrated a link / between a smaller hippocampus and people / (who had experienced longlasting stress).
한 연구는 연관성을 보여주었다 / 작아진 해마와 장기적인 스트레스를 경험한 사람 사이의 / 장기적인 스트레스를 경험한.

Why does this matter?
왜 이것이 중요한가?

This part of the brain helps / you remain resilient (in the face of stress) / and is involved in mood regulation.
두뇌의 이 부분은 도와준다 / 여러분이 스트레스를 직면했을 때 회복력을 유지하도록 / 그리고 감정 조절과 관련되어 있다.

It also helps you / [to monitor the safety of your environment / and store dangerous images / in your longterm memory / (so you can avoid them in the future)].
이는 또한 여러분을 도와준다 / 환경의 안전을 감시하고 / 위험한 이미지를 저장하는 것을 / 여러분의 장기 기억 속에 / 미래에 그것들을 피할 수 있도록.

It does all these things / as part of its duties / (of regulating your sympathetic and parasympathetic nervous systems).
그것(해마)은 이러한 모든 것을 한다 / 의무의 일부로 / 교감신경계와 부교감신경계를 조절하는.

But / chronic stress / can confuse the hippocampus / and lead to turning signals for cortisol "on" (instead of "off,") / (which can trap you / in a constant state of fight, flight, or freeze).
그러나 / 만성적인 스트레스는 / 해마를 혼란스럽게 만들 수 있다 / 그리고 코티솔 분비를 '끄는' 대신에 '켜는' 신호를 보내도록 한다 / 그리고 그것은 당신을 빠뜨릴 수 있다 / 계속되는 투쟁–도피–동결의 상태로.

정답 ③

해설 스트레스가 탈진 상태의 두뇌(drained brain)를 초래하는 이유를 설명하는 글이다. (A)의 This part of the brain이 가리키는 것이 (C)의 hippocampus이므로 [(C) → (A)]의 순서가 적절하다. (B)의 all these things가 가리키는 것은 (A)에 나열된 '회복력 유지, 감정조절, 감정 조절, 기억 저장 등'이므로 [(A) → (B)]의 순서가 적절하다.

해석 스트레스는 단순히 신체적 질병에 영향을 미칠 뿐만 아니라, 뇌의 구조 자체에도 영향을 미쳐서 우리의 뇌를 더욱 쉽게 탈진 상태로 만들 수 있다.
(C) 건강한 사람들의 뇌가 스트레스를 겪을 때 어떤 변화가 일어나는지를 밝히기 위한 많은 연구가 이루어졌다. 그 중 한 연구에서는 작아진 해마와 장기간 스트레스를 경험한 사람들 사이의 연관성을 보여주었다.
(A) 왜 이것(this)이 중요할까? 뇌의 이 부분(This part of the brain)은 스트레스 상황에서도 회복력을 유지하게 도와주며, 감정 조절에도 관여한다. 또한 주변 환경의 안전성을 모니터링하고, 위험한 이미지를 장기 기억에 저장하여 미래에 그것을 피할 수 있도록 한다.
(B) 그것(It: 해마)이 이러한 모든 것(all these things)을 교감신경계와 부교감신경계를 조절하는 역할의 일부로 한다. 그러나 만성 스트레스는 해마를 혼란스럽게 만들 수 있고, 코티솔 분비를 '끄는' 대신 '켜는' 신호를 보내도록 하여, 당신을 지속적인 투쟁–도피–동결 반응 상태에 빠뜨릴 수 있다.

어휘 structure 구조 drained brain 진이 빠진 두뇌 matter 중요하다 resilient 회복력이 있는, 탄력적인 in the face of ~을 직면하여 mood regulation 감정 조절 long-term 장기간의 sympathetic nervous system 교감신경체계 hippocampus (대뇌 측두엽의) 해마 cortisol 코티솔 (호르몬의 일종) trap 붙잡다, 가두다 flight 도망, 탈출 go through 겪다, 경험하다

10 주어진 글 다음에 이어질 글의 순서로 가장 적절한 것은?

> Selective encoding involves distinguishing irrelevant from relevant information. We are all presented every day with much more information than we can possibly handle. An important task confronting each of us is to select the information that is important for our purposes, and to filter out the information that is not important.

(A) Selective encoding is the process by which this filtering is done. Consider, for example, a particularly significant example of selective encoding in science, the unusual means by which Sir Alexander Fleming discovered penicillin.

(B) A lesser scientist would have bemoaned the failure of the experiment and promised to do a better job next time. Fleming, however, noticed that the mold* had killed the bacteria, a discovery that provided the basis for his discovery of the important antibiotic, penicillin.

(C) Fleming was performing an experiment that involved growing (or "culturing") bacteria in a petri dish – a little glass or plastic dish that contains a gelatin in which bacteria grow easily. Unfortunately, from some points of view, the culture** was spoiled: A mold grew within the culture and killed the bacteria.

* mold: 곰팡이 ** culture: (세균의) 배양, 배양균

① (B) – (C) – (A)
② (A) – (C) – (B)
③ (C) – (B) – (A)
④ (C) – (A) – (B)

정답 ②

해설 사람 이름도 순서 배열에 도움이 된다. (A)에서는 Alexander Fleming으로 full name을 사용했고, (B)와 (C)에서는 이름인 Fleming만 사용하고 있으므로 (A)가 가장 먼저 배치되어야 한다. (C)에서 실험을 소개하고 그 실험의 실패 내용을 기술하고 있고, (B)에서 그 실패로부터 페니실린을 발견했다는 일화를 기술하고 있으므로 [(C) → (B)]의 순서가 적절하다.

지문 분석 예문의 밑줄은 동사(구)

Selective encoding involves / (distinguishing irrelevant from relevant information).
선택적 부호화는 포함한다 / 관련 없는 정보와 관련 있는 정보를 구별하는 것을.

We are all presented every day / with much more information / than we can possibly handle.
우리는 모두 매일 제공받는다 / 훨씬 더 많은 정보를 / 우리가 다룰 수 있는 것보다.

An important task (confronting each of us) / is / (to select the information / that is important for our purposes), / and (to filter out the information / that is not important).
우리가 직면하는 중요한 과제는 / ~이다 / 정보를 선택하는 것 / 우리 목적에 중요한 / 그리고 정보를 걸러내는 것 / 중요하지 않은.

Selective encoding is the process / (by which this filtering is done).
선택적 부호화는 과정이다 / 이러한 필터링이 실행되는.

Consider, for example, / a particularly significant example (of selective encoding in science), / the unusual means (by which Sir Alexander Fleming discovered penicillin).
예를 들어 고려해 보자 / 과학에서 선택적 부호화의 중요한 사례를 / Alexander Fleming 경이 페니실린을 발견했던 독특한 방법.

Fleming was performing an experiment (that involved growing (or "culturing") bacteria in a petri dish) / – a little glass or plastic dish / (that contains a gelatin) / (in which bacteria grow easily).
Fleming은 페트리 접시에 박테리아를 키우는 (혹은 배양하는) 것과 관련된 실험을 행하고 있었다 / 작은 유리 또는 플라스틱 접시 / 젤라틴을 포함하는 / 그 속에서 박테리아가 쉽게 자라는.

Unfortunately, / from some points of view, / the culture was spoiled:
운이 없게도 / 어떤 관점에서 / 배양은 실패했다

A mold grew within the culture / and killed the bacteria.
한 곰팡이가 배양균 안에서 자랐다 / 그리고 박테리아를 죽였다.

A lesser scientist / would have bemoaned / the failure of the experiment / and promised to do a better job next time.
실력이 덜한 과학자는 / 한탄했을 것이다 / 실험의 실패를 / 그리고 다음에 더 잘할 것을 약속했을 것이다.

Fleming, however, noticed / (that the mold had killed the bacteria), / a discovery (that provided the basis / for his discovery of the important antibiotic, penicillin).
하지만 Fleming은 주목했다 / 그 곰팡이가 박테리아를 죽였다는 것을 / 근거를 제공했던 발견이었다 / 중요한 항생제인 페니실린의 발견에 대한.

해석 '선택적 부호화'는 부적절한 정보와 적절한 정보를 구별하는 것과 관련이 있다. 우리는 아마도 우리가 처리할 수 있는 것보다 훨씬 더 많은 정보를 매일 제공받고 있다. 우리 개개인이 직면하는 중요한 과제는 우리의 목적에 중요한 정보를 선택하고, 중요하지 않은 정보는 걸러내는 것이다.
(A) 선택적 부호화는 이러한 걸러내는 것이 행해지는 과정이다. 예를 들어, 과학에서 특히 중요한 선택적 부호화의 사례로, Alexander Fleming 경이 페니실린을 발견했던 독특한 방법을 생각해 보라.
(C) Fleming은 페트리 접시, 즉 박테리아가 쉽게 자라는 젤라틴을 포함하는 작은 유리 또는 플라스틱 접시에서 박테리아를 키우는 (혹은 '배양하는') 것과 관련된 실험을 수행하고 있었다. 안타깝게도, 몇 가지 관점에서, 배양은 실패했다. 곰팡이가 배양균 안에서 자라서 박테리아를 죽였던 것이다.
(B) 실력이 덜한 과학자는 실험의 실패를 한탄하면서 다음 번에 더 잘할 것을 약속했을 것이다. 그러나(however) Fleming은 곰팡이가 박테리아를 죽였다는 것에 주목했는데, 이는 중요한 항생제인 페니실린을 발견하는 데 토대를 제공한 발견이었다.

어휘 encoding 부호화 irrelevant 부적절한 be provided with ~을 제공받다 confront ~와 부딪히다 filter out 걸러내다 means 방법 bemoan 슬퍼하다 antibiotic 항생제 culture 배양하다 petri dish 세균 배양용 접시 spoil 망치다

08 빈칸 완성 (단어, 어구)

1 문제의 특징

빈칸 완성 문제는 수험생들이 가장 어려워하는 문제 유형이다. 빈칸이 들어간 문장을 정확하게 해석하는 능력뿐만 아니라 선택지에 대한 어휘력도 필요하다. 글의 내용을 대략적으로 훑어보는 접근법으로 정답을 추론하면 함정에 걸리는 경우가 많으므로, 중요한 문장을 정확하게 해석하는 훈련을 해야 한다.

2 독해 전략

① **빈칸이 들어 있는 문장이 가장 중요하다.**
- 빈칸이 들어 있는 문장을 정확하게 구문분석 및 해석을 하고, 선택지와 맞춰 본다.
  → 빠른 경우, 말의 어울림에 의해 적절한 답을 찾을 수도 있다.
- 선택지의 단어들의 (+), (−)의 구분에 의해서도 정답을 추측할 수도 있다.
- 빈칸이 들어간 문장이 부정문인 경우를 조심하자.

② **빈칸 문장이 지문의 중간에 있는 경우**
- 빈칸이 있는 문장에 지시어나 접속부사가 있으면 빈칸이 있는 문장의 앞 문장이나 뒷문장을 살펴본다.
- 앞뒤 문장을 확인한 다음에 선택지에서 판단을 해본다.

③ **빈칸 문장이 지문의 앞부분 또는 마지막 부분에 있는 경우**
- 이런 경우는 글 전체에 대한 이해를 묻거나, 해당 문장이 주제문이 되는 경우가 많다.
- 이 경우, 첫 문장과 마지막 문장을 읽는 것이 좋다. 또는 글의 중간까지 읽고 선택지에서 답을 선택해 본다.

전략 적용

다음 빈칸에 가장 적절한 것은? ⟨25 국가 9급⟩

Active listening is an art, a skill and a discipline that takes _____. To develop good listening skills, you need to understand what is involved in effective communication and develop the techniques to sit quietly and listen. This involves ignoring your own needs and focusing on the person speaking — a task made more difficult by the way the human brain works. When someone talks to you, your brain immediately begins processing the words, body language, tone, inflection and perceived meanings coming from the other person. Instead of hearing one noise, you hear two: the noise the other person is making and the noise in your own head. Unless you train yourself to remain vigilant, the brain usually ends up paying attention to the noise in your own head. That's where active listening techniques come into play. Hearing becomes listening only when you pay attention to what the person is saying and follow it very closely.

① ~~a sense of autonomy~~
② ~~a creative mindset~~
③ a high degree of self-control
④ ~~an extroverted personality~~

STEP 1
빈칸이 있는 문장을 정확하게 읽고 해석한다. "적극적인 경청은 예술이자 기술이고, ___을 필요로 하는 훈련이다."

STEP 2
선택지를 보고 추측을 해본다.
① 자율성 감각
② 창의적인 사고방식
③ 높은 수준의 자기통제
④ 외향적인 개성

STEP 3 나머지 순서 확인
첫 문장이나 마지막 문장에 빈칸이 있으면 글의 주제를 묻는 경우가 많으므로, 글 전반을 읽어 가면서 답의 근거를 찾아본다. 빈칸이 있는 문장의 discipline은 '훈련'이라는 의미도 있으므로 ③을 정답으로 추측할 수 있다.

[해석] 적극적 경청은 예술이자 기술이며, 높은 수준의 자제력을 요구하는 하나의 훈련이다. 좋은 경청 기술을 기르기 위해서는 효과적인 의사소통에 무엇이 관련되어 있는지를 이해하고, 조용히 앉아서 듣는 기술을 개발해야 한다. 이는 자신의 필요를 무시하고 말하는 사람에게 집중하는 것을 포함하는데, 이는 인간의 뇌가 작동하는 방식 때문에 더 어렵다. 누군가가 당신에게 말할 때, 당신의 뇌는 즉시 그 사람의 말, 몸짓, 말투, 억양, 인지된 의미를 처리하기 시작한다. 당신은 한 가지 소리를 듣는 것이 아니라 두 가지 소리를 듣게 된다. 즉, 상대가 내는 소리와 자신의 머릿속에서 들려오는 소리이다. 방심하지 않도록 자신을 훈련시키지 않으면, 뇌는 보통 자신의 머릿속 소리에 집중하게 된다. 이때 적극적 경청 기법이 작용하게 된다. 듣기는 말하는 사람이 무슨 말을 하는지 주의를 기울이고 그 내용을 아주 밀접하게 따라갈 때에만 비로소 경청이 된다.
① 자율성 감각
② 창의적인 사고방식
③ 높은 수준의 자기통제
④ 외향적인 개성

[어휘] discipline 훈련, 규율, 기강, 과목 involve 포함하다, 관련시키다 tone 어조, 말투 inflection 억양 vigilant 경계하는, 조심하는 end up -ing 결국 ~하게 되다, ~하는 상태로 끝나다 come into play 작동하다 autonomy 자치권, 자율성 mindset 사고방식 extroverted 외향적인

[정답] ③

Exercise

01 다음 빈칸에 가장 적절한 것은?

> I am incapable of taking anybody's word as it is — I have to see for myself. If I read a quoted source in a book, I have to read the source from which the quote is taken. If that source quotes someone else, I am motivated to find the original. If I ever finally get to the originator of an idea, I am driven to study the life and methods of that person. If possible, I try to discover the observations which led the person to a particular conclusion. This is time-consuming and tiring, no question about it; but it is the only way that satisfies me. In short, I am _____.

① generous
② detached
③ indifferent
④ curious

■ **지문 분석** 예문의 밑줄은 동사(구)

I am incapable of / (taking anybody's word / as it is) / — I have to see / for myself.
나는 할 수 없다 / 어떤 사람의 말을 받아들이는 것을 / 있는 그대로 / 나는 봐야 한다 / 내가 직접.

(If I read / a quoted source / in a book), / I have to read the source / (from which the quote is taken).
만약 내가 읽는다면 / 인용된 내용을 / 어떤 책에서 / 나는 그 출처를 읽어야 한다 / 그 인용문이 발췌된.

(If that source quotes someone else), / I am motivated / to find the original.
만약 그 출처가 어떤 사람을 인용한 것이라면 / 나는 동기를 부여받는다 / 원본을 찾도록.

(If I ever finally get / to the originator of an idea), / I am driven / (to study the life and methods of that person).
만약 내가 마침내 도달하면 / 그 아이디어의 최초의 출처자에 / 나는 이끌린다 / 그 사람의 삶과 방식을 연구하도록.

If possible, / I try to discover / the observations (which led the person / to a particular conclusion).
가능하다면 / 나는 찾으려고 애쓴다 / 그 사람이 도달하도록 만든 그 관찰들을 / 특정 결론에.

This is time-consuming and tiring, / no question about it;
이것은 시간 소모적이고 지치는 일이다 / 의심의 여지가 없다

but it is the only way / (that satisfies me).
하지만 그것은 유일한 방법이다 / 나를 만족시키는.

In short, / I am curious.
요컨대 / 나는 호기심이 많다.

정답 ④

해설 글 전반에 걸쳐 필자가 인용문의 원문을 계속 찾아가는 호기심을 가지고 있다는 것을 나타내고 있으므로 ④가 가장 적절하다. ① 관대한 ② 냉담한 ③ 무관심한 ④ 호기심이 많은

해석 나는 어떤 사람의 말을 액면 그대로 받아들이지 못하고, 내가 직접 확인해야 한다. 만약 내가 어떤 책에서 인용된 출처를 읽으면, 그 인용문이 발췌된 자료를 읽어야 한다. 만약 그 자료가 다른 사람의 말을 인용한다면, 나는 그 원본을 찾고자 하는 마음이 생긴다. 만약 어떤 아이디어를 최초로 고안해 낸 사람을 마침내 찾게 되면, 나는 그 사람의 삶과 방법들을 연구하고자 하는 충동이 생긴다. 가능하다면, 나는 그 사람을 특정한 결론으로 이끌게 한 그 관찰들을 발견하려고 한다. 이런 일은 시간을 소비하고 지치게 하는 데 의심의 여지는 없지만, 그것은 나를 만족시키는 유일한 방법이다. 요컨대, 나는 호기심이 많다.

어휘 be incapable of ~할 수 없다   as it is 있는 그대로   quote 인용하다   be motivated to 동사원형 ~하도록 동기를 부여받다   the original 원본   be driven to 동사원형 ~하도록 끌리다   time-consuming 시간 소모적인   tiring 피곤한, 지치게 하는   generous 관대한   detached 냉담한   indifferent 무관심한

02 다음 빈칸에 가장 적절한 것은?

Finkenauer and Rimé investigated the memory of the unexpected death of Belgium's King Baudouin in 1993 in a large sample of Belgian citizens. The data revealed that the news of the king's death had been widely socially shared. By talking about the event, people gradually constructed a social narrative and a collective memory of the emotional event. At the same time, they consolidated their own memory of the personal circumstances in which the event took place, an effect known as "flashbulb memory." The more an event is socially shared, the more it will be fixed in people's minds. Social sharing may in this way help to counteract some natural tendency people may have. Naturally, people should be driven to "forget" undesirable events. Thus, someone who just heard a piece of bad news often tends initially to deny what happened. The _____ social sharing of the bad news contributes to realism.

① biased
② fleeting
③ repetitive
④ temporary

● **지문 분석** 예문의 밑줄은 동사(구)

Finkenauer and Rimé investigated / the memory / of the unexpected death of Belgium's King Baudouin in 1993 / in a large sample of Belgian citizens.
Finkenauer와 Rimé는 조사했다 / 기억을 / 1993년 벨기에 국왕 Baudouin의 예기치 못한 죽음에 대한 / 벨기에의 많은 시민들의 표본 속에서.

The data revealed / (that the news of the king's death had been widely socially shared).
그 자료는 나타냈다 / 왕의 사망 소식은 널리 사회적으로 공유되었다는 것을.

(By talking about the event), / people gradually constructed / a social narrative and a collective memory / of the emotional event.
그 사건에 대해 이야기함으로써 / 사람들은 점차 만들었다 / 그 감정적인 사건에 대한 사회적 이야기와 집단적인 기억을 / 그 감정적인 사건에 대한.

At the same time, / they consolidated their own memory / of the personal circumstances (in which the event took place), / an effect (known as "flashbulb memory.")
동시에, / 그들은 자기 자신의 기억도 강화시켰다 / 그 사건이 일어났던 개인적인 상황에 대한 / (그리고 그것은) '섬광기억'이라고 알려진 효과이다.

The more / an event is socially shared, / the more / it will be fixed / in people's minds.
더 많이 / 어떤 사건이 사회적으로 공유될수록 / 더 많이 / 그것은 고정될 것이다 / 사람들의 마음 속에.

Social sharing / may in this way help / to counteract some natural tendency (people may have).
사회적 공유는 / 이런 식으로 도울 수 있다 / 사람들이 가지고 있는 어떤 자연적인 성향을 중화시키는 것을.

Naturally, / people should be driven / to "forget" undesirable events.
자연스럽게 / 사람들은 이끌리게 될 것이다 / 바람직하지 않은 사건을 '잊도록'.

Thus, / someone (who just heard a piece of bad news) / often tends initially to deny (what happened).
그러므로 / 나쁜 소식을 막 들은 어떤 사람은 / 처음에는 흔히 발생한 일을 부인하려고 한다.

The repetitive social sharing of the bad news / contributes to realism.
나쁜 소식에 대한 반복적인 사회적 공유는 / 현실성에 기여한다.

정답 ③

해설 빨리 잊고 싶은 나쁜 소식이 오히려 더 오래 기억에 남게 되는 이유는 사람들이 서로 공유하기 때문이라고 설명하는 글이다. '한 사건이 더 많이 공유되면 더 오래 기억이 남는다'라고 설명하고 있고, 이 내용과 가장 가까운 표현은 ③을 사용한 '반복적으로 공유한다'가 적절하다. ① 편향적인 ② 휙 지나가는 ③ 반복적인 ④ 일시적인

해석 Finkenauer와 Rimé는 표본으로 추출된 많은 벨기에 시민들을 대상으로 1993년 벨기에 Baudouin 국왕의 예기치 못한 죽음에 대한 기억을 조사했다. 그 자료는 국왕의 죽음에 대한 소식이 널리 사회적으로 공유되었다는 것을 나타냈다. 그 사건에 관해 이야기함으로써 사람들은 서서히 그 감정적 사건의 사회적 이야기와 집단 기억을 구축했다. 동시에 그들은 그 사건이 발생했던 개인적 상황에 대한 자신들의 기억을 공고히 했는데, 그것은 '섬광 기억'으로 알려진 효과이다. 한 사건이 사회적으로 더 많이 공유되면 될수록, 그것은 사람들의 마음에 더 많이 고정(기억)될 것이다. 사회적 공유는 이런 식으로 사람들이 갖고 있는 어떤 자연적인 성향을 중화시키는 데 도움이 될 수 있다. 자연스러운 일이지만, 사람들은 바람직하지 않은 사건을 '잊도록' 이끌릴 것이다. 그래서 방금 어떤 나쁜 소식을 들은 어떤 사람은 발생한 일을 처음에는 흔히 부인하고 싶어 한다. 나쁜 소식에 대한 반복되는 사회적 공유는 현실성에 기여한다.

어휘 consolidate 공고히 하다, 강화하다 take place 발생하다 flashbulb memory 섬광 기억 counteract 반작용하다, 반대로 행동하다, 중화하다 undesirable 바람직하지 않은 contribute to ~에 기여하다 biased 편향적인 fleeting 휙 지나가는, 일시적인 repetitive 반복적인 temporary 일시적인

03 다음 빈칸에 가장 적절한 것은?

In all cultures in which eye-gaze behavior has been studied, science confirms that those who are dominant have more _____ in using it. In essence, these individuals are entitled to look wherever they want. However, subordinates are more restricted in where they can look and when. Humility dictates that in the presence of royalty, as in church, heads are bowed. As a general rule, dominants tend to ignore subordinates visually while subordinates tend to gaze at dominant individuals at a distance. In other words, higher-status individuals can be indifferent while lower-status persons are required to be attentive with their gaze. The king is free to look at anyone he wants, but all subjects face the king, even as they back out of a room.

① tension
② friction
③ freedom
④ accountability

■ **지문 분석** 예문의 밑줄은 동사(구)

In all cultures (in which eye-gaze behavior has been studied), / science confirms / [that those (who are dominant) have more freedom / in using it].
응시 행위가 연구되어 온 모든 문화에서 / 과학은 확인한다 / 권력이 있는 사람은 더 많은 자유를 갖는다 / 그것을 사용함에 있어.

In essence, / these individuals are entitled / to look (wherever they want).
기본적으로 / 이러한 개인들은 권한을 부여 받는다 / 자신들이 원하는 어디든지 볼 수 있는.

However, / subordinates are more restricted / in (where they can look and when).
하지만 / 하급자들은 보다 제한적이다 / 그들이 어디를, 그리고 언제 볼 수 있는가에 있어서.

Humility dictates / (that (in the presence of royalty), (as in church), heads are bowed).
겸양은 지시한다 / 교회와 마찬가지로 왕족이 있는 곳에서 고개가 숙여질 것을.

As a general rule, / dominants tend to ignore / subordinates visually / (while subordinates tend to gaze at dominant individuals / at a distance).
일반적으로 / 지배자들은 무시하는 경향이 있다 / 하급자들을 시각적으로 / 하급자들은 지배적인 사람들을 응시하는 경향이 있는 반면에 / 떨어져서.

In other words, / higher-status individuals can be indifferent / (while lower-status persons are required / to be attentive / with their gaze).
다시 말해서 / 높은 지위의 사람들은 무관심할 수 있다 / 반면에 낮은 지위의 사람들은 요구 받는다 / 주의할 것을 / 그들의 시선에.

The king is free to look at anyone (he wants), / but all subjects face the king, (even as they back out of a room).
왕은 그가 원하는 누구라도 자유롭게 쳐다본다 / 하지만, 모든 신하들은 왕을 향한다 / 심지어 방에서 물러나올 때조차.

정답 ③

해설 빈칸 다음 문장에서 '자신이 원하는 어디든지 볼 권한을 갖는다'라는 표현은 ③의 freedom과 잘 어울린다. 마지막 문장에서 '왕은 자유롭게 쳐다본다'라는 문장이 정답의 근거를 공고히 해준다. ① 긴장감 ② 마찰 ③ 자유 ④ 책임성

해석 눈-시선 행동이 연구되어 온 모든 문화에서 과학은 지배적인 사람들이 그것(눈-시선 행동)을 사용할 때 더 많은 <u>자유</u>를 갖는다는 것을 입증해준다. 본질적으로 이 사람들은 그들이 원하는 곳은 어디든지 볼 수 있는 권한이 있다. 하지만, 하급자들은 그들이 어디를 볼 수 있고 언제 그럴 수 있는지에 있어서 더 제한적이다. 겸양은, 교회와 마찬가지로, 왕족이 있는 곳에서 고개가 숙여지도록 지시한다. 일반적으로 하급자들은 지배하는 사람들을 멀리서 바라보는 경향이 있는 반면, 지배자들은 하급자들을 시각적으로 무시하는 경향이 있다. 다시 말해서, 더 낮은 지위의 사람들은 그들의 시선에 신경을 쓰도록 요구 받는 반면, 더 높은 지위의 사람들은 무관심할 수 있다. 왕은 그가 원하는 사람은 누구나 자유롭게 쳐다보지만, 모든 신하들은 방에서 돌아 나올 때조차도 왕 쪽을 향한다.

어휘 gaze 응시, 시선 validate 입증하다 dominant (상대적으로) 권력이 있는, 우세한 subordinate 하급자, 부하 restricted 제한된, 한정된 humility 겸양, 겸손 dictate 지시하다, 명령하다 attentive 신경을 쓰는, 주의를 기울이는 face 향하다, 마주보다 back 뒤로

04 다음 빈칸에 가장 적절한 것은?

> From a present perspective, we tend to believe that "artists' individuality" is a universal thought. Thus we fail to imagine a place and period in which things were different. But there was a time when priority was given to an observance of tradition rather than to an artist's personality. In medieval Europe, for example, the standardized backgrounds of religious images acted as a device to _____ of the artists. Those images contrast the modern self-portraits, which are considered to show the obvious individuality of the artists in brush marks. Medieval artists were little more than wage-earning artisans who didn't have a chance to show their artistic originality.

① illustrate the creativity
② exclude the individuality
③ promote self-expression
④ reflect the historical view

지문 분석 예문의 밑줄은 동사(구)

From a present perspective, / we tend to believe / (that "artists' individuality" is a universal thought).
현재의 관점에서 / 우리는 믿는 성향이 있다 / '예술가의 개성'이 보편적인 생각이라고.

Thus / we fail to imagine / a place and period / (in which things were different).
그래서 / 우리는 상상하지 못한다 / 장소나 시기를 / 상황이 달랐던.

But / there was a time / (when priority was given / to an observance of tradition / rather than to an artist's personality).
하지만 / 시기가 있었다 / 우선순위가 부여되던 / 전통의 준수에 / 예술가의 개성보다는.

In medieval Europe, / for example, / the standardized backgrounds of religious images acted / as a device (to exclude the individuality of the artists).
중세 유럽에서 / 예를 들어 / 표준화된 종교적 이미지의 배경이 작동했다 / 예술가의 개성을 배제하는 장치로.

Those images / contrast the modern self-portraits, / (which are considered / to show the obvious individuality of the artists / in brush marks).
그러한 이미지들은 / 현대의 자화상과 대비된다 / 그것은 여겨진다 / 예술가의 명확한 개성을 보여주는 것으로 / 붓 끝에서.

Medieval artists / were little more than wage-earning artisans / (who didn't have a chance / to show their artistic originality).
중세 예술가들은 / 단지 돈을 버는 장인에 불과했다 / 그들은 기회를 갖지 못했다 / 자신들의 예술적 독창성을 보여줄.

정답 ②

해설 '예술가의 개성보다는 전통을 따르는 것을 우선시하는 시기가 있었다'고 언급한 후, 빈칸이 있는 문장에서 이에 대한 예시를 들고 있다. 이와 의미가 잘 연결되는 것은 ②의 '개성을 배제하다'이다. ① 창의력을 설명하는 ② 개성을 배제하는 ③ 자기 표현력을 촉진시키는 ④ 역사관을 반영하는

해석 현재의 관점에서 우리는 예술가의 개성이 보편적인 생각이라고 믿는 경향이 있다. 그래서 우리는 상황이 달랐던 장소나 시기를 미처 생각하지 못한다. 그러나 예술가의 개성보다는 전통을 따르는 것이 우선시되던 시기가 있었다. 예를 들어(For example), 중세 유럽에서는 종교화의 규격화된 배경이 예술가의 개성을 배제하는 장치로 작용했다. 그런 그림은 예술가의 붓 끝에서 분명한 개성을 보여 주는 것으로 여겨지는 현대의 자화상과 대조된다. 중세 예술가는 예술가의 독창성을 보여줄 기회가 없었던, 단지 돈을 버는 장인에 불과했다.

어휘 perspective 관점 universal 보편적인 observance 준수 contrast 대조하다 brush mark 붓 끝 little more than ~보다 나을 바 없는 wage-earning 돈을 버는 artisan 장인 originality 독창성

05 다음 빈칸에 가장 적절한 것은?

When is the right time for the predator to consume the fruit? The plant uses the color of the fruit to signal to predators that it is ripe, which means that the seed's hull* has hardened — and therefore the sugar content is at its height. Incredibly, the plant has chosen to manufacture fructose, instead of glucose, as the sugar in the fruit. Glucose raises insulin levels in primates and humans, which initially raises levels of leptin, a hunger-blocking hormone — but fructose does not. As a result, the predator never receives the normal message that it is _____. That makes for a win-win for predator and prey. The animal obtains more calories, and because it keeps eating more and more fruit and therefore more seeds, the plant has a better chance of distributing more of its babies.

*hull: 겉껍질

① full
② tired
③ dangerous
④ hungry

● **지문 분석** 예문의 밑줄은 동사(구)

When is the right time / (for the predator / to consume the fruit)?
언제가 적절한 시기인가 / 포식자가 / 과일을 섭취하기에?

The plant uses the color of the fruit / to signal to predators / (that it is ripe), / which means / (that the seed's hull has hardened) / — and therefore / (the sugar content is at its height).
식물은 과일의 색깔을 사용한다 / 포식자에게 알려주기 위해 / 과일이 익었다는 것을 / 그리고 그것은 의미한다 / 씨앗의 껍질이 단단해졌다는 것을 / 그러므로 / 당도가 최고에 이르렀음을.

Incredibly, / the plant has chosen to manufacture fructose, / instead of glucose, / as the sugar in the fruit.
놀랍게도 / 식물은 과당을 만들기로 선택했다 / 포도당 대신에 / 과일 속의 당분으로.

Glucose raises insulin levels / in primates and humans, / (which initially raises levels of leptin), / a hunger–blocking hormone / — but fructose does not.
포도당은 인슐린의 수치를 높인다 / 영장류와 인간에게 / 그리고 그것은 렙틴의 수치를 올린다 / 배고픔을 막는 호르몬 / 하지만 과당은 그렇지 않다.

As a result, / the predator never receives the normal message / that it is full.
결과적으로 / 포식자는 일반적인 메시지를 받지 못한다 / 포식자가 배가 부르다는.

That makes for a win–win / for predator and prey.
그것은 상호 이익이 된다 / 포식자와 먹이에게.

The animal obtains more calories, / and (because it keeps eating more and more fruit / and therefore more seeds), / the plant has a better chance / of distributing more of its babies.
동물은 더 많은 칼로리를 얻는다 / 그리고 동물은 계속 더 많은 과일을 먹고 / 그래서 더 많은 씨앗을 먹어서 / 식물은 더 나은 기회를 얻는다 / 후손을 더 많이 퍼뜨리는.

정답 ①

해설 포도당은 배부름을 느끼는 호르몬의 수치를 높이지만, 과일은 포도당이 아닌, 과당을 포함하고 있기 때문에 배부르다는 느낌을 주지 않는다는 맥락을 이해해야 한다. 빈칸 문장이 부정문임을 주의하자. ① 배부른 ② 피곤한 ③ 위험한 ④ 배고픈

해석 포식자가 과일을 섭취하기에 적절한 시기는 언제인가? 식물은 포식자에게 과일이 익었음을 알려주기 위해 그것의 색깔을 사용하며, 그것은 씨의 껍질이 단단해져서 — 그래서 당도가 최고에 이르렀음을 의미한다. 놀랍게도, 식물은 과일의 당분으로서 포도당 대신 과당을 만들기로 선택해왔다. 포도당은 영장류와 인간의 인슐린 수치를 높이는데, 그것은 처음에는 배고픔을 막는 호르몬인 렙틴의 수치를 높이지만 — 과당은 그렇지 않다. 그 결과 포식자는 결코 배가 부르다는 일반적인 메시지를 받지 못한다. 그것이 포식자와 먹이에게 상호 이익이 된다. 동물은 더 많은 열량을 얻고, 그것이 계속해서 더 많은 과일을, 따라서 더 많은 씨를 먹기 때문에 식물은 더 많은 후손을 퍼뜨리는 더 나은 기회를 얻는다.

어휘 predator 포식자 consume 섭취하다, 먹다 signal 알리다 ripe 익은 seed hull 씨앗 껍질 harden 단단해지다 the sugar content 당분, 당도 fructose 과당 glucose 포도당 primate 영장류 leptin 렙틴 (배부름 호르몬) chance 기회, 가능성 distribute 배포하다

06 다음 빈칸에 가장 적절한 것은?

Technological progress can destroy jobs in a single industry such as textiles. However, historical evidence shows that technological progress does not produce unemployment in a country as a whole. Technological progress increases productivity and incomes in the overall economy, and higher incomes lead to higher demand for goods and thus _____. As a result, workers who lose jobs in one industry will be able to find jobs in others, although for many of them this might take time and some of them, like the Luddites, will end up with lower wages in their new jobs.

① increased job losses
② delayed promotion at work
③ greater work satisfaction
④ higher demand for labor

● **지문 분석** 예문의 밑줄은 동사(구)

Technological progress <u>can destroy</u> jobs / in a single industry (such as textiles).
기술 발전은 일자리를 없앨 수 있다 / 섬유산업과 같은 단일 산업에서.

However, / historical evidence <u>shows</u> / ((that) technological progress <u>does not produce</u> unemployment / in a country / as a whole).
하지만 / 역사적 증거는 보여준다 / 기술 발전이 실업을 발생시키지는 않는다는 것을 / 한 국가에서 / 전체로서의.

Technological progress <u>increases</u> productivity and incomes / in the overall economy, / and higher incomes <u>lead to</u> higher demand for goods / and thus higher demand for labor.
기술 발전은 생산성과 소득을 증가시킨다 / 전체 경제에서 / 그리고 더 높은 소득은 상품에 대한 더 많은 수요를 초래한다 / 그래서 노동에 대한 더 높은 수요로.

As a result, / workers (who <u>lose</u> jobs in one industry) / <u>will be able to find</u> jobs in others, / ((although) / for many of them / this <u>might take</u> time / and some of them, / like the Luddites, / <u>will end up</u> with lower wages / in their new jobs).
결과적으로 / 한 산업에서 일자리를 잃은 근로자들은 / 다른 산업에서 일자리를 찾을 수 있다 / 그렇지만 / 많은 경우에 있어 / 이것은 시간이 걸릴 수도 있고 / 그들 중에 일부는 / 러다이트처럼 / 낮은 임금을 받게 될 것이지만 / 그들의 새로운 일자리에서.

정답 ④

해설 기술 발전은 소득 증가를 초래하고, 소득 증가는 상품에 대한 수요를 증가시키고, 상품 수요 증가는 노동에 대한 수요를 증가시킨다는 내용 전개가 적절하므로 ④가 정답이다. ① 실업의 증가 ② 직장에서의 승진 지체 ③ 더 큰 업무 만족 ④ 노동에 대한 더 높은 수요

해석 기술 발전은 섬유산업과 같은 단일 산업에서 일자리를 없앨 수 있다. 하지만 역사적 증거는 기술 발전이 국가 전체적으로 실업을 발생시키지 않는다는 것을 보여준다. 기술 발전은 경제 전반에서 생산성과 소득을 증가시키고, 높은 소득은 상품에 대한 더 많은 수요로 이어지고, 따라서 노동에 대한 더 높은 수요로 이어진다. 결과적으로, 한 산업에서 일자리를 잃은 근로자들은 다른 산업에서 일자리를 찾을 수 있지만, 많은 경우 이 과정에는 시간이 걸릴 수 있고, 일부는 러다이트(신기술에 반대하는 사람)처럼 새 일자리에서 낮은 임금을 받을 수도 있다.

어휘 progress 발전 textiles 섬유 unemployment 실업 as a whole 전체로서 productivity 생산성 income 소득 overall 전반적인 goods 상품들 take time 시간이 걸리다 end up 결국 ~한 상태로 끝나다

07 다음 빈칸에 가장 적절한 것은?

Questions of value are not simply matters of personal opinion or whim. If you say, "Bicycle riding is the ideal form of land transportation," you are making a statement about a question of value. To defend the statement, you cannot say, "Bicycle riding is the ideal form of land transportation because I like it." Instead, you must _____. The first step is to define what you mean by an "ideal form of land transportation." Do you mean a mode of transportation that gets people where they want to go as fast as possible? That is relatively inexpensive? Fun? Nonpolluting? Beneficial for the user? In other words, you must establish your standards for an "ideal form of land transportation." Then you can show how bicycle riding measures up against those standards.

① justify your claim
② change your opinion
③ recognize your likes
④ respect others' opinion

지문 분석 예문의 밑줄은 동사(구)

Questions of value / are not simply matters of personal opinion or whim.
가치의 문제는 / 단순한 개인의 의견이나 기분의 문제가 아니다.

(If you say, "Bicycle riding is the ideal form of land transportation,") / you are making a statement / about a question of value.
만약 당신이 "자전거 타기가 육상교통의 이상적인 형태이다"라고 말한다면 / 당신은 말하는 것이다 / 가치의 문제에 대해.

(To defend the statement), / you cannot say, / "Bicycle riding is the ideal form of land transportation (because I like it)."
이 진술을 변호하기 위해 / 당신은 말할 수 없다 / "내가 좋아하기 때문에 자전거 타기가 육상교통의 이상적인 형태라고".

Instead, / you must justify your claim.
대신에 / 당신은 자신의 주장을 정당화해야 한다.

The first step is to define / (what you mean / by an "ideal form of land transportation.")
첫 단계는 정의하는 것이다 / 당신이 무엇을 의미하는가 / '육상교통의 이상적인 형태'라는 것이.

Do you mean / a mode of transportation / [that gets people (where they want to go) / as fast as possible]?
당신은 의미하는가 / 교통수단을 / 사람들을 그들이 원하는 곳으로 데려다 주는 / 가능한 빨리?

That is relatively inexpensive? / Fun? / Nonpolluting? / Beneficial for the user?
그것은 상대적으로 저렴한가? / 재미있나? / 오염을 일으키지 않는가? / 사용자에게 이로운가?

In other words, / you must establish your standards / for an "ideal form of land transportation."
다시 말해서 / 당신은 당신의 기준을 만들어야 한다 / '육상교통의 이상적인 형태'에 대해.

Then / you can show / (how bicycle riding measures up / against those standards).
그리고 나서 / 당신은 보여줄 수 있다 / 어떻게 자전거 타기가 부합하는지 / 그러한 기준에.

정답 ①

해설 '가치의 문제'를 소재로 하는 글이다. 빈칸의 앞 문장에서 '진술을 변호하기 위해서(to defend the statement)'와 잘 어울리는 표현이 필요하다. 후반부에서는 '이상적인 운송수단'을 주장하기 위해서는 그에 합당한 '기준'를 수립해야 한다고 언급하고 있고, 이는 ①과 가장 가깝게 연결된다. ① 당신의 주장을 정당화하다 ② 당신의 의견을 바꾸다 ③ 당신이 좋아하는 것을 파악하다 ④ 다른 사람들의 의견을 존중하다

해석 가치의 문제는 단순히 개인적인 의견이나 기분의 문제가 아니다. 만약 당신이 "자전거 타기가 육상운송 수단의 이상적인 형태이다"라고 말한다면 당신은 가치의 문제에 대한 진술을 하고 있는 것이다. 이 진술을 변호하기 위해서 당신은 "자전거 타기는 내가 그것을 좋아하기 때문에 육상운송 수단의 이상적인 형태이다"라고 말할 수는 없다. 대신에 당신은 자신의 주장을 정당화해야 한다. 첫 번째 단계는 '육상운송 수단의 이상적인 형태'라는 말로 당신이 말하고자 하는 것이 무엇인지를 정의내리는 것이다. 사람들을 그들이 가고자 하는 곳으로 가능한 빨리 데려다 주는 운송 수단의 형태를 의미하는가? 그것이 상대적으로 싼가? 그것이 재미있나? 오염을 일으키지 않는가? 사용자에게 이로운가? 다시 말해서, 당신은 '육상운송 수단의 이상적인 형태'에 대한 당신의 기준을 수립해야 한다. 그러고 나면 자전거 타기가 어떻게 그러한 기준에 부합하는지를 보여줄 수 있다.

어휘 whim 기분, 변덕 land transportation 육상운송 make a statement 진술하다 defend 변호하다 mode 방법 nonpolluting 오염을 발생시키지 않는 standards 기준 measure up 들어맞다, 부합하다

08 다음 빈칸에 가장 적절한 것은?

The explosion of popular music in the second half of the twentieth century as well as the global circulation and dissemination of music by the creative industries propelled a new understanding of _____ in relation to music. Suddenly, in the 1950s, anyone could pick up spoons, a couple of pans, a secondhand guitar and start a band. This led to specific genres such as skiffle, but also, more generally, reflected a much more relaxed and inclusive attitude to music making. While ordinary people had always sung and made music, the popular music movement was driven by a spirit of rebellion and freedom. This approach led to the punk movement, whose musicians even made it a condition for their music to be amateur and accessible to all in the 1970s. Groups who had been entirely excluded from music took pleasure in opportunities to create. This led to a sense of novelty and empowerment in and beyond the music sphere.

① accessibility
② responsibility
③ profitability
④ preservation

지문 분석 예문의 밑줄은 동사(구)

The explosion of popular music (in the second half of the twentieth century) / as well as the global circulation and dissemination of music (by the creative industries) / propelled / a new understanding of accessibility / in relation to music.
20세기 후반의 대중음악의 폭발적인 확산이 / 창작 산업에 의한 음악의 전 세계적인 순환과 보급뿐만 아니라 / 촉진시켰다 / 접근성에 대한 새로운 이해를 / 음악과 관련하여.

Suddenly, in the 1950s, / anyone could pick up spoons, a couple of pans, a secondhand guitar / and start a band.
1950년대에 갑작스럽게 / 누구든지 숟가락, 냄비 몇 개, 중고 기타를 집어 들 수 있었다 / 그리고 밴드를 시작했다.

This led to specific genres (such as skiffle), / but also, (more generally), / reflected a much more relaxed and inclusive attitude / to music making.
이것은 스키플과 같은 특정 장르로 이어졌고 / 뿐만 아니라, 보다 일반적으로 / 훨씬 더 여유롭고 포용적인 태도를 반영했다 / 음악 만들기에 대한.

(While ordinary people had always sung and made music), / the popular music movement was driven / by a spirit of rebellion and freedom.
보통 사람들도 항상 음악을 부르고 만들었지만 / 대중음악 운동은 주도되었다 / 반항과 자유의 정신에 의해.

This approach led to the punk movement, / [whose musicians even made it a condition / (for their music / to be amateur / and accessible to all) / in the 1970s].
이러한 접근은 펑크운동으로 이어졌다 / 그 음악가들은 조건으로 만들었다 / 그들의 음악이 / 전문적이지 않고 / 모든 사람들에게 접근 가능하도록 하는 것을 / 1970년대에.

Groups (who had been entirely excluded from music) / took pleasure / in opportunities to create.
음악에서 완전히 소외되었던 집단들도 / 즐거움을 가졌다 / (음악을) 창조할 기회에서.

This led to a sense of novelty and empowerment / in and beyond the music sphere.
이는 새로움과 자율성 부여로 이어졌다 / 음악계의 안팎에서.

정답 ①

해설 빈칸 다음의 문장의 'anyone could ~ make a band(누구든 밴드를 만들 수 있었다)'에서 음악의 대중성과 대중 참여가 확산되었음을 보여준다. 이와 관련해서 ①의 accessibility가 가장 적절하다. ① 접근성 ② 책임성 ③ 이익 가능성 ④ 보존

해설 20세기 후반 대중음악의 폭발적인 확산과 더불어, 창작 산업에 의한 음악의 전 세계적인 순환과 보급은 음악과 관련된 접근성에 대한 새로운 이해를 촉진시켰다. 1950년대에 갑자기 누구든 숟가락, 냄비 몇 개, 중고 기타 하나를 들고 밴드를 시작할 수 있게 되었다. 이로 인해 스키플과 같은 특정 장르가 생겨났으며, 더 일반적으로는 음악 창작에 대한 훨씬 더 여유롭고 포용적인 태도가 반영되었다. 보통 사람들도 예전부터 노래를 부르고 음악을 만들어 왔지만, 대중음악 운동은 반항과 자유의 정신에 의해 추진되었다. 이러한 접근은 펑크운동으로 이어졌으며, 이 운동의 음악가들은 1970년대에 그들의 음악이 전문적이지 않은 모두가 접근 가능하도록 하는 것을 조건으로 삼기까지 했다. 음악에서 완전히 배제되어 왔던 집단들조차 창작의 기회로부터 기쁨을 얻었다. 이러한 흐름은 음악 분야의 안팎에서 새로움과 자율성 부여의 감각으로 이어졌다.

어휘 popular music 대중음악 dissemination 확산 the creative industry 창작산업 propel 추진하다 relaxed 여유로운 inclusive 포용적인 rebellion 반항 be excluded 배제되다 take pleasure in ~에서 즐거움을 얻다 novelty 새로움 empowerment 권한 부여, 자율성 부여

09 다음 빈칸에 가장 적절한 것은?

> In traditional societies, high status may have been extremely hard to acquire, but it was also comfortingly hard to lose. It was as difficult to stop being a lord as, more darkly, it was to cease being a servant. What mattered was one's identity at birth, rather than anything one might achieve in one's lifetime through the exercise of one's abilities. The great aspiration of modern societies, however, has been to reverse this equation — to strip away both inherited privilege and inherited under-privilege in order to make rank dependent on individual achievement. Status in the current society rarely depends on _____ handed down through the generations.

① immediate insight
② a personal accomplishment
③ an unchangeable identity
④ available information

■ **지문 분석** 예문의 밑줄은 동사(구)

In traditional societies, / high status / may have been extremely hard to acquire, / but it was also comfortingly hard to lose.
전통 사회에서 / 높은 지위는 / 획득하기가 극도로 어려웠을지 모른다 / 하지만 그것은 또한 다행히도 상실하기도 어려웠다.

It was as difficult (to stop being a lord) / as, (more darkly), it was (to cease being a servant).
군주인 것을 그만두는 것은 마찬가지로 어려웠다 / 보다 우울하지만, 하인인 것을 중단하는 것만큼.

(What mattered) was one's identity at birth, / rather than anything / (one might achieve in one's lifetime / through the exercise of one's abilities).
중요했던 것은 출생 시의 신분이었다 / 그 어떤 것보다도 / 어떤 사람이 일생 동안 달성할 수 있는 / 능력의 단련을 통해서.

The great aspiration of modern societies, / however, / has been to reverse this equation / — (to strip away / both inherited privilege and inherited under-privilege) / (in order to make / rank / dependent on individual achievement).
현대 사회의 커다란 열망은 / 하지만 / 이 방정식을 뒤집는 것이었다 / 없애 버리는 것 / 물려 받은 특권과 물려 받은 하위 권리를 / 만들기 위해서 / 계급(사회적 지위)이 / 개인의 업적에 의존하도록.

Status in the current society / rarely depends on an unchangeable identity / (handed down / through the generations).
현대 사회에서의 지위는 / 바뀌지 않는 정체성에 거의 의존하지 않는다 / 물려 내려오는 / 세대를 통해.

정답 ③

해설 이 글은 전통 사회에서는 신분의 변화가 불가능한 반면, 현대 사회는 신분 변화가 가능하다는 것을 주제로 한다. 이런 주제에 부합하기 위해 빈칸이 있는 문장은 '현재의 사회에서 지위는 불변의 정체성에 의존하지 않는다'라는 문장이 되는 것이 적절하다. 빈칸 문장이 부정문임을 주의하자. ① 즉각적인 통찰력 ② 개인적 업적 ③ 바뀔 수 없는 정체성 ④ 이용 가능한 정보

해석 전통적 사회에서 높은 지위는 획득하기가 극도로 어려웠을지 모르지만, 다행이게도 그 지위를 상실하기도 어려웠다. 군주인 것을 그만두는 것은, 더 우울하지만 하인인 것을 그만두는 것만큼이나 어려웠다. 중요한 것은 사람이 평생 동안 자신의 능력을 통해서 얻을 수도 있는 어떤 것보다도 태어날 당시의 신분이었다. 하지만 현대 사회의 커다란 열망은 이 방정식을 뒤집는 것이었다. 즉, 지위를 개인적 업적에 의존하도록 하기 위해서 물려받은 특권뿐만 아니라 물려받은 하위 특권도 없애는 것이다. 현재의 사회에서 지위는 여러 세대를 통해 전달된 바뀔 수 없는 정체성에 거의 좌우되지 않는다.

어휘 status 지위 acquire 얻다 comfortingly 위로가 되게 lord 군주, 영주 servant 노예, 하인 identity 정체성 aspiration 열망 reverse 역행하다, 뒤집다 equation 방정식 strip away 없애다 inherited 선천적인 privilege 특권

10 다음 빈칸에 가장 적절한 것은?

The wrapping of Christmas presents, William Waits notes, is a fairly recent phenomenon in American life. It arose at the turn of the 20th century, during a period when hand-made presents were giving way to machine-made, store-bought ones. For both givers and manufacturers, this shift presented a problem, for the machine-made items, precisely because they were convenient, represented less of the giver's personal attention than the hand-made items had done; thus they signified symbolically less closeness. To disguise this loss of symbolic value, and to invest the manufactured items with a personal touch, retailers encouraged shoppers to have their purchases giftwrapped. Gift-wrapping, in Waits's acute term, became a 'decontaminating mechanism' that removed the presents from the 'normal flow of bought-and-sold goods' and made them, for a single ceremonial moment, emblems of _____ rather than commerce.

① intimacy
② delusion
③ authority
④ desperation

■ 지문 분석 예문의 밑줄은 동사(구)

The wrapping of Christmas presents, / (William Waits notes), / <u>is</u> a fairly recent phenomenon / in American life.
크리스마스 선물의 포장은 / William Waits는 기록한다 / 상당히 최근의 현상이다 / 미국의 생활에서.

It <u>arose</u> at the turn of the 20th century, / during a period (when hand-made presents <u>were giving way</u> / to machine-made, store-bought ones).
그것은 20세기로 넘어가는 시기에 발생했다 / 손으로 만든 선물들이 자리를 내어주던 시기에 / 기계로 만든, 가게에서 구매된 선물로.

For both givers and manufacturers, / this shift <u>presented</u> a problem, / for the machine-made items, / precisely [because they <u>were</u> convenient, / (and) <u>represented</u> less of the giver's personal attention (than the hand-made items had done) ; / thus they <u>signified</u> symbolically less closeness].
선물을 주는 사람과 생산자들에게 / 이러한 변화는 문제점을 제기했다 / 기계로 만들어진 물건에 대해 / 바로 그것이 편하다는 이유로 / 그리고 손으로 만든 물건보다 선물을 주는 사람의 더 적은 정성을 보여준다는 이유로 / 그리하여 그것들(선물)이 상징적으로 덜 가까움을 나타낸다는 이유로.

(To disguise this loss of symbolic value), / and (to invest the manufactured items / with a personal touch), retailers <u>encouraged</u> shoppers / (to have their purchases giftwrapped).
이런 상징적인 가치의 손실을 감추기 위해서 / 그리고 제조된 물건에 더하기 위해서 / 개인적 손길을 / 소매상들은 손님들에게 권장했다 / 그들의 구매품을 선물 포장할 것을.

Gift-wrapping, (in Waits's acute term), / <u>became</u> a 'decontaminating mechanism' / [that <u>removed</u> the presents (from the 'normal flow of bought-and-sold goods') / and <u>made</u> them, (for a single ceremonial moment), / emblems of intimacy (rather than commerce)].
Waits의 예리한 관점에서 선물 포장은 / '정화 장치'가 되었다 / 사고파는 물건의 일반적인 흐름에서 선물을 벗어나게 하는 / 그리고 하나의 기념의 순간을 위해서 선물을 만들었다 / 상업성보다는 친밀성의 상징으로.

정답 ①

해설 선물 포장은 선물을 주는 사람이 받는 사람에게 주는 친밀함이나 정성을 보여주기 위해 등장했다는 유래를 설명한 글이다. 글의 중간에 '기계로 만든 제품은 개인적인 정성을 덜 보여주고, 친밀함을 적게 보여줬다'는 문장을 참조하여, '친밀성(intimacy)'를 보여주기 위해 선물 포장을 하게 주었다는 표현이 적절하므로 ①이 정답이다. ① 친밀성 ② 기만, 착각 ③ 권위 ④ 자포자기, 필사적임

해석 크리스마스 선물을 포장하는 것은 미국인의 생활에서 상당히 최근의 현상이라고 William Waits는 말한다. 그 현상은 20세기의 전환기, 즉 수제 선물들이 기계로 만들어져 상점에서 구입되는 선물들에게 자리를 내 주고 있었던 시기에 일어났다. 선물을 주는 사람과 (선물) 제조업자 모두에게 이러한 변화는 문제를 제기했는데, 왜냐하면, 편리하다는 바로 그 이유 때문에 기계로 만든 제품은 손으로 만든 제품들이 그랬던 것보다 <u>선물을 주는 사람의 개인적인 정성을 덜 보여 주었고</u>, 따라서 <u>그것들은 상징적인 면에서 더 적은 친밀함(closeness)을 나타냈기</u> 때문이었다. 이런 상징적인 가치의 상실을 감추고, 대량 생산된 물건들에 개인적인 손길이 들어간 느낌을 더하기 위해, 소매상들은 손님들에게 구입한 물건들을 포장하도록 권장했다. Waits의 예리한 용어에서 선물 포장은 선물에서 '구입되고 팔리는 물건들의 일반적인 흐름'이라는 개념을 없애고, 선물을 의식을 갖춰야 하는 어떤 순간을 위해, 상업성보다는 오히려 친밀성의 상징으로 만드는 '정화 장치'가 되었다.

어휘 wrap 포장하다　note 언급하다　give way to ~에게 길을 내주다, ~에게 양보하다　store-bought 가게에서 구매되는　precisely 정확하게　represent 나타내다　closeness 가까움　disguise 감추다　retailer 소매상　acute 예리한　decontaminating 정화시키는, 오염을 제거하는　emblem 상징

09 빈칸 완성 (절, 문장)

1 독해 전략

① **빈칸이 들어 있는 문장이 가장 중요하다.**
- 빈칸이 들어 있는 문장을 정확하게 구문분석 및 해석을 하고, 선택지의 내용과 맞춰본다.
  → 경우에 따라 개인적 경험이나 상식, 또는 말의 어울림에 의해 적절한 답을 예측할 수도 있다.
- 빈칸이 들어간 문장이 부정문인 경우를 조심하자.

② **빈칸 문장이 지문의 중간에 있는 경우**
- 빈칸이 있는 문장에 지시어나 접속부사가 있으면 빈칸이 있는 문장의 앞 문장이나 뒷문장을 살펴본다.
- 주변 문장을 보고 난 다음에 선택지에서 판단을 해본다.

③ **빈칸 문장이 지문의 앞부분 또는 마지막 부분에 있는 경우**
- 이런 경우는 글 전체에 대한 이해를 묻거나, 해당 문장이 주제문이 되는 경우가 많다.
- 이 경우, 첫 문장과 마지막 문장을 읽는 것이 좋다. 또는 글의 중간까지 읽고 선택지에서 답을 선택해 본다.

■ 전략 적용

다음 빈칸에 가장 적절한 것은?
⟨24 인사처 2차 예시⟩

There is no substitute for oil, which is one reason _____, taking the global economy along with it. While we can generate electricity through coal or natural gas, nuclear or renewables — switching from source to source, according to price — oil remains by far the predominant fuel for transportation. When the global economy heats up, demand for oil rises, boosting the price and encouraging producers to pump more. Inevitably, those high prices eat into economic growth and reduce demand just as suppliers are overproducing. Prices crash, and the cycle starts all over again. That's bad for producers, who can be left holding the bag when prices plummet, and it hurts consumers and industries uncertain about future energy prices. Low oil prices in the 1990s lulled U.S. auto companies into disastrous complacency; they had few efficient models available when oil turned expensive.

① ~~the automobile industry thrives~~
② ~~it creates disruptions between borders~~
③ it is prone to big booms and deep busts
④ ~~the research on renewable energy is limited~~

STEP 1 빈칸 문장 해석
- 빈칸 문장을 구문 분석하고 해석한다.
  → 기름에 대한 대체제는 없다 / 그리고 그것이 ____ 하는 이유이다.
- 선택지와 맞춰 본다.
  ① 자동차 산업이 번영하는 이유이다.
  ② 국경선 간에 분쟁을 일으키는 이유이다.
  ③ 큰 호황과 깊은 불황에 취약한 이유이다.
  ④ 재생 에너지에 대한 연구가 제한된 이유이다.

STEP 2 마지막 문장 확인
마지막 문장은 첫 문장의 거울과도 같다. 여기서 선택지에 대한 근거가 나올 수 있다. 아니라면 첫 문장 다음의 문장을 순차적으로 이어서 읽는다.

STEP 3
나머지 부연설명 부분에서 정답의 근거를 찾는다.

[해석] 석유를 대체할 수 있는 것은 없으며, 이것이 석유가 큰 호황과 깊은 불황에 취약한 이유 중 하나이며, 세계 경제와 함께 변동한다. 우리가 전기를 석탄이나 천연가스, 원자력 또는 재생 가능 에너지를 통해 생산할 수는 있지만, 가격에 따라 에너지원이 바뀌더라도, 석유는 여전히 교통수단의 주요 연료로 남아 있다. 세계 경제가 활황을 맞이하면 석유에 대한 수요가 증가하고, 이는 가격을 높이며 생산자들이 더 많은 석유를 퍼올리도록 유도한다. 필연적으로, 그러한 높은 가격이 경제 성장을 잠식하고, 공급자들이 과잉 생산할 때 수요를 줄이게 된다. 가격은 폭락하고, 순환이 다시 시작된다. 이는 가격이 급락할 때 혼자 그 손해를 뒤집어쓸 수 있는 생산자들에게 좋지 않으며, 향후 에너지 가격에 대해 확신하지 못하는 소비자와 산업에도 피해를 준다. 1990년대의 낮은 석유 가격은 미국 자동차 회사들을 재앙적인 안일함에 빠뜨렸다. 석유 가격이 비싸게 되었을 때 효율적인 모델이 거의 없었기 때문이다.
① 자동차 산업이 번영한 (이유)
② 국경선의 분쟁을 만들게 된 (이유)
③ 큰 호황과 깊은 불황에 취약한 (이유)
④ 재생 에너지에 대한 연구가 제한된 (이유)

[어휘] **substitute** 대체재 **take A along with it** A를 함께 데리고 가다 **generate** 발생시키다 **switch from A to B** A에서 B로 바꾸다 **predominant** 지배적인 **boost** 북돋우다 **inevitably** 필연적으로 **eat into** ~을 잠식하다 **overproduce** 과잉 생산하다 **be left -ing** ~한 상태로 남겨지다 **hold the bag** (비난, 책임을) 혼자 덮어쓰다 **plummet** 폭락하다 **lull** 달래다 **complacency** 자기만족, 안일함 **thrive** 번영하다 **disruption** 혼란, 교란 **be prone to** ~에 취약하다 **boom** 호황 **bust** 불황

[정답] ③

Exercise

01 다음 빈칸에 가장 적절한 것은?

> The traditional approach to written and oral communication requires that _____.
> In other words, we should keep in mind that every subject and verb must agree, and that the elements of a sentence must be correctly arranged in terms of their proper usage. Of course, every word must be spelled correctly and proper punctuation must be used at all times, along with the previously mentioned principles. I understand that learning all these rules and practicing them may seem like a hard task at first, but the ability to express oneself correctly is the key to effective communication. Even the most intelligent, most highly educated individual who does not use proper grammar comes across as simple-minded.

① we follow an absolute set of rules
② we speak fluently rather than correctly
③ students learn to communicate effectively
④ students strengthen their bond with teachers

정답 ①

해설 빈칸 다음 문장에서 in other words(다시 말해서)가 나오며 부연 설명을 하고 있다. 'we should keep in mind that every subject and verb must agree, and that the elements of a sentence must be correctly arranged in terms of their proper usage.'를 근거로 ①을 적절한 선택지로 고른다.
① 우리는 일련의 절대적인 규칙을 따라야 한다 ② 우리는 올바르기보다는 유창하게 말해야 한다 ③ 학생들은 효과적으로 소통하는 것을 배워야 한다 ④ 학생들은 선생님과의 유대를 강화해야 한다

● **지문 분석** 예문의 밑줄은 동사(구)

The traditional approach (to written and oral communication) / requires / (that we follow an absolute set of rules).
글과 말의 소통에 대한 전통적인 접근은 / 요구한다 / 우리가 일련의 절대적인 규칙들을 따라야 한다고.

In other words, / we should keep in mind / (that every subject and verb must agree), / and (that the elements of a sentence must be correctly arranged / in terms of their proper usage).
다시 말해서 / 우리는 명심해야 한다 / 모든 주어와 동사는 일치해야 한다 / 그리고 문장의 요소들은 올바르게 배치되어야 한다 / 적절한 용법의 관점에서.

Of course, / every word must be spelled correctly / and proper punctuation must be used (at all times), / along with the previously mentioned principles.
물론 / 모든 단어는 철자가 바르게 쓰여야 하고 / 항상 적절한 구두법이 사용되어야 한다 / 앞서 언급된 원리와 함께.

I understand / (that learning all these rules and practicing them / may seem like a hard task / at first), / but the ability (to express oneself correctly) / is the key to effective communication.
나는 이해한다 / 이러한 모든 규칙을 배우고 연습하는 것이 / 힘든 일로 보일지도 모른다는 것을 / 처음에는 / 하지만 자신을 정확히 표현하는 능력은 / 효과적인 의사소통의 핵심이다.

Even the most intelligent, most highly educated individual / (who does not use proper grammar) / comes across / as simple-minded.
가장 똑똑하고, 가장 높은 고등 교육을 받은 개인이라도 / 올바른 문법을 사용하지 않는 / 여겨진다 / 머리가 둔하다고.

해석 글과 말을 통한 의사소통에 대한 전통적인 접근은 우리가 일련의 절대적인 규칙들을 따라야 한다고 요구한다. 다시 말해(In other words), 우리는 모든 주어와 동사가 일치해야 하고, 문장의 요소들은 그들의 올바른 용법이라는 측면에서 정확하게 배치되어야 한다는 것을 명심해야 한다. 물론 앞서 언급한 규칙들과 더불어, 모든 단어는 철자가 정확해야 하고, 항상 적절한 구두법이 사용되어야 한다. 나는 이 모든 규칙들을 배우고 사용하는 것이 처음에는 힘든 일처럼 보일지도 모른다는 것을 이해하지만, 자신을 정확히 표현하는 능력은 효과적인 의사소통의 핵심이다. 가장 지적이고 가장 고등의 교육을 받은 사람이더라도 올바른 문법을 사용하지 않으면 머리가 둔하다고 여겨진다.

어휘 written and oral communication 글과 말을 통한 의사소통 subject and verb 주어와 동사 be arranged 배열되다 in terms of ~의 관점에서 be spelled correctly 올바르게 철자가 쓰여지다 punctuation 구두법 come across as ~라고 전달되다, 여겨지다 simple-minded 머리가 둔한, 단세포적인

02 다음 빈칸에 가장 적절한 것은?

〈23 인사처 1차 예시〉

Falling fertility rates are projected to result in shrinking populations for nearly every country by the end of the century. The global fertility rate was 4.7 in 1950, but it dropped by nearly half to 2.4 in 2017. It is expected to fall below 1.7 by 2100. As a result, some researchers predict that the number of people on the planet would peak at 9.7 billion around 2064 before falling down to 8.8 billion by the century's end. This transition will also lead to a significant aging of populations, with as many people reaching 80 years old as there are people being born. Such a demographic shift _____, including taxation, healthcare for the elderly, caregiving responsibilities, and retirement. To ensure a "soft landing" into a new demographic landscape, researchers emphasize the need for careful management of the transition.

① raises concerns about future challenges
② mitigates the inverted age structure phenomenon
③ compensates for the reduced marriage rate issue
④ provides immediate solutions to resolve the problems

정답 ①

해설 빈칸 다음의 내용인 'including taxation, healthcare for the elderly, caregiving responsibilities, and retirement'는 고령화 사회가 가져오는 문제점을 언급하고 있으므로 ①의 raise concerns(걱정을 일으키다)가 가장 잘 연결된다. ① 미래의 도전에 대한 우려를 불러일으키다 ② 역전된 연령 구조 현상을 완화하다 ③ 감소된 혼인율 문제를 보완하다 ④ 문제를 해결하기 위한 즉각적인 해결책을 제공하다

지문 분석 예문의 밑줄은 동사(구)

Falling fertility rates / are projected to result in / shrinking populations for nearly every country / by the end of the century.
하락하는 출산율은 / 초래할 것으로 예상된다 / 거의 모든 국가에서 인구 감소를 / 이번 세기 말까지.

The global fertility rate was 4.7 in 1950, / but it dropped / by nearly half / to 2.4 in 2017.
전 세계 출산율은 1950년에 4.7이었다 / 그러나 이는 하락했다 / 거의 절반만큼 / 2017년에 2.4로.

It is expected / to fall below 1.7 by 2100.
예상된다 / 2100년까지 1.7 이하로 떨어질 것이.

As a result, / some researchers predict / (that the number of people on the planet / would peak at 9.7 billion around 2064 / before falling down to 8.8 billion / by the century's end).
결과적으로 / 일부 연구자들은 예측한다 / 우리 행성의 사람들의 수가 / 2064년쯤에 97억 명으로 최고점을 찍을 것으로 / 88억 명으로 떨어지기 전에 / 이번 세기 말까지.

This transition will also lead to / a significant aging of populations, / (with as many people / reaching 80 years old / as there are people being born).
이러한 변화는 또한 초래할 것이다 / 상당한 인구의 고령화를 / 많은 사람들이 / 80세에 도달하면서 / 태어나는 사람들 수만큼.

Such a demographic shift / raises concerns about future challenges, / (including / taxation, / healthcare for the elderly, / caregiving responsibilities, / and retirement).
이러한 인구 구조의 변화는 / 미래의 도전에 대한 우려를 불러일으킨다 / 포함하여 / 세금 부과 / 노인 의료 / 돌봄 책임 / 그리고 퇴직.

(To ensure a "soft landing" / into a new demographic landscape), / researchers emphasize / the need for careful management of the transition.
'연착륙'을 확보하기 위해서 / 새로운 인구 구조로 / 연구자들은 강조한다 / 이 변화에 대한 주의 깊은 관리에 대한 필요성을.

해석 떨어지는 출산율은 세기 말까지 거의 모든 국가에서 인구 감소를 초래할 것으로 예상된다. 1950년의 전 세계 출산율은 4.7이었지만, 2017년에는 거의 절반인 2.4로 떨어졌다. 2100년까지는 1.7 이하로 떨어질 것으로 예상된다. 그 결과, 일부 연구자들은 지구상의 인구가 2064년경에 최고조인 97억 명에 도달한 후 세기 말까지 88억 명으로 줄어들 것이라고 예측하고 있다. 이러한 전환은 또한 인구의 고령화로 이어지며, 태어나는 사람 수만큼 80세에 도달하는 사람들이 생길 것이다. 이러한 인구 구조의 변화는 조세, 노인 의료, 돌봄 책임 및 퇴직 등 미래의 도전에 대한 우려를 불러일으킨다. 새로운 인구 구조로의 '연착륙'을 보장하기 위해 연구자들은 이 전환을 신중하게 관리할 필요성을 강조하고 있다.

어휘 fertility rate 출산율 be projected to 동사원형 ~할 것으로 예상되다 result in ~을 초래하다 shrinking 움츠리는, 줄어드는 peak 정점이 되다 transition 변이, 전환, 변화 aging 고령화 demographic 인구 구조의 shift 변화 the elderly 노인들 caregiving responsibility 돌봄 책임 soft landing 연착륙 mitigate 완화시키다 inverted 역전된, 도치된 compensate for ~에 대해 보상하다

03 다음 빈칸에 가장 적절한 것은?

> We are often faced with high-leveled decisions, where we are unable to predict the results of those decisions. In such situations, most people end up quitting the option altogether, because the stakes are high and results are very unpredictable. But there is a solution for this. You should use the process of _____.
> In many situations, it's wise to dip your toe in the water rather than dive in headfirst. Recently, I was about to enroll in an expensive coaching program. But I was not fully convinced of how the outcome would be. Therefore, I used this process by enrolling in a low-cost mini course with the same instructor. This helped me understand his methodology, style, and content; and I was able to test it with a lower investment, and less time and effort before committing fully to the expensive program.

① trying out what other people do
② erasing the least preferred options
③ testing the option on a smaller scale
④ sharing your plans with professionals

정답 ③

해설 빈칸 다음의 지문의 'it's wise to dip your toe in the water rather than dive in headfirst'에서 '처음에는 작은 선택에서 시작하라'는 내용을 추론할 수 있다. ① 남들이 하는 것을 시도해보는 것 ② 가장 적게 선호되는 선택사항을 지우는 것 ③ 작은 규모로 선택사항을 시험해보는 것 ④ 당신의 계획을 전문가와 공유하는 것

■ 지문 분석 예문의 밑줄은 동사(구)

We are often faced / with high-leveled decisions, / (where we are unable to predict / the results of those decisions).
우리는 종종 직면한다 / 높은 수준의 결정을 / 거기에서 우리는 예측할 수 없다 / 그러한 결정의 결과를.

In such situations, / most people end up quitting / the option altogether, / (because / the stakes are high / and results are very unpredictable).
그러한 상황에서 / 대부분의 사람들은 결국 중단한다 / 선택권을 모두 / 왜냐하면 / 위험이 높고 / 결과가 매우 예측할 수 없기 때문이다.

But there is a solution for this.
하지만 이에 대한 해법이 있다.

You should use / the process of testing the option on a smaller scale.
당신은 사용해야 한다 / 선택사항을 좀 더 작은 규모로 시험해보는 과정을.

In many situations, / it's wise / (to dip your toe in the water / rather than dive in headfirst).
많은 경우에 있어 / 현명하다 / 발끝을 담그는 것이 / 머리부터 뛰어들기보다는.

Recently, / I was about to enroll / in an expensive coaching program.
최근에 / 나는 막 등록하려 했다 / 비싼 코칭 프로그램에.

But / I was not fully convinced of / (how the outcome would be).
하지만 / 나는 완전히 확신하지는 못했다 / 결과가 어떻게 될지를.

Therefore, / I used this process / (by enrolling in a low-cost mini course / with the same instructor).
그래서 / 나는 이 과정을 사용했다 / 저렴한 미니 코스에 등록함으로써 / 동일한 강사의.

This helped me / understand his methodology, style, and content; / and I was able to test it / with a lower investment, and less time and effort / before committing fully to the expensive program.
이것은 나를 도왔다 / 그의 방법, 스타일과 내용을 이해하도록 / 그리고 나는 그것을 시험해볼 수 있었다 / 보다 저렴한 투자와 적은 시간과 노력으로 / 완전히 비싼 프로그램에 전념하기 전에.

해석 우리는 종종 높은 수준의 결정에 직면하는데, 거기에서 우리는 그 결정의 결과를 예측할 수 없다. 그런 경우에, 대부분의 사람들은 결국 선택권을 모두 포기하는데, 왜냐하면 위험성이 높고 결과가 매우 예측 불가능하기 때문이다. 그러나 여기에는 해결책이 있다. 당신은 선택사항을 좀 더 작은 규모로 시험해보는 과정을 활용해야 한다. 많은 경우에, 물 속에 머리부터 뛰어들기보다는 발끝을 담그는 것이 현명하다. 최근에, 나는 비싼 코칭 프로그램에 등록을 하려고 했었다. 그러나 나는 그 결과가 어떠할지 완전히 확신하지 못했다. 그래서 나는 같은 강사의 저렴한 미니 코스에 등록함으로써 이러한 과정을 활용했다. 이것은 내가 그의 방법론, 스타일, 그리고 내용을 이해하도록 도왔다; 그리고 비싼 프로그램에 완전히 전념하기 전에 나는 그것을 더 낮은 투자, 그리고 적은 시간과 노력으로 시험해 볼 수 있었다.

어휘 be faced with ~을 직면하다 high-leveled 높은 수준의 predict 예측하다 end up -ing 결국 ~하게 되다, ~하는 상태로 끝나다 the stakes are high 위험이 높다, 리스크가 크다 be about to 막 ~하려고 하다 be convinced of ~을 확신하다 outcome 결과 low-cost 낮은 비용의 methodology 방법론 content 내용 erase 지우다 least preferred 가장 적게 선호되는

04 다음 빈칸에 가장 적절한 것은?

> The question of tax equality is a major concern for many people in underdeveloped countries. Tax equality refers to the way taxes are distributed among people. Even if tax collections were exactly the right amount to pay for government goods and services demanded by people, there could be concern that _____. For example, some taxpayers may be paying more than what they believe is a fair amount, and some may be paying less than what others believe is a fair amount. So, in addition to the fear that government is too big and taxes generally too high, there is the fear that taxes are too low for certain taxpayers and too high for others.

① collected tax couldn't meet the budget
② the government overly raises tax rates
③ tax distributions are far from being fair
④ too much tax might be spent in a sector

정답 ③

해설 세금 평등을 소재로 한 글이며, '세금의 균등한 분배가 사람들의 관심사이다'를 주요 내용으로 한다. 빈칸 앞의 concern을 '걱정, 우려'로 해석하는 것이 중요하다. 이 글의 주제와 일치하고, 빈칸 다음의 예시와 문맥을 일치시키기 위해선 ③이 가장 적절하다. ① 징수된 세금이 예산을 충족시킬 수 없다 ② 정부가 지나치게 세율을 올린다 ③ 과세가 결코 공평하지 않다 ④ 너무 많은 세금이 한 부문에서 쓰일 수 있다

● **지문 분석** 예문의 밑줄은 동사(구)

The question of tax equality / is a major concern / for many people in underdeveloped countries.
세금 평등의 문제는 / 주요 관심사이다 / 개발도상국의 많은 사람들에게.

Tax equality refers to / the way (taxes are distributed among people).
세금 평등은 일컫는다 / 세금이 사람들 사이에서 부과되는 방법을.

[Even if tax collections were exactly the right amount / to pay for government goods and services (demanded by people)], / there could be concern / (that tax distributions are far from being fair).
세금 징수가 정확한 금액일지라도 / 국민들에 의해 요구되는 정부의 재화와 서비스에 대해 / 우려가 있을 수 있다 / 과세가 결코 공평하지 않다는.

For example, / some taxpayers may be paying more / than (what they believe is a fair amount), / and some may be paying less / than (what others believe is a fair amount).
예를 들어 / 어떤 납세자는 더 많이 납부할 수 있다 / 자신들이 공정한 금액이라고 믿는 것보다 / 그리고 어떤 사람은 더 적게 납부할 수 있다 / 다른 사람들이 공정한 금액이라고 믿는 것보다.

So, / in addition to the fear (that government is too big / and taxes generally too high), / there is the fear (that taxes are too low for certain taxpayers / and too high for others).
그래서 / 정부가 너무 크다는 두려움에 더해서 / 그리고 세금이 일반적으로 너무 높다는 / 어떤 납세자에게는 세금이 너무 낮다는 두려움이 있다 / 다른 사람들에게는 너무 높고.

해석 조세 평등의 문제는 개발도상국의 많은 사람들의 주된 관심사이다. 조세 평등은 세금이 사람들 사이에서 부과되는 방식을 일컫는 말이다. 징수된 세금이 사람들에 의해 요구되는 정부의 재화와 서비스에 대해 지불하는 정확히 알맞은 금액이었다 하더라도, 과세가 결코 공평하지 않다는 우려가 있을 수 있다. 예를 들어(For example), 어떤 납세자들은 자신이 적당한 금액이라고 믿는 것보다 더 납부할 수도 있고, 어떤 이들은 다른 사람들이 적당한 금액이라고 생각하는 것보다 덜 납부할 수도 있다. 그래서 정부가 너무 크고 세금이 일반적으로 너무 높다는 걱정 외에도, 세금이 어떤 납세자들에게는 너무 낮고 또 다른 이들에게는 너무 높다는 우려가 있다.

어휘 tax equality 조세 평등 concern 관심, 걱정, 우려 underdeveloped country 개발도상국 fair amount 공정한 양 goods and service 재화와 용역 far from ~와는 거리가 먼 overly 지나치게

05 다음 빈칸에 가장 적절한 것은?

It has been proven through scientific experiments that there are some animals that _____. he Laysan albatross*, a large seabird found in the northern part of the Pacific Ocean, is a great example of this. In 1957, 18 Laysans were taken from their home on Midway Island, a tiny piece of land in the middle of the Pacific Ocean. The birds were transported by plane to faraway places, including Japan, the Philippines, and Hawaii, where they were set free. It was known that the albatross could fly great distances with its huge wings, but no one imagined that these birds would be able to make it home again. Before long, however, 14 of the 18 Laysan albatrosses had found their way back home to Midway Island.

* Laysan albatross: 라이산 알바트로스(거대한 바닷새의 일종)

① prefer to travel in large groups
② can adapt to any type of environment
③ return to their birthplace to reproduce
④ have an extraordinary sense of direction

정답 ④

해설 알바트로스가 고향에서 멀리 떨어졌어도 고향으로 돌아갈 수 있다는 내용이 빈칸에 적합하다. 주의할 점은 ③의 '번식을 위해 돌아간다'는 내용은 본문에서 언급되지 않았으므로, ④의 '뛰어난 방향 감각을 가지고 있다'가 더 적합하다. ① 대규모 집단으로 이동하는 것을 선호하다 ② 어떠한 형태의 환경에도 적응할 수 있다 ③ 번식을 위해 태어난 곳으로 돌아가다 ④ 뛰어난 방향 감각을 가지고 있다

■ 지문 분석 예문의 밑줄은 동사(구)

It has been proven / through scientific experiments / [that there are some animals (that have an extraordinary sense of direction)].
증명되어 왔다 / 과학적 실험을 통해서 / 뛰어난 방향 감각을 가지고 있는 동물이 있다는 것이.

The Laysan albatross, / (a large seabird / found in the northern part of the Pacific Ocean), / is a great example of this.
라이산 알바트로스 / 큰 바닷새 / 태평양 북부 지역에서 발견되는 / 이것의 좋은 사례이다.

In 1957, / 18 Laysans were taken / from their home on Midway Island, / a tiny piece of land in the middle of the Pacific Ocean.
1957년에 / 18마리의 라이산 알바트로스가 포획되었다 / 그들의 미드웨이 섬 둥지에서 / 태평양 한가운데의 작은 땅인.

The birds were transported by plane / to faraway places, (including Japan, the Philippines, and Hawaii), / where they were set free.
그 새들은 비행기로 수송되었다 / 일본, 필리핀, 하와이를 포함한 먼 곳으로 / 그리고 그들은 그곳에서 풀려났다.

It was known / (that the albatross could fly great distances / with its huge wings), / but no one imagined / (that these birds would be able to make it home again).
알려져 있었다 / 알바트로스가 엄청난 거리를 날 수 있다고 / 큰 날개로 / 하지만 아무도 상상하지 못했다 / 이 새들이 다시 고향으로 돌아갈 수 있을 거라고.

Before long, however, / 14 of the 18 Laysan albatrosses / had found their way back home / to Midway Island.
하지만 머지않아 / 18마리의 알바트로스 중 14마리가 / 고향으로 돌아가는 길을 찾았다 / 미드웨이 섬으로.

해석 뛰어난 방향 감각을 가지고 있는 동물들이 일부 있다는 것이 과학적인 실험을 통해 증명되어 왔다. 태평양 북부 지역에서 발견되는 큰 바닷새인 라이산 알바트로스가 이것의 아주 좋은 예이다. 1957년, 18마리의 라이산이 태평양 한가운데의 작은 땅인 미드웨이 섬의 둥지에서 포획되었다. 그 새들은 비행기로 일본, 필리핀, 그리고 하와이를 포함한 먼 곳으로 옮겨졌고, 그곳에서 풀려났다. 알바트로스가 그것의 거대한 날개로 먼 거리를 비행할 수 있다고는 알려져 있었지만, 이 새들이 다시 고향으로 돌아갈 수 있을 거라고는 아무도 상상하지 못했다. 하지만 오래지 않아, 18마리 중 14마리의 라이산 알바트로스가 그들의 고향인 미드웨이 섬으로 돌아가는 길을 찾아냈다.

어휘 be proven 증명되다 be taken 포획되다 transport 수송하다 be set free 풀려나다 reproduce 번식하다

06 다음 빈칸에 가장 적절한 것은?

> The future of our high-tech goods may lie not in the limitations of our minds, but in _____.
> In previous eras, such as the Iron Age and the Bronze Age, the discovery of new elements brought forth seemingly unending numbers of new inventions. Now the combinations may truly be unending. We are now witnessing a fundamental shift in our resource demands. At no point in human history have we used more elements, in more combinations, and in increasingly refined amounts. Our ingenuity will soon outpace our material supplies. This situation comes at a defining moment when the world is struggling to reduce its reliance on fossil fuels. Fortunately, rare metals are key ingredients in green technologies such as electric cars, wind turbines, and solar panels. They help to convert free natural resources like the sun and wind into the power that fuels our lives. But without increasing today's limited supplies, we have no chance of developing the alternative green technologies we need to slow climate change.

① our ability to secure the ingredients to produce them
② the wider distribution of innovative technologies
③ governmental policies not to limit resource supplies
④ the constant update and improvement of their functions

정답 ①

해설 첨단기술의 미래는 창의력이 아니라 충분한 물자의 공급에 있다는 것을 주제로 하는 글이다. 마지막 문장에서 '제한된 공급을 늘리지 않고는(without increasing today's limited supplies) 대체 기술을 개발할 가능성이 없다'고 언급하고 있어, 이와 같은 맥락을 이루기 위해선 빈칸에 ①이 가장 적절하다. ① 그것들을 생산하기 위한 재료를 확보할 수 있는 우리의 능력 ② 혁신 기술의 보다 넓은 보급 ③ 자원 공급을 제한하지 않는 정부의 정책 ④ 그것들의 기능의 지속적인 업데이트와 개선

지문 분석 예문의 밑줄은 동사(구)

The future of our high-tech goods may lie / not in the limitations of our minds, / but in our ability to secure the ingredients to produce them.
첨단기술 제품의 미래는 놓여 있을지도 모른다 / 우리 생각의 한계점 안이 아니라 / 그것들을 생산하기 위한 재료를 확보할 수 있는 우리의 능력에.

In previous eras, (such as the Iron Age and the Bronze Age), / the discovery of new elements brought forth / seemingly unending numbers of new inventions.
철기시대나 청동기시대와 같은 이전 시대에는 / 새로운 원소의 발견은 가져왔다 / 끝이 없을 것 같은 무수한 새로운 발명품을.

Now / the combinations may truly be unending.
이제 / 그 조합은 진정 끝이 없을 수도 있다.

We are now witnessing / a fundamental shift (in our resource demands).
이제 우리는 목격하고 있다 / 우리 자원의 수요에 있어서 근본적인 변화를.

At no point in human history / have we used more elements, / in more combinations, / and in increasingly refined amounts.
인류 역사의 어느 지점에서도 / 우리는 더 많은 원소를 사용해본 적이 없다 / 더 많은 조합으로도 / 그리고 점차 정밀한 양으로.

Our ingenuity / will soon outpace our material supplies.
우리의 창의력은 / 곧 물질 공급을 앞지를 것이다.

This situation comes / at a defining moment / (when the world is struggling / to reduce its reliance on fossil fuels).
이러한 순간은 온다 / 결정적인 순간에 / 전 세계가 애를 쓰는 / 화석 연료에 대한 의존을 줄이기 위해서.

Fortunately, / rare metals are key ingredients / in green technologies (such as electric cars, wind turbines, and solar panels).
다행히도 / 희귀 금속들이 핵심 성분이다 / 전기차, 풍력 터빈, 태양 전지판과 같은 친환경 기술에서.

They help / to convert free natural resources (like the sun and wind) / into the power (that fuels our lives).
그것들은 도와준다 / 태양과 바람과 같은 천연 자원을 전환시키는 것을 / 우리 생활에 연료를 공급하는 동력으로.

But / without increasing today's limited supplies, / we have no chance / [of developing the alternative green technologies (we need) / to slow climate change)].
하지만, / 오늘날의 제한된 공급을 증가하지 않고는 / 우리는 기회가 없다 / 우리가 필요로 하는 친환경 대체 기술을 개발시킬 / 기후 변화를 늦추기 위해서.

해석 첨단기술 제품의 미래는 우리 생각의 한계점에 있는 것이 아니라, 그것을 생산하기 위한 재료를 확보할 수 있는 우리의 능력에 있을지도 모른다. 철기와 청동기와 같은 이전 시대에, 새로운 원소의 발견은 끝이 없을 것 같은 무수한 새로운 발명품을 초래했다. 이제 그 조합은 진정 끝이 없을 수도 있다. 우리는 이제 자원 수요에 있어서 근본적인 변화를 목격하고 있다. 인류 역사의 어느 지점에서도, 우리는 (지금보다) 더 많은 조합으로, 그리고 점차 정밀한 양으로, 더 많은 원소를 사용한 적은 없었다. 우리의 창의력은 우리의 물질 공급을 곧 앞지를 것이다. 이 상황은 세계가 화석 연료에 대한 의존을 줄이고자 분투하고 있는 결정적인 순간에 온다. 다행히, 희귀한 금속들이 전기 자동차, 풍력 발전용 터빈, 태양 전지판과 같은 친환경 기술의 핵심 재료이다. 그것들은 태양과 바람과 같은 무료인 천연 자원을 우리의 생활에 연료를 공급하는 동력으로 전환하는 데 도움을 준다. 하지만 오늘날의 제한된 공급을 늘리지 않고는, 우리는 기후 변화를 늦추기 위해 우리가 필요로 하는 친환경 대체 기술을 개발할 가망이 없다.

어휘 high-tech goods 첨단기술 제품 era 시대 bring forth ~을 초래하다, ~을 가져오다 unending numbers of 끝없는 수의, 무수한 ingenuity 기발함, 창의성 outpace 앞지르다 material supply 재료 공급 defining moment 결정적인 순간 fossil fuel 화석 연료 convert 전환하다 green technology 친환경 기술 secure 확보하다 distribution 배포, 분배

07 다음 빈칸에 가장 적절한 것은?

It seems natural to describe certain environmental conditions as 'extreme', 'harsh', 'benign' or 'stressful'. It may seem obvious when conditions are 'extreme': the midday heat of a desert, the cold of an Antarctic winter, the salinity* of the Great Salt Lake. But this only means that these conditions are extreme for us, given our particular physiological characteristics and tolerances. To a cactus there is nothing extreme about the desert conditions in which cacti have evolved; nor are the icy lands of Antarctica an extreme environment for penguins. It is lazy and dangerous for the ecologist to assume that _____. Rather, the ecologist should try to gain a worm's eye or plant's eye view of the environment: to see the world as others see it. Emotive words like harsh and benign, even relativities such as hot and cold, should be used by ecologists only with care.

* salinity: 염도

① complex organisms are superior to simple ones
② technologies help us survive extreme environments
③ ecological diversity is supported by extreme environments
④ all other organisms sense the environment in the way we do

● **지문 분석** 예문의 밑줄은 동사(구)

It seems natural / (to describe certain environmental conditions / as 'extreme', 'harsh', 'benign' or 'stressful').
자연스럽게 보인다 / 어떤 환경조건을 묘사하는 것 / '극단적인', '혹독한', '온화한', 또는 '힘들게 하는'으로.

It may seem obvious / (when conditions are 'extreme'): / the midday heat of a desert, the cold of an Antarctic winter, the salinity of the Great Salt Lake.
명확하게 보일 수도 있다 / 조건이 '극단적일 때는 / 사막의 한낮의 열기, 남극의 겨울 추위, 그레이트 솔트 레이크의 염도.

But this only means / (that these conditions are extreme for us), / (given our particular physiological characteristics and tolerances).
하지만 이것은 의미할 뿐이다 / 이러한 조건이 우리에게 극단적이라는 것을 / 우리 인간의 특별한 생리적 특성과 내성을 고려할 때.

To a cactus / there is nothing extreme / about the desert conditions / (in which cacti have evolved);
선인장에게는 / 극단적인 것은 없다 / 사막의 (기후) 조건은 / 선인장의 진화해 왔던.

nor / are the icy lands of Antarctica / an extreme environment / for penguins.
마찬가지로 아니다 / 얼음으로 뒤덮인 남극 대륙도 / 극단적인 환경이 / 펭귄에게.

It is lazy and dangerous / (for the ecologist / to assume) / that all other organisms sense the environment in the way we do).
게으르고 위험한 것이다 / 생태학자가 / 가정하는 것은 / 모든 유기체가 우리와 같은 방식으로 환경을 감지한다고.

Rather, / the ecologist should try to gain / a worm's eye or plant's eye view of the environment /: (to see the world / as others see it).
오히려 / 생태학자들은 획득하려 노력해야 한다 / 환경에 대한 벌레의 시각이나 식물의 시각을 / 세상을 보는 것 / 다른 개체들이 보듯이.

Emotive words (like harsh and benign), / (even relativities / such as hot and cold), / should be used / by ecologists / only with care.
혹독한, 온화한과 같은 감정적인 단어들은 / 상대적인 표현도 / 뜨거운, 차가운과 같은 / 사용되어야 한다 / 생태학자들에 의해 / 조심스럽게.

정답 ④

해설 빈칸 다음 문장의 '오히려 생태학자들은 벌레나 식물의 시각으로 환경을 봐야 한다'는 말과 어울릴 수 있도록 빈칸 문장을 구성해야 한다. ④를 사용하여, '다른 유기체들이 우리와 같은 방식으로 환경을 감지할 거라고 가정하는 것은 위험하다'로 표현할 수 있다. ① 다세포 유기체가 단세포 유기체보다 우월하다 ② 기술은 우리가 극단적인 환경에서 살아남도록 도와준다 ③ 생태적 다양성은 극단적인 환경의 지지를 받는다 ④ 모든 유기체가 우리와 같은 방식으로 환경을 감지한다

해석 어떤 환경 조건을 '극단적', '혹독한', '온화한' 또는 '힘들게 하는'으로 묘사하는 것은 당연해 보인다. 사막의 한낮 열기, 남극의 겨울 추위, 그레이트 솔트 레이크의 염도 등 조건이 '극단적'일 때는 분명해 보인다. 하지만 이것은 우리 인간의 특별한 생리적 특성과 내성을 고려할 때, 이러한 조건들이 우리에게 극단적이라는 것을 의미한다. 선인장에게는 자신이 진화해 왔던 사막 조건에는 극단적인 것이 없다. 남극 대륙의 얼음으로 뒤덮인 땅도 펭귄에게 극단적인 환경은 아니다. 생태학자들이 다른 모든 유기체들이 우리와 같은 방식으로 환경을 감지한다고 가정하는 것은 게으르고 위험한 것이다. 오히려(Rather), 생태학자들은 환경에 대한 벌레나 식물의 시각, 즉 다른 개체들이 보는 것처럼 세상을 보는 것을 얻으려고 노력해야 한다. '혹독한', '온화한'과 같은 감정적인 단어, 심지어 '뜨거운', '차가운'과 같은 상대적인 표현들도 생태학자들에 의해 조심스럽게 사용되어야 한다.

어휘 describe 묘사하다 midday heat 한낮 더위 Antarctic 남극의 given ~을 고려하면 physiological 생리적인 characteristics 특성들 tolerance 내성, 인내심 cactus 선인장 (복수형 cacti) relativities 상대성, 상대적인 것들 organism 유기체

08 다음 빈칸에 가장 적절한 것은?

⟨25 국가 9급⟩

The holiday season is a time to give thanks, reflect on the past year, and spend time with family and friends. However, if you're not careful, it can also be a time you overspend on holiday purchases. People have an innate impulse to overspend, experts say. They are "wired" to be consumers. The short-term gratification of giving gifts to loved ones can eclipse the long-term focus that's needed to be good with money. That's where many people fall short. We can overspend because our long-term goals are much more abstract, and it actually requires us to do extra levels of cognitive processing to delay instant gratification. Additionally, consumers may feel _____ because they don't want to appear "cheap." Many companies also promote deals during the holidays that can encourage people to spend more than usual.

① a desire to work at overseas companies
② responsible for establishing their long-term goals
③ like limiting their spending during the holiday season
④ the social pressure to spend more than they might like

■ **지문 분석** 예문의 밑줄은 동사(구)

The holiday season is a time / (to give thanks), (reflect on the past year), and (spend time with family and friends).
휴가철은 시간이다 / 감사를 전할, 지난 한 해를 되돌아볼, 그리고 가족이나 친구와 시간을 보낼.

However, / (if you're not careful), / it can also be a time / (you overspend / on holiday purchases).
하지만 / 하지만 주의하지 않으면 / 이는 또한 시간이 될 것이다 / 당신이 과소비하게 될 / 휴일 쇼핑에.

People have an innate impulse (to overspend), / experts say.
사람들은 과소비하려는 타고난 충동을 가지고 있다 / 전문가들은 말한다.

They are "wired" / to be consumers.
그들은 설계되어 있다 / 소비자가 되도록.

The short-term gratification (of giving gifts to loved ones) / can eclipse the long-term focus / (that's needed / to be good with money).
사랑하는 사람에게 선물을 주는 것에 대한 단기적인 만족감은 / 장기적인 초점을 잠식할 수 있다 / 요구되는 / 돈을 잘 다루기 위해.

That's / (where many people fall short).
이것은 ~이다 / 사람들이 (돈이) 부족해지는 곳.

We can overspend / (because our long-term goals / are much more abstract), / and it actually requires us / (to do extra levels of cognitive processing / to delay instant gratification).
우리는 과소비할 수 있다 / 우리의 장기적인 목적이 / 훨씬 더 추상적이기 때문에 / 그리고 이것(과소비하는 성향)이 실질적으로 우리에게 요구한다 / 더 많은 수준의 의식적인 처리를 할 것을 / 즉각적인 만족을 지연시키기 위해서.

Additionally, / consumers / may feel the social pressure / to spend more than they might like / (because they don't want to appear "cheap.")
게다가 / 소비자들은 / 사회적 압박을 느낄 수도 있다 / 원하는 것보다 더 많이 지출하게 만드는 / 그들은 '값싸게' 보이고 싶지 않기 때문에.

Many companies also promote deals / during the holidays / (that can encourage people / to spend more than usual).
또한 많은 회사들은 거래(할인 행사)를 홍보한다 / 휴일 동안에 / 사람들을 권장할 수 있는 / 평소보다 더 많은 지출하도록.

정답 ④

해설 이 글의 소재는 '휴일 시즌의 과소비 성향'이다. 본문의 전체 흐름과 일관된 의미의 문장을 만들려면 빈칸에는 ④가 가장 적절하다. ① 해외회사에서 근무하고 싶은 욕망(을 느낄 수 있다) ② 그들의 장기적인 목표를 설정하는 것에 책임(을 느낄 수 있다) ③ 휴일 시즌에 지출을 제한(하고 싶을 수 있다) ④ 원래보다 더 많이 지출하게 만드는 사회적 압박(을 느낄 수 있다)

해석 휴일 시즌은 감사를 드리고, 지난 한 해를 되돌아보며, 가족과 친구들과 시간을 보내는 시기이다. 하지만 조심하지 않으면, 휴일 쇼핑에 과소비하는 시기가 될 수도 있다. 전문가들에 따르면, 사람은 과소비하려는 타고난 충동을 가지고 있다. 사람은 소비자로 '설계되어 있다'. 사랑하는 이에게 선물을 주는 단기적인 만족감은, 돈을 잘 다루기 위해 필요한 장기적인 초점을 가릴 수 있다. 많은 사람들이 이 지점에서 부족하다. 우리는 장기적인 목표가 훨씬 더 추상적이기 때문에 과소비할 수 있고, 즉각적인 만족을 미루기 위해서는 실제로 더 많은 수준의 인지 처리가 필요하다. 게다가 소비자는 자신이 '구두쇠처럼' 보이고 싶지 않아서(값싸게 보이고 싶지 않아서) 원하는 것보다 더 많이 지출하게 만드는 사회적 압박을 느낄 수 있다. 많은 회사들도 사람들이 평소보다 더 많이 소비하도록 만들 수 있는 할인 행사를 휴일에 홍보한다.

어휘 reflect on ~에 대해 곰곰이 생각하다 overspend 과소비하다 innate 선천적인, 타고난 impulse 충동 wired 시스템에 연결된, 설계된 gratification 만족 eclipse 잠식하다 be good with ~을 잘 다루다 fall short 부족해지다 abstract 추상적인 cognitive 인지의, 인식의

09 다음 빈칸에 가장 적절한 것은?

Many listeners blame a speaker for their inattention by thinking to themselves: "Who could listen to such a character? Will he ever stop reading from his notes?" The good listener reacts differently. He may well look at the speaker and think, "This man is incompetent. Seems like almost anyone would be able to talk better than that." But from this initial similarity he moves on to a different conclusion, thinking "But wait a minute. I'm not interested in his personality or delivery. I want to find out what he knows. Does this man know some things that I need to know?" Essentially, we "listen with our own experience." Is the speaker to be held responsible because we are poorly equipped to comprehend his message? We cannot understand everything we hear, but one sure way to raise the level of our understanding is to _____.

① ignore what the speaker knows
② analyze the character of a speaker
③ assume the responsibility which is inherently ours
④ focus on the speaker's competency of speech delivery

■ **지문 분석** 예문의 밑줄은 동사(구)

Many listeners blame a speaker / for their inattention / (by thinking to themselves: "Who could listen to such a character? / Will he ever stop reading from his notes?")
많은 청취자들은 연설자를 비난한다 / 자신들이 집중하지 못하는 것에 대해 / 스스로 생각함으로써: "누가 저런 인물의 말에 귀를 기울이지? / 저 사람이 노트를 읽는 것을 멈추기는 할까?"

The good listener reacts differently.
(그러나) 좋은 청취자는 다르게 반응한다.

He may well look at the speaker / and think,
그는 연설자를 볼 수 있다 / 그리고 생각할 수 있다,

"This man is incompetent. / (It) Seems / (like almost anyone would be able to talk / better than that)."
"이 사람은 무능하다. / ~처럼 보인다 / 어떤 사람도 말할 수 있을 것으로 / 저것보다는 더 잘".

But / from this initial similarity / he moves on / to a different conclusion, / thinking / "But wait a minute. / I'm not interested in his personality or delivery. / I want to find out (what he knows). / Does this man know some things (that I need to know)?"
하지만, / 초반의 이런 유사성에서 / 그는 나아간다 / 다른 결론으로 / 생각하면서 / "하지만 잠깐 기다려보자. / 나는 그의 성격이나 전달 방식에 관심이 없다 / 나는 그가 아는 것을 알고 싶다 / 이 사람은 내가 알 필요가 있는 것을 알고 있나?"

Essentially, / we / "listen with our own experience."
본질적으로 / 우리는 / "우리의 경험으로 듣는다".

Is the speaker to be held responsible / (because we are poorly equipped / to comprehend his message)?
연설자가 책임이 있을까 / 우리가 준비되지 않은 것 때문에 / 그의 메시지를 이해하는 데?

We cannot understand / everything (we hear), / but / one sure way (to raise the level of our understanding) / is / to assume the responsibility / (which is inherently ours).
우리는 이해할 수 없다 / 우리가 듣는 모든 것을 / 하지만 / 우리의 이해를 올리는 하나의 확실한 방법은 / ~이다 / 책임을 받아들이는 것 / 본래 우리에게 내재된.

정답 ③

해설 이 글은 연설자의 말을 잘 이해하는 것은 청취자의 준비된 상태이지 연설자의 탓으로 돌릴 수 없다는 것을 주장한다. 지문의 'listen with our own experience'는 연설자의 말의 내용을 이해하는 것에 대한 일차적인 책임이 '우리 자신에게 있음'을 시사하는 내용이다. 따라서 ③이 이 빈칸에 가장 적절하다. ① 연설자가 아는 것을 무시하다 ② 연설자의 성격을 분석하다 ③ 본래 우리에게 내재된 책임을 받아들이다 ④ 연설의 전달 능력에 집중하다

해석 많은 청취자들은 그들이 주의를 기울이지 않은 것에 연설자를 비난하며, "누가 이런 사람의 말을 들을 수 있을까? 그는 언제까지 노트에서 읽기만 할 것인가?"라고 생각한다. 좋은 청취자는 다르게 반응한다. 그는 연설자를 바라보며 "이 사람은 무능력하다. 거의 누구나 저것보다는 더 잘 이야기할 수 있을 것 같다."라고 생각할 수 있다. 하지만 이 초기의 유사성에서 그는 다른 결론으로 나아가 "하지만 잠깐만, 나는 그의 성격이나 전달 방식에 관심이 없다. 나는 그가 아는 것을 알고 싶다. 이 사람이 내가 알아야 할 것들을 알고 있는가?"라고 생각한다. 본질적으로 우리는 '우리 자신의 경험으로 듣는다.' 연설자의 말을 이해하는 데 우리가 준비되어 있지 않은 것에 그 연설자가 책임을 져야 할까? 우리는 우리가 듣는 모든 것을 이해할 수는 없지만, 우리의 이해 수준을 높이는 확실한 방법 중 하나는 본래 우리에게 내재된 책임을 받아들이는 것이다.

어휘 inattention 부주의 incompetent 무능력한 initial 처음의 delivery 전달 be held responsible for ~에 대해 책임을 지다 be equipped to ~하기 위해 준비되다 inherently 선천적으로

10 다음 빈칸에 가장 적절한 것은?

> Attitude has been conceptualized into four main components: affective (feelings of liking or disliking), cognitive (beliefs and evaluation of those beliefs), behavioral intention (a statement of how one would behave in a certain situation), and behavior. Public attitudes toward a wildlife species and its management are generated based on the interaction of those components. In forming our attitudes toward wolves, people strive to keep their affective components of attitude consistent with their cognitive component. For example, I could dislike wolves; I believe they have killed people (cognitive belief), and having people killed is of course bad (evaluation of belief). The behavioral intention that could result from this is to support a wolf control program and actual behavior may be a history of shooting wolves. In this example, _____, producing a negative overall attitude toward wolves.

① attitude drives the various forms of belief
② all aspects of attitude are consistent with each other
③ the components of attitude are not simultaneously evaluated
④ our biased attitudes get in the way of preserving biodiversity

지문 분석 예문의 밑줄은 동사(구)

Attitude has been conceptualized / into four main components:
태도는 개념화되어 왔다 / 네 가지의 주요 구성요소로

affective (feelings of liking or disliking), cognitive (beliefs and evaluation of those beliefs), behavioral intention / (a statement / of (how one would behave in a certain situation), / and behavior.
정서적 (좋아하거나 싫어하는 감정), 인지적 (믿음과 그러한 믿음들에 대한 평가), 행동적 의도 / 진술 / 사람이 어떤 상황에서 어떻게 행동할 것인가에 대한 / 그리고 행동 요소.

Public attitudes (toward a wildlife species) and its management / are generated / based on the interaction of those components.
어떤 야생 동물 종에 대한 대중적인 태도나 관리는 / 만들어진다 / 이러한 구성요소의 상호작용을 근거로.

(In forming our attitudes / toward wolves), / people strive / (to keep / their affective components of attitude / consistent with their cognitive component).
우리의 태도를 형성함에 있어 / 늑대에 대한 / 사람들은 노력한다 / 유지하려고 / 태도에 대한 그들의 정서적 구성요소를 / 그들의 인지적 구성요소와 일치하도록.

For example, / I could dislike wolves;
예를 들어 / 나는 늑대를 싫어할 수도 있다

I believe / (they have killed people) (cognitive belief), / and (having people killed) is (of course) bad (evaluation of belief).
나는 믿는다 / 그들(늑대)이 사람을 죽였다고 (인지적 믿음) / 그리고 사람을 죽게 한 것은 물론 나쁜 일이다 (믿음에 대한 가치판단).

The behavioral intention (that could result from this) / is (to support a wolf control program) / and / actual behavior / may be a history of shooting wolves.
여기에서 비롯될 수 있는 행동적 의도는 / 늑대 통제 프로그램을 지지하는 것이다 / 그리고 / 실제 행동은 / 늑대를 사냥하는 역사가 될 수 있다.

In this example, / all aspects of attitude are consistent with each other, / (producing a negative overall attitude / toward wolves).
이 사례에서는 / 태도의 모든 측면이 서로 일치한다 / 전반적으로 부정적인 태도를 만들어내면서 / 늑대에 대해.

정답 ②

해설 태도의 개념을 구성하는 요소를 설명하는 글로서, '태도는 인지 요소와 일치하려는 성향이 있다'는 주제를 다루고 있다. 지문의 중간의 'people strive to keep their affective components of attitude consistent with their cognitive component'와 같은 맥락을 이루기 위해서는 ②가 가장 적절하다. ① 태도가 다양한 형태의 신념을 이끈다 ② 태도의 모든 측면이 서로 일치한다 ③ 태도의 구성 요소들은 동시에 평가되지 않는다 ④ 우리의 편향적인 태도가 생물 다양성을 보존하는 것을 방해한다

해석 태도는 네 가지 주요한 요소로 개념화되었다. 즉, 정서적 요소(좋아하거나 싫어한다는 느낌), 인지적 요소(신념 및 그러한 신념에 대한 평가), 행동적 의도 요소(누가 어떤 상황에서 어떻게 행동할 것인가에 대한 진술), 그리고 행동 요소이다. 야생 동물 종과 그것의 관리에 대한 대중의 태도는 그러한 요소들의 상호작용에 기초하여 생성된다. 늑대들에 대한 우리의 태도를 형성할 때, 사람들은 그들의 정서적 요소를 그들의 인지적 요소에 일치되게 유지하려고 노력한다. 예를 들어(For example), 나는 늑대를 싫어할 수 있다. 나는 그것들이 사람들을 죽였다고 믿는다(인지적 신념). 그리고 사람을 죽게 한 것은 당연히 나쁘다(신념에 대한 평가). 이로부터 생길 수 있는 행동적 의도는 늑대 통제 프로그램을 지지하는 것이고, 실제 행동은 늑대 사냥의 역사일 것이다. 이 예에서는, 태도의 모든 측면이 서로 일치하며 늑대에 대해 부정적인 전체 태도를 만들어 낸다.

어휘 attitude 태도 be conceptualized 개념화되다 affective 감정적, 정서적 cognitive 인지적 behavioral 행태적, 행동적 be generated 만들어지다 based on ~을 근거로 consistent with ~와 일치하는 simultaneously 동시에 preserve 보존하다 biodiversity 생물 다양성

에듀윌이
너를
지지할게

ENERGY

내가 찾고 있는 것은 바깥에 있지 않다.
그것은 내 안에 있다.

– 헬렌 켈러(Helen Keller)

PART

03

생활영어

01 빈칸 앞의 질문에 주목하자

02 빈칸 다음의 답변에 주목하자

03 동의인가? 반대인가?

04 다양한 상황

01 빈칸 앞의 질문에 주목하자

1 풀이 방법

① 빈칸 앞이 의문문인 경우, 이 질문에 대한 가장 적절한 답변을 찾는 문제이다.
② 답변을 찾는 데 도움이 될 주변 정보를 확인한다.
③ 선택지에서 가장 적절한 표현을 선택하자.

2 전략 적용

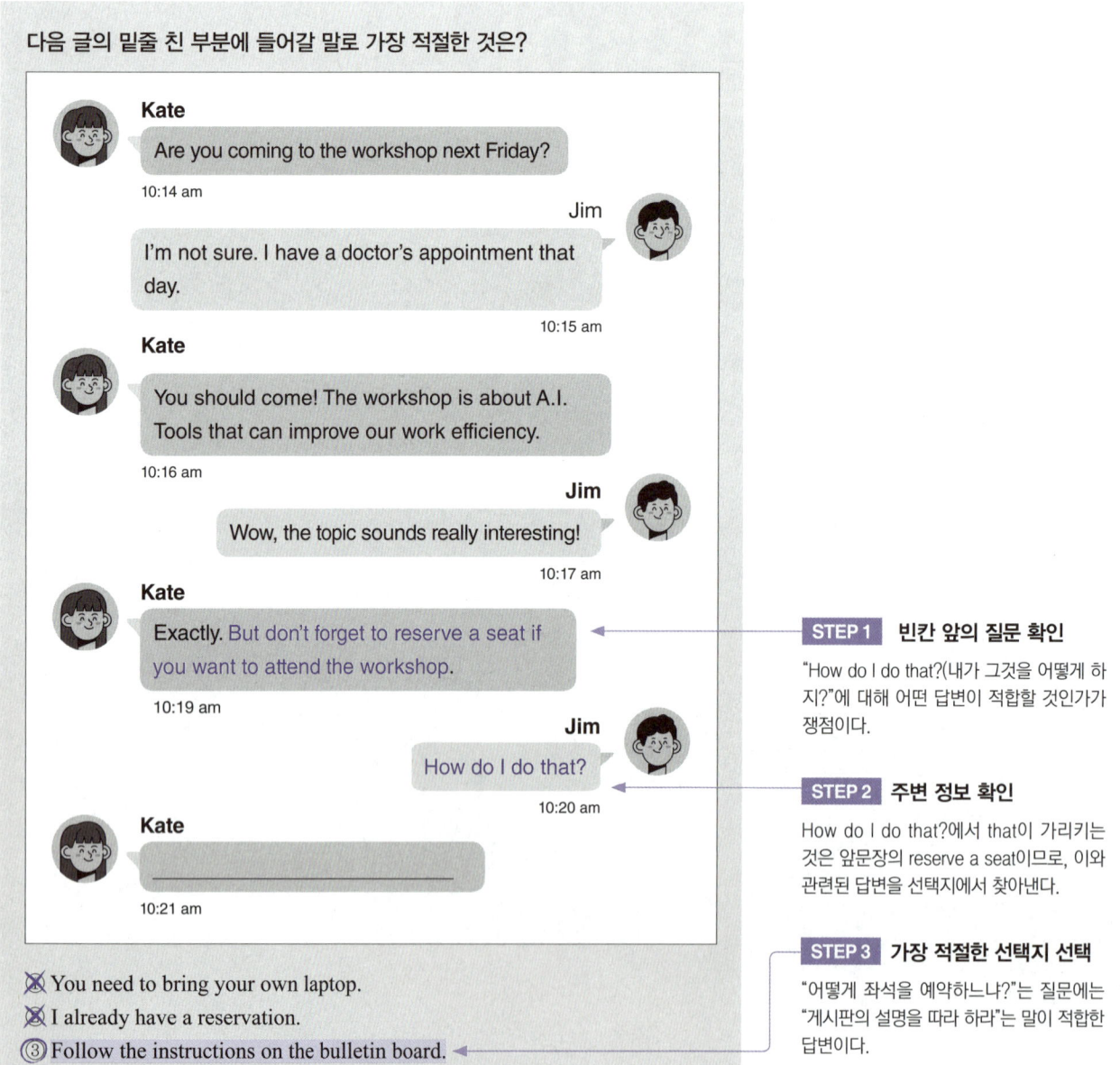

해석
Kate: 다음 주 금요일 워크숍에 올 거니?
Jim: 잘 모르겠어. 그날 병원 예약이 있거든.
Kate: 넌 꼭 와야 해! 그 워크숍은 업무 효율성을 향상시킬 수 있는 인공지능 도구에 관한 것이거든.
Jim: 와, 주제가 매우 흥미롭게 들리네!
Kate: 맞아. 하지만 워크숍에 참석하고 싶다면 좌석을 예약하는 것을 잊지 마.
Jim: 어떻게 하는 거지?
Kate: _____

① 네 노트북 컴퓨터를 가지고 올 필요가 있어.
② 내가 이미 예약을 했어.
③ 게시판의 설명서를 따라 해.
④ 약속을 잡기 위해 병원에 전화해야 해.

어휘 doctor's appointment 병원 예약   instruction 설명, 지시   bulletin board 게시판

정답 ③

Exercise

01 다음 글의 밑줄 친 부분에 들어갈 말로 가장 적절한 것은?

⟨24 인사처 2차 예시⟩

> A: What do you think of this bicycle?
> B: Wow, it looks very nice! Did you just get it?
> A: No, this is a shared bike. The city launched a bike sharing service.
> B: Really? How does it work? I mean, how do I use that service?
> A: It's easy. _____
> B: It doesn't sound complicated. Maybe I'll try it this weekend.
> A: By the way, it's an electric bicycle.
> B: Yes, I can tell. It looks cool.

① You can save energy because it's electric.
② Just apply for a permit to park your own bike.
③ Just download the bike sharing app and pay online.
④ You must wear a helmet at all times for your safety.

02 다음 글의 밑줄 친 부분에 들어갈 말로 가장 적절한 것은?

⟨24 국가 9급⟩

> A: Have you found your phone?
> B: Unfortunately, no. I'm still looking for it.
> A: Have you contacted the subway's lost and found office?
> B: _____
> A: If I were you, I would do that first.
> B: Yeah, you are right. I'll check with the lost and found before buying a new phone.

① I went there to ask about the phone.
② I stopped by the office this morning.
③ I haven't done that yet, actually.
④ I tried searching everywhere.

01

정답 ③

해설

빈칸 위에 나오는 질문인 "그 서비스를 어떻게 이용하는 거야?"에 대한 적절한 대답을 고르면 된다. "앱을 다운받고 비용을 지불하면 된다"라는 ③이 빈칸 앞의 It's easy. 또는 빈칸 뒤의 It doesn't sound complicated.에 잘 어울린다. ②는 '자전거 주차 허가'에 관한 내용이므로 문맥상 적절하지 않다.

해석

A: 이 자전거에 대해 어떻게 생각해?
B: 와, 정말 멋져 보이네! 최근에 산 거야?
A: 아니, 이건 공유 자전거야. 시에서 자전거 공유 서비스를 시작했어.
B: 정말? 그건 어떻게 작동해? 내 말은, <u>그 서비스를 어떻게 이용하는 거야?</u>
A: 쉬워. _____
B: 복잡하지 않은 것 같네. 이번 주말에 한번 써볼까 해.
A: 그런데 이건 전기 자전거야.
B: 응, 알겠어. 멋져 보이네.

① 전기 자전거이기 때문에 환경을 보호할 수 있어.
② 자전거 주차에 대한 허가를 신청하기만 하면 돼.
③ 자전거 공유 앱을 다운받고 온라인으로 비용을 지불하기만 하면 돼.
④ 안전을 위해 항상 헬멧을 착용해야 해.

어휘

share 공유하다
launch 시작하다
complicated 복잡한
by the way 그런데
apply for ~을 신청하다
permit 허가서
app 앱, 애플리케이션

02

정답 ③

해설

빈칸 앞의 '지하철 분실물 센터에 연락해 봤나요?'라는 물음에 대해 적절한 답변은 ③이다.

해설

A: 핸드폰은 찾았나요?
B: 아직 찾지 못했어요. 찾고 있는 중입니다.
A: 지하철 분실물 센터에 연락해 봤나요?
B: _____
A: 내가 당신이라면, 그것을 먼저 하겠어요.
B: 네, 당신 말이 맞네요. 새 핸드폰을 사기 전에 분실물 센터에 확인해야겠어요.

① 전화기에 관해 물어보려고 그곳에 갔어요.
② 오늘 아침에 사무실에 잠깐 들렀어요.
③ 사실은 아직 그것을 하지 않았어요. (분실물 센터에 들르지 않았어요)
④ 모든 곳을 찾아봤어요.

어휘

look for ~을 찾다
contact ~에 연락하다
lost and found office 분실물 센터
if I were you 내가 너라면
stop by ~에 잠깐 들르다

03 다음 글의 밑줄 친 부분에 들어갈 말로 가장 적절한 것은?

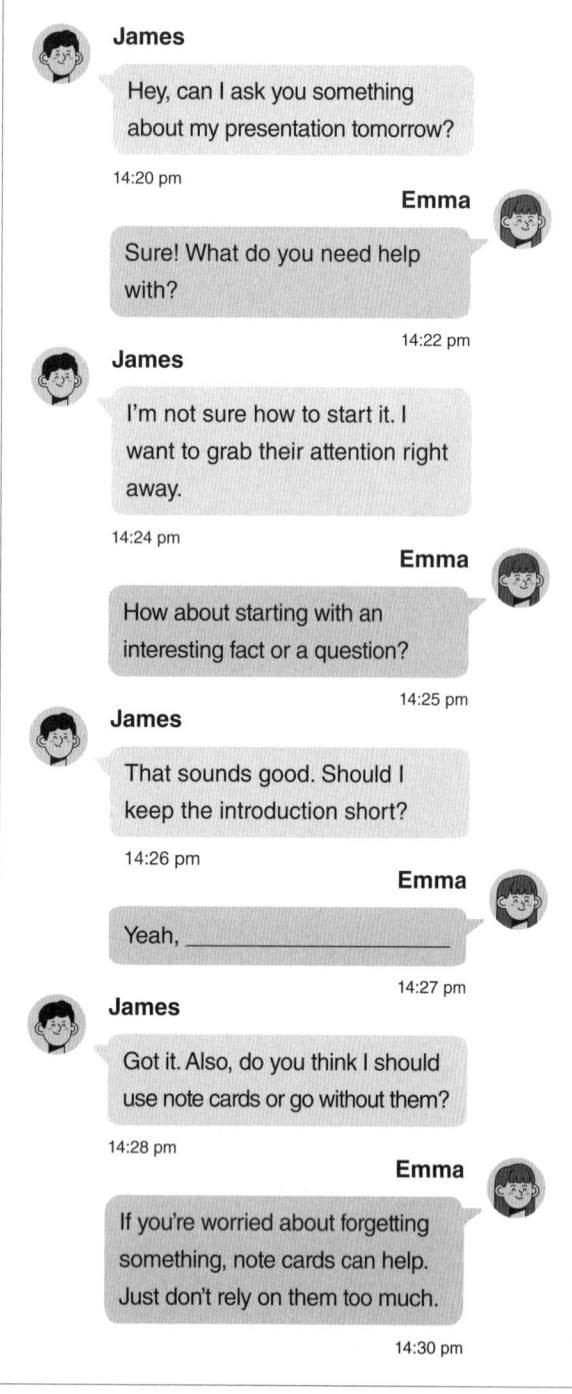

① a good introduction is a way to leave a strong impression.
② making it a bit longer might work better.
③ adding more details could make it more engaging.
④ just a few sentences to set the tone would be perfect.

04 다음 글의 밑줄 친 부분에 들어갈 말로 가장 적절한 것은?

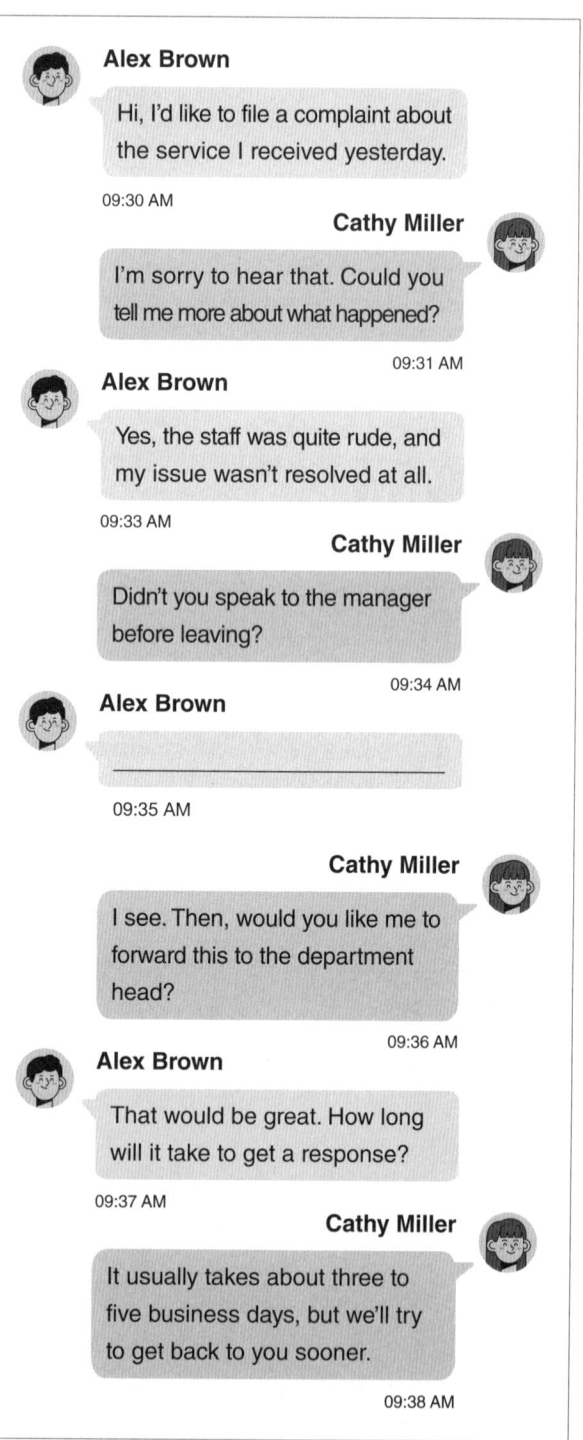

① Yes, I found the manager right away.
② No, I couldn't find the manager at that time.
③ Yes, I couldn't talk to the manage.
④ No, I already solved the issue with the manager.

03

정답 ④

해설

빈칸 앞의 "도입부는 짧게 하는 게 좋을까?"라는 물음에 긍정의 답이 나오고 있으므로, '간략하게 하라'는 의미를 가지고 있는 ④가 적절하다. ①은 introduction을 사용하고 있지만 '간략'의 의미가 없으므로 ④가 더 나은 표현이 된다.

해석

James: 이봐, 내일 있을 내 발표에 대해 물어봐도 될까?
Emma: 물론이지! 무슨 도움이 필요한데?
James: 발표를 어떻게 시작해야 할지 모르겠어. 바로 관심을 끌고 싶거든.
Emma: 흥미로운 사실이나 질문으로 시작하는 건 어때?
James: 괜찮은 생각이야. 도입부는 짧게 하는 게 좋을까?
Emma: 응, _____
James: 알겠어. 그리고 메모 카드를 써야 할까, 그것 없이 할까?
Emma: 뭔가를 잊어버릴까 봐 걱정된다면 메모 카드가 도움이 될 거야. 너무 의존하지만 않으면 돼.

① 좋은 소개가 강한 인상을 남기는 하나의 방법이야.
② 그걸 좀 더 길게 하는 게 나을지도 몰라.
③ 세부 사항을 더하면 더 흥미로울 수 있어.
④ 분위기를 잡을 정도의 몇 문장이면 딱 좋아.

어휘

grab 붙잡다
note card 메모 카드
impression 인상
a bit 약간
engaging 관심을 끄는
set the tone 분위기를 잡다

04

정답 ②

해설

영어와 한국어는 부정 의문문을 다르게 다룬다. 영어에서 부정 의문문은 모두 긍정 의문문으로 바꿔서 의미를 파악해야 한다. 즉 Didn't you speak ~?를 Did you speak ~?로 바꿔서 해석하는 것이 핵심이다. ①, ③처럼 Yes (I did)로 답하면 '네, 이야기했어요'의 의미가 되어 위의 상황과 맞지 않게 된다.

해석

Alex Brown: 안녕하세요, 제가 어제 받은 서비스에 대해 민원을 제기하려고 합니다.
Cathy Miller: 죄송합니다. 무슨 일이 있었는지 자세히 말씀해 주시겠어요?
Alex Brown: 네, 직원이 무척 무례했고, 제 문제는 전혀 해결되지 않았어요.
Cathy Miller: 떠나시기 전에 관리자와 이야기를 하셨나요? (← 이야기를 하지 않았나요?)
Alex Brown: _____
Cathy Miller: 그렇군요. 그럼 이 내용을 부서장에게 전달해 드릴까요?
Alex Brown: 그렇게 해 주세요. 답변을 받는 데 얼마나 걸릴까요?
Cathy Miller: 보통은 영업일 기준으로 3~5일 정도 걸리지만, 최대한 빨리 연락 드릴게요.

① 네 (이야기했어요), 관리자를 바로 찾았어요.
② 아니오 (이야기하지 않았어요), 그때는 관리자를 찾을(만날) 수 없었어요.
③ 네 (이야기했어요), 관리자와 이야기할 수 없었어요.
④ 아니오 (이야기하지 않았어요), 관리자와 함께 그 일을 이미 해결했어요.

어휘

file a complaint 민원을 제기하다
rude 무례한
forward 보내다, 전달하다
department head 부서장
get a response 답변을 받다

02 빈칸 다음의 답변에 주목하자

1 풀이 방법

① 빈칸 앞이 의문문인 경우, 이 질문에 대한 가장 적절한 답변을 찾는 문제이다.
② 답변을 찾는 데 도움이 될 주변 정보를 확인한다.
③ 선택지에서 가장 적절한 표현을 선택하자.

2 전략 적용

다음 글의 밑줄 친 부분에 들어갈 말로 가장 적절한 것은?

A: Hello, can I ask you a question about the presentation next Tuesday?
B: Do you mean the presentation about promoting the volunteer program?
A: Yes. Where is the presentation going to be?
B: Let me check. It is room 201.
A: I see. Can I use my laptop in the room?
B: Sure. We have a PC in the room, but you can use yours if you want.
A: _____
B: We can meet in the room two hours before the presentation. Would that work for you?
A: Yes. Thank you very much!

✗ A computer technician was here an hour ago.
② When can I have a rehearsal for my presentation?
✗ Should we recruit more volunteers for our program?
✗ I don't feel comfortable leaving my laptop in the room.

STEP 1 빈칸 다음의 답변에 주목
"발표 두 시간 전에 방에서 만날 수 있다"라는 표현과 가장 잘 어울리는 표현을 선택지에서 골라야 한다.

STEP 2 주변 정보 확인
"Would that work for you?(그것이 당신에게 괜찮나요?)"를 통해 두 사람이 약속을 잡거나, 협의를 하는 과정임을 알 수 있다.

STEP 3 가장 적절한 선택지 선택
②처럼 "언제 리허설을 할까요?"와 "We can meet in the room two hours before the presentation."이 가장 잘 어울린다.

해석
A: 안녕하세요, 다음 주 화요일 발표에 대해 질문해도 될까요?
B: 자원봉사 프로그램 홍보에 관한 발표를 말씀하시는 건가요?
A: 네. 발표가 어디서 열리나요?
B: 확인해 볼게요. 201호입니다.
A: 알겠습니다. 방에서 제 노트북을 사용할 수 있을까요?
B: 물론이죠. 방에 PC가 있지만, 원하시면 본인 노트북을 사용하셔도 됩니다.
A: _____
B: 발표 두 시간 전에 방에서 만날 수 있어요. 괜찮나요?
A: 네. 정말 감사합니다!

① 한 시간 전에 컴퓨터 기술자가 여기에 왔었어요.
② 언제 제 발표의 리허설을 할 수 있을까요?
③ 우리 프로그램을 위해 더 많은 자원봉사자를 모집해야 하나요?
④ 제 노트북을 방에 두는 게 불편해요.

어휘 presentation 발표 promote 홍보하다 laptop 노트북 컴퓨터 technician 기술자 rehearsal 리허설, 예행연습 recruit 채용하다
정답 ②

Exercise

01 다음 글의 밑줄 친 부분에 들어갈 말로 가장 적절한 것은?

〈24 인사처 2차 예시〉

Tim Jones
Hi, I'm interested in renting one of your meeting rooms.
3:10 pm

Jane Baker
Thank you for your interest. We have several spaces available depending on the size of your meeting. We can accommodate groups of 5 to 20 people.
3:11 pm

Tim Jones
That sounds great. We need a room for 17, and the meeting is scheduled for next month.
3:13 pm

Jane Baker
_____
3:14 pm

Tim Jones
The meeting is going to be on Monday, July 15th. Do you have a meeting room available for that day?
3:15 pm

Jane Baker
Yes, we do. I can reserve the space for you and send you a confirmation email with all the details.
3:17 pm

① Could I have your contact information?
② Can you tell me the exact date of your meeting?
③ Do you need a beam projector or a copy machine?
④ How many people are going to attend the meeting?

01 정답 ②

해설
빈칸 뒤에서 회의 날짜를 말하고 있으므로, 회의 날짜를 물어보는 ②가 가장 적절하다.

해석
Tim Jones: 안녕하세요, 당신의 회의실 중 하나를 빌리고 싶어요.
Jane Baker: 관심을 가져 주셔서 감사합니다. 저희는 귀하의 회의 규모에 따라 여러 공간이 준비되어 있습니다. 저희는 5명에서 20명까지의 단체를 수용할 수 있습니다.
Tim Jones: 좋네요. 우리는 17명이 사용할 방이 필요하고, 회의는 다음 달에 예정되어 있어요.
Jane Baker: _____
Tim Jones: 회의는 7월 15일 월요일로 예정되어 있어요. 그날 이용 가능한 회의실이 있나요?
Jane Baker: 네, 있습니다. 제가 귀하께 공간을 예약해 드리고 모든 세부 사항을 담은 확정 이메일을 보내드릴 수 있습니다.

① 귀하의 연락처를 알 수 있을까요?
② 정확한 회의 날짜를 알려 주시겠습니까?
③ 빔프로젝터나 복사기가 필요하신가요?
④ 얼마나 많은 사람들이 회의에 참석하나요?

어휘
several 여러 개의
available 이용 가능한
accommodate 수용하다
be scheduled for ~에 예정되다
reserve 예약하다
confirmation email 확정 이메일
details 세부항목
contact information 연락처

02 다음 글의 밑줄 친 부분에 들어갈 말로 가장 적절한 것은?

> A: Fire Station, Human Resources Department. What can I do for you?
> B: Yes, I'm calling about your help-wanted ad in the newspaper. Is the job still available?
> A: Yes, it is.
> B: _____.
> A: You have to turn in your résumé and cover letter by mail. And then wait to be interviewed.
> B: All right. Thank you for your detailed information.

① What would you like about this job?
② What should I do to apply for the job?
③ When is the due date for the application?
④ What qualifications do I need for this job?

03 다음 글의 밑줄 친 부분에 들어갈 말로 가장 적절한 것은?

> A: Hey, did you notice our hotel reservation isn't showing up in their system?
> B: Yeah, I just talked to the receptionist, and they said they couldn't find our booking.
> A: That's strange. I'm sure I got the confirmation email last week.
> B: _____ Maybe we can show it to them.
> A: Yeah, let me pull it up quickly. Okay, here it is.
> B: Perfect. Let's head back to the front desk and show them the confirmation.
> A: Good idea. Also, should we ask if they have any available rooms just in case?
> B: Yeah, better safe than sorry. We don't want to end up without a place to stay tonight.

① Are you going to cancel the booking?
② Do you still have it on your phone?
③ Should we book another hotel?
④ Did you already check in?

02

정답 ②

해설

빈칸 뒤의 'You have to turn in your resume(이력서를 제출해야 합니다)'와 잘 어울리는 질문은 ②가 가장 적절하다.

해석

A: 소방서 인적자원과입니다. 무엇을 도와 드릴까요?
B: 네, 전 신문에 난 구인광고에 관해 전화 드립니다. 아직도 자리가 있나요?
A: 네, 그렇습니다.
B: _____
A: 우편으로 이력서와 자기소개서를 제출하셔야 합니다. 그런 다음에 면접을 기다리세요.
B: 좋습니다. 자세한 정보에 감사 드립니다.

① 이 직업에 대해 뭐가 마음에 드나요?
② 그 자리에 지원하기 위해 제가 무엇을 해야 하나요?
③ 신청 만기 일자가 언제인가요?
④ 이 직업에 대해 필요한 자격요건이 뭐죠?

어휘

help-wanted ad 구인광고
available 이용할 수 있는
résumé 이력서
cover letter 자기소개서
apply for ~을 신청하다, 지원하다
the due date 만기일
qualification 자격요건

03

정답 ②

해설

빈칸 뒤에 나오는 '보여줄 수 있다'라는 표현과 가장 잘 어울리는 선택지를 골라야 한다. it이 의미하는 것은 confirmation email이므로 ②가 가장 잘 어울리는 표현이 된다.

해석

A: 야, 우리 호텔 예약이 호텔 시스템에 안 보이는 걸 눈치 챘어?
B: 응, 방금 프런트 직원이랑 얘기했는데 예약 기록을 찾을 수 없었대.
A: 이상하네. 지난주에 확정 메일을 받았던 게 확실한데.
B: _____ 그쪽에 그걸 보여줄 수 있을 거 같아.
A: 응, 잠깐만. 바로 찾아볼게. 여기 있다.
B: 좋아. 프런트에 가서 확인증을 보여주자.
A: 좋은 생각이야. 혹시 모르니까 빈방이 있는지도 물어볼까?
B: 그래, 나중에 후회하는 것보다 낫겠지. 오늘 밤에 잘 곳이 없으면 곤란하잖아.

① 예약을 취소할 거니?
② 네 전화기에 아직 그걸 가지고 있니?
③ 다른 호텔을 예약해야 할까?
④ 벌써 체크인했니?

어휘

notice 알아차리다
show up 나타나다
receptionist 접수원
booking 예약
confirmation 확정
pull up 찾아내다
head back to ~로 돌아가다
end up without ~이 없는 상태로 끝나다

04 다음 글의 밑줄 친 부분에 들어갈 말로 가장 적절한 것은?

> A: You have just seen all the cars you were interested in. Is there a particular model you like?
> B: Well, I do like the red one I saw at first, especially the exterior with its radiant color.
> A: So, would you like to test-drive that one?
> B: Maybe... but I'm just a little concerned about the leg room.
> A: _____
> B: Well, I don't think it is spacious enough for my family.
> A: If you feel that way, we could try out a different one.
> B: Why not? I am open to your suggestions.

① What seems to be the problem with the exterior?
② Do you want to try out a different color?
③ Perhaps you want to test-drive the red one?
④ Do you think it is too small for you?

05 다음 글의 밑줄 친 부분에 들어갈 말로 가장 적절한 것은?

> A: Jessica, why are you home? Shouldn't you be at the library studying for the exam?
> B: I couldn't stay there any longer. It was too noisy.
> A: Too noisy? What do you mean? Libraries are supposed to be quiet.
> B: Well, not this one. Someone's phone always seemed to be ringing. It drove me crazy.
> A: _____
> B: It sure does! There are signs saying to turn off your phone or put it in silence mode. But most people don't seem to care.

① Wasn't there any librarian who could stop them?
② Why didn't you tell them to turn off their phones?
③ Doesn't the library have a policy about cell phones?
④ What could you do about it?

04

정답 ④

해설

빈칸 앞의 leg room(레그룸, 다리가 들어가는 여유공간), 빈칸 뒤의 spacious(널찍한) 등의 표현을 통해 차의 '공간'이 작은 것에 대해 이야기하고 있음을 알 수 있다. 빈칸 뒤의 "가족이 타기에는 공간이 충분하지 않아요"라는 답변과 가장 잘 어울리는 질문은 ④이다.

해석

A: 이제 손님께서 관심이 있으셨던 차들을 모두 보셨습니다. 특별히 마음에 드는 모델이 있나요?
B: 음, 처음에 봤던 빨간 차가 마음에 드네요. 특히, 밝은 색의 외관이 마음에 듭니다.
A: 그럼 그 차를 시범 주행해 보시겠어요?
B: 아마도요… 그런데 레그룸에 대해서는 약간 걱정이네요.
A: _____
B: 글쎄요, 우리 가족이 타기에는 공간이 충분하다고 생각되지 않아요.
A: 그렇게 느끼신다면, 다른 것을 시도해 볼 수도 있습니다.
B: 좋아요. 당신의 제안을 환영합니다.

① 외관에 문제가 있는 것으로 보이나요?
② 다른 색상을 한번 보겠습니까?
③ 아마도 빨간 차량을 시범 운전하고 싶겠군요.
④ 너무 작다고 생각하나요?

어휘

exterior 외관
radiant 빛나는, 밝은
test-drive 시험 주행을 하다
spacious 널찍한

05

정답 ③

해설

1) 빈칸 뒤에서 does를 사용하고 있으므로 의문문도 이에 맞는 동사를 사용해야 한다. 일단 ①의 wasn't, ②의 didn't, ④의 could는 적절하지 않다.
2) 영어와 한국어는 부정 의문문을 다르게 다룬다. 영어에서 부정 의문문은 모두 긍정 의문문으로 바꿔서 의미를 파악해야 한다. "Doesn't the library have a policy ~?"는 "Does the library have a policy ~?"의 의미가 되므로, B가 "It sure does."로 답하는 것은 의미상 적절하게 연결된다.

해석

A: Jessica, 넌 왜 집에 있니? 도서관에서 시험 공부를 하고 있어야 하는 거 아니니?
B: 그곳에 더 이상 머무를 수가 없었어. 너무 시끄러웠어!
A: 너무 시끄럽다고? 무슨 말이야? 도서관은 조용해야만 하잖아.
B: 아, 이 도서관은 그렇지 않아. 누군가의 전화기가 항상 울렸던 것 같아. 그것이 날 화나게 만들었어.
A: _____
B: 당연히 있지! 휴대전화를 끄거나 진동 모드로 해 놓으라는 표지판들이 있어. 하지만 대부분의 사람들이 신경을 쓰지 않는 것 같아!

① 그들을 제지할 수 있는 도서관 직원이 있지 않았니?
② 왜 그들에게 전화기를 끄라고 말하지 않았어?
③ 그 도서관은 휴대전화에 관한 규정이 없는 거니? (→ 휴대전화 관련 규정을 가지고 있지?)
④ 너는 그 문제에 대해서 뭘 할 수 있었니?

어휘

noisy 시끄러운
be supposed to 동사원형 ~하기로 되어 있다
drive ~ crazy ~을 화나게 만들다
care 신경 쓰다
librarian 도서관 직원, 사서

03 동의인가? 반대인가?

1 풀이 방법

① 빈칸 뒤에 '동의'나 '반대'의 의사표시가 있는지 확인한다.
② 정답 검색에 도움이 될 주변 정보를 확인한다.
③ 선택지에서 가장 적절한 표현을 선택하자.

2 전략 적용

다음 글의 밑줄 친 부분에 들어갈 말로 가장 적절한 것은?

> A: Thank you. We appreciate your order.
> B: You are welcome. Could you send the goods by air freight? We need them fast.
> A: Sure. We'll send them to your department right away.
> B: Okay. I hope we can get the goods early next week.
> A: If everything goes as planned, you'll get them by Monday.
> B: Monday sounds good.
> A: Please pay within 2 weeks. Air freight costs will be added on the invoice.
> B: _____
> A: I am afraid the free delivery service is no longer available.
>
> ✗ I see. When will we be getting the invoice from you?
> ✗ Our department may not be able to pay within two weeks.
> ✗ Can we send the payment to your business account on Monday?
> ④ Wait a minute. I thought the delivery costs were at your expense.

STEP 1 빈칸 뒤에서 동의와 반대의 입장을 확인

빈칸 뒤에 'I am afraid (that) ~(~해서 유감이다)'라는 표현이 있기 때문에 A와 B는 서로 입장이 다르다는 것을 알 수 있다.

STEP 2 주변 정보 확인

'the free delivery service is no longer available(무료 배송은 더 이상 하지 않습니다)'에서 A와 B는 무료 배송에 대해 이견이 있음을 알 수 있다.

STEP 3 가장 적절한 선택지 선택

무료 배송과 관련된 표현은 ④이다. 'the delivery cost were at your expense(배송 비용은 당신이 지불했다)'라는 표현을 정확히 파악해야 한다.

해석
A: 주문해 주셔서 감사합니다.
B: 천만에요. 항공 화물로 물건을 보내주실 수 있나요? 물건들이 빨리 필요합니다.
A: 물론입니다. 바로 귀하의 부서로 보내겠습니다.
B: 좋습니다. 다음 주 초에 물건을 받을 수 있기를 바랍니다.
A: 계획대로 진행된다면, 월요일까지 받으실 수 있습니다.
B: 월요일이 좋겠네요.
A: 2주 이내에 결제해 주세요. 항공 화물 비용은 송장에 추가될 것입니다.
B: _____
A: 무료 배송 서비스를 더 이상 하지 않아 유감이네요.

① 그렇군요. 언제 운송장을 받을 수 있을까요?
② 우리 부서에서 2주 안에 지불하기는 어렵겠네요.
③ 월요일에 당신의 기업 계좌로 송금해도 될까요?
④ 잠깐만요. 배송 비용은 당신이 지불하는 것으로(무료라고) 생각했는데요.

어휘 appreciate 고맙게 여기다　goods 상품　air freight 항공 화물　department 부서, 회사　as planned 계획대로　invoice 송장, 청구서　business account 기업 계좌, 회사 계좌　at one's expense ~의 비용으로

정답 ④

Exercise

01 다음 글의 밑줄 친 부분에 들어갈 말로 가장 적절한 것은?

〈24 지방 9급〉

> A: Charles, I think we need more chairs for our upcoming event.
> B: Really? I thought we already had enough chairs.
> A: My manager told me that more than 350 people are coming.
> B: _____
> A: I agree. I am also a bit surprised.
> B: Looks like I'll have to order more then. Thanks.

① I wonder if the manager is going to attend the event.
② I thought more than 350 people would be coming.
③ That's actually not a large number.
④ That's a lot more than I expected.

01

정답 ④

해설
빈칸 뒤에 I agree로 동의하며 I am surprised로 '놀랐다'는 내용이 나오고 있다. 따라서 빈칸에도 놀라움을 나타내는 표현을 써야 한다. 따라서 ④가 가장 적절한 표현이 된다.

해석
A: Charles, 다가오는 행사에 의자가 더 필요할 것 같아요.
B: 정말요? 이미 충분한 의자가 있다고 생각했는데요.
A: 제 관리자께서 350명 이상의 사람들이 올 거라고 했어요.
B: _____
A: 저도 동의해요. 저도 좀 놀랐어요.
B: 그러면 제가 더 주문해야겠네요. 고마워요.

① 관리자가 행사에 참석할지 궁금하네요.
② 350명 이상이 올 거라고 생각했어요.
③ 그건 사실 큰 숫자가 아니네요.
④ 그건 제가 예상했던 것보다 훨씬 많네요.

어휘
upcoming 다가오는, 곧 있을
a bit 약간
It looks like 주어 + 동사 ~: ~할 것으로 보이다
more than I expected 기대 이상인

02 다음 글의 밑줄 친 부분에 들어갈 말로 가장 적절한 것은?

Emma
Honestly, I think spending time with family is more important than working late hours. It's crucial for maintaining a healthy work-life balance.
17:45

James
But don't you think that sometimes we need to work extra hours to secure our jobs?
17:47

Emma
That might be true, but it shouldn't become a habit. Family time is invaluable, and we should prioritize it over excessive work.
17:49

James
_____. Also, constantly working late can lead to burnout, which isn't good for anyone.
17:51

Emma
Exactly! Plus, when we're well-rested and happy, we tend to be more productive during our working hours.
17:52

James
Now that you mention it, I remember reading an article about that. It said that a balanced lifestyle leads to higher job satisfaction and performance.
17:54

① Let's agree to disagree.
② I don't see your point.
③ That's totally out of the question.
④ I couldn't agree with you more.

03 다음 글의 밑줄 친 부분에 들어갈 말로 가장 적절한 것은?

A: Hi, I just came from Dr. Kim's office. Can I get my medicine here?
B: Sure, may I have your prescription slip?
A: Oh, I think I left it at the clinic. Can you still give me the medicine?
B: _____ I need the prescription to process the medication.
A: I see. Could you call the clinic and check for me?
B: Sure, I can do that. Please wait a moment.
A: Thanks. I'll be more careful next time.
B: No worries. It happens all the time.

① Of course, here you go.
② No problem, take your time.
③ I'm afraid not.
④ I'm afraid so.

02

정답 ④

해설

빈칸 앞과 뒤의 내용은 '과도한 업무의 부작용'에 대해 이야기하고 있으므로, 빈칸에는 동의의 의사 표시를 하는 표현이 적합하다. "I couldn't agree with you more."는 상대방의 말에 완전히 동의할 때 쓰는 표현이다.

해석

Emma: 솔직히 말해서, 늦게까지 일하는 것보다 가족과 시간을 보내는 게 더 중요하다고 생각해. 건강한 일과 삶의 균형을 유지하는 것이 중요해.
James: 하지만 가끔은 우리 직업을 확보하기 위해 초과 근무를 해야 할 필요가 있다고 생각하지 않아?
Emma: 그것도 맞는 말일 수 있는데, 그게 습관이 되어서는 안 돼. 가족과의 시간은 소중하니까, 그걸 과도한 업무보다 우선시해야 해.
James: _____. 게다가 계속 야근을 하면 번아웃 상태에 이를 수 있어, 그건 누구에게도 좋지 않아.
Emma: 정말 그래! 게다가 우리가 충분히 휴식을 취하고 행복할 때, 근무 시간 동안 더 생산력이 높아져
James: 네가 그 말을 하니까 말인데, 그에 대한 기사를 읽은 기억이 나. 균형 잡힌 생활 방식이 더 높은 직업 만족도와 성과로 이어진다고 했어.

① 서로의 의견이 다르다는 것을 인정하자.
② 네 말의 초점을 모르겠어.
③ 그것은 완전히 불가능해.
④ 네 말이 맞아. (전적으로 동의해)

어휘

crucial 중요한
work-life balance 일과 삶의 균형
secure 확보하다, 안전하게 하다
invaluable 매우 중요한
prioritize 우선시하다
excessive 지나친
burnout 번아웃, 탈진 상태
job satisfaction and performance 직업 만족과 성과

03

정답 ③

해설

"I'm afraid not."에서 not이 의미하는 것은 앞 문장으로 판단한다. 여기서는 "I'm afraid that I cannot give you the medicine."을 줄인 표현이다. "I hope so.(그러기를 바라요)", "I hope not.(그렇지 않길 바라요)", "I'm afraid so.(유감이지만 그래요)", "I'm afraid not.(그렇지 않아서 유감입니다.)" 등의 표현도 알아 두자.

해석

A: 안녕하세요, 방금 김 박사님의 진료를 받고 왔어요. 여기서 약을 받을 수 있나요?
B: 네, 처방전을 좀 보여주시겠어요?
A: 아, 병원에 두고 온 것 같아요. 그래도 약을 받을 수 있을까요?
B: _____ 약을 드리려면 처방전이 필요해요.
A: 그렇군요. 병원에 전화해서 확인해 주실 수 있나요?
B: 네, 그렇게 할게요. 잠시만 기다려 주세요.
A: 감사합니다. 다음엔 조심할게요.
B: 괜찮아요. 자주 있는 일이에요.

① 물론이죠. 여기 있어요.
② 문제없어요. 천천히 하세요.
③ 안 될 것 같아요.
④ 그럴 것 같아요.

어휘

prescription slip 처방전
process 처리하다
clinic 병원

04 다음 글의 밑줄 친 부분에 들어갈 말로 가장 적절한 것은?

> A: Did you hear that the government is planning to cut funding for the education sector?
> B: Yes, I heard about it. It's really concerning.
> A: I know, right? My school might have to let go of some teachers because of it.
> B: That's terrible. We need more support for education, not less.
> A: Exactly. I was thinking of starting a petition to oppose the cuts.
> B: Count me in! They can't just cut our funding without a fight.
> A: I'm glad you're on board. Some people are saying we should just accept it, but I say _____ _____!
> B: Absolutely. We need to stand up for what's right.

① over my dead body
② that's fine with me
③ no problem at all
④ it's not a big deal

05 다음 글의 밑줄 친 부분에 들어갈 말로 가장 적절한 것은?

> A: This coffee tastes a bit strange to me. Have you tried it?
> B: Yes, I had some earlier. I thought it was fine, but I can see why you might think that.
> A: Really? I guess my taste buds are just being picky today.
> B: It happens! Sometimes we're just more sensitive to flavors.
> A: Exactly! I wonder if anyone else has noticed.
> B: You could ask around. Maybe someone else feels the same way.
> A: That's a good idea. But do you think anyone has actually complained about it?
> B: _____. Everyone seems happy with it so far.
> A: That's surprising! If it's bothering me, I should probably mention it to the barista.
> B: Yeah, definitely! It's always good to give feedback, especially if something seems off.

① Not that I know of
② That is no excuse
③ Right, I totally agree with you
④ That was a close call

04

정답 ①

해설

빈칸 앞에서 '사람들이 받아들이라고 말한다'라고 한 다음 but이 나왔으므로, accept의 반대 개념이 나와야 한다. 'over my dead body'는 '죽고 난 다음에 동의하겠다'라는 의미로 결국 '절대 안 된다'라는 반대의 의미를 지닌다.

해석

A: 정부가 교육 부문 예산을 삭감할 계획이라는 소식 들었어?
B: 응, 들었어. 정말 걱정돼.
A: 그러니까 말이야. 우리 학교는 이 때문에 몇몇 교사를 해고해야 할지도 몰라.
B: 그건 정말 끔찍하네. 교육에 더 많은 지원이 필요하지, 줄이는 건 아니야.
A: 맞아. 나는 예산 삭감에 반대하는 청원을 시작할까 생각 중이야.
B: 나도 동참할게! 싸워보지도 않고 그냥 예산을 삭감하게 놔둘 수는 없어.
A: 네가 함께해줘서 기뻐. 어떤 사람들은 그냥 받아들이라고 하지만, 나는 _____라고 말해!
B: 맞아. 우리는 옳은 일을 위해 싸워야 해.

① 내 눈에 흙이 들어가기 전에는 안 돼
② 난 괜찮아
③ 전혀 문제없어
④ 별일 아니야

어휘

cut funding 예산을 삭감하다
It's concerning. 걱정되는 일이다.
let go of ~을 내보내다
petition 탄원서
count me in 나도 참여시켜 줘
on board 탑승한, 참여한
stand up for ~을 변호하다, 옹호하다

05

정답 ①

해설

빈칸 앞에서 A가 "커피 맛에 대해서 불평하는 사람이 있었냐?"고 묻고 있는데, 빈칸 뒤에서 B가 '아직까지는 모든 사람이 만족한다'고 말하고 있으므로 B는 A와 의견을 달리하고 있다. 이 상황에서 가장 적합한 표현은 ①이다.

해석

A: 나는 이 커피 맛이 좀 이상해. 너도 마셔 봤어?
B: 응, 나는 좀 전에 마셨는데 괜찮았어, 하지만 네가 그렇게 생각했을 수도 있다는 걸 이해해.
A: 정말? 아마 오늘 내 미각이 유난히 예민한 것 같아.
B: 그럴 수 있어! 때때로 우리는 맛에 더 민감해지기도 해.
A: 맞아! 다른 사람들도 이걸 느꼈는지 궁금해.
B: 주변에 물어볼 수 있어. 아마 다른 사람도 같은 기분일지도 몰라.
A: 좋은 생각이야. 그런데 누군가 실제로 그것에 대해 불평했을 것 같아?
B: _____ 아직까지는 모두가 만족하는 것 같아.
A: 그거 놀랍네! 내가 불편하다면 바리스타에게 말해야 할 것 같아.
B: 응, 확실히 그래! 뭔가 이상하면 피드백을 주는 게 항상 좋아.

① 내가 아는 한 그렇지 않아.
② 그것은 변명이 안 돼.
③ 맞아, 네 말에 전적으로 동의해.
④ 정말 아슬아슬했어.

어휘

a bit 약간
taste bud 미각
picky 까다로운
sensitive 민감한
flavor 맛, 풍미
notice 인지하다
ask around 주변에 물어보다
bother ~을 괴롭히다
seem off 이상해 보이다

04 다양한 상황

1 풀이 방법

① 빈칸 앞이나 뒤의 핵심 표현을 확인한다.
② 정답에 도움이 될 주변 정보를 확인한다.
③ 선택지에서 가장 적절한 표현을 선택하자.
④ 다양한 상황에서 나오는 다양한 표현들을 암기하고 적용한다.

2 전략 적용

다음 글의 밑줄 친 부분에 들어갈 말로 가장 적절한 것은?

A: Hello. I'd like to book a flight from Seoul to Oakland.
B: Okay. Do you have any specific dates in mind?
A: Yes. I am planning to leave on May 2nd and return on May 14th.
B: Okay, I found one that fits your schedule. What class would you like to book?
A: Economy class is good enough for me.
B: Any preference on your seating?
A: _____
B: Great. Your flight is now booked.

~~① Yes. I'd like to upgrade to business class.~~
~~② No. I'd like to buy a one-way ticket.~~
~~③ No. I don't have any luggage.~~
④ Yes. I want an aisle seat.

STEP 1 빈칸 앞의 질문 확인
빈칸 앞에서 "Any preference on your seating?(선호하는 좌석이 있나요?)"이라고 물어보고 있다. preference(선호)의 의미를 알고 있어야 한다.

STEP 2 주변 정보 확인
맨 끝의 "Your flight is now booked."라는 문장으로 비행기 탑승과 관련된 좌석 예약임을 알 수 있다.

STEP 3 가장 적절한 선택지 선택
선택지 중에서 '좌석 선호'와 관련된 표현은 ④뿐이다. aisle(통로)이라는 표현은 몰라도 정답을 찾는 데 지장이 없다.

STEP 4 다양한 표현 암기
예약하는 상황에서는 reserve 외에 book을 사용한다. 응용 표현인, "We're booked up.(매진되었습니다)", "I should have booked in advance.(미리 예약했어야 했는데.)"와 같은 표현도 암기하자.

해석
A: 안녕하세요. 서울에서 오클랜드로 가는 비행기를 예약하고 싶습니다.
B: 알겠습니다. 염두에 두신 특정한 날짜가 있나요?
A: 네. 5월 2일에 출발해서 5월 14일에 돌아오려고 계획하고 있습니다.
B: 알겠습니다, 일정에 맞는 항공편을 찾았습니다. 어떤 좌석 등급으로 예약하겠습니까?
A: 이코노미 클래스면 충분합니다.
B: 선호하시는 좌석이 있나요?
A: _____
B: 좋습니다. 항공편 예약이 완료되었습니다.

① 네. 비즈니스 클래스로 업그레이드하고 싶습니다.
② 아니오. 편도 티켓을 구매하고 싶습니다.
③ 아니오. 짐은 없습니다.
④ 네. 통로쪽 좌석을 원합니다.

어휘 book 예약하다 specific 구체적인, 특정한 preference 선호 one-way ticket 편도 티켓 luggage 짐, 수하물 aisle 통로
정답 ④

Exercise

01 다음 글의 밑줄 친 부분에 들어갈 말로 가장 적절한 것은?

> A: I'm thinking of going back to school to get another degree. It's so hard to find a job with a degree in literature.
> B: Yeah, I know what you mean.
> A: I _____ something more practical. If I'd been more sensible, I would have majored in economics.
> B: Why did you major in literature?
> A: I don't know!

① must have studied
② don't need to study
③ wouldn't have studied
④ should have studied

---

01 정답 ④

해설
'should have pp(~했어야 했는데)', 'must have pp(~했음이 틀림없다)', 'would have pp(~했을 텐데)'를 구별하는 문제이다. 문맥상 과거에 이루지 못한 일에 대한 후회/유감을 나타내는 표현이 와야 하므로 ④가 가장 적절하다.

해석
A: 난 학위를 하나 더 따기 위해 학교를 다시 다닐 생각이야. 문학 학위를 가지고는 직업을 구하기가 어려워.
B: 응. 무슨 말인지 알겠어.
A: 나는 좀 더 실용적인 것을 _____. 내가 좀 더 분별력이 있었다면, 경제학을 전공했을 거야.
B: 왜 문학을 전공했니?
A: 모르겠어.

① 공부했음이 틀림없다
② 공부할 필요가 없다
③ 공부하지 않았을 것이다
④ 공부했어야 했는데

어휘
get a degree 학위를 받다
literature 문학
sensible 분별력 있는
major in ~을 전공하다

02 다음 글의 밑줄 친 부분에 들어갈 말로 가장 적절한 것은?

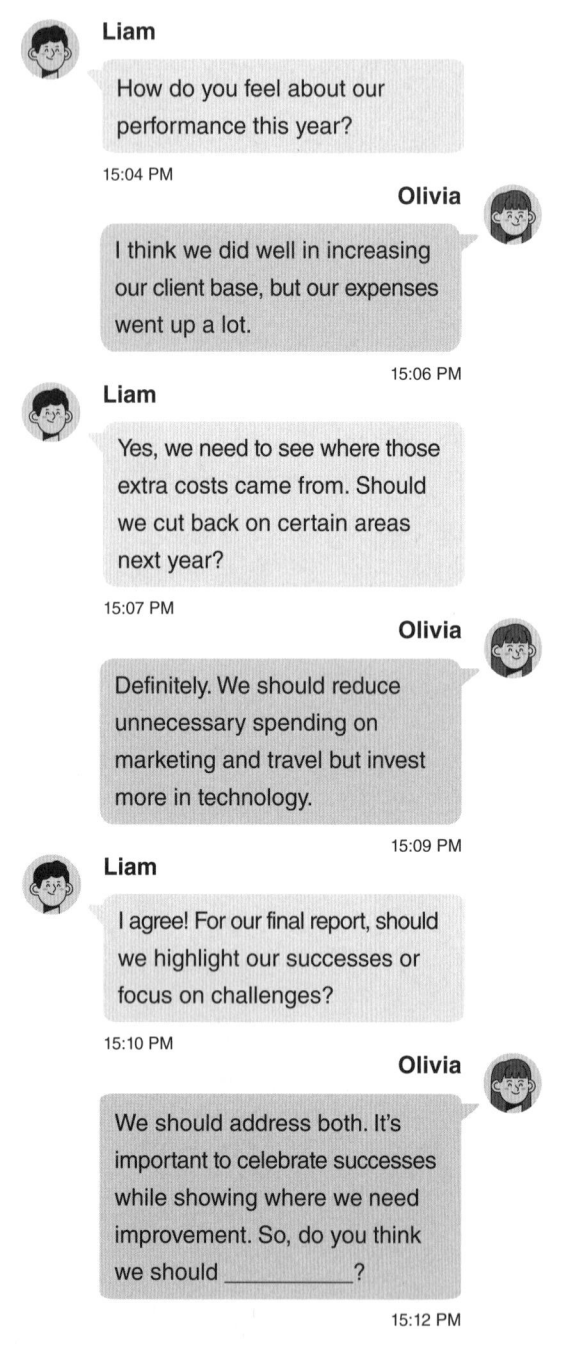

① ignore the challenges
② create a detailed budget plan
③ focus only on successes
④ cut back on the investment into R&D

03 다음 글의 밑줄 친 부분에 들어갈 말로 가장 적절한 것은?

A: Wow, this jacket looks amazing, but it's pretty expensive.
B: Yeah, I really like it too, but I don't think I can afford it right now.
A: _____ I've been trying to save money this month.
B: Same here. Maybe we can come back when there's a sale.
A: Good idea! Do you know when the next sale might be?
B: I think they usually have discounts at the end of the season.
A: Alright, I'll wait until then. No impulse buying today!
B: Agreed. Let's just window-shop for now.

① So can I.
② Nor I do.
③ Either can I.
④ Neither can I.

02

정답 ②

해설

어려움(challenges)와 성공(successes)을 모두 다루기를 바라는 분위기이므로 ①, ③은 대화의 내용과 일치하지 않는다. 또한 본문에서 기술 투자를 더 해야 한다고 언급했으므로 ④도 본문의 흐름과 일치하지 않는다. 소거법으로 판단하면 ②가 가장 어울리는 표현이 된다.

해석

Liam: 올해 우리의 성과에 대해 어떻게 생각하시나요?
Olivia: 우리가 고객층을 늘리는 것은 잘했다고 생각하지만 비용이 많이 증가했어요.
Liam: 맞아요. 추가 비용이 어디서 나왔는지 알아봐야 해요. 우리가 내년에 특정 분야에서 비용을 줄여야 할까요?
Olivia: 그렇습니다. 마케팅과 출장에 불필요한 지출을 줄이고 기술에 더 투자해야 해요.
Liam: 동의합니다! 최종 보고서에서는 우리의 성공을 강조해야 할까요, 아니면 도전적인 면에 집중해야 할까요?
Olivia: 두 가지 모두를 다루어야 해요. 성공을 축하하는 한편 어디서 개선이 필요한지 보여주는 것이 중요합니다. 그러니까 우리가 _____고 생각하세요?

① 어려움을 무시하다
② 상세한 예산 계획서를 만들다
③ 성공에만 집중하다
④ 연구개발에 대한 투자를 줄이다

어휘

year-end 연말의
review 평가, 검토
performance 성과
client base 고객층
extra cost 추가 비용
cut back on ~을 줄이다
address 다루다
R&D 연구개발(Research and Development)

03

정답 ④

해설

1) '~도 마찬가지이다'의 표현을 묻는 문제이다. 긍정문에 대해서는 [so + 대동사 + 주어](주어도 역시 그렇다)로, 부정문에 대해서는 [neither + 대동사 + 주어](주어도 역시 그렇지 않다)로 쓴다.
2) 빈칸 앞의 문장에서 "I don't think I can afford it right now"라는 부정문이 있으므로 ①은 적절하지 않다.
3) 빈칸 앞의 문장에 'I don't think'가 있지만, 실제 전달하고자 하는 의미는 'I can't afford it right now'이므로, 이를 기준으로 '나도 살 수 없어'는 "Neither can I." 또는 "Nor can I."로 표현한다.

해석

A: 와, 이 재킷은 진짜 멋진데, 상당히 비싸네.
B: 맞아, 나도 정말 마음에 드는데 지금은 살 여유가 안 될 것 같아.
A: _____ 이번 달에는 돈을 좀 아끼려고 했거든.
B: 나도 마찬가지야. 세일할 때 다시 오자.
A: 좋은 생각이야! 다음 세일이 언제쯤인지 알아?
B: 보통은 시즌이 끝날 때쯤 할인을 하는 것 같아.
A: 알겠어, 그때까지 기다려야겠다. 오늘은 충동구매를 안 할래!
B: 동의해. 오늘은 그냥 구경만 하자.

① 나도 마찬가지야. (할 수 있다)
② 문법상 바른 표현이 아님 (Nor 다음에 도치구문이 필요)
③ 문법상 바른 표현이 아님 (Either가 아닌 Neither를 사용해야 함)
④ 나도 마찬가지야. (할 수 없다)

어휘

pretty 매우
afford 감당하다
impulse buying 충동구매
window-shop 윈도쇼핑을 하다

04 다음 글의 밑줄 친 부분에 들어갈 말로 가장 적절한 것은?

A: Good morning. I'm calling to report an issue with the traffic light at Maple Street.
B: I see. Can you tell me what the problem is?
A: Yes, the light has been stuck on red for about 20 minutes, causing a lot of traffic.
B: Thank you for letting us know. We'll send a team to check it out as soon as possible. _____
A: I appreciate that. Do you have any idea how long it might take to fix?
B: It usually takes about an hour, but we'll try to resolve it quickly.

① We'll make it a priority.
② Can you tell me exactly where it is?
③ Would you like to file a formal complaint?
④ Could you stay there until our team arrives?

05 다음 글의 밑줄 친 부분에 들어갈 말로 가장 적절한 것은?

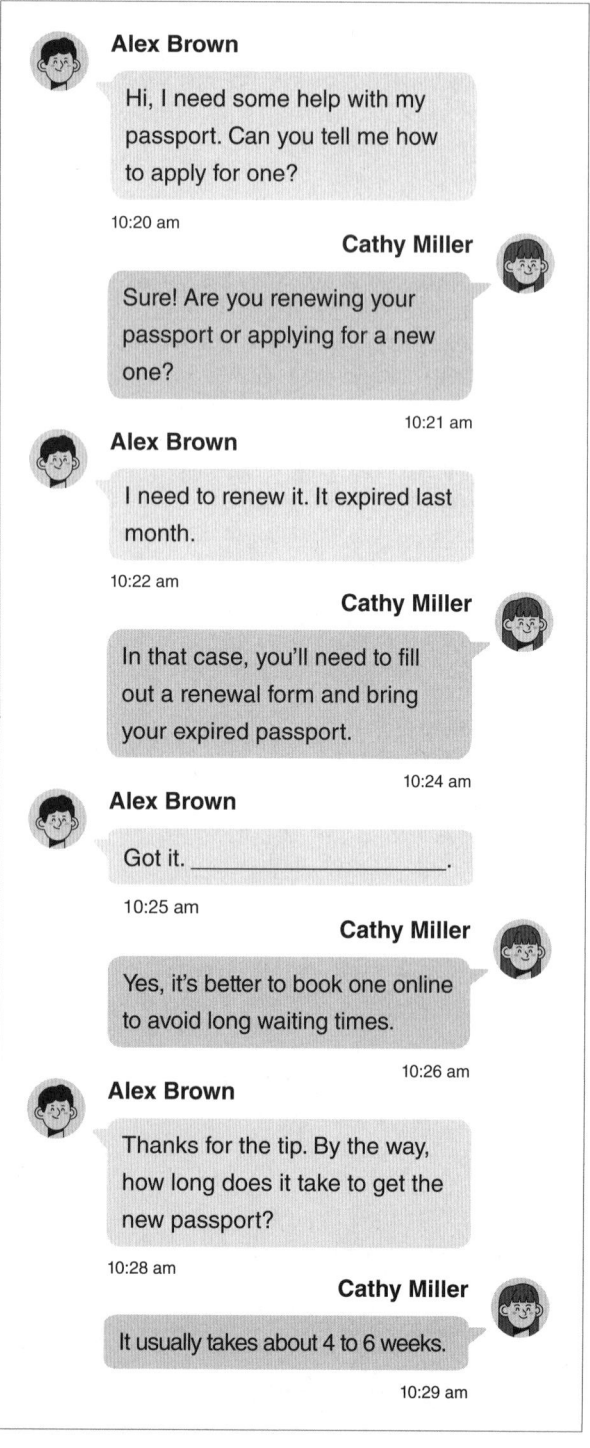

① Can I pay extra to speed up the process?
② Do I need to make an appointment?
③ Is there a way to track the application status?
④ Should I bring any additional documents?

04

정답 ①

해설

빈칸 다음의 "I appreciate that.(감사합니다)"이라는 표현과 어울리기 위해서는 빈칸에 상대방의 요구를 받아들이는 표현이 필요하다. ①의 "We'll make it a priority."는 '그것을 우선순위로 처리하겠다'는 의미로 상대방의 요구를 빨리 처리하겠다는 의미가 되므로 정답으로 가장 적절하다.

해석

A: 안녕하세요. 메이플가의 신호등에 문제가 있어서 신고하려고 전화했습니다.
B: 알겠습니다. 어떤 문제인지 말씀해 주시겠어요?
A: 네, 신호등이 약 20분째 빨간 불에 멈춰 있어서 교통이 많이 막히고 있어요.
B: 알려주셔서 감사합니다. 가능한 빨리 팀을 보내서 확인해 보겠습니다. _____
A: 감사해요. 얼마나 걸릴지 대략적으로 알 수 있을까요?
B: 보통 한 시간 정도 걸리지만, 최대한 빨리 해결하기 위해 노력하겠습니다.

① 우선적으로 처리하겠습니다.
② 정확히 어디에 있는지 말씀해 주시겠어요?
③ 공식적인 민원을 접수하시겠어요?
④ 저희 팀이 도착할 때까지 거기 있어 주시겠어요?

어휘

traffic light 교통 신호등
be stuck on ~에 멈춰 있다
resolve 해결하다
priority 우선순위
file a formal complaint 공식 민원을 제기하다

05

정답 ②

해설

1) make an appointment는 '시간약속을 잡다'라는 의미로 예약할 때 쓰는 표현 중 하나이다.
2) 빈칸 뒤에서 '온라인으로 예약하는 것이 좋아요'라고 답변하고 있으므로 ②가 가장 잘 어울린다.
3) '추가 비용'에 대한 언급이 없으므로 ①의 '빠르게 처리하려면 추가 비용을 내야 하나요?'는 ②보다는 동떨어진 표현이다.

해석

Alex Brown: 안녕하세요, 여권과 관련해서 도움이 좀 필요합니다. 여권을 어떻게 신청할 수 있는지 알려주시겠어요?
Cathy Miller: 물론이죠! 여권을 갱신하시려는 건가요, 아니면 새로 신청하시려는 건가요?
Alex Brown: 갱신해야 해요. 지난달에 만료되었거든요.
Cathy Miller: 그러시다면, 갱신 신청서를 작성하고 만료된 여권을 가져오셔야 해요.
Alex Brown: 알겠습니다. _____
Cathy Miller: 네, 긴 대기 시간을 피하려면 온라인으로 예약하시는 게 좋아요.
Alex Brown: 조언 감사합니다. 그런데 새 여권을 받는 데 얼마나 걸리나요?
Cathy Miller: 보통 4~6주 정도 걸려요.

① 빠르게 처리하려면 추가 비용을 내야 하나요?
② 예약을 해야 하나요?
③ 신청 상태를 조회할 방법이 있나요?
④ 추가로 가져와야 할 서류가 있나요?

어휘

apply for ~을 신청하다
renew 갱신하다
expire 만기가 되다
renewal form 갱신 신청서
make an appointment 약속을 잡다
book 예약하다
pay extra 별도 비용을 내다
track 추적하다
application status 신청 상태

PART 04

어휘

01 선택지 단어의 동의어, 반의어를 구별하자
02 문장 안에 동의어, 반의어가 있다
03 문장 안에 정답의 근거가 나온다
04 철자가 비슷한 단어는 주의하자
05 부정어처럼 보이지만 부정적 의미가 아니다
06 밑줄 친 단어와 가까운 의미 찾기

01 선택지 단어의 동의어, 반의어를 구별하자

■ 풀이 방법

① 빈칸 완성형 어휘 문제에서는 선택지 단어에 대한 판단이 중요하다.
② 선택지 단어의 구성을 보면, [정답 단어 / 정답과 반대 속성의 단어 / 중립적인 단어]로 구성되는 경우가 많다.
③ 이를 이용하면 정답을 찾을 확률을 높일 수 있다.

■ 풀이 예시

다음 글의 밑줄 친 부분에 들어갈 말로 가장 적절한 것은?

> Recently, increasingly _____ weather patterns, often referred to as "abnormal climate," have been observed around the world.

① irregular
② consistent
③ predictable
④ ineffective

STEP 1 선택지 조합 확인

선택지 단어들의 조합을 보면, irregular와 consistent, predictable은 서로 반대의 속성을 가지고 있고, ineffective는 상관성이 떨어지는 중립적 속성을 가지고 있다. 즉, 1:2:1의 비율로 선택지가 구성되어 있는데, 앞의 1에 해당하는 단어가 정답이 되는 경우가 많다. 선택지 단어의 이러한 구성을 잘 이용하면 정답을 추리하는 데 도움이 된다.

속성 1	속성 2	무관한 속성
① irregular 불규칙적인	② consistent 일관된, 조화로운 ③ predictable 예측 가능한	④ ineffective 비효과적인

STEP 2 지문의 근거 확인

지문의 abnormal climate(비정상적인 기후)가 정답의 근거가 된다.

해석 최근에는 '비정상적인 기후'라고 언급되는 불규칙적인 날씨 유형이 전세계에 걸쳐서 점점 더 많이 목격된다.
어휘 increasingly 점점 더   abnormal 비정상적인
정답 ①

Exercise

01 다음 글의 밑줄 친 부분에 들어갈 말로 가장 적절한 것은?

⟨24 인혁처 2차 예시⟩

> In order to exhibit a large mural, the museum curators had to make sure they had _____ space.

① cozy
② stuffy
③ ample
④ cramped

02 다음 글의 밑줄 친 부분에 들어갈 말로 가장 적절한 것은?

> Despite the passage of centuries and countless changes in culture and society, some stories have remained _____, captivating audiences across generations with their timeless themes.

① mundane
② temporary
③ fleeting
④ eternal

---

01 정답 ③

해설

1) 선택지 조합 확인

정답	정답 반대 속성	무관한 속성
ample 넓은	stuffy 답답한 cramped 비좁은	cozy 편안한

2) 지문의 근거 확인

in order to exhibit a large mural(큰 벽화를 전시하기 위해서)가 정답의 근거이다.

해석

큰 벽화를 전시하기 위해, 그 박물관의 큐레이터는 넓은 공간을 보유하고 있다는 것을 보장해야 했다.

어휘

exhibit 전시하다 **mural** 벽화 **curator** 큐레이터(박물관의 전시 책임자)
make sure (that) ~을 확실히 하다, ~을 보장하다

02 정답 ④

해설

1) 선택지 조합 확인

정답	정답 반대 속성	무관한 속성
eternal 영원한	temporary 일시적인 fleeting 순간적인	mundane 일상적인

2) 지문의 근거 확인

captivating audience across generations(여러 세대에 걸쳐 관객을 사로잡으면서)가 정답의 근거이다.

해석

수 세기가 지나고 문화와 사회에서의 수많은 변화에도 불구하고, 몇몇 이야기는 영원히 남아, 시대를 초월한 주제로 여러 세대에 걸쳐 관객들을 사로잡고 있다.

어휘

passage 지남, 경과 **countless** 무수한 **captivate** 사로잡다
generation 세대 **timeless** 시대를 초월한 **theme** 주제

03 다음 글의 밑줄 친 부분에 들어갈 말로 가장 적절한 것은?

In an effort to _____ the suffering of those affected by the natural disaster, numerous organizations quickly mobilized resources and volunteers to provide aid and support.

① observe
② exacerbate
③ aggravate
④ alleviate

04 다음 글의 밑줄 친 부분에 들어갈 말로 가장 적절한 것은?

As the harsh winter continued, the villagers grew increasingly anxious, watching their food supplies _____ with no sign of relief in sight.

① expand
② dwindle
③ increase
④ stabilize

05 다음 글의 밑줄 친 부분에 들어갈 말로 가장 적절한 것은?

The scientist's _____ achievements in the field of genetics earned her numerous prestigious awards and the admiration of her peers worldwide.

① typical
② ordinary
③ legitimate
④ extraordinary

06 다음 글의 밑줄 친 부분에 들어갈 말로 가장 적절한 것은?

Despite being well-liked by her peers, Sarah's _____ nature made it challenging for her to express her opinions openly during team meetings.

① loquacious
② outgoing
③ reserved
④ spontaneous

03 정답 ④

해설

1) 선택지 조합 확인

정답	정답 반대 속성	무관한 속성
alleviate 완화시키다	exacerbate 악화시키다 aggravate 악화시키다	observe 관찰하다

2) 지문의 근거 확인

to provide aid and support(도움과 지원을 제공하기 위해서)가 정답의 근거이다.

해석

자연재해로 피해를 입은 사람들의 고통을 완화하기 위해, 수많은 조직들이 지원과 도움을 제공하기 위해서 신속하게 자원과 자원봉사자들을 동원했다.

어휘

in an effort to ~하기 위해서 suffering 고통 affected 영향을 받은 numerous 수많은 mobilize 동원하다

04 정답 ②

해설

1) 선택지 조합 확인

정답	정답 반대 속성	무관한 속성
dwindle 줄어들다	expand 확장하다 increase 증가하다	stabilize 안정되다

2) 지문의 근거 확인

harsh winter(혹독한 겨울), grew anxious(점점 불안해하다), no sign of relief(구원의 신호가 없음) 등이 빈칸 앞의 food supplies(식량 공급)가 줄어든다는 근거가 된다.

해석

혹독한 겨울이 계속되면서, 마을 사람들은 구원의 신호 없이 식량 공급이 줄어드는 것을 보며 점점 더 불안해했다.

어휘

harsh 혹독한 increasingly 점점 더 relief 구원

05 정답 ④

해설

1) 선택지 조합 확인

정답	정답 반대 속성	무관한 속성
extraordinary 남다른, 비범한	typical 전형적인, 일반적인 ordinary 평범한	legitimate 합법적인

2) 지문의 근거 확인

earn awards and admiration(상과 존경을 받다)가 정답의 근거이다.

해석

그 과학자의 유전학 분야에서의 비범한 업적은 그녀에게 수많은 권위 있는 상과 전 세계 동료들의 존경을 가져다 주었다.

어휘

genetics 유전학 numerous 수많은 prestigious 권위 있는, 최고의 peer 동료

06 정답 ③

해설

1) 선택지 조합 확인

정답	정답 반대 속성	무관한 속성
reserved 내성적인	loquacious 수다스러운 outgoing 외향적인	spontaneous 자발적인, 저절로 발생하는, 즉흥적인

2) 지문의 근거 확인

make it challenging to express her opinions(자신의 의견을 표현하는 것을 어렵게 만들다)가 정답의 근거이다.

해석

동료들에게 인기가 있음에도 불구하고, Sarah의 내성적인 성격은 팀 회의 도중 자신의 의견을 공개적으로 표현하는 것을 어렵게 만들었다.

어휘

be well-liked 인기 있다 challenging 어려운, 도전적인

07 다음 글의 밑줄 친 부분에 들어갈 말로 가장 적절한 것은?

> Despite his enthusiasm for woodworking, Daniel's _____ handling of tools often led to minor accidents and uneven finishes on his projects.

① clumsy
② skillful
③ adept
④ precise

08 다음 글의 밑줄 친 부분에 들어갈 말로 가장 적절한 것은?

> When asked about his stance on the controversial policy, the politician's _____ response left both supporters and critics uncertain about his true position.

① obvious
② equivocal
③ straightforward
④ subsequent

09 다음 글의 밑줄 친 부분에 들어갈 말로 가장 적절한 것은?

> Before proceeding with the experimental treatment, the doctors needed the patient's _____ to ensure that all ethical guidelines were strictly followed.

① objection
② refusal
③ consent
④ emergence

10 다음 글의 밑줄 친 부분에 들어갈 말로 가장 적절한 것은?

> The construction of the new bridge required a(n) _____ amount of resources and funding, making it one of the most ambitious projects in the city's history.

① tiny
② disparate
③ frivolous
④ enormous

07 정답 ①

해설

1) 선택지 조합 확인

정답	정답 반대 속성	무관한 속성
clumsy 서투른	skillful 숙련된 adept 능숙한	precise 정확한

2) 지문의 근거 확인

led to minor accidents and uneven finishes(작은 사고와 고르지 않은 마무리를 초래했다)가 정답의 근거이다.

해석

목공에 대한 열정에도 불구하고, Daniel의 서투른 도구 사용은 종종 작은 사고와 작업에 대한 고르지 않은 마무리를 초래했다.

어휘

enthusiasm 열정　handling 다룸, 사용　uneven 고르지 않은

08 정답 ②

해설

1) 선택지 조합 확인

정답	정답 반대 속성	무관한 속성
equivocal 애매한	obvious 명확한 straightforward 간단한, 솔직한	subsequent 그 다음의

2) 지문의 근거 확인

left both supporters and critics uncertain(지지자들과 비평가들 모두를 확신하지 못하게 만들다)가 정답의 근거가 된다. left both supporters and critics uncertain은 left(타동사)+ both supporters and critics(목적어)+uncertain(목적 보어) 구조이고, when asked(질문을 받았을 때)는 [접속사 + 분사구문]의 구조이다.

해석

논란이 되는 정책에 대한 그의 입장에 대해 질문을 받았을 때, 그 정치인의 애매한 반응은 지지자들과 비평가들 둘 다 그의 진정한 입장에 대해 확신하지 못하게 만들었다.

어휘

stance 입장　controversial 논란이 되는　politician 정치인
uncertain 불확실한, 확신이 없는

09 정답 ③

해설

1) 선택지 조합 확인

정답	정답 반대 속성	무관한 속성
consent 동의	objection 반대 refusal 거절	emergence 등장, 출현

2) 지문의 근거 확인

to ensure that(~을 확실히 하기 위해서)이 정답의 근거이다.

해석

실험적 치료를 진행하기 전에, 의사들은 모든 윤리 지침이 엄격히 준수된다는 것을 확실히 하기 위해, 환자의 동의를 필요로 했다.

어휘

proceed with ~을 진행하다　experimental 실험적인　treatment 치료
ethical guideline 윤리 지침　strictly 엄격하게

10 정답 ④

해설

1) 선택지 조합 확인

정답	정답 반대 속성	무관한 속성
enormous 엄청난, 상당한	tiny 작은 frivolous 사소한	disparate 이질적인

2) 지문의 근거 확인

making it one of the most ambitious projects in the city's history(그것을 도시 역사상 가장 야심 찬 프로젝트 중 하나로 만들면서)가 정답의 근거이다.

해석

새로운 다리의 건설은 거대한 자원과 자금을 필요로 했고, 이는 그것을 도시 역사상 가장 야심 찬 프로젝트 중 하나로 만들었다.

어휘

resource 자원　ambitious 야심 찬

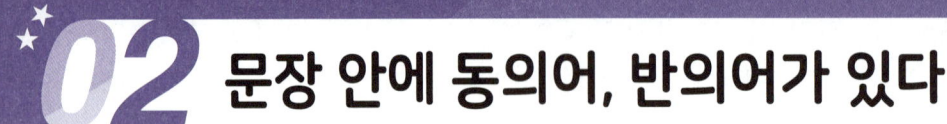

02 문장 안에 동의어, 반의어가 있다

■ 풀이 방법

① 지문 안에 정답 어휘의 동의어나 유사 표현, 반의어나 반대 개념의 표현이 제시되는 경우가 많다.
② 접속사, 전치사 등의 연결 어휘 앞뒤를 확인하여 해당 어휘나 표현을 찾거나 추론할 수 있다.

■ 풀이 예시

다음 글의 밑줄 친 부분에 들어갈 말로 가장 적절한 것은?

> Most economic theories assume that people act on a _____ basis; however, this doesn't account for the fact that they often rely on their emotions instead.

① temporary
② rational
③ voluntary
④ commercial

STEP 1 논리구조 확인

주장 1	연결 어휘	주장 2
assume that people act on a _____ basis 사람들이 ~한 근거로 행동한다고 가정한다	however 그러나	they often rely on their emotions 사람들은 종종 감정에 의존한다

STEP 2 선택지 확인

빈칸에는 emotion(감정)의 반대 개념인 rational(합리적인)이 적절하다. 연결 어휘로는 반대되는 내용을 연결할 때 자주 쓰인 접속사 however가 나왔다.

해석 대부분의 경제 이론들은 사람들이 합리적인 근거에 따라 행동한다고 가정한다; 하지만, 이는 사람들이 종종 감정에 의존한다는 사실을 설명하지 못한다.

어휘 rational 합리적인 assume that ~라고 가정하다 basis 근거 account for ~을 설명하다 temporary 일시적인 voluntary 자발적인 commercial 상업적인

정답 ②

Exercise

01 다음 글의 밑줄 친 부분에 들어갈 말로 가장 적절한 것은?

> The new community center was designed to be _____, welcoming people from all backgrounds without any form of exclusion or discrimination.

① inclusive
② weird
③ exclusive
④ terminal

02 다음 글의 밑줄 친 부분에 들어갈 말로 가장 적절한 것은?

> The historian emphasized the importance of preserving these ancient manuscripts for _____, ensuring that future generations could learn from the wisdom of the past.

① pedestrian
② ancestors
③ dweller
④ posterity

01

정답 ①

해설

1) 논리구조 확인

주장 1	연결 어휘	주장 2
was designed to be _____ ~하도록 만들어졌다	without ~없이	exclusion or discrimination 배제나 차별

2) 선택지 확인

빈칸에는 exclusion or discrimination(배제나 차별)의 반대 개념인 inclusive(수용적인)가 적절하다.

해석

새로운 커뮤니티 센터는 어떠한 형태의 배제나 차별 없이 모든 배경의 사람들을 환영하는 포괄적인 곳으로 설계되었다.

어휘

inclusive 수용적인, 포괄적인 weird 이상한 exclusive 배타적인 terminal 끝의, 마지막의

02

정답 ④

해설

1) 논리구조 확인

주장 1	연결 어휘	주장 2
preserve manuscripts for _____ ~을 위한 원고를 보존하다	ensuring ~을 보장하면서	future generations could learn 미래 세대들이 배울 수 있도록

2) 선택지 확인

빈칸에는 future generation(미래 세대)과 비슷한 개념인 posterity(후손)가 적절하다

해석

그 역사가는 미래 세대들이 과거의 지혜를 배울 수 있도록 후손들을 위해 이 고대 필사본들을 보존하는 것의 중요성을 강조했다.

어휘

posterity 후손 emphasize 강조하다 preserve 보존하다 manuscript 필사본, 원고 pedestrian 보행자 ancestor 조상 dweller 거주민

03 다음 글의 밑줄 친 부분에 들어갈 말로 가장 적절한 것은?

> The manager asked the staff not to _____ the meeting in progress, as any interruption could break the focus of the participants.

① penetrate
② surmount
③ disturb
④ underscore

04 다음 글의 밑줄 친 부분에 들어갈 말로 가장 적절한 것은?

> While some investors were confident about the success of the new product, others remained _____, questioning whether it could truly compete in the crowded market.

① meticulous
② skeptical
③ credulous
④ convinced

05 다음 글의 밑줄 친 부분에 들어갈 말로 가장 적절한 것은?

> Unlike his usual impulsive decisions, Liam's choice to move abroad was _____, reflecting months of careful planning and consideration.

① reckless
② subjective
③ radical
④ deliberate

06 다음 글의 밑줄 친 부분에 들어갈 말로 가장 적절한 것은?

> Although the region experienced heavy rainfall earlier this year, it is now facing a severe _____ that has left crops withering and water reservoirs nearly empty.

① drawback
② windfall
③ deluge
④ drought

03

정답 ③

해설

1) 논리구조 확인

주장 1	연결 어휘	주장 2
not to ___ the meeting 회의를 ~하지 말 것을	as ~하기 때문에	interruption could break the focus 방해가 집중을 깨뜨릴 수 있다

2) 선택지 확인
interruption(방해)과 같은 맥락의 disturb(방해하다)가 빈칸에 적절하다.

해석
관리자는 직원들에게 진행 중인 회의를 방해하지 말 것을 요청했다, 어떤 방해도 참여자들의 집중을 깨뜨릴 수 있기 때문에.

어휘
disturb 방해하다 staff 직원들 in progress 진행 중인 interruption 방해 penetrate 관통하다 surmount 극복하다 underscore 강조하다

04

정답 ②

해설

1) 논리구조 확인

주장 1	연결 어휘	주장 2
others remained ___ 다른 사람들은 ~한 상태로 남아 있었다	while ~하는 반면에	some were confident 어떤 사람들은 확신했다

2) 선택지 확인
빈칸에는 confident(확신하는)의 반대 개념인 skeptical(회의적인)이 적절하다.

해석
일부 투자자들은 신제품의 성공을 확신했지만, 다른 이들은 여전히 회의적이었다, 그것이 혼잡한 시장에서 성공할 수 있을지 의문을 제기하면서.

어휘
skeptical 회의적인, 의심하는 confident 자신하는, 신뢰하는 crowded 혼잡한, 붐비는 meticulous 꼼꼼한 credulous 잘 속는 convinced 확신하는

05

정답 ④

해설

1) 논리구조 확인

주장 1	연결 어휘	주장 2
choice was ___ 선택은 ~했다	unlike ~와 달리	impulsive decision 충동적인 결정

2) 선택지 확인
빈칸에는 impulsive(충동적인)의 반대 개념인 deliberate(신중한)가 적절하다.

해석
그의 평소의 충동적인 결정과 달리, 해외로 이주하겠다는 Liam의 선택은 신중한 것으로, 몇 달간의 신중한 계획과 고려를 반영한 것이었다.

어휘
deliberate 신중한, 의도적인 move abroad 해외로 이주하다 reflect ~을 반영하다 reckless 무모한 subjective 주관적인 radical 급진적인

06

정답 ④

해설

1) 논리구조 확인

주장 1	연결 어휘	주장 2
severe ___ 심각한 ~	although 비록 ~이지만	experienced heavy rainfall 폭우를 경험했다

2) 선택지 확인
빈칸에는 heavy rainfall(폭우)와 반대 개념인 drought(가뭄)가 적절하다.

해석
그 지역은 올해 초 많은 비가 내렸음에도 불구하고, 지금은 심각한 가뭄에 직면해 작물들이 시들고 저수지가 거의 바닥난 상태이다.

어휘
drought 가뭄 rainfall 강우 severe 혹독한, 심각한 crop 농작물 wither 시들다 reservoir 저수지 drawback 단점 windfall 뜻밖의 횡재 deluge 홍수

07 다음 글의 밑줄 친 부분에 들어갈 말로 가장 적절한 것은?

Despite his impressive achievements, many found his _____ attitude unpleasant, especially compared to his humble and approachable colleagues.

① tenuous
② modest
③ ubiquitous
④ arrogant

08 다음 글의 밑줄 친 부분에 들어갈 말로 가장 적절한 것은?

Regardless of the countless challenges she encountered, Emma's determination enabled her to _____ obstacles that seemed insurmountable to others.

① banish
② overcome
③ succumb to
④ denounce

09 다음 글의 밑줄 친 부분에 들어갈 말로 가장 적절한 것은?

Known for his _____ lifestyle, Jonathan often hosted lavish parties and spent money freely, in contrast to his brother's frugal habits.

① extravagant
② virtuous
③ thrifty
④ ferocious

10 다음 글의 밑줄 친 부분에 들어갈 말로 가장 적절한 것은?

While the calm music seemed to soothe most of the audience, the loud and sudden noises began to _____ a few sensitive listeners sitting near the stage.

① appraise
② pacify
③ irritate
④ congregate

07

정답 ④

해설

1) 논리구조 확인

주장 1	연결 어휘	주장 2
his ____ attitude 그의 ~한 태도	compared to ~와 비교될 때	humble and approachable colleagues 겸손하고 친근한 동료들

2) 선택지 확인

빈칸에는 humble and approachable(겸손하고 친근한)의 반대 개념인 arrogant(거만한)가 적절하다.

해석

그의 인상적인 업적들에도 불구하고, 많은 사람들은 그의 거만한 태도가 불쾌하다고 생각했다. 특히 그의 겸손하고 친근한 동료들과 비교될 때.

어휘

arrogant 거만한 impressive 인상적인 unpleasant 불쾌한 compared to ~와 비교될 때 humble 겸손한 approachable 친근한 colleague 동료 tenuous 얇은 modest 겸손한 ubiquitous 널리 퍼진

08

정답 ②

해설

1) 논리구조 확인

주장 1	연결 어휘	주장 2
____ obstacles 장애물을 ~하다	to others 남들에게는	insurmountable 극복할 수 없는

2) 선택지 확인

빈칸에는 insurmountable(극복할 수 없는)의 반대 개념인 overcome(극복하다)이 적절하다. enabled her to overcome(그녀가 극복하게 만들었다)은 [enable(동사) + her(목적어) + to overcome(to부정사)]의 5형식 구조이다.

해석

그녀가 맞닥뜨렸던 수많은 어려움에도 불구하고, Emma의 결단력은 다른 사람들에게는 극복할 수 없는 것처럼 보였던 장애물을 극복하게 해 주었다.

어휘

overcome 극복하다 regardless of ~에도 불구하고 challenge 어려움, 도전 과제 encounter 만나다 determination 결단력 banish 추방하다 succumb to ~에 굴복하다 denounce 비난하다

09

정답 ①

해설

1) 논리구조 확인

주장 1	연결 어휘	주장 2
his ____ lifestyle 그의 ~한 생활	in contrast to ~와 대조적으로, ~와 반대로	brother's frugal habits 형의 검소한 습관

2) 선택지 확인

빈칸에는 frugal(검소한)의 반대 개념인 extravagant(사치스러운)가 적절하다.

해석

사치스러운 생활 습관으로 유명한 Jonathan은 종종 호화로운 파티를 열고 돈을 아낌없이 썼다. 그의 형의 검소한 습관과는 대조적으로.

어휘

extravagant 사치스러운 host a party 파티를 열다 lavish 호화로운, 사치하는 frugal 절약하는, 검소한 virtuous 덕이 많은 thrifty 절약하는 ferocious 맹렬한

10

정답 ③

해설

1) 논리구조 확인

주장 1	연결 어휘	주장 2
____ listeners 청중들을 ~시키다	while ~하는 반면에	soothe the audience 청중들을 진정시키다

2) 선택지 확인

빈칸에는 soothe(진정시키다)의 반대 개념인 irritate(짜증나게 하다)가 적절하다.

해석

잔잔한 음악이 대부분의 청중을 진정시키는 것처럼 보였던 반면, 갑작스럽고 시끄러운 소음은 무대 근처에 앉아 있던 몇몇 예민한 청중들을 짜증나게 만들기 시작했다.

어휘

irritate 짜증나게 하다 soothe 진정시키다 sensitive 민감한 appraise 평가하다 pacify 진정시키다 congregate 모으다

03 문장 안에 정답의 근거가 나온다

■ 풀이 방법
① 문장 내에서 정답 어휘의 '정의', '예시', '부연 설명'을 제시하는 경우가 많다.
② 이러한 근거를 찾아서 정답 어휘를 유추한다.

■ 풀이 예시

다음 글의 밑줄 친 부분에 들어갈 말로 가장 적절한 것은?

> In the animal kingdom, many species have developed the ability to _____ themselves by blending into their surroundings, which helps them avoid predators and increase their chances of survival.

① camouflage
② expose
③ reveal
④ disclose

STEP 1 논리구조 확인

주장 1	연결 어휘	주장 2(정의, 예시, 부연 설명)
the ability to ___ themselves 자기 자신을 ~하는 능력	by -ing ~함으로써	blending into their surroundings 주변 환경에 섞이다

STEP 2 선택지 확인

blend into their surroundings(주변 환경에 섞인다)를 근거로 camouflage(위장하다)를 유추할 수 있다.

[해석] 동물의 세계에서는 많은 종이 주변 환경에 섞임으로써 자신을 <u>위장하는</u> 능력을 발달시켰으며, 이는 포식자를 피하고 생존 가능성을 높이는 데 도움이 된다.

[어휘] **camouflage** 위장하다　**species** 종(種)　**blend** 섞다, 섞이다　**surroundings** 환경　**predator** 포식자　**expose** 노출시키다　**reveal** 누설하다　**conceive** 인식하다

[정답] ①

Exercise

01 다음 글의 밑줄 친 부분에 들어갈 말로 가장 적절한 것은?

〈24 인혁처 2차 예시〉

> Even though there are many problems that have to be solved, I want to emphasize that the safety of our citizens is our top _____.

① secret
② priority
③ solution
④ opportunity

02 다음 글의 밑줄 친 부분에 들어갈 말로 가장 적절한 것은?

> Public health officials have implemented numerous programs to _____ infectious diseases, aiming to completely eliminate them rather than merely controlling their spread.

① tolerate
② preserve
③ notify
④ eradicate

01

정답 ②

해설

1) 논리구조 확인

주장 1	연결 어휘	주장 2 (정의, 예시, 부연 설명)
the safety of citizens is our top ____ 시민의 안전이 최고 ~이다	even though 비록 ~이지만	many problems that have to be solved 해결되어야 할 많은 문제가 있지만

2) 선택지 확인

많은 문제가 있지만 시민의 안전이 가장 우선한다는 내용으로, priority(우선순위)가 가장 적절하다.

해석

해결되어야 할 많은 문제가 있음에도 불구하고, 나는 우리 시민들의 안전이 우리의 최우선순위임을 강조하고 싶다.

어휘

priority 우선순위 **emphasize** ~을 강조하다 **secret** 비밀 **solution** 해법 **opportunity** 기회

02

정답 ④

해설

1) 논리구조 확인

주장 1	연결 어휘	주장 2 (정의, 예시, 부연 설명)
program to ____ infectious diseases 전염병을 ~하려는 프로그램	aiming to ~할 목적으로	eliminate them 그것들을 제거하다

2) 선택지 확인

'완전히 제거하다'라는 개념과 일맥상통하는 eradicate(박멸하다)가 적절하다.

해석

공중 보건당국은 전염병을 완전히 박멸하기 위한 수많은 프로그램을 시행해 왔다. 전염병의 확산을 단순히 통제하려는 것보다는 완전히 제거할 것을 목표로 하면서.

어휘

eradicate ~을 박멸하다, 뿌리뽑다 **public health officials** 보건당국 **implement** ~을 실행하다 **numerous** 수많은 **infectious** 전염성이 강한 **tolerate** ~을 참다 **preserve** ~을 보존하다 **notify** ~을 알리다

03 다음 글의 밑줄 친 부분에 들어갈 말로 가장 적절한 것은?

> In a world full of superficial interactions, finding a _____ friend who truly cares and listens with sincerity is both rare and valuable.

① arduous
② deceptive
③ genuine
④ opulent

04 다음 글의 밑줄 친 부분에 들어갈 말로 가장 적절한 것은?

> Driven by a(n) _____ curiosity, Marie spent countless hours researching and exploring new fields of knowledge, never feeling satisfied with what she had already learned.

① domestic
② restricted
③ hospitable
④ insatiable

05 다음 글의 밑줄 친 부분에 들어갈 말로 가장 적절한 것은?

> Realizing the impact of his controversial statement, the politician was forced to _____ his remarks publicly, attempting to mitigate the backlash from both supporters and critics.

① retain
② affirm
③ retract
④ meddle in

06 다음 글의 밑줄 친 부분에 들어갈 말로 가장 적절한 것은?

> The author's _____ statements in the article were clearly intended to spark debate, urging readers to question their own beliefs and engage in deeper discussions.

① congenial
② feeble
③ provocative
④ diplomatic

03

정답 ③

해설

1) 논리구조 확인

주장 1	연결 어휘	주장 2 (정의, 예시, 부연 설명)
a ____ friend ~한 친구	who ~하는	truly cares and listens with sincerity 진심으로 신경 써주고 성의 있게 들어준다

2) 선택지 확인

'진심으로 신경 써 주고 성의 있게 들어준다'와 일맥상통하는 genuine(진정한)이 적절하다.

해석

피상적인 상호작용이 가득한 세상에서, 진심으로 신경 써주고 성의 있게 들어주는 진정한 친구를 찾는 것은 드물고 소중하다.

어휘

genuine 진정한 superficial 피상적인 interaction 상호작용 with sincerity 진심으로 arduous 힘든 deceptive 기만적인 opulent 풍요로운, 풍성한

04

정답 ④

해설

1) 논리구조 확인

주장 1	연결 어휘	주장 2 (정의, 예시, 부연 설명)
a(n) ____ curiosity ~한 호기심	never feeling 느끼지 않으면서	satisfied with ~에 만족한

2) 선택지 확인

'이미 ~한 것에 만족하지 못하다'와 같은 의미인 insatiable(만족할 줄 모르는)이 적절하다.

해석

만족할 줄 모르는 호기심에 이끌려, Marie는 새로운 지식의 분야를 연구하고 탐구하면서 수많은 시간을 보냈다. 이미 배운 것에 만족하지 않으면서.

어휘

insatiable 만족할 줄 모르는, 채워지지 않는 explore 탐구하다 domestic 국내의, 가정의 restricted 제한된 hospitable 환대하는

05

정답 ③

해설

1) 논리구조 확인

주장 1	연결 어휘	주장 2 (정의, 예시, 부연 설명)
____ his remark 자신의 발언을 ~하다	attempting to ~하려 노력하면서	mitigate the backlash 반발을 완화하다

2) 선택지 확인

'반발을 완화하기 위해서'와 '자신의 발언을 철회하다'가 잘 어울리므로 retract(취소하다, 철회하다)가 적절하다.

해석

자신의 논란이 된 발언의 영향을 깨달았기 때문에, 그 정치인은 자신의 발언을 공개적으로 철회할 수밖에 없었다. 지지자들과 비판자들 양측의 반발을 완화하기 위해 노력하면서.

어휘

retract 철회하다 controversial 논란이 되는 be forced to 동사원형 ~하도록 강요 받다, ~할 수밖에 없다 remark 발언, 언급 mitigate 완화시키다 backlash 반발 retain 보유하다 affirm 단언하다 meddle in ~에 개입하다

06

정답 ③

해설

1) 논리구조 확인

주장 1	연결 어휘	주장 2 (정의, 예시, 부연 설명)
____ statements ~한 진술	were intended to ~하려고 의도되었다	spark debate 논쟁에 불을 붙이다

2) 선택지 확인

'논쟁에 불을 붙이도록 의도되었다'는 개념과 잘 어울리는 것은 provocative(도발적인)가 적절하다.

해석

기사에서 작가의 도발적인 발언들은 논쟁에 불을 붙이도록 하기 위해 명백히 유도된 것이었다. 독자들로 하여금 자신의 신념에 대해 의문을 던지고 깊은 논의에 참여하도록 재촉하면서.

어휘

provocative 도발적인 statement 진술, 발언 spark ~에 불을 붙이다 urge 재촉하다 engage in ~에 참여하다 congenial 조화로운, 잘 어울리는 feeble 약한 diplomatic 외교적인

07 다음 글의 밑줄 친 부분에 들어갈 말로 가장 적절한 것은?

> The scientist received numerous awards for her _____ contributions to renewable energy research, which were widely recognized for their innovation and impact on the industry.

① rudimentary
② mediocre
③ adjacent
④ outstanding

08 다음 글의 밑줄 친 부분에 들어갈 말로 가장 적절한 것은?

> While editing the report, Jenna removed several _____ details that did not add any value to the main argument, ensuring that the document remained concise and focused.

① superfluous
② contagious
③ infamous
④ essential

09 다음 글의 밑줄 친 부분에 들어갈 말로 가장 적절한 것은?

> The psychologist pointed out that the way our brain processes memories is _____ to how a computer stores and retrieves information, highlighting the similarities between human cognition and technology.

① vertical
② contradictory
③ analogous
④ intolerant

10 다음 글의 밑줄 친 부분에 들어갈 말로 가장 적절한 것은?

> Hoping to _____ the company's declining reputation, the new CEO introduced a series of innovative strategies aimed at restoring public trust and enthusiasm.

① daunt
② mingle
③ resurrect
④ condemn

07 정답 ④

해설

1) 논리구조 확인

주장 1	연결 어휘	주장 2 (정의, 예시, 부연 설명)
___ contributions ~한 공헌들	, which 그리고 그것은	were recognized for innovation 혁신성에 대해 인정받았다

2) 선택지 확인

'혁신성에 대해 인정받았다'와 잘 어울리는 'outstanding contributions(두드러진 공헌들)'이 적절하다.

해석

그 과학자는 재생 에너지 연구에 대한 뛰어난 공헌으로 수많은 상을 받았는데, 그리고 그 공헌들은 혁신성과 산업에 미친 영향으로 널리 인정받았다.

어휘

outstanding 현저한, 두드러진 numerous 수많은 contribution 공헌, 기여 be recognized for ~로 인정받다 rudimentary 기본적인 mediocre 그저 그런 adjacent 인접한

08 정답 ①

해설

1) 논리구조 확인

주장 1	연결 어휘	주장 2 (정의, 예시, 부연 설명)
___ details ~한 세부사항	that ~하는	did not add any value 아무런 가치를 더하지 않았다

2) 선택지 확인

'아무런 가치를 더하지 않았다'와 가장 잘 어울리는 것은 superfluous(불필요한)이다.

해석

보고서를 편집하는 동안, Jenna는 주요 주장에 아무런 가치도 더하지 않는 불필요한 세부사항을 여러 개 삭제했다. 문서가 간결하고 집중된 상태를 유지하도록 하면서.

어휘

superfluous 불필요한 argument 주장 ensure that ~을 확실하게 하다 concise 간략한 contagious 전염성이 강한 infamous 악명 높은 essential 필수적인

09 정답 ③

해설

1) 논리구조 확인

주장 1	연결 어휘	주장 2 (정의, 예시, 부연 설명)
is ___ to how절 how절과 ~하다	highlighting ~을 강조하면서	the similarities between ~ 사이의 유사성

2) 선택지 확인

'유사성을 강조하면서'와 일맥상통하는 analogous(유사한)이 가장 적절하다.

해석

심리학자는 우리의 뇌가 기억을 처리하는 방식이 컴퓨터가 정보를 저장하고 회수하는 방식과 유사하다고 지적했다. 인간의 인지와 기술 사이의 유사성을 강조하면서.

어휘

analogous 유사한 point out ~을 지적하다 process ~을 처리하다 retrieve ~을 회수하다 cognition 인지 vertical 수직의 contradictory 모순적인 intolerant 편협한, 참을성 없는

10 정답 ③

해설

1) 논리구조 확인

주장 1	연결 어휘	주장 2 (정의, 예시, 부연 설명)
___ the declining reputation 하락하는 명성을 ~하다	aimed at ~을 목표로 한	restoring public trust 대중들의 신뢰를 회복시키다

2) 선택지 확인

'대중들의 신뢰를 회복시킨다'와 같은 맥락의 resurrect(부활시키다)가 가장 적절하다.

해석

회사의 하락하는 평판을 부활시키길 희망하여, 새로운 CEO는 대중의 신뢰와 열정을 회복하는 것을 목표로 하는 일련의 혁신적인 전략을 도입했다.

어휘

resurrect 부활시키다 declining 감소하는 restore ~을 회복시키다 enthusiasm 열정 daunt ~을 위협하다 mingle ~을 혼합하다 condemn ~을 비난하다

04 철자가 비슷한 단어는 주의하자

■ 풀이 방법

① 동일한 어근을 사용하거나 철자 모양이 비슷한 단어는 어휘 시험에서 전통적으로 많이 등장하는 문제이다.
② 단순히 눈으로만 암기하지 말고, 정확한 의미 분석을 통해 장기 기억으로 담아둘 필요가 있다.

■ 풀이 예시

다음 글의 밑줄 친 부분에 들어갈 말로 가장 적절한 것은?

> Although the senior manager didn't mean to _____ the newly hired employees during the meeting, her authoritative tone and sharp remarks unintentionally made them feel extremely uncomfortable and hesitant to speak up openly.

① intimidate
② intimate
③ initiate
④ encourage

STEP 1 선택지 어휘 분석

어휘	의미 추론 방법
intimidate 위협하다	timid 소심한
intimate 친밀한	classmate 학급 친구 roommate 같은 방을 쓰는 친구
initiate 시작하다	initial 처음의

STEP 2 빈칸과 연결하여 해석

intimidate the newly hired employees(새로 채용된 직원들을 겁 주다)는 의미상 적절하다.

[해석] 선임 관리자는 회의에서 새로 채용된 직원들을 겁 주려던 의도는 아니었지만, 그녀의 권위적인 말투와 날카로운 발언들이 의도치 않게 그들을 극도로 불편하게 하고 공개적으로 의견을 말하는 것을 주저하게 만들었다.

[어휘] intimidate 위협하다, 겁주다   authoritative 권위적인   unintentionally 의도치 않게   hesitant 주저하는   encourage 격려하다

[정답] ①

Exercise

01 다음 글의 밑줄 친 부분에 들어갈 말로 가장 적절한 것은?

> Before purchasing new software, it is important to ensure that it is fully _____ with your current operating system; otherwise, you may experience unexpected errors or reduced performance on your device.

① comparable
② compatible
③ competent
④ comprehensible

02 다음 글의 밑줄 친 부분에 들어갈 말로 가장 적절한 것은?

> When Julia received a sincere _____ from her supervisor regarding her thorough preparation and exceptional performance in the presentation, she felt motivated and eager to continue her efforts in future projects.

① complaint
② compliment
③ complement
④ criticism

01 정답 ②

해설

1) 선택지 어휘 분석

어휘	의미 추론 방법
comparable 유사한	-par- (같음), parallel 평행선
compatible 양립할 수 있는	-pati- (참다) patient 참을성 있는

2) 빈칸과 연결하여 해석
fully compatible with your current operating system(당신의 현재 운영체제와 완벽히 호환되는)은 의미상 적절하다.

해석
새로운 소프트웨어를 구입하기 전에, 그것이 당신의 현재 운영체제와 완벽히 호환되는지 반드시 확인하는 것이 중요하다; 그렇지 않으면 예상치 못한 오류나 기기 성능 저하를 경험할 수 있다.

어휘
compatible 호환 가능한, 양립할 수 있는 operating system 운영체제 otherwise 그렇지 않으면 comprehensible 이해할 수 있는

02 정답 ②

해설

1) 선택지 어휘 분석

어휘	의미 추론 방법
compliment 칭찬	암기법: 아이(I) 칭찬
complement 보충	supplement 보충, 보충 영양제, -e- 사용

2) 빈칸과 연결하여 해석
received a sincere compliment from her supervisor(그녀의 감독관으로부터 진심 어린 칭찬을 받았다)는 의미상 적절하다.

해석
Julia는 발표에서 그녀의 철저한 준비와 뛰어난 성과에 대해 그녀의 상사로부터 진심 어린 칭찬을 받았을 때, 그녀는 동기를 부여받았고 앞으로의 프로젝트에서도 노력을 계속하고 싶어했다.

어휘
compliment 칭찬 sincere 진심 어린 supervisor 상사, 감독관 regarding ~에 관해서 thorough 철저한 exceptional 남다른, 뛰어난 be motivated 동기를 부여받다 be eager to 동사원형 ~하기를 열망하다 complaint 불평 criticism 비평

03 다음 글의 밑줄 친 부분에 들어갈 말로 가장 적절한 것은?

> Despite her calm and patient attitude, Sandra decided to file an official _____ after repeatedly experiencing poor customer service and unsatisfactory responses from the company's support team over the past two months.

① compliment
② complaint
③ compliant
④ commitment

05 다음 글의 밑줄 친 부분에 들어갈 말로 가장 적절한 것은?

> Despite winning numerous prestigious awards, the scientist maintained remarkable _____, always crediting colleagues and acknowledging the contributions of others rather than highlighting her own achievements in public appearances.

① hostility
② humidity
③ humiliation
④ humility

04 다음 글의 밑줄 친 부분에 들어갈 말로 가장 적절한 것은?

> The court's decision to _____ the previous ruling was met with controversy, as many believed that revoking the original judgment would undermine public trust in the fairness and consistency of the legal system.

① nullify
② notify
③ magnify
④ lullaby

06 다음 글의 밑줄 친 부분에 들어갈 말로 가장 적절한 것은?

> When news about the politician's corruption scandal broke out, widespread public _____ erupted, leading thousands of citizens to participate in demonstrations demanding accountability and immediate resignation from office.

① indignation
② indigestion
③ indication
④ indignity

03

정답 ②

해설

1) 선택지 어휘 분석

어휘	의미 추론 방법
complaint 불평	complain 불평하다
compliant 순응하는	comply with ~에 순응하다, 따르다

2) 빈칸과 연결하여 해석
to file an official complaint(공식적인 불만을 제기하다)는 의미상 적절하다.

해석
차분하고 인내심 있는 태도에도 불구하고, Sandra는 지난 두 달 동안 그 회사의 고객 지원팀으로부터 반복적으로 형편없는 고객 서비스와 불만족스러운 응대를 경험한 후 공식적인 불만을 제기하기로 결정했다.

어휘
complaint 불평 file a complaint 불평을 제기하다 unsatisfactory 불만스러운 compliment 칭찬 commitment 헌신, 약속

04

정답 ①

해설

1) 선택지 어휘 분석

어휘	의미 추론 방법
nullify 무효화하다	null 숫자 0, annul 무효화하다
lullaby 자장가	lull 달래다

2) 빈칸과 연결하여 해석
to nullify the previous ruling(이전의 판결을 무효로 하다)는 의미상 적절하다.

해석
이전 판결을 무효로 하려는 법원의 결정은 논란에 휩싸였는데, 많은 이들이 원래의 판결을 취소하는 것이 법 체계의 공정성과 일관성에 대한 대중의 신뢰를 훼손시킬 것이라고 믿었기 때문이다.

어휘
nullify 무효로 하다, 폐기하다 ruling 판결 controversy 논란 revoke 취소하다 undermine 훼손하다 consistency 일관성 notify 공지하다 magnify 확대하다

05

정답 ④

해설

1) 선택지 어휘 분석

어휘	의미 추론 방법
humidity 습도	humid 습한
humiliation 굴욕	humiliate 굴욕을 주다
humility 겸손	humble 겸손한

2) 빈칸과 연결하여 해석
the scientist maintained remarkable humility(그 과학자는 놀랄 만한 겸손함을 유지했다)는 의미상 적절하다.

해석
많은 권위 있는 상을 받았음에도 불구하고, 그 과학자는 놀랄 만한 겸손함을 유지했다. 대중 앞에서 자신의 업적을 강조하기보다는 항상 동료들에게 공을 돌리고 타인의 공헌을 인정하면서.

어휘
humility 겸손 prestigious 권위 있는 remarkable 두드러진 credit 공을 돌리다 acknowledge 인정하다 rather than ~라기보다는 in public appearance 대중들이 있을 때 hostility 적개심

06

정답 ①

해설

1) 선택지 어휘 분석

어휘	의미 추론 방법
indignation 분노	indignant 분노한
indigestion 소화불량	digestion 소화
indignity 모욕	dignity 존엄, 위엄

2) 빈칸과 연결하여 해석
widespread public indignation erupted(광범위한 대중의 분노가 폭발했다)는 의미상 적절하다.

해석
그 정치인의 부패 스캔들에 관한 뉴스가 터졌을 때, 광범위한 대중의 분노가 폭발했다, 수천 명의 시민들을 책임 규명과 즉각적인 사퇴를 요구하는 시위에 참여하도록 이끌면서.

어휘
indignation 분개, 분노 corruption 부패 erupt 폭발하다, 분출하다 demonstration 시위 accountability 책임 규명 resignation 사임 indication 지시, 가리킴

07 다음 글의 밑줄 친 부분에 들어갈 말로 가장 적절한 것은?

> After spending years in a job that didn't satisfy her personal values or ambitions, Laura finally discovered her true _____ as a counselor, helping others overcome their struggles and achieve emotional well-being.

① vacation
② vacancy
③ vocalization
④ vocation

08 다음 글의 밑줄 친 부분에 들어갈 말로 가장 적절한 것은?

> Effective leaders demonstrate genuine _____ by actively listening to and understanding their team members, especially when they face difficulties or personal challenges both inside and outside the workplace.

① companion
② compression
③ compassion
④ competition

09 다음 글의 밑줄 친 부분에 들어갈 말로 가장 적절한 것은?

> The ancient temple, regarded as a _____ site by locals, attracts thousands of visitors every year who come to seek spiritual peace, prayer, and a deeper connection with their cultural heritage.

① scared
② scarce
③ sacred
④ impious

10 다음 글의 밑줄 친 부분에 들어갈 말로 가장 적절한 것은?

> The company launched a new training program to _____ employees' skills and improve overall productivity within the organization, hoping to gain a competitive advantage in the rapidly changing global market.

① enhance
② embrace
③ enforce
④ diminish

07 정답 ④

해설

1) 선택지 어휘 분석

어휘	의미 추론 방법
vacation 휴가	-vaca- 자리 비움
vocation 직업	-voca- 부르다, calling 천직

2) 빈칸과 연결하여 해석

her true vocation as a counselor(상담사로서 그녀의 진정한 천직)는 의미상 적절하다.

해석

자신의 개인적 가치나 포부를 충족하지 못했던 직장에서 수년을 보낸 후, Laura는 마침내 상담사로서 자신의 진정한 천직을 발견했다. 타인이 어려움을 극복하고 정서적 안정을 이루도록 도우면서.

어휘

vocation 천직, 소명   counselor 상담사   overcome 극복하다
vacancy 비어 있음, 빈 방   vocalization 발성

08 정답 ③

해설

1) 선택지 어휘 분석

어휘	의미 추론 방법
companion 친구, 동무	-pan- 빵 → 빵을 같이 먹는 사람
compassion 동정, 공감	passion 열정 → 열정을 같이 나눔
compression 압축	press 누르다

2) 빈칸과 연결하여 해석

demonstrate genuine compassion(진정한 공감을 보이다)은 의미상 적절하다.

해석

유능한 리더들은 팀원들의 말에 적극적으로 귀를 기울이고 이해함으로써 진정한 공감을 보인다. 특히 팀원들이 직장 안팎에서 어려움이나 개인적인 문제들에 직면했을 때.

어휘

compassion 동정심, 공감   demonstrate ~을 보이다, 증명하다
genuine 진정한   personal challenge 개인적인 어려움   competition 경쟁

09 정답 ③

해설

1) 선택지 어휘 분석

어휘	의미 추론 방법
sacred 신성한	sacrifice 희생, sanctuary 성소
scared 겁먹은	scare 겁주다, 무섭게 하다

2) 빈칸과 연결하여 해석

a sacred site(신성한 장소)는 의미상 적절하다.

해석

지역 주민들에 의해 신성한 장소로 여겨지는 그 고대 사원은 매년 영적 평화와 기도, 그리고 자신들의 문화적 유산과의 더 깊은 연결을 찾고자 하는 수천 명의 방문객을 끌어들인다.

어휘

sacred 신성한, 성스러운   temple 사원   locals 지역 주민들   seek ~을 찾다   spiritual 영적인   heritage 유산   scarce 드문, 희귀한
impious 불경스러운

10 정답 ①

해설

1) 선택지 어휘 분석

어휘	의미 추론 방법
enhance 강화하다	en(안에, ~하게 하다)+hance(높이다) → 향상시키다
enforce (법률을) 집행하다	힘(force)을 주다' → 법률을 집행하다

2) 빈칸과 연결하여 해석

to enhance employees' skills(직원들의 실력을 강화하다)는 의미상 적절하다.

해석

그 회사는 직원들의 실력을 강화하고 조직 내 전반적인 생산성을 높이기 위해 새로운 교육 프로그램을 시작했다. 급변하는 글로벌 시장에서 경쟁 우위를 얻기를 바라면서.

어휘

enhance 향상시키다, 강화하다   launch 시작하다   gain 얻다
competitive advantage 경쟁 우위   embrace 포용하다, 감싸다
diminish 줄이다, 줄다

05 부정어처럼 보이지만 부정적 의미가 아니다

■ 풀이 방법

① in-, im-, ir-, dis- 등의 접두사가 있는 경우 '부정'의 의미로 생각하는 경우가 많다. 하지만 뒤에 이어지는 어근이 부정의 의미가 되면 오히려 '강한 긍정'의 의미가 되는 단어들이 있다.
② 이런 단어들은 별도로 챙겨서 학습하자.

■ 풀이 예시

다음 글의 밑줄 친 부분에 들어갈 말로 가장 적절한 것은?

> Ancient myths often depict gods as _____ beings who live eternally without aging or dying, symbolizing humanity's timeless desire to transcend mortality and achieve everlasting life.

① outlandish
② immortal
③ accidental
④ ignoble

STEP 1 어휘 분석

접두사가 없는 어휘	접두사가 붙은 어휘
mortal 죽음의	immortal 죽지 않는, 불멸의

STEP 2 빈칸과 연결하여 해석

depict gods as immortal beings(신들을 불사의 존재로 묘사하다)는 의미상 적절하다.

해석 고대 신화는 종종 신들을 늙거나 죽음 없이 영원히 살아가는 불사의 존재로 묘사한다. 죽음을 초월하고 영원한 생명을 얻고자 하는 인류의 변함없는 열망을 상징하면서.

어휘 immortal 죽지 않는, 불멸의 depict 묘사하다 eternally 영원히 timeless 변함없는 transcend 초월하다 mortality 죽음 everlasting 영원한 outlandish 이국적인 accidental 우연한 ignoble 미천한

정답 ②

Exercise

01 다음 글의 밑줄 친 부분에 들어갈 말로 가장 적절한 것은?

> Although advanced technology has significantly reduced human errors, even the most sophisticated systems are not completely _____, as occasional malfunctions and mistakes can still occur unexpectedly in their operation.

① erroneous
② stingy
③ infallible
④ fertile

01

정답 ③

해설

1) 어휘 분석

접두사가 없는 어휘	fallible 결점이 있는
접두사가 붙은 어휘	infallible 결점이 없는

2) 빈칸과 연결하여 해석
even the most sophisticated systems are not completely infallible(가장 정교한 시스템조차도 완벽하게 결점이 없지는 않다)는 의미상 적절하다.

해석
첨단 기술이 인간의 오류를 상당히 감소시켰지만, 가장 정교한 시스템조차도 완벽하게 결점이 없지는 않은데, 작동 중 예기치 못한 오작동이나 실수가 여전히 때때로 발생할 수 있기 때문이다.

어휘
infallible 오류가 없는 sophisticated 정교한 malfunction 오작동, 고장 erroneous 오류가 많은 stingy 인색한 fertile 기름진, 임신할 수 있는

02 다음 글의 밑줄 친 부분에 들어갈 말로 가장 적절한 것은?

> A good researcher must remain _____, carefully avoiding personal prejudices or favoritism, because impartiality ensures that findings and conclusions accurately reflect reality and maintain credibility in the scientific community.

① abnormal
② unbiased
③ sparse
④ subjective

02

정답 ②

해설

1) 어휘 분석

접두사가 없는 어휘	bias 편향 biased 편향적인
접두사가 붙은 어휘	unbiased 편향되지 않은, 공정한

2) 빈칸과 연결하여 해석
A good researcher must remain unbiased(좋은 연구자는 공정한 상태를 유지해야 한다)는 의미상 적절하다.

해석
좋은 연구자는 개인적인 선입관이나 편애를 신중히 피하며 공정한 상태를 유지해야 하는데, 왜냐하면 공정성은 연구 결과와 결론이 현실을 정확하게 반영하고 과학계에서 신뢰성을 유지하는 것을 보장하기 때문이다.

어휘
unbiased 편견이 없는, 공정한 prejudice 선입관 favoritism 편애 impartiality 공정성 reflect 반영하다 credibility 신뢰성 abnormal 비정상적인 sparse 듬성듬성한 subjective 주관적인

03 다음 글의 밑줄 친 부분에 들어갈 말로 가장 적절한 것은?

> Scientists have provided _____ evidence through extensive research and experiments demonstrating that climate change is largely driven by human activities such as fossil fuel combustion and deforestation.

① insufficient
② indiscernible
③ indisputable
④ ambiguous

04 다음 글의 밑줄 친 부분에 들어갈 말로 가장 적절한 것은?

> Considering the rapid growth of digital technology and artificial intelligence, it seems _____ that traditional jobs will transform dramatically, forcing people to adapt continuously to new skills and occupations.

① avoidable
② inexplicable
③ unpredictable
④ inevitable

05 다음 글의 밑줄 친 부분에 들어갈 말로 가장 적절한 것은?

> Her leadership skills became _____ after successfully guiding her team through multiple crises, which clearly proved her ability to remain calm, make effective decisions, and earn unwavering trust from colleagues.

① unquestionable
② inquisitive
③ debatable
④ improbable

06 다음 글의 밑줄 친 부분에 들어갈 말로 가장 적절한 것은?

> Teamwork and cooperation among members are considered _____ qualities in successful organizations because achieving challenging goals often relies on collective effort rather than individual abilities alone.

① indispensable
② indistinct
③ transferable
④ transparent

03   정답 ③

해설

1) 어휘 분석

접두사가 없는 어휘	disputable 논쟁할 만한
접두사가 붙은 어휘	<u>in</u>disputable 논쟁의 여지가 없는, 확실한

2) 빈칸과 연결하여 해석

Scientists have provided indisputable evidence through extensive research(과학자들은 광범위한 연구를 통해 반박의 여지가 없는 증거를 제시해 왔다)는 의미상 적절하다.

해석

과학자들은 광범위한 연구와 실험을 통해, 기후 변화가 주로 화석 연료 연소나 삼림 벌채와 같은 인간 활동으로 인해 발생한다는 <u>반박의 여지가 없는</u> 증거를 제시해 왔다.

어휘

indisputable 반박의 여지가 없는, 명백한   extensive 광범위한   demonstrate 증명하다   fossil fuel 화석 연료   combustion 연소   deforestation 삼림 벌채   insufficient 부족한   indiscernible 분간할 수 없는   ambiguous 애매한

05   정답 ①

해설

1) 어휘 분석

접두사가 없는 어휘	question 질문하다 questionable 의심스러운
접두사가 붙은 어휘	<u>un</u>questionable 의심의 여지가 없는, 확실한

2) 빈칸과 연결하여 해석

Her leadership skills became unquestionable(그녀의 리더십 능력은 명백해졌다)는 의미상 적절하다.

해석

그녀의 리더십 능력은 여러 위기 상황에서 자신의 팀을 성공적으로 이끈 후 명백해졌다. 그리고 이는 그녀가 차분함을 유지하고 효과적인 결정을 내리며 동료들로부터 흔들림 없는 신뢰를 얻을 수 있는 능력을 명확히 증명했다.

어휘

unquestionable 의심의 여지가 없는, 확실한   unwavering 흔들리지 않는   inquisitive 호기심이 강한   debatable 논쟁할 만한   improbable 있을 것 같지 않은

04   정답 ④

해설

1) 어휘 분석

접두사가 없는 어휘	evade 피하다 evitable 피할 수 있는
접두사가 붙은 어휘	<u>in</u>evitable 피할 수 없는, 필연적인

2) 빈칸과 연결하여 해석

it seems inevitable that traditional jobs will transform dramatically(전통적인 직업들이 급격히 변화할 것이 불가피해 보인다)는 의미상 적절하다.

해석

디지털 기술과 인공지능의 급속한 성장을 고려하면, 전통적인 직업들이 급격히 변화할 것이 불가피해 보인다. 사람들에게 지속적으로 새로운 기술과 직업에 적응하도록 강요하면서.

어휘

inevitable 피할 수 없는, 불가피한   artificial intelligence 인공지능   dramatically 급격하게   adapt to ~에 적응하다   occupation 직업   avoidable 피할 수 있는   inexplicable 설명할 수 없는   unpredictable 예측할 수 없는

06   정답 ①

해설

1) 어휘 분석

접두사가 없는 어휘	dispense with ~없이 살아가다 dispensable 없어도 되는
접두사가 붙은 어휘	<u>in</u>dispensable 없으면 안 되는, 필수적인

2) 빈칸과 연결하여 해석

Teamwork and cooperation are considered indispensable qualities in successful organizations(성공적인 조직에서는 팀워크와 협력은 필수적인 특성으로 여겨진다)는 의미상 적절하다.

해석

성공적인 조직에서는 팀워크와 구성원 간의 협력은 필수적인 특성으로 여겨진다. 왜냐하면 어려운 목표를 달성하는 것은 개인의 능력만이기보다는 공동의 노력에 자주 의존하기 때문이다.

어휘

indispensable 필수적인, 없으면 안 되는   be considered (as) ~라고 여겨지다   challenging 어려운   collective 공동의, 집단의   indistinct 분명하지 않은   transferable 양도 가능한, 이동 가능한   transparent 투명한

07 다음 글의 밑줄 친 부분에 들어갈 말로 가장 적절한 것은?

> After hours of careful analysis, the detective was finally able to _____ the complex web of clues and evidence, clearly identifying the suspect and revealing the truth behind the mysterious crime.

① disturb
② disentangle
③ discriminate
④ distract

08 다음 글의 밑줄 친 부분에 들어갈 말로 가장 적절한 것은?

> To prevent the spread of infections in hospitals, medical professionals regularly _____ surfaces, equipment, and their hands, which thoroughly removes harmful bacteria and viruses to maintain a safe environment for patients and staff.

① disintegrate
② contract
③ contaminate
④ disinfect

09 다음 글의 밑줄 친 부분에 들어갈 말로 가장 적절한 것은?

> While certain insects might appear frightening or harmful due to their bright colors and unusual shapes, many of them are actually completely _____, causing no danger or damage to humans.

① hazardous
② venomous
③ innate
④ innoxious

10 다음 글의 밑줄 친 부분에 들어갈 말로 가장 적절한 것은?

> The internship provided students with _____ practical experience and skills that greatly improved their professional abilities, which made them more competitive and successful in the job market after graduation.

① worthless
② invaluable
③ invalid
④ helpless

07　정답 ②

해설

1) 어휘 분석

접두사가 없는 어휘	entangle ~와 얽히게 만들다
접두사가 붙은 어휘	disentangle 얽힌 것을 풀다

2) 빈칸과 연결하여 해석

to disentangle the complex web of clues and evidence(복잡하게 얽힌 단서들과 증거들의 실타래를 풀다)는 의미상 적절하다.

해석

몇 시간의 세심한 분석 끝에, 그 형사는 마침내 복잡하게 얽힌 단서들과 증거들의 실타래를 풀 수 있었다. 용의자를 명확히 밝히고 그 불가사의한 범죄 뒤에 숨은 진실을 드러내면서.

어휘

disentangle 얽힌 것을 풀다　detective 형사　web 망, 얽힘　clue 단서, 실마리　identify 확인하다　disturb 방해하다　discriminate 무분별한, 무차별적인　distract 산만하게 하다, 방해하다

09　정답 ④

해설

1) 어휘 분석

접두사가 없는 어휘	noxious 독성이 있는
접두사가 붙은 어휘	innoxious 무해한

2) 빈칸과 연결하여 해석

certain insects are actually completely innoxious(어떤 곤충들은 실제로는 완전히 무해하다)는 의미상 적절하다.

해석

어떤 곤충들은 밝은 색깔과 특이한 형태 때문에 무섭거나 해로워 보일 수 있지만, 실제로는 그중 많은 수가 완전히 무해하다. 인간에게 아무런 위험이나 피해를 주지 않으면서.

어휘

innoxious 무해한　hazardous 유해한　venomous 독성이 있는　innate 선천적인

08　정답 ④

해설

1) 어휘 분석

접두사가 없는 어휘	infect 감염시키다
접두사가 붙은 어휘	disinfect ~을 소독하다, 살균하다

2) 빈칸과 연결하여 해석

medical professionals regularly disinfect surfaces, equipment, and their hands(의료 종사자들은 규칙적으로 표면, 장비 및 자신의 손을 소독한다)는 의미상 적절하다.

해석

병원에서 전염병의 확산을 막기 위해서, 의료 종사자들은 규칙적으로 표면, 장비 및 자신의 손을 소독한다. 그리고 이것은 환자와 직원들을 위한 안전한 환경을 유지하기 위해 해로운 박테리아와 바이러스를 철저히 제거한다.

어휘

disinfect 소독하다, 살균하다　infection 전염병, 감염　professional 전문가　thoroughly 철저하게　disintegrate 해체되다　contract 수축하다, (질병에) 걸리다　contaminate 오염시키다

10　정답 ②

해설

1) 어휘 분석

접두사가 없는 어휘	valuable 소중한
접두사가 붙은 어휘	invaluable 가치를 측정할 수 없는, 매우 가치 있는

2) 빈칸과 연결하여 해석

The internship provided students with invaluable practical experience(그 인턴십 프로그램은 학생들에게 매우 중요한 실무 경험을 제공했다)는 의미상 적절하다.

해석

그 인턴십 프로그램은 학생들에게 전문적인 기술을 크게 개선시킬 매우 중요한 실무 경험과 기술을 제공했다. 그리고 이것은 그들이 졸업 후에 보다 경쟁력을 갖고 취업 시장에서 성공하도록 만들었다.

어휘

invaluable 매우 가치 있는　professional 전문적인　competitive 경쟁적인　worthless 가치 없는　invalid 무효의　helpless 무력한, 무기력한

06 밑줄 친 단어와 가까운 의미 찾기

■ 풀이 방법

① 밑줄 친 단어의 동의어를 찾는 문제는 쉬운 문제에 속한다.
② 다만, 숙어나 다의어가 나올 수 있고, 직접적인 동의어가 아니라 문맥상 가장 가까운 단어를 골라야 할 필요가 있으므로 필요에 따라서는 문장을 읽어야 한다.
③ 서신문이나 공공기관 관련 영어 지문에서 잘 나오는 단어들을 미리 연습할 필요가 있다.

■ 풀이 예시

> 밑줄 친 steps의 의미와 가장 가까운 것은? 〈23 인혁처 1차 예시 변형〉
>
> I kindly request that you look into this matter and take appropriate steps to address the noise disturbances.

① movements
② actions
③ levels
④ stairs

어휘 확인 및 의미 파악

밑줄 친 어휘 확인	유의어
take a step 조치를 취하다	take an action, take a measure

step은 '단계, 걸음'의 의미이고 action은 '행동'으로 서로 다른 것으로 보이지만, 동사 take까지 확장하면 take a step과 take an action은 둘 다 '조치를 취하다'로 유의어 관계가 된다.

[해석] 당신이 이 문제를 조사하고, 소음 문제를 해결하기 위해 적절한 조치를 취해줄 것을 정중히 요청합니다.
[어휘] take a step 조치를 취하다 look into ~을 조사하다 appropriate 적절한 address 해결하다 disturbance 혼란 movement 움직임 level 수준, 레벨 stair 계단
[정답] ②

Exercise

01 밑줄 친 fair의 의미와 가장 가까운 것은?

> The committee emphasized the importance of implementing <u>fair</u> procedures during the scholarship selection process to ensure all applicants receive equal opportunities based solely on their merits and qualifications.

① detrimental
② impartial
③ biased
④ urgent

01 정답 ②

해설

밑줄 친 어휘 확인	fair 공정한
유의어	impartial, unbiased
기타 의미	fair 박람회 (= exhibition, exposition)

해석

위원회는 모든 지원자가 오로지 자신의 실력과 자격에 근거하여 동등한 기회를 받을 수 있도록 장학금 선정 과정에서 공정한 절차를 시행하는 것의 중요성을 강조했다.

어휘

fair 공정한, 박람회 committee 위원회 emphasize 강조하다 implement 실행하다 procedure 절차 selection process 선정 과정 solely 단지 merits 실력, 능력 qualification 자격 detrimental 해로운 impartial 공정한 biased 편향적인 urgent 긴박한

02 밑줄 친 meet의 의미와 가장 가까운 것은?

> I had high expectations based on your website and previous reviews, but my experience did not <u>meet</u> those standards.

① exceed
② reject
③ satisfy
④ extinguish

02 정답 ③

해설

밑줄 친 어휘 확인	meet 충족시키다
유의어	satisfy, gratify
기타 의미	meet 만나다 (= encounter)

해석

저는 당신의 웹사이트와 이전 리뷰를 바탕으로 높은 기대를 가졌지만, 제 경험은 그 기준을 충족시키지 못했습니다.

어휘

meet 충족시키다 expectation 기대 exceed 능가하다 reject 거절하다 satisfy 만족시키다 extinguish (불을) 끄다

03 밑줄 친 enhancing의 의미와 가장 가까운 것은?

> To adapt, the Ministry of Environment is enhancing national adaptive capacity with sector-specific action plans and climate-resilient infrastructure in cities.

① resurrecting
② retrieving
③ reinforcing
④ restoring

04 밑줄 친 bring up의 의미와 가장 가까운 것은?

> I am writing to bring up an issue regarding delayed garbage collection in Pine Hill Apartment Complex.

① mention
② foster
③ interfere
④ disturb

05 밑줄 친 locate의 의미와 가장 가까운 것은?

> Despite our persistent efforts to track the remaining packages which you indicated were shipped, we have been unable to locate them.

① acquire
② emancipate
③ apply for
④ find

06 밑줄 친 attenuate의 의미와 가장 가까운 것은?

> The researchers developed a new vaccine designed to attenuate the effects of the virus that causes severe symptoms in infected patients.

① dilute
② aggravate
③ abbreviate
④ dilate

03

정답 ③

해설

밑줄 친 어휘 확인	enhance 강화하다, 향상시키다
유의어	reinforce, fortify

해석
적응하기 위해 환경부는 부문별 실행 계획과 도시의 기후 탄력적 인프라를 통해 국가의 적응 역량을 강화하고 있다.

어휘
enhance 강화시키다 adapt 적응하다 adaptive capacity 적응 역량 sector-specific 부문별 resilient 탄력적인, 회복력이 있는 resurrect 부활하다 reinforce 강화시키다 retrieve 회수하다 restore 복원하다

04

정답 ①

해설

밑줄 친 어휘 확인	bring up ~을 언급하다
유의어	mention
기타 의미	bring up ~을 키우다 (= foster, nurture, raise)

해석
Pine Hill 아파트 단지에서의 쓰레기 수거 지연 문제를 언급하기 위해 글을 쓰고 있습니다.

어휘
bring up ~을 언급하다, ~을 키우다 garbage collection 쓰레기 수거 mention 언급하다 foster 키우다 interfere 방해하다 disturb 교란하다

05

정답 ④

해설

밑줄 친 어휘 확인	locate ~의 위치를 파악하다
유의어	find
형태가 비슷한 어휘	be located in ~에 놓여 있다 (= be situated in, lie in)

해석
당신이 발송했다고 한 나머지 소포들을 추적하기 위한 끈질긴 노력에도 불구하고, 우리는 그것들을 찾을 수 없었습니다.

어휘
locate 위치를 확인하다, 배치하다 persistent 끈질긴 track 추적하다 package 소포 indicate 가리키다, 나타내다 be shipped 수송되다 acquire 획득하다 emancipate 해방시키다 apply for ~을 신청하다

06

정답 ①

해설

밑줄 친 어휘 확인	attenuate 약하게 하다
유의어	dilute, lessen, alleviate, mitigate

해석
연구진은 감염된 환자들에게 심각한 증상을 일으키는 바이러스의 효과를 약화시키도록 설계된 새로운 백신을 개발했다.

어휘
attenuate 약하게 하다, 연하게 하다 severe 심각한 symptom 증상 infected 감염된 dilute 연하게 하다 aggravate 악화시키다 abbreviate 요약하다 dilate 확장하다

07 밑줄 친 proportional to의 의미와 가장 가까운 것은?

Promotion, remuneration, and welfare benefits are proportional to hours worked. Concurrent profit-making activities are prohibited without permission.

① commensurate with
② sensitive to
③ inverse to
④ indifferent to

08 밑줄 친 around the clock의 의미와 가장 가까운 것은?

The staff is friendly and professional, and on call around the clock. We are only minutes away from fine dining, shopping and entertainment.

① refundable
② twenty-four hours service available
③ serving portable clock
④ room service available

09 밑줄 친 expedite의 의미와 가장 가까운 것은?

Additionally, if you need any support or resources to expedite the process, feel free to let me know.

① impede
② hamper
③ accelerate
④ distribute

10 밑줄 친 integrate의 의미와 가장 가까운 것은?

The organization coordinates family and multicultural family policies, supports childcare and family care functions, and helps multicultural families integrate into new communities.

① combine
② alienate
③ segregate
④ transport

07   정답 ①

해설

밑줄 친 어휘 확인	proportional to ~에 비례하여
유의어	commensurate with, corresponding to

해석
승진, 보수, 복지 혜택은 근무한 시간에 비례한다. 허가 없이 겸직을 통한 수익 활동은 금지된다.

어휘
proportional to ~에 비례하는   remuneration 보수   welfare benefit 복지 혜택   concurrent 동시의   be prohibited 금지되다   commensurate with ~과 일치하여, ~에 상응하여   sensitive to ~에 민감한   inverse to ~에 반비례하는   indifferent to ~에 무관심한

08   정답 ②

해설

밑줄 친 어휘 확인	around the clock 24시간 내내
유의어	day and night, 24/7 (twenty-four seven)

해석
직원들은 친절하고 전문적이며, 24시간 대기하고 있습니다. 우리는 고급 식당, 쇼핑 및 엔터테인먼트 시설까지 불과 몇 분 거리에 있습니다.

어휘
around the clock 24시간 내내   friendly 친절한   professional 전문적인   refundable 환불할 수 있는   available 이용 가능한   24 hours service available 24시간 서비스 이용이 가능한   portable 휴대 가능한   serving portable clock 휴대용 시계를 제공하는

09   정답 ③

해설

밑줄 친 어휘 확인	expedite 신속히 처리하다
유의어	speed up, accelerate, facilitate

해석
또한, 절차를 신속히 진행하기 위해 지원이나 자원이 필요하시면 편하게 알려 주시기 바랍니다.

어휘
expedite 신속하게 처리하다   impede 방해하다   hamper 방해하다   accelerate 가속하다   distribute 분배하다

10   정답 ①

해설

밑줄 친 어휘 확인	integrate 통합하다
유의어	combine, incorporate

해석
그 조직은 가족 및 다문화 가족 정책을 조정하고, 육아와 가족 돌봄 기능을 지원하며, 다문화 가족이 새로운 공동체에 적응할 수 있도록 돕는다.

어휘
integrate 통합하다, 통합되다   coordinate 조정하다   childcare 육아   family care function 가족 돌봄 기능   combine 결합하다, 결합되다   alienate 소외시키다   segregate 인종 차별하다   transport 수송하다

11 밑줄 친 Subsides의 의미와 가장 가까운 것은?

> <u>Subsidies</u> are provided to support livelihood stability.

① grants
② byproducts
③ liabilities
④ customs

12 밑줄 친 disrupting의 의미와 가장 가까운 것은?

> As this intersection is one of the busiest in the downtown area, the malfunction is <u>disrupting</u> the flow of traffic, especially during rush hours.

① embracing
② facilitating
③ obtaining
④ disturbing

13 밑줄 친 outstanding의 의미와 가장 가까운 것은?

> Your contributions to the team, especially to the data analysis for the recent project, have been <u>outstanding</u>.

① noticeable
② reversible
③ benign
④ capricious

14 밑줄 친 evaluate의 의미와 가장 가까운 것은?

> I urge the department to <u>evaluate</u> the situation and consider adding marked crosswalks with proper signage and, if possible, pedestrian traffic lights.

① emphasize
② eliminate
③ postpone
④ assess

11 정답 ①

해설

밑줄 친 어휘 확인	subsidy 보조금
유의어	grants, allowance
형태가 비슷한 어휘	subside 가라앉다(= diminish, abate)

해석
생계 안정을 지원하기 위해 보조금이 지급된다.

어휘
subsidy 보조금   livelihood stability 생계 안정   grant 보조금, 지원금
byproduct 부산물   liabilities 부채   customs 관세

13 정답 ①

해설

밑줄 친 어휘 확인	outstanding 현저한, 두드러진
유의어	remarkable, noticeable, conspicuous, eminent, prominent, preeminent

해석
팀에 대한 당신의 기여는, 특히 최근 프로젝트의 데이터 분석에서, 뛰어났습니다.

어휘
outstanding 현저한, 두드러진   noticeable 현저한, 두드러진
reversible 되돌릴 수 있는   benign 인자한   capricious 변덕이 심한

12 정답 ④

해설

밑줄 친 어휘 확인	disrupt 방해하다, 교란하다
유의어	interfere with

해석
이 교차로는 도심 지역에서 가장 혼잡한 곳 중 하나이기 때문에, 고장은 교통 흐름을 방해한다, 특히 출퇴근 시간대에는.

어휘
disrupt 교란하다, 방해하다   intersection 교차로   malfunction 고장
embrace 포용하다   facilitate 도와주다   obtain 획득하다   disturb 교란하다

14 정답 ④

해설

밑줄 친 어휘 확인	evaluate 평가하다
유의어	estimate, assess, appraise

해석
나는 부서가 상황을 평가하고 적절한 표지판이 있는 횡단보도를 추가하고, 가능하다면 보행자 신호등도 설치하는 것을 고려해 주기를 촉구한다.

어휘
evaluate 평가하다   urge 촉구하다   crosswalk 횡단보도   signage 표지판   pedestrian 보행자   emphasize 강조하다   eliminate 제거하다   postpone 연기하다   assess 평가하다

15 밑줄 친 hazardous의 의미와 가장 가까운 것은?

> The Ministry has conducted national surveys on environmental health and health impact assessments while tightening controls over hazardous chemicals in daycares and schools.

① disposable
② detrimental
③ accidental
④ conscientious

16 밑줄 친 participates in의 의미와 가장 가까운 것은?

> As a party to the Convention on Biological Diversity (CBD), Korea actively participates in global efforts to protect biodiversity.

① hands in
② takes part in
③ persists in
④ withdraws from

17 밑줄 친 adjust to의 의미와 가장 가까운 것은?

> I suggest meeting on Thursday or Friday next week between 1 PM and 4 PM, but I am flexible and can adjust to your schedule.

① adapt to
② adhere to
③ stand up to
④ be apathetic to

18 밑줄 친 comprehensive의 의미와 가장 가까운 것은?

> This report includes a comprehensive overview of our revenue streams, expenses, and profit margins for the period.

① partial
② superficial
③ narrow
④ inclusive

15

정답 ②

해설

밑줄 친 어휘 확인	hazardous 위험한
유의어	detrimental, perilous, noxious

해석
그 (정부) 부서는 환경 건강 및 건강 영향평가에 대한 국가 조사를 실시했다, 보육시설과 학교에서 유해 화학물질에 대한 관리를 강화하면서.

어휘
hazardous 위험한, 유해한   impact assessment 영향평가   tighten 강화하다   daycare 보육시설   disposable 처분할 수 있는, 1회용의   detrimental 해로운   accidental 우연한   conscientious 양심적인

17

정답 ①

해설

밑줄 친 어휘 확인	adjust to ~에 맞추다
유의어	adapt to, conform to

해석
다음 주 목요일이나 금요일 오후 1시에서 4시 사이에 만날 것을 제안하지만, 저는 유연하게 당신의 일정에 맞출 수 있습니다.

어휘
adjust to ~에 맞추다   flexible 유연한   adapt to ~에 맞추다, ~에 적응하다   adhere to ~을 고수하다   stand up to ~에 맞서다   be apathetic to ~에 무관심하다

16

정답 ②

해설

밑줄 친 어휘 확인	participate in ~에 참석하다
유의어	take part in, engage in

해석
생물다양성협약(CBD)의 당사국으로서 한국은 생물다양성 보호를 위한 세계적인 노력에 적극적으로 참여하고 있다.

어휘
participate in ~에 참여하다   party 당사자   biodiversity 생물다양성   hand in ~을 제출하다   persist in ~을 주장하다, 고집하다   withdraw from ~에서 탈퇴하다

18

정답 ④

해설

밑줄 친 어휘 확인	comprehensive 포괄적인
유의어	inclusive
형태가 비슷한 어휘	comprehensible 이해할 만한 (= apprehensible, understandable)

해석
이 보고서는 해당 기간 동안의 우리의 수익의 흐름, 비용 및 이윤율에 대한 종합적인 개요를 포함하고 있다.

어휘
comprehensive 포괄적인, 종합적인   overview 개요   revenue stream 수익의 흐름   profit margin 이윤율   partial 부분의, 편파적인   superficial 피상적인   narrow 좁은   inclusive 포괄적인

19 밑줄 친 committed의 의미와 가장 가까운 것은?

> We are committed to providing you with the highest level of service, and these changes will help us achieve that goal.

① indifferent
② subject
③ devoted
④ vulnerable

20 밑줄 친 projection의 의미와 가장 가까운 것은?

> The new projection indicates a potential increase of 15% compared to our previous estimates.

① expectation
② deviation
③ curtail
④ morale

---

19 정답 ③

해설

밑줄 친 어휘 확인	be committed to ~에 헌신하다
유의어	be devoted to, be dedicated to

해석
우리는 여러분에게 최상의 서비스를 제공하기 위해 노력하고 있으며, 이러한 변화는 우리가 그 목표를 달성하는 데 도움이 될 것이다.

어휘
be committed to ~에 헌신하다, 전념하다 be indifferent to ~에 무관심하다 be subject to ~의 대상이다 be devoted to ~에 헌신하다 be vulnerable to ~에 취약하다

20 정답 ①

해설

밑줄 친 어휘 확인	projection 예상, 추정치
유의어	forecast, prediction, estimate
기타 의미	project 계획 (= plan, initiative)

해석
새로운 예상치는 우리의 예전 추정치에 비해 잠재적으로 15%의 증가를 나타낸다.

어휘
projection 전망, 예측, 투사, 투영법 indicate 가리키다, 나타내다 potential 잠재적인 compared to ~와 비교될 때 expectation 기대, 전망 deviation 일탈 curtail 삭감 morale 사기

에듀윌이
너를
지지할게
ENERGY

내가 꿈을 이루면
나는 누군가의 꿈이 된다.

– 이도준

여러분의 작은 소리
에듀윌은 크게 듣겠습니다.

본 교재에 대한 여러분의 목소리를 들려주세요.
공부하시면서 어려웠던 점, 궁금한 점,
칭찬하고 싶은 점, 개선할 점, 어떤 것이라도 좋습니다.

에듀윌은 여러분께서 나누어 주신 의견을
통해 끊임없이 발전하고 있습니다.

에듀윌 도서몰 book.eduwill.net
- 부가학습자료 및 정오표: 에듀윌 도서몰 → 도서자료실
- 교재 문의: 에듀윌 도서몰 → 문의하기 → 교재(내용, 출간) / 주문 및 배송

2026 에듀윌 9급공무원 기본서 영어 독해(생활영어, 어휘 포함)

발 행 일	2025년 6월 26일 초판
편 저 자	장종재
펴 낸 이	양형남
펴 낸 곳	(주)에듀윌
I S B N	979-11-360-3766-4
등록번호	제25100-2002-000052호
주 소	08378 서울특별시 구로구 디지털로34길 55
코오롱싸이언스밸리 2차 3층

* 이 책의 무단 인용 · 전재 · 복제를 금합니다.

www.eduwill.net
대표전화 1600-6700

에듀윌에서 꿈을 이룬 합격생들의 진짜 **합격스토리**

에듀윌 강의·교재·학습시스템의 우수성을 합격으로 입증하였습니다!

에듀윌의 체계적인 학습 관리 시스템 덕분에 합격!

에듀윌은 시스템도 체계적이고 학원도 좋았습니다. 저에게는 학원에서 진행하는 아케르 시스템이 큰 도움이 되었습니다. 아케르 시스템은 학원에 계시는 매니저님이 직접 1:1로 상담도 해주시고 학습 관리를 해주시는 시스템입니다. 제 담당 매니저님은 늘 진심으로 저와 함께 고민해주시고 제 건강이나 학습 상태도 상담해주시고, 전에 합격하신 선배님들이 어떤 식으로 학습을 진행했는지 조언해주셔서 많은 도움이 되었습니다. 수험생활에서 가장 힘든 것은 외로움과의 싸움이라고 생각하는데, 에듀윌 덕분에 주변에 제 편이 참 많다는 것을 느꼈고 공부하는 기간이 덜 힘들었던 것 같습니다.

에듀윌만의 합리적인 가격과 시스템, 꼼꼼한 관리에 만족

에듀윌을 선택한 가장 큰 이유는 금액적인 부분입니다. 타사 패스보다 훨씬 저렴한 금액이라 금전적인 부분이 큰 부담인 수험생 입장에서는 가장 크게 다가오는 장점 중 하나라고 생각합니다. 또한 공통 교재를 사용한다는 점이 저에게는 큰 장점이었습니다. 각 커리큘럼별로 여러 교수님 수업을 들으며 공부할 수 있어서 저에게는 큰 장점이었습니다. 그리고 에듀윌 학원은 매니저님들께서 진심으로 수험생 한 명 한 명에게 관심을 가지고 꼼꼼히 관리해주신다는 점이 마음에 들어 등록하게 되었습니다. 실제로 제가 힘들거나 방향을 잃을 때마다 학원 학습 매니저님들과의 상담을 통해 잘 극복할 수 있었습니다.

에듀윌은 공무원 합격으로 향하는 최고의 내비게이션

학교 특강 중에 현직 관세사 분께서 말씀해주신 관세직에 대한 간략한 정보만 가지고 에듀윌 학원을 방문하였습니다. 거기서 상담실장님과의 상담을 통해 관세직 공무원에 대해 자세히 알게 되었고 여기서 하면 합격할 것 같다는 확신이 들어 에듀윌과 함께 관세직만을 바라보고 관세직을 준비하였습니다. 흔들릴 때마다 에듀윌에 올라온 선배 합격자들의 합격수기를 읽으며 제가 합격수기를 쓰는 날을 상상을 했고, 학원의 매니저님과의 상담도 큰 도움이 되었습니다.

다음 합격의 주인공은 당신입니다!

합격자 수 2,100% 수직 상승! 매년 놀라운 성장

에듀윌 공무원은 '합격자 수'라는 확실한 결과로 증명하며 지금도 기록을 만들어 가고 있습니다.

합격자 수를 폭발적으로 증가시킨 **합격패스**

| 합격 시 수강료 100% 환급 | + | 합격할 때까지 평생 수강 |

※ 환급내용은 상품페이지 참고. 상품은 변경될 수 있음.

* 2017/2022 에듀윌 공무원 과정 최종 환급자 수 기준

에듀윌 직영학원에서 합격을 수강하세요

언제나 친문 학습 매니저와 상담이 가능한 안내데스크

고품질 영상 및 음향 장비를 갖춘 최고의 강의실

재충전을 위한 카페 분위기의 아늑한 휴게실

에듀윌의 상징 노란색의 환한 학원 입구

에듀윌 직영학원 대표전화

공인중개사 학원 02)815-0600	공무원 학원 02)6328-0600	편입 학원 02)6419-0600
주택관리사 학원 02)815-3388	소방 학원 02)6337-0600	부동산아카데미 02)6736-0600
전기기사 학원 02)6268-1400		

공무원학원 바로가기

꿈을 현실로 만드는
에듀윌

DREAM

공무원 교육
- 선호도 1위, 신뢰도 1위! 브랜드만족도 1위!
- 합격자 수 2,100% 폭등시킨 독한 커리큘럼

자격증 교육
- 9년간 아무도 깨지 못한 기록 합격자 수 1위
- 가장 많은 합격자를 배출한 최고의 합격 시스템

직영학원
- 검증된 합격 프로그램과 강의
- 1:1 밀착 관리 및 컨설팅
- 호텔 수준의 학습 환경

종합출판
- 온라인서점 베스트셀러 1위!
- 출제위원급 전문 교수진이 직접 집필한 합격 교재

어학 교육
- 토익 베스트셀러 1위
- 토익 동영상 강의 무료 제공

콘텐츠 제휴 · B2B 교육
- 고객 맞춤형 위탁 교육 서비스 제공
- 기업, 기관, 대학 등 각 단체에 최적화된 고객 맞춤형 교육 및 제휴 서비스

부동산 아카데미
- 부동산 실무 교육 1위!
- 상위 1% 고소득 창업/취업 비법
- 부동산 실전 재테크 성공 비법

학점은행제
- 99%의 과목이수율
- 17년 연속 교육부 평가 인정 기관 선정

대학 편입
- 편입 교육 1위!
- 최대 200% 환급 상품 서비스

국비무료 교육
- '5년우수훈련기관' 선정
- K-디지털, 산대특 등 특화 훈련과정
- 원격국비교육원 오픈

에듀윌 교육서비스 **공무원 교육** 9급공무원/소방공무원/계리직공무원 **자격증 교육** 공인중개사/주택관리사/손해평가사/감정평가사/노무사/전기기사/경비지도사/검정고시/소방설비기사/소방시설관리사/사회복지사1급/대기환경기사/수질환경기사/건축기사/토목기사/직업상담사/전기기능사/산업안전기사/건설안전기사/위험물산업기사/위험물기능사/유통관리사/물류관리사/행정사/한국사능력검정/한경TESAT/매경TEST/KBS한국어능력시험·실용글쓰기/IT자격증/국제무역사/무역영어 **어학 교육** 토익 교재/토익 동영상 강의 **세무/회계** 전산세무회계/ERP정보관리사/재경관리사 **대학 편입** 편입 영어·수학/연고대/의약대/경찰대/논술/면접 **직영학원** 공무원학원/소방학원/공인중개사 학원/주택관리사 학원/전기기사 학원/편입학원 **종합출판** 공무원·자격증 수험교재 및 단행본 **학점은행제** 교육부 평가인정기관 원격평생교육원(사회복지사2급/경영학/CPA) **콘텐츠 제휴·B2B 교육** 교육 콘텐츠 제휴/기업 맞춤 자격증 교육/대학취업역량 강화 교육 **부동산 아카데미** 부동산 창업CEO/부동산 경매 마스터/부동산 컨설팅 **주택취업센터** 실무 특강/실무 아카데미 **국비무료 교육(국비교육원)** 전기기능사/전기(산업)기사/소방설비(산업)기사/IT(빅데이터/자바프로그램/파이썬)/게임그래픽/3D프린터/실내건축디자인/웹퍼블리셔/그래픽디자인/영상편집(유튜브) 디자인/온라인 쇼핑몰광고 및 제작(쿠팡, 스마트스토어)/전산세무회계/컴퓨터활용능력/ITQ/GTQ/직업상담사

교육 문의 **1600-6700** www.eduwill.net

·2022 소비자가 선택한 최고의 브랜드 공무원·자격증 교육 1위 (조선일보) ·2023 대한민국 브랜드만족도 공무원·자격증·취업·학원·편입·부동산 실무 교육 1위 (한경비즈니스)
·2017/2022 에듀윌 공무원 과정 최종 환급자 수 기준 ·2023년 성인 자격증, 공무원 직영학원 기준 ·YES24 공인중개사 부문, 2025 에듀윌 공인중개사 1차 단원별 기출문제집 민법 및 민사특별법(2025년 5월 월별 베스트) ·교보문고 취업/수험서 부문, 2020 에듀윌 농협은행 6급 NCS 직무능력평가+실전모의고사 4회 (2020년 1월 27일~2월 5일, 인터넷 주간 베스트) 그 외 다수
·YES24 컴퓨터활용능력 부문, 2024 컴퓨터활용능력 1급 필기 초단기끝장(2023년 10월 3~4주 주별 베스트) 그 외 다수 ·YES24 신규 자격증 부문, 2024 에듀윌 데이터분석 준전문가 ADsP 2주끝장(2024년 4월 2주, 9월 5주 주별 베스트) ·인터파크 자격서/수험서 부문, 에듀윌 한국사능력검정시험 2주끝장 심화 (1, 2, 3급) (2020년 6~8월 월간 베스트) 그 외 다수 ·YES24 국어 외국어 사전영어 토익/TOEIC 기출문제/모의고사 분야 베스트셀러 1위 (에듀윌 토익 READING RC 4주끝장 리딩 종합서, 2022년 9월 4주 주별 베스트) ·에듀윌 토익 교재 입문~실전 인강 무료 제공 (2022년 최신 강좌 기준/109강) ·2024년 종강반 중 모든 평가항목 정상 참여자 기준, 99% (평생교육원 기준) ·2008년~2024년까지 234만 누적수강학점으로 과목 운영 (평생교육원 기준)
·에듀윌 국비교육원 구로센터 고용노동부 지정 '5년우수훈련기관' 선정 (2023~2027) ·KRI 한국기록원 2016, 2017, 2019년 공인중개사 최다 합격자 배출 공식 인증 (2025년 현재까지 업계 최고 기록)